동물을
위한
정의

마사 너스바움

이영래 옮김 ㅣ 최재천 감수

동물을 위한 정의

번영하는 동물의 삶을 위한 우리 공동의 책임

JUSTICE FOR ANIMALS

알레

인간-동물 관계의 도덕성은 시급한 업데이트가 필요하다. 여기에서 철학자 너스바움보다 더 통찰력 있고 공감력이 뛰어난 안내자는 없을 것이다. 그는 우리에게 고통과 쾌락 너머를 보고 우리와 닮은 동물뿐 아니라 모든 동물을 고려하라고 강권한다. 각 종 특유의 필요와 역량은 그들이 어떤 대우를 받아야 하는지에 대한 지침을 제공한다.

프란스 드 발, 『차이에 관한 생각』 저자

지금까지 쓰인 동물 윤리에 대한 책 중 가장 중요한 책인 『동물을 위한 정의』는 인간의 비인간동물에 대한 처우의 윤리적 문제를 포괄적으로 탐구하는 주목할 만한 책이다. 이 분야의 이정표라고 불려도 손색이 없다.

토머스 I. 화이트, 『돌고래를 위한 변호In Defense of Dolphins』 저자

마사 너스바움은 우리가 우리의 현실인 다종 세계를 왜, 그리고 어떻게 책임져야 하는지 대단히 명확하고 절박하게 설명한다. 『동물을 위한 정의』는 우리의 비인간동물 세상에 대한 잔혹한 지배를 냉철히 분석하는 한편, 인간이 사랑과 호혜성에 대해 가진 잠재력을 인정하고 희망을 노래한다.

에이미 린치, 펜실베이니아 주립대학 정치학과 교수

마사 너스바움의 연구는 인문학을 바꾸어왔다. 하지만 이 책에서 그가 집중하는 것은 작고한 딸에 대한 깊은 애정에서 비롯된 지상 모든 동물에 대한 애정이다.

제러미 벤딕케이머, 케이스 웨스턴 리저브 대학, 어스 시스템 거버넌스 프로젝트의 수석연구원

마사 너스바움은 인간이 지배하는 세상에서 동물들이 어떻게 생존해야 하는지를 현실적인 시각으로 살피고 크고 작은 생물들을 중요한 방식으로 돕는 행동 계획을 제시한다.

데니즈 헤르징 박사, 와일드 돌핀 프로젝트의 창설자이자 연구 책임자

도발적인 책. 너스바움은 동물의 정치적 권리를 위한 토대를 마련하고 동물이 우리의 친구가 될 수 있는 세상을 만든다는 것이 어떤 모습일지 질문한다. 우리가 동물에게 어떤 빚을 지고 있는지에 관심이 있는 사람이라면 반드시 읽어야 할 책이다.

니콜라스 들롱, 플로리다 뉴칼리지 철학과 환경학과 조교수

지구의 다양한 생물과의 윤리적 공존에 대한 생각을 자극하는 안내서다.

『커커스』

정치 분석, 철학적 연구, 행동 촉구가 어우러진 이 신랄하고 뛰어난 책은 꼭 읽어야 할 책이다.

『퍼블리셔스 위클리』

여기에서도 다른 작품과 마찬가지로 너스바움의 주장은 철저하고 우아하게 쓰였으며 설득력 있다. 너무 정교하게 다듬어져 있어 아리스토텔레스 자신도 이 주제에 참여하려면 최고의 자세를 갖춰야 할 것이다. […] 윤리학의 고전이 될 것이 확실하다.

매슈 스컬리, 『내셔널 리뷰』

훌륭하고 접근하기 쉬운 작품. […] 이미 동물 권리에 헌신하고 있는 독자뿐만 아니라 모든 독자가 너스바움의 이 책을 읽어야 한다.”

『시카고 리뷰 오브 북스』

너스바움의 글은 활기차고 직접적이며 이야기와 일화로 가득 차 있다. 이 책은 유쾌하고 건설적이다. […] 저자의 마음이 너무나 분명하게 드러나는 것이 이 책의 미덕이다.

데일 제이미슨, 『사이언스』

동물의 비참한 삶에 대한 연민, 그런 상황을 바로잡기 위한 '전환적 분노'

'철학이 인간의 미래에 어떻게 기여할 수 있는가'라는 질문에 헤겔은 사뭇 부정적 의견을 내놓았다. 철학은 현재를 반추하느라 미래를 사색하는 일에는 항상 늦기 때문이다. 마사 너스바움은 귀한 예외다. 그는 고대 그리스·로마 철학에서 출발하여 실존철학, 정치철학, 페미니즘에 이르기까지 다양한 주제에 관해 부지런히 논문과 책을 써왔다. 그가 이번에는 동물의 권리에 관한 철학적 분석을 내놓았다. 정말 반갑고 고맙다. 반려동물의 수는 폭발적으로 늘고 있는데, 다른 한편에서는 여전히 밀렵과 서식지 파괴가 횡행하며 공장식 사육과 인수공통질병의 위험이 사라지지 않고 있다. 언제나 그렇듯이 너스바움의 책은 문제의 사막에 때맞춰 내리는 단비와 같다.

무엇보다 이 책의 등장으로 우리는 그동안 경전처럼 끼고 다니던 피터 싱어의 『동물해방』에서 조금은 해방될 수 있게 됐다. 싱어는 벤담과 시지윅의 전통을 계승하고 확장하여 동물권에 관한 중요한 공리주의적 논리를 구축했다. 너스바움은 이 논쟁에 벤담의 또 다른 계승자 존 스튜어트 밀을 끌어들여 "존재 '자체'가 가진 존엄성의 중요성, 상태는 물론 활동의 중요성, 중요한 가치의 축소할 수 없는 다양성을 인정해야 할 필요"를 역설한다. "동물은 행위의 주체이며 그들의 삶에는 존엄, 사회적 역량, 호기심, 놀이, 계획, 자유로운 이동 등… 그들의 번영은 단순한 만족의 상태가 아닌 활동 선택의 기회라는 측면에서 이해하는 것이 가장 적절하다." 너스바움은 마치 평생 동물행동학을 연구하다 철학으로 전향한 학자처럼 구체적이고 현실적이다. 가슴이 먹먹하도록 고맙고 존경스럽다.

2013년 서울동물원 수족관에서 쇼를 하던 돌고래 제돌이와 그의 친구들을 제주 바다로 돌려보내기 위해 결성된 '제돌이야생방류시민위원회'의 위원장으로 추대되어 일하던 시절, 기자회견 때마다 가장 많이 받은 질문은 "멀쩡히 시설에서 안전하게 보호받고 있는 동물을 왜 험한 야생으로 내쫓느냐? 그들이 야생으로 돌아가 다치거나 죽으면 당신이 책임지겠는가?"였다. 참다못한 나는 이렇게 답변했다. "당신이 만일 돌고래라면 어떤 선택을 할 것인가? 야생으로 돌아가면 위험할 수 있음을 알고도 나갈 것인가? 아니면 그게 두려워 평생 이 감옥 같은 수조 안에서 살 것인가? 나라면 뒤도 돌아보지 않고 나갈 것이다. 나가서 단 하루를 살더라도. 자유는 거저 주어지는 게 아니다. 우리도 오랜 역사를 거치며 투쟁해서 얻지 않았나?" 때마침 방한한 제인 구달 박사도 거들었다. 이 문제는 인간이 아니라 철저하게 동물의 관점에서 보아야 한다고. 너스바움은 이런 우리의 활동에 든든한 철학적 배경을 제공한다. 고맙고 뿌듯하다.

책상에 앉아 고결한 철학이나 논하던 너스바움을 동물들 삶의 현장으로 이끈 사람은 바로 그의 가슴에 묻힌 딸이다. 딸이 떠나고 덩그러니 홀로 남은 그는 인간이 지배하는 세상에서 육지, 바다, 공중 할 것 없이 모든 곳에서 벌어지는 동물의 비참한 삶에 대한 연민과 그런 상황을 바로잡기 위한 미래지향적인 '전환적 분노'를 공유하려 이 책을 썼다. 연민과 분노로 끓어오르는 가슴을 애써 누르고 "우리와 너무 비슷해서" 식의 단조로운 접근을 뛰어넘어 너스바움 특유의 빈틈없는 논리 구조로 우리를 오만한 지배자에서 책임감 있는 청지기로 거듭날 수 있도록 돕는다. 차가운 이성이 따뜻한 가슴을 만나면 이토록 아름다운 책으로 탄생한다. 자연을 걱정하고 동물을 사랑하는 사람으로서 정말 반갑고 고맙다.

최재천
이화여대 에코과학부 석좌교수
생명다양성재단 이사장

레이철에 대한 기억에,
그리고 모든 고래들에게 바칩니다.

차례

온 세상의 동물들이 곤경에 처해 있다.[1] 땅 위, 바닷속, 공중 등 세상의 모든 곳을 인간이 지배하고 있다. 비인간동물 중에 인간의 지배에서 벗어날 수 있는 것은 없다. 공장식 축산업계의 야만적인 잔혹함을 통해서든, 밀렵이나 사냥을 통해서든, 서식지 파괴를 통해서든, 공기와 해양의 오염을 통해서든, 아낀다고 말하는 반려동물의 방치를 통해서든, 대개의 경우 이런 지배로 동물들은 부당한 상처를 입는다.

　어떤 면에서 보면 이것은 역사가 매우 긴 문제다. 서구와 비서구 세계를 막론하고 동물에 대한 인간의 잔인함을 개탄하는 철학적 전통은 거의 2천 년을 이어져 왔다. 불교로 개종한 인도의 아쇼카Ashoka(기원전 304~232) 대왕은 육식을 중단하고 동물에게 해를 입히는 모든 관행을 포기하고자 하는 자신의 노력을 글로 남겼다. 그리스의 플라톤주의 철학자 플루타르코스Plutarch(46~119)와 포르피리오스Parphyry(234~305)는 인간의 동물 학대를 한탄하면서 동물의 명민함과 사회생활 능력을 설명하고 인간들에게 식습관과 생활 방식을 바꾸라고 촉구하는 논문을 썼다. 하지만 대부분의 사람은 물론이고 소위 도덕적이라고 하는 철학자들조차 이런 목소리에 귀를 기울이지 않았고, 계속해서 대부분의 동물은 그들이 받는 고통이 문제가 되지 않는 물건으로 취급했다. 간혹 반려동물에는 예외를 두었지만 말이다. 그동안에 수많은 동물이 학대, 박탈, 방치로 고통받았다.

이렇게 해서 오늘의 우리는 한참 전부터 이어진 윤리적 부채를 지고 있다. 우리가 듣기를 거부해온 논거에 귀를 기울이고, 우리가 둔감하게 무시해온 것에 주의를 기울이고, 우리가 너무나 쉽게 받아들이는 나쁜 관행을 인지하고 행동해야 할 책임이 있는 것이다. 하지만 지금의 우리에게는 동물에게 인간이 저지르는 잘못에 대해 뭔가를 해야 할 이전과는 다른 이유가 있다. 첫째, 지난 200년 동안 인간의 지배는 기하급수적으로 확대되었다. 포르피리오스의 세상에서 동물은 고기를 위해 죽임을 당하는 고통을 겪었지만, 죽은 그 시점까지는 상당히 괜찮은 삶을 살았다. 오늘날처럼 동물을 비좁고 격리된 끔찍한 환경에 가둬두고 제대로 살아보지도 못하게 한 뒤 도살하는 공장식 축산업계는 존재하지 않았다. 동물들은 오래전부터 야생에서 사냥을 당했지만, 서식지의 대부분을 인간의 주거지에 빼앗기거나, 코끼리나 코뿔소와 같은 지능이 있는 존재들이 이들을 살해해 돈을 벌고자 하는 밀렵꾼들의 침입을 받는 일은 없었다. 인간은 늘 바다에서 낚시로 먹거리를 구했고, 상업적인 가치 때문에 오랫동안 고래를 사냥했다. 하지만 바다에 플라스틱 쓰레기들이 가득하고 거기에 이끌린 동물들이 플라스틱을 삼켜 질식하는 일은 일어나지 않았다. 해저에서 원유를 시추하는 회사들이 온갖 곳에서 소음 공해(시추, 해저 지도 작성에 사용되는 공기 폭탄 등)를 만들지 않았으며, 청각이 주된 커뮤니케이션 방법인 사회적 동물들의 삶을 힘들게 만들지 않았다. 새들은 먹잇감으로 사냥당하긴 했지만, 사냥을 피한 새들이 대기 오염으로 질식하거나 도심의 고층 빌딩이 내는 빛에 끌려 유리창에 충돌해 죽는 일은 없었다. 간단히 말해, 인간의 잔혹 행위나 방치의 범위가 비교적 좁았던 것이다. 오늘날에는 새로운 형식의 동물 학대가 계속 등장한다. 학대라는 인식조차 없다. 지능이 있는 존재의 삶에 대한 영향을 거의 고려하지 않기 때문이다. 따라서 우리는 기한이 한참 지난 과거의 부채뿐 아니라 천 배는 커지고도 계속 증가하고 있는 새로운 도덕적 부채를 지고 있다.

잔혹 행위의 범위가 확대되었기 때문에 거의 모든 사람이 개입하고 있다고 해도 과언이 아니다. 공장식 축산업계에서 생산된 고기를 소비하지 않는 사람들조차 일회용 플라스틱 제품을 사용하고, 대양저에서 채굴해 공기를 오염시키는 화석연료를 사용하고, 한때 코끼리와 곰이 어슬렁거리던 곳에서 살고, 철새를 죽음으로 몰아넣는 고층 빌딩에서 살 가능성이 높다. 동물에게 해를 입히는 관행에 우리가 미치는 영향의 범위를 고려하면, 양심이 있는 사람은 이런 상황을 바꾸기 위해 할 수 있는 일을 고민해야 한다. 죄책감을 느끼는 것보다 더 중요한 것은 전체로서의 인류에게 이런 문제에 직면하고 그것들을 해결해야 할 공동의 책임이 있다는 사실을 받아들이는 일이다.

지금까지는 동물 종들의 절멸에 대해 이야기하지 않았다. 이 책은 개별 생물, 각자 귀중한 가치를 가진 개별 생물이 겪는 상실과 박탈에 대한 것이기 때문이다. 그런 종들은 아직 멸종의 위협 속에 있지는 않다. 하지만 멸종은 개별 생물의 엄청난 고통 후에야 비로소 발생한다.

사냥을 위해 바다를 건널 수 없어 부빙 위에서 굶주리는 북극곰, 종의 급격한 축소로 공동체 속에서 돌봄을 받지 못하는 고아 코끼리의 설움, 공기가 나빠져서 빚어진 명금鳴禽* 종의 대량 멸종. 동물들은 멸종에 이르기 때까지 종을 괴롭히는 인간의 관행으로 큰 고통을 받고 짓눌리고 좌절하는 삶을 산다. 더구나 종 자체가 동물이 잘 살 수 있는 다양한 생태계를 만드는 데 매우 중요하다(5장에서 더 자세히 이야기할 것이다).

물론 멸종은 인간의 개입 없이도 일어난다. 하지만 그런 경우에도 생물다양성의 중요성 때문에 우리가 멸종을 저지하는 데 개입해야만 한다. 더구나 과학자들은 현재의 멸종률이 자연 멸종률보다 1천 배에서 1만 배 높다는 데 의견을 같이하고 있다.[2] (이렇게 불확실성이 큰 것은 우리가 실제로 얼마나 많은 종이 있는지—특히 어류와 곤충에 관해서—에 대해 대단히 무지하기 때문이다.) 세계적으로 현재 포유류의 4분의 1, 양서류의 40% 이상이 종의 멸종 위급 혹은 위기 상황에 있다.[3] 여기에는 여러 종의 곰, 아시아 코끼리(멸종 위급), 아프리카 코끼리(멸종 위급), 호랑이, 6종의 고래, 그레이 울프 등 너무나 많은 종이 포함된다. 미국의 절멸위기종보호법Endangered Species Act, ESA의 기준을 이용할 때 총 370여 종의 동물이 멸종 위급이나 위기 상태에 있다. 여기에 조류는 포함되지 않으며 비슷한 길이의 조류 위기종 목록이 별도로 있다. 아시아 명금의 경우 이익이 많이 남는 고가 상품으로 거래되기 때문에 야생에서 거의 멸종되었다.[4] 다른 많은 조류 종들도 최근 멸종되었다.[5] 조류를 보호하기로 한 멸종 위기에 처한 야생 동·식물의 국제거래에 관한 협약Convention on International Trade in Endangered Species of Wild Fauna and Flora, CITES이라는 국

* 고운 소리로 우는 새

제조약은 강제력이 없어 유명무실하다.[6] 이 책의 이야기는 대량 멸종에 대한 것은 아니지만, 생물다양성에 대한 인간의 무관심이라는 배경에서 개별 생물들이 겪고 있는 고통에 대해 다룬다.

과거의 윤리적 회피를 이제는 반드시 끝내야 할 또 다른 이유가 있다. 지금의 우리는 50년 전에 비해 동물의 삶에 대해서 훨씬 더 많은 것을 알고 있다. 우리는 과거의 변명이 수치심 없이 나왔었다는 것을 너무나 잘 알고 있다. 포르피리오스와 플루타르코스(그리고 그들 이전의 아리스토텔레스)는 동물의 지능과 민감성에 대해서 많은 것을 알고 있었다. 하지만 어쩐 일인지 인간은 과거의 과학이 명백히 드러낸 것들을 "망각"하는 방법을 찾아냈고, 수 세기 동안 철학자들을 비롯한 대부분의 사람은 동물을 주관적인 세계관도 감정도 사회도, 심지어는 고통의 감정도 없는 오토마톤automaton•, 즉 "이성이 없는 짐승"으로 생각했다.

하지만 최근 수십 년간 동물 세계의 모든 영역을 아우르는 수준 높은 연구가 폭발적으로 증가했다. 이 책을 쓰면서 가장 즐거웠던 점은 이런 연구에 몰입할 수 있었다는 것이다. 이제 우리는 영장류와 반려동물처럼 오랫동안 면밀한 연구가 이루어진 동물뿐만 아니라 연구가 어려웠던 해양 포유류, 고래, 어류, 조류, 파충류, 두족류 등 동물에 대해서도 많은 것을 알고 있다.

우리가 알고 있는 것은 무엇일까? 우리는 관찰뿐 아니라 세심하게 설계된 실험적 작업을 통해 모든 척추동물과 많은 무척추동물이 주관적으로 고통을 느끼며, 보다 일반적으로는 주관적으로 느끼는 세계관(세상이 어떻게 보이는가)을 갖고 있다는 것을 알고 있다. 우리는 이 모든

• 자동인형. 복잡한 동작을 기계적인 제어 기구를 이용해 실시하는 장치

동물이 몇 가지 이상의 감정(공포는 가장 흔한 감정이다)을 경험하며, 많은 동물이 연민과 비탄 등의 감정(상황에 대한 보다 복잡한 "이해와 수용"이 관여하는)을 경험한다는 것을 알고 있다. 우리는 돌고래와 까마귀 등의 동물이 복잡한 문제를 해결하고 문제 해결을 위해 도구의 사용법을 익힌다는 것을 알고 있다. 우리는 동물들에게 복잡한 형태의 사회조직과 사회적 행동이 있다는 것을 알고 있다. 최근에는 이런 사회적 집단이 천편일률적으로 계승된 레퍼토리가 펼쳐지는 곳이 아니라 복잡한 사회적 학습이 이루어지는 곳이라는 것도 알게 되었다. 고래, 개, 여러 종류의 조류 등 다양한 종들이 해당 종의 레퍼토리 중 주요한 부분을 유전적으로뿐만 아니라 사회적으로도 새끼에게 물려준다.

이 책에서는 이런 연구를 많이 사용할 것이다. 그것은 윤리에 상당히 큰 의미가 있다. 우리는 더 이상 우리 종과 "짐승"들 사이에 이전과 같은 경계선을 그을 수 없다. 지능, 감정, 쾌고감수능력快苦感受能力,sentience •을 "이성이 없는 짐승"들과 구분 짓는 경계로 여길 수 없게 된 것이다. 원숭이, 코끼리, 고래, 개 등 이미 우리와 "유사"하다고 인식하는 종류의 동물과 지능이 없다고들 하는 다른 동물 사이에도 경계선을 그을 수가 없다. 지능은 현실 세계에서 대단히 다양한 흥미로운 형태를 띠며, 인간과는 매우 다른 경로로 진화한 새들도 여러 비슷한 능력을 갖고 있다. 문어와 같은 무척추동물도 지각에 있어 놀라운 능력을 갖고 있다. 문어는 사람을 알아보며, 눈만을 이용해 한 팔로 미로를 통과함으로써 먹이를 얻는 등 복잡한 문제를 해결할 수 있다.[7] 이런 모든 것을 인식하고 나면 윤리적인 사고에 변화가 일어나지 않을 수 없다. "이성이 없는 짐승"을 우리

• 쾌락과 고통을 느낄 수 있는 능력

에 넣는 것은 테라리움에 바위를 넣는 것처럼 무해한 일로 보인다. 하지만 우리가 하고 있는 일은 거기에 그치지 않는다. 우리는 지적이고 복잡한 지각력을 가진 동물의 삶의 형태를 변형시키고 있다. 이들 동물 각각은 번영하는 삶을 얻기 위해 노력하며, 각각의 동물들에게 어려운 도전을 안기는 세상에서 괜찮은 삶을 얻어낼 수 있는 개별적이고 사회적인 능력을 갖고 있다. 인간은 이런 노력을 좌절시키는 일을 하고 있다. 이는 부당한 행동이다. (1장에서 나는 이런 윤리적 직관을 정의에 대한 기초적인 아이디어로 발전시킬 것이다.)

다른 동물들에 대한 우리의 윤리적 책임을 인식해야 하는 때가 왔음에도 우리에게는 의미 있는 변화를 가져올 지적 도구들이 거의 없다. 우리가 오늘날 동물들에게 하고 있는 일을 바로 지금 직시해야 하는 세 번째 이유는 인류가 가진 진보를 위한 최고의 도구인 법과 정치 이론이 우리에게 거의 혹은 전혀 도움을 주지 못하는 세상을 만들어왔기 때문이다. 이 책이 앞으로 보여줄 것처럼 법은 국내법이든 국제법이든 반려동물의 삶에 대해서는 많은 이야기를 하지만 다른 동물들에 대해서는 거의 언급하지 않는다. 대부분의 국가의 경우 동물들은 법률가들이 "원고적격原告適格, standing"이라고 부르는 지위, 즉 부당한 대우를 받았을 때 소를 제기할 수 있는 지위를 갖지 못한다. 물론 동물은 직접 소를 제기할 수가 없다. 하지만 어린이나 인지 장애가 있는 사람을 비롯해 대부분의 인간, 아니 솔직히 말해 거의 모든 사람이 소를 제기할 수 없다. 법에 대한 지식이 부족하기 때문이다. 대부분의 사람이 자신의 주장을 입증하기 위해 변호사를 필요로 한다. 평생 인지 장애를 가진 사람들을 포함하여 모든 인간은 능력 있는 변호사의 도움을 받아 소를 제기할 수 있다. 우리가 세상의 법률 시스템을 설계한 방식에 따르면 동물은 이런 기본적인 권리를 갖지 못한다. 그들은 여기에 포함되지 않는다.

법은 인간이 지닌 이론을 토대로 만들어진다. 그 이론이 인종차별적이라면 법도 인종차별적이었다. 생물학적인 성sex과 사회적인 성gender에 대한 이론이 여성을 배제하는 때라면 법도 그러했다. 전 세계적으로 인간이 하는 대부분의 정치적 사고가 인간 중심적이고 동물을 배제한다는 것은 부정할 수 없는 사실이다. 학대에 대항하는 투쟁에 도움을 준다고 주장하는 이론들조차 동물의 삶과 동물의 삶을 위한 투쟁에 대한 부적절한 시각을 기반으로 만들어져 심각한 결함을 안고 있다. 나는 법과 법 교육에 깊이 관여하는 철학자이자 정치 이론가로서 이 책을 통해 동물의 삶에 대한 정확한 시각에 기초한, 법에 적절한 조언을 주는 철학 이론을 제공함으로써 상황을 전환시키고자 했다.

나는 상황을 바로잡기 위해서는 동물들이 번영하기 위해 어떻게 노력하는지, 다양한 인간의 관행에 의해 그런 노력이 어떻게 좌절되는지를 살펴 다양한 범위에 걸친 동물들의 삶에 대한 정확한 견해를 이론의 근거로 삼는 것이 중요하다고 말해왔다. 그렇다면 동물에게 피해를 주는 세상의 각 영역을 대표하는 육지, 바다, 공장식 축산, 공중의 동물과 반려동물. 이렇게 다섯 가지 부문의 동물에 대해 생각해보는 것부터 시작해보도록 하자.

내가 내놓는 사례는 동물에게 닥치는 일의 아주 작은 일부일 뿐이며 여러 동물 종의 아주 작은 표본에 불과하다. 나는 자기 나름의 삶을 살며 번영하는 동물과 부당한 인간의 대우로 비탄에 빠진 동물을 묘사할 것이다.

비인간동물은 쾌고감수능력이 있는 개별적인 존재가 아닌 물건으로 취급되는 때가 너무나 많으며, 그런 물건과 같은 취급의 한 가지 측면은 적절한 이름을 주지 않는 것이었기 때문에 오늘날의 과학자들은 그들이 연구하는 개별 동물에 적절한 이름을 붙여야 한다고 주장한다. 나는 여기에서 이런 관행을 따라 사실과 허구로부터 이름을 가져왔다.

좋은 시절과 그렇지 못한 시절을 모두 경험한 루파를 제외하면 모든 사례에서 내가(혹은 다른 사람들이) 관찰하고 묘사하는 동물들은 번영했다. 두 번째 묘사는 가설이지만 이런 종류의 동물의 삶에서 너무나 흔한 재앙에 근거를 두고 있다.

● 엄마 코끼리: 버지니아의 이야기

버지니아Virginia는 케냐에 사는 예민한 암컷 코끼리다. 코끼리 학자인 조이스 풀Joyce Poole이 그의 자서전 『코끼리와 성장하다Coming of Age with Elephants』에서 묘사하고 이름을 붙인 이 코끼리는 커다란 호박색 눈을 가지고 있다.[8] 그는 좋아하는 음악을 들을 때면 가만히 서서 눈꺼풀을 내린다. 조이스 풀은 코끼리들의 모계 집단 전체와 시간을 보내면서 버지니아(가장 나이가 많은 우두머리 빅토리아Victoria보다 작은)가 자신이 〈어메이징 그레이스Amazing Grace〉를 부를 때 가장 좋아한다는 것을 발견한다. 버지니아는 케냐의 암보셀리 국립공원Amboseli National Park의 넓은 초원을 거대한 발로 소리 없이 디디며 이동한다. 얼마 전 낳은 아기 코끼리는 그의 배 아래에서 거대한 어머니의 보호를 받으며 걷는다. (코끼리는 모성애가 강해 새끼를 대단히 아끼며 어린 코끼리를 위험에서 구하기 위해 목숨을 희생하기도 한다.)

이제 일어날 수 있는, 아니 종종 일어나는 일을 생각해보자. 버지니아는 죽어서 옆으로 쓰러져 있다. 엄니와 몸통은 마체테machete●나 쇠톱으로 난도질돼 있고 얼굴에는 선혈이 낭자한 구멍이 있다. (상아 거래는 억제하려는 여러 시도에도 불구하고 번성하고 있다. 꼬리와 몸통과 같은 전리품을 거래하는 시장은 큰 방해 없이 번창한다. 미국으로 그런 전리품들을 수입하는 것은 불법으로 규정돼 있지조차 않다.) 다른 암컷 코끼리들이 버지니아 주위에 모여 코로 그의 주검을 들어올리려 하지만 소용이 없다. 결국 포기한 코끼리들은 그의 몸 위에 흙과 풀을 뿌린다.[9] 아기 코끼리는 사라졌다. 출처를 따지지 않는 미국의 어느 동물원으로 팔려 갔을 가능성이 대단히 높다.[10]

● 혹등고래: 핼의 이야기

핼 화이트헤드Hal Whitehead는 훌륭한 고래학자다. 그는 특히 고래의 노래에 집중하고 있다.[11] 나는 오스트레일리아 그레이트 배리어 리프 근처의 고래 관찰 보트에서 본 한 그룹의 고래 중 노래를 유난히 잘했던 혹등고래에게 그의 이름을 붙였다. 우리의 작은 보트는 사나운 파도 사이로 나아갔다. 멀리에서 몇 무리의 혹등고래가 꼬리와 지느러미로 물살을 가르며 나타났다. 거대한 혹이 햇빛 속에서 반짝였다. 그중 한 마리가 핼 Hal이었다. 보트의 모터 소리 너머로 고래들의 노래가 들렸다. 그 소리의 패턴은 너무 복잡해서 우리 귀로 듣고 기록할 수가 없다. 다만 혹등고래들의 노래가 복잡한 멜로디 구조를 가지고 있고 엄청나게 다양하며 끊임없이 변화한다는 것은, 때로는 그것이 순전히 유행이나 새로운 것에 대한 관심에 따른 변화라는 것은 알고 있지만 말이다. 고래들은 서로를

● 날이 넓고 무거운 칼

모방하기 때문에 여기에서 시작된 변화가 1년 내에 하와이까지 갈 수도 있다. 그 소리는 우리에게 아름답고 대단히 신비롭게 들렸다.

이제 이런 핼을 상상해보자. 그는 필리핀의 한 해변에 죽은 채 쓸려 와 있다.[12] 건강했던 몸은 수척하다. 연구자들은 그의 몸 안에서 비닐봉지, 컵, 기타 일회용 플라스틱 쓰레기 88파운드(약 39.9킬로그램)를 발견했다. (비슷하게 플라스틱에 질식한 또 다른 고래에게서 발견된 쓰레기 중에는 슬리퍼 한 쌍도 있었다.) 핼은 굶어 죽었다. 플라스틱은 고래들에게 포만감을 주었지만 영양은 공급하지 않았다. 결국 진짜 음식이 들어갈 자리가 없었던 것이다. 핼의 배 속에 있던 플라스틱 중에는 석회화가 되어 플라스틱 벽돌로 변할 정도로 오래된 것도 있었다. 그는 다시는 노래하지 못할 것이다.

● 암퇘지: 블랜딩의 여제 이야기

나는 좋은 대우를 받는 실제 돼지에 대해서는 알지 못하기 때문에 실화를 바탕으로 한 소설을 선택했다. P. G. 우드하우스P. G. Wodehouse의 소설에 나오는 블랜딩의 여제Empress of Blandings보다 더 오만하고 매력적인 가상의 돼지는 없을 것이다. 이 검은색 버크셔Berkshire 암퇘지는 최고의 상태로 많은 메달을 차지했다. 우드하우스는 동물을 사랑하는 동물권 옹호자로 유명했기 때문에 그의 허구적 묘사는 애정 어린 관찰을 기반으로 한다고 알려져 있다. 블랜딩의 여제는 거대하다. 블랜딩스 성에서 가장 사랑받는 반려동물이며, 그는 그를 돌보는 인간 시릴 웰비러브드가 항상 맛있는 음식을 채워주는 구유를 무척이나 좋아한다. 그러나 웰비러브드가 술에 취해 난동을 부리고 잠깐 감옥에 갇히게 되자 그는 몸시 슬퍼하며 식욕을 잃는다. 그의 인간 가족, 특히 돼지에게 온 관심을 쏟는 엠스워스 경은 돼지의 행복을 염려해 여러 가지 간식으로 그를 유혹하지만 허사다. 운 좋게도 제임스 벨포드가 블랜딩스에 나타나고 네브래스카의 농장에서 일하는 동안 익힌 돼지 부르기 기술로 여제의 기분을 평상시로 되돌린다. 그는 엠스워스 경을 기쁘게 하는 "꿀꺽, 콸콸, 짭짭 소리"를 내며 맛있게 음식을 먹는다. 그 직후 그는 87회 슈롭셔 농산물 품평회의 살찐 돼지 부문에서 첫 번째 은메달을 수상한다.[13]

이제 이 여제의 다른 삶을 상상해보자. 여제가 블랜딩스 성의 친절한 사람들과 좋은 환경, 모든 존재를 사랑과 유머로 대하는 P. G. 우드하우스의 너그러운 세상에서 행복하게 사는 대신, 21세기 초 아이오와의 한 돼지 농장에서 사는 불운한 운명을 맞이한 것으로 말이다.[14] 갓 임신한 그는 몸 크기와 비슷한, 잠자리도 없고, 바닥은 오물이 아래쪽 하수 "라군"으로 흘러내리도록 콘크리트나 철제 슬레이트로 된 좁은 금속 우리, 소위 "임신 상자gestation crate"에 갇혔다. 그는 걸을 수도, 몸을 돌릴 수도, 심지어는 누울 수도 없다. 돼지 부르기 기술을 가진 친절한 사람이 말을 걸지도, 돼지를 사랑하는 인간들이 그를 찬양하고 애정을 퍼붓지도, 다른 돼지나 다른 농장 동물들이 그에게 인사를 건네지도 않는다. 그는 단지 번식 기계일 뿐이다. 미국의 약 6백만 마리 암돼지 대부분이 공장식 축산 농장에 있으며 이런 임신 상자가 대부분의 주에서 사용된다. 9개의 주와 몇몇 나라에서만 금지되었을 뿐이다.[15] 임신 상자는 운동 부족으로 인한 근손실과 골 질량 손실을 유발한다. 임신 상자의 돼지는 사는 곳에서 배변할 수밖에 없는데 이는 대단히 깔끔한 동물인 돼지가 몹시 싫어하는 일이다. 또한 임신 상자는 이 사회적인 동물에게 사회 자체를 빼앗는다.[16]

● 핀치: 장피에르의 이야기

위대한 플루티스트 장피에르 랑팔Jean-Pierre Rampal(1922~2000)은 새의 지저귐을 플루트 악보로 옮긴 많은 작품을 녹음했기 때문에 나는 코넬 조류학연구소Cornell Lab of Ornithology 웹사이트에서 능란한 노래를 들려주는 핀치finch*에게 그의 이름을 붙였다. 장피에르는 수컷 멕시코양지니 House Finch다.[17] 부리 바로 위에는 밝은 적색 깃털이 있고 머리 뒤쪽으로 넘어가면서 색상은 붉은 회색으로 변한다. 부리 아래에서는 붉은색이 분홍색과 흰색으로 변화하고 배 아래쪽에는 회색 줄무늬가 이어진다. 날개에는 회색과 흰색의 줄무늬가 있다. 그는 높거나 낮게 흐려지며 끝나는 짧은 곡조의 빠른 노래를 부른다.[18] 장피에르는 눈을 뗄 수 없는 매력을 갖고 있다. 깃털의 미묘한 색상 변화, 다른 새들과 어울리는 활발하고 지적인 모습, 그중에서도 다채로운 곡조의 지저귐은 특히 매력적이다. 그는 지치지 않고 노래를 부른다.

이제 장피에르의 다른 모습을 상상해보자. 호흡기가 손상된 채 헐떡이던 그는 결국 한때 유려하게 노래하던 나무 아래 쓰러져 죽는다. 수천 마리의 작은 철새(핀치, 참새, 울새 등 북아메리카 육지새 종의 86%를 차지하는 종들)가 매년 공기 오염의 영향 때문에 죽음을 맞는 것으로 추정된다. 오존이 새들의 호흡기를 손상시키고 새들이 먹는 곤충을 유인하는 식물에게도 해를 끼친다. 여기에는 좋은 소식이 있다. 대기오염방지법 Clean Air Act하의 오존 오염 감소를 위한 프로그램들이 새들을 돕고 있다. 이들 프로그램은 40여 년 동안 15억 마리 새들의 죽음을 막은 것으로

---

* 참새목 되새과 새의 총칭

추산된다. 그러나 장피에르를 구하기에는 너무 늦었고 너무 부족했다. 헬과 마찬가지로 그는 다시는 노래하지 못할 것이다.

● 개: 루파의 이야기

루파Lupa는 프린스턴 교수 조지 피처George Pitcher가 『정착하게 된 개들 The Dogs Who Came to Stay』에서 묘사한 대로, 학대당한 뒤 한동안 야생에서 살다가 조지 피처와 에드 콘Ed Cone과 행복한 가정을 이루게 된 개다.[19] 목줄 없는 루파가 그의 반려인 철학자 조지 피처와 손님인 나를 앞질러 프린스턴의 골프 코스를 내달렸다. 하지만 그의 어린 아들 레무스Remus 만은 앞지르지 못했다. 레무스는 냄새를 따라 루파를 앞서가다가 다시 그와 합류하기 위해서 돌아왔다. 루파는 독일 셰퍼드와 알 수 없는 종 이 섞인 중간 크기의 개였고, 레무스는 털이 짧고 몸집이 날렵하고 작 아 셰퍼드의 특성이 덜 드러나는 개였다. 두 마리 모두 행복하게 놀고 있었고 털에는 윤이 났다. 루파는 내 앞에서 몹시 수줍음을 탔지만 조 지에게는 엄청난 애정을 보여주었다. 레무스는 우리 두 사람 모두에게 살갑게 굴었고 장난기가 많았다. 두 마리 모두가 조지와 그의 파트너 에드, 그들을 찾는 동물, 인간과의 공생하는 삶 속에서 번영하고 있는 것이 분명했다.

이 경우는 어두운 쪽이 과거다. 한동안 야생견으로 지내던 루파는 조지와 에드가 사는 집 헛간 아래에서 새끼를 낳기로 했고 그곳에서 그 들에게 발견되었다. 루파는 상태가 좋지 못했다. 야생에서의 생활은 개 에게 힘든 일이다. 두려워하는 루파의 반응을 통해 그 이전의 삶이 어 땠는지 짐작할 수 있었다. 손을 올리는 것, 아래층의 특정한 전화기에서 나는 벨소리 같은 것들은 훨씬 이후까지도 루파를 겁먹게 만들었다. 새로운 인간은 오랜 시간에 걸쳐서 루파에게 자신을 입증해야 했고 그 시험을 통과한 사람은 많지 않았다. 루파는 그랜드 피아노 밑으로 도망치는 쪽을 택하곤 했다. 학대와 방치가 루파의 기억에 뚜렷이 새겨져 있었다. 반면 레무스는 좋은 삶만을 알았다.

고양이, 말, 젖소, 닭, 돌고래, 온갖 유형의 대형 육지 포유류 등 수많은 다른 유형의 동물에 대한 이야기도 들려줄 수 있다. 문어, 여러 종류의 조류, 어류에 대한 이야기도 많이 듣게 될 것이다. 내가 "프로필"을 소개한 동물들이 마주하는 다른 장애도 상상해볼 수 있다. 코끼리의 경우 인간이 코끼리의 땅을 잠식하면서 서식지의 축소로 인한 굶주림. 고래의 경우 이동과 번식 패턴에 지장을 주는 미국 해군의 수중 음파 탐지 프로그램을 비롯한 해양 소음. 농장 동물들의 경우 공장식 축산업계의 일련의 제도와 관행. 조류의 경우 오락 활동을 위한 사냥의 총격. 개의 경우 강아지 공장에서의 출생과 새끼 때의 삶, 그에 수반되는 모든 질병, 투견을 만드는 사육, 운동과 관심 부족. 이렇게 잔혹 행위와 방치의 이야기는 끝없이 이어진다.

번영하는 삶과 방해받는 삶 사이의 대조는 이 책의 핵심 아이디어다. 그것은 내가 1장에서 이야기할 정의에서 핵심이 되는 개념이다. 이런 대조에 대해 잘 생각하는 것은 동물을 위한 적절한 정의의 이론을 개발하는 열쇠다. 이 주제에 대한 세 가지 선도적인 이론들은 이런 대조와 동물이 영위하는 다양한 삶에서 드러나는 다양한 방식에 관심을 기울이지 않는다는 문제를 갖고 있다. 나는 동물에 대한 정의와 불의를 생각하는 새로운 이론적 근거를 마련할 것이다. 자기 나름의 특징적인 삶의 형태를 영위하는 동물의 역량에 기반을 둔 이론적 근거를 말이다. 그리고 번영하는 삶과 방해받는 삶 사이의 대조를 중심에 두는 역량 중심 이론이 다른 이론들이 극복할 수 없는 문제까지 극복할 수 있다고 주장할 것이다. 이론은 행동을 이끌고, 나쁜 이론은 나쁜 행동을 이끈다. 나는 이 영역에서의 지배적인 이론들에 결함이 있으며, 내 이론이 더 나은 행동을 이끌 것이라고 생각한다.

하지만 한편으로 이 책은 애정의 산물이며 안타깝게도 세상이 잃고만 한 사람의 헌신을 진척시키려는 뜻을 품은 건설적인 애도이기도 하다. 비교적 늦은 나이에 비인간동물의 역경에 깊은 관심을 갖게 된 내 딸, 레이철 너스바움Rachel Nussbaum은 나의 멘토이자 영감의 원천이었다. 독일에서 박사 학위를 받고 잠시 사상사를 가르친 그는 동물에 대한 열정을 따라 법학대학원에 진학하기로 결정했고, 운 좋게도 동물법과 관련 주제에 대한 코스가 많은 워싱턴 대학 법학대학원에 입학하게 되었다. 레이철과 그의 남편은 레이철이 가장 관심을 갖고 있는 고래와 오르카를 지켜보는 데 가장 좋은 장소에 가까운 시애틀에서 살았다. 결국 그는 이상적인 직업을 얻었다. 프렌즈오브애니멀즈Friends of Animals라는 동물법률단체의 변호사로 뛰어난 동물법 전문가 마이클 해리스Michael Harris가 책임자로 있는 덴버의 야생동물 분과에서 일을 하게 된 것이다. 레이철은 5년간 미국의 동물원으로 밀매되는 코끼리, 목장주들로부터의 도태 위협을 받는 야생마, 멸종 위기의 들소 등 야생동물의 법적 문제를 다루었다. 여러 소송 사건도 맡았고, 친동물 법안을 고려하는 주 의회에서 증언을 하기도 했다.

레이철은 엄마인 나와 이야기를 나누며 야생동물에 대한 자신의 열정과 헌신을 공유했다. 학대받고 고통받는 생물의 삶을 개선하려는 그의 헌신은 강렬하고 아름다웠다. 그것은 계속해서 내게 영감을 주고 있다. 우리는 해양 포유류의 법적 지위와 야생동물과 인간의 관계에 대한 보다 일반적인 사안들을 다루는 일련의 논문을 공동 저술하기 시작했다. (나는 나의 역량 접근법capabilities approach*을 새로운 방향으로 밀고 나가면서 철학적 이론을 제공했다. 그는 사실과 법률을 맡았다.[20])

레이철은 2019년 12월 성공적인 장기이식 후에 약물 내성 곰팡이 감염으로 47세의 나이에 목숨을 잃었다. 기증자의 장기가 가진 구조적 결함 탓에 장기가 감염의 "씨앗"이 되었던 것으로 밝혀졌다. 이 결함은 부검을 하기 전까지 발견할 수 없었다. 어떤 이유에선지 기증자의 장기가 제 기능을 하지 못하는 것이 명백했기 때문에 레이철은 재이식 수술을 받을 예정이었다. 장기를 찾아 수술실로 옮기려는 바로 그때에서야 곰팡이 감염이 발견됐다. 그것은 약물 내성이 있는 곰팡이였다. 첫 이식에서 사망까지의 시간은 단 5개월이었다. 그 기간 동안 레이철의 남편 게르트 위처트Gerd Wiechert와 나는 거의 매일 병원에서 그를 보았다. 그가 내게 권한 대로 런던으로 가서 인간개발및역량협회Human Development and Capability Association, HDCA에서 우리의 마지막 공동 논문을 발표했던 때만이 예외였다. 당시 레이철은 경과가 매우 좋아서 퇴원을 앞두고 있었다. 그는 대서양 건너 인간개발및역량협회의 친구들과 통화를 하면서 다음 해에 합류할 것을 고대했다. 그 시기에 우리는 우리가 사랑하는 동물에 대한 많은 대화를 나눴다. 다행히 COVID-19가 유행하기 전이어서 그의 아버지와 프렌즈오브애니멀즈의 레이철의 상관이 게르트나 나와 함께 자주 그를 찾을 수 있었고, 그가 마지막 말을 남길 때는 모두가

---

* 개인 각자의 역량이 실현될 수 있는 분배가 이루어져야 한다는 철학 이론

그와 함께했다.

살아 있는 한 레이철의 반짝이는 녹색 눈동자와 밝은 미소를 잊지 못할 것이다. 우리는 대조의 전형이었다. 나는 곱슬거리는 금발 머리였다면 그는 검은색의 짧은 머리였고, 나는 다채로운 색상의 여성스러운 원피스를 입는다면 그는 온통 검은색인 바지 정장을 입었다. 하지만 우리의 마음은 깊은 곳에서부터 하나였다.

이것은 비극에 관한 책이 아니다. 이 책은 그가 사랑한 대의를, 그가 알고 지지했던 이론을 통해 진전시키려는 책이다. 내 역량 접근법의 한 버전인 이 이론은 사람들(혹은 이 경우 쾌고감수능력을 가진 동물들)이 정치적, 법적 맥락에서 생물이 가진(혹은 갖지 못한) 선택과 활동의 기회 목록에 규정된 대로 법과 제도에 따라 적절한 정도의 번영하는 삶을 살 수 있는지 물음으로써 정의를 측정한다. 레이철은 직장에서 가까운 덴버대학에서 역량 접근법에 대해 강의를 하기도 했다. 그는 2006년 내가 쓴 『정의의 변경Frontiers of Justice』이라는 책에서 동물 문제에 역량 접근법을 이용하려 시도한 부분을 읽었다. 우리는 이 책의 집필에 대해 자주 논의를 했고, 나는 일부 초안, 특히 야생동물에 대한 장을 그에게 보여주기도 했다. 법과 인간-동물 우정에 대한 장에서는 우리가 공저한 내용이 광범위하게 등장한다. 때문에 나는 그가 나를 통해서 이야기를 하고, 내가 깊이 사랑했던 목소리를 전달하고 있는 것처럼 느낀다.

로마의 철학자이며 정치가인 키케로Cicero의 딸 튈리아Tulia는 레이철보다 조금 젊었을 때 사망했다. 키케로는 자신의 깊은 슬픔과 애도의 마음을 그를 기억하는 사당을 짓는 계획으로 표현했다. 이 계획은 그의 말년에야 드러났다. 레이철의 약속을 세상 속에 살아 있게 하고 다른 사람들이 그런 약속의 뒤를 잇도록 자극하는 책이 그 사당보다 애정과 슬품을 더 잘 표현하는 것이길 바란다. 책은 그의 가치관을 예증하며 그것을 온 세상에 소통시킬 것이기 때문이다.

역량 접근법이란 무엇이며 동물 정의에 열정을 가진 법률가들은 왜 거기에 관심을 두는 것일까?[21] 이를 파악하는 쉬운 방법은 역량 접근법이라고 할 수 없는 것을 제외시키는 것이다. 역량 접근법은 다른 대중적인 접근법처럼 인간과의 유사성으로 동물의 순위를 매기지 않으며 "우리와 가장 비슷하다"고 여겨지는 동물에 특전을 주고자 하지 않는다. 역량 접근법은 고래나 코끼리만큼이나 핀치와 돼지에게도 관심을 가진다. 역량 접근법은 인간의 삶의 형태가 각 유형의 동물이 필요로 하고 마땅히 누려야 할 것이 무엇인지 생각하는 일과 전혀 무관하다고 주장한다. 의미가 있는 것은 그들 나름의 삶의 형태다. 인간이 인간적 삶 특유의 선善을 향유할 수 있기를 바라는 것처럼, 핀치는 핀치의 삶, 고래는 고래의 삶에서 그 특유의 선을 향유하길 바란다. (각자의 개별적인 차별화의 여지는 그들이 추구하는 삶의 일부다.) 우리는 우리 자신과 같은 종류의 삶을 기준으로 삼으며 동물을 인간보다 못한 존재로 그리는 게으른 자세를 버리고, 스스로를 확장하고 배움을 계속해야 한다. 역량 접근법에 따르면, 쾌고감수능력이 있는(세상에 대한 주관적인 관점을 가지고 고통과 쾌락을 느낄 수 있는) 각각의 생물은 그 생물 특유의 삶의 형태로 번영할 기회를 가져야만 한다.

오늘날 동물 정의에서 가장 두드러진 접근법, 즉 18세기 영국 철학자 제러미 벤담Jeremy Bentham의 공리주의Utilitarianism에 바탕을 두고 당대의 오스트리아 철학자 피터 싱어Peter Singer가 발전시킨 접근법은 고통과 쾌락에만 주의를 기울인다. 하지만 역량 접근법은 그렇지 않다. 고통은 매우 매우 중요하며, 동물의 삶에서 불의와 피해의 가장 큰 원천이지만 고통이 전부는 아니다. 동물들에게는 사회적 상호작용, 종종 큰 그룹의 같은 종 구성원들과 가지는 사회적 상호작용도 필요하다. 그들에게는 움직일 수 있는 상당한 공간이 필요하다. 그들에게는 놀이와 자극이 필요하다. 유익이 없는 고통을 반드시 막아야 하는 것은 맞지만, 번영하는 동물 삶의 다른 측면에 대해서도 생각해야 한다. 우리 자신이라면 어떨까? 고통이 없는 삶이 사랑, 우정, 활동, 우리가 관심을 둘 이유가 있는 다른 것들을 빼앗는 것을 의미할 때라면 우리는 그런 삶을 택하지 않을 것이다. 동물도 그와 마찬가지로 다원적인 관심사를 갖고 있다. 결함이 있는 이론은 결함이 있는 조언을 제시한다.

이 책이 다루고 있는 큰 이야기는 내가 설명한 다섯 가지 동물에 대한 윤리적 책임을 달성하기 위해 노력하는 과정에서 정치와 법의 방향을 잡는 새로운 이론이 필요한 이유, 역량 접근법이 이들의 삶을 망치고 좌절시키는 관행에 대한 윤리적, 정치적으로 개입하는 데 가장 적절한 모형인 이유에 대한 것이다.

1장에서는 정의가 무엇을 의미하는지, 불의를 통제하고 그에 대응할 수 있게 하는 우리 인간의 능력들에는 어떤 것이 있는지부터 이야기를 시작할 것이다. 다음 세 개의 장에서는 법과 철학에서 현재 사용되고 있는, 결함이 있는 세 가지 이론에 대해 알아본다. 2장 인간과 매우 유사한 것 같은 생물(오로지 그들만)을 도우려 노력하는, 내가 "우리와 너무 비슷해서So Like Us" 접근법이라고 부르는 인간 중심 이론, 3장 고통과 쾌락에 집중하고 동물 삶의 다른 측면을 고통과 쾌락의 양으로 환원하는 제러미 벤담, 존 스튜어트 밀John Stuart Mill, 헨리 시지윅Henry Sidgwick, 피터 싱어의 공리주의 이론(이 부분에서 밀은 다른 사람들과 나뉘지만), 4장 동물 삶의 존엄이라는 측면에서는 큰 진보를 이루었지만 몇몇 핵심적인 측면에서 한계가 있는 철학자 크리스틴 코스가드Christine Korsgaard의 칸트주의적 접근법이 그것이다.

중반의 두 개 장, 5장과 6장에서는 나의 이론을 보이고 동물에게 권리, 즉 정의에 근거해 번영하는 삶을 누릴 자격이 있다는 주장을 편다. 나는 내 이론의 측면에서 그것이 어떤 의미인지 보여준다. 이후 쾌고감수능력의 핵심 개념에 대해 논의하면서 정의가 세상에 대한 관점을 가진 동물에게만 적용되고 그렇지 않은 동물이나 식물에는 적용되지 않은 이유를 제시한다.

7장은 죽음이 동물에게 언제 해가 되는지를 묻고, 우리가 죽음에 의해 해를 입는지에 대한 끝나지 않는 철학적 질문을 되짚는다. 8장은 윤리적으로 중요한 두 가지 의무 사이의 "비극적 충돌"의 문제(동물의 선을 증진할 때 우리가 종종 직면하는)를 진단하고 동물 실험에 의해 제기되는 문제들처럼 난해한 문제들을 해결하기 위해 우리가 일시적으로 유발해야 하는 피해를 경감하려면 어떤 접근법을 취해야 할지 묻는다.

이후 9장과 10장은 우리 세상의 주요한 두 가지 유형의 동물, 우리와 함께 그리고 우리 곁에 사는 동물들과 "야생동물"(나는 모든 동물들이 인간이 지배하는 공간에서 산다는 의미에서 그들이 실제로는 야생이 아니라고 생각한다. 하지만 그들은 인간과 공생하도록 진화하지 않았다)들을 살펴본다. 나는 각 경우, 역량 접근법이 법과 정치가 이들 동물의 삶을 다루는 방법에 대해 어떤 제안을 하는지 이야기할 것이다.

11장에서는 인간과 다른 동물들 사이의 우정이라는 주제를 중심으로 그런 우정("야생"동물과도)이 어떻게 가능한지 보여주고, 이상적인 우정이 우리로 하여금 우리 앞에 있는 과제에 대해 깊이 생각하는 데 도움을 준다고 주장할 것이다. 마지막으로 12장은 법, 즉 국내외의 현행법과 그들이 가진 많은 결함에 대해 살펴보고 더 나은 길을 구축하는 데 사용할 수 있는 법적 자원에 어떤 것이 있는지 질문한다.

우리 인간은 더 나은 일을 할 수 있고 반드시 그렇게 해야만 한다. 법은 더 나은 일을 할 수 있고 반드시 그렇게 해야만 한다. 나는 지금이 위대한 자각의 시점이라고 믿는다. 놀랍도록 지적인 생물의 세계와의 연대를, 그들을 대우하는 데 있어서의 진정한 책임을 자각하는 시점 말이다. 쾌고감수능력을 가진 모든 존재를 포함하는 진정으로 세계적인 정의를 향해 가야 할 시점인 것이다. 해양 포유류에 대한 레이철의 열정이 내게 호기심을 갖게 하고, 쉽지는 않지만 내 삶의 다른 어떤 여정보다 보람 있는(모성이라는 여정을 제외하면) 항해에 기꺼이 나서게 한 것처럼, 나는 이 책이 그런 자각을 이끌고, 도덕적 긴급성과 이론적 구조를 부여하고, 새로운 사람들이 동물을 위한 정의라는 대의를 받아들이도록 하는 데 도움이 되길 희망한다.

1장

잔혹 행위와 방치

동물 삶 속의 불의

동물들은 우리의 손에서 불의를 당하고 있다. 이 책 전체에 걸친 과제는 이 진술을 성공적으로 이어가고 불의를 진단하고 적절한 개선책을 제시하는 강력한 이론적 전략, 내 역량 접근법의 한 버전을 권하는 것이다.

이 장에서 나는 우선 불의에 대한 선철학적인 일상적인 아이디어부터 살펴볼 것이다. 이 아이디어에는 어떤 존재가 상당히 의미 있는 무엇인가를 얻기 위해 노력하고 있으나 이를 다른 존재에 의해 부당하게(악의에 의해서이든 부주의에 의해서이든) 차단당하고 있다는 생각이 포함된다.

이런 생각을 가진다면 이미 내 역량 접근법의 진로에 서게 되는 것이다. 역량 접근법은 의미 있는 활동, 그리고 생물이 피해나 장애 없이 의미 있는 활동을 추구할 수 있도록 만드는 환경에 집중하기 때문이다. 달리 말해 역량 접근법은 번영하는 삶을 영위하게 하는 데 집중한다. 고통을 가장 나쁜 것으로 보고 편협하게 거기에 집중하는 다른 접근법들과 달리, 역량 접근법은 다른 것의 개입으로 방해를 받을 수 있는 다양한 유형의 의미 있는 활동(움직임, 소통, 사회적 유대, 놀이를 비롯한)과 악의 또는 부주의에 의한 여러 유형의 부당한 방해 활동에 초점을 맞출 것이다.

 이 장에서 나는 우선 번영하는 동물과 번영하는 삶을 추구하는 데에서 좌절을 당한 동물을 비교함으로써 정의와 불의를 가장 기본적으로 해석해볼 것이다. 다음으로 내가 든 사례 속의 동물들이 얼마나 부당한 대우를 받는지 보여주기 위해 우리가 불의에 대해 가진 선철학적인 일반적 아이디어를 살펴볼 것이다. 다음으로 의미 있는 활동의 부당한 방해에 대한 아이디어를 발전시킨 후, 이 책을 읽는 모든 독자들이 가진 세 가지 능력, 즉 동물들에게 주의를 기울이고 관심을 갖게끔 하는 경이, 연민, 격분이라는 능력에 대해 알아볼 것이다. 적절하게 개발하고 키운다면 이 세 가지 감정은 동물 권리의 윤리적, 철학적 틀을 보다 잘 이해하는 데 도움을 주는 자원이 될 것이다.

 동물들이 우리에게 정의를 요구하고 누릴 자격이 있는지 의심하는 사람들은 5장에서 설명하는 내 이론이 이 중요한 문제에 대한 전체 논거를 드러낼 때까지 기다려야 할 것이다. 다른 이론들은 이 문제에 대해 다른 답을 내놓기 때문이다. 그 전에 여기에서 요점만 정말 간략하게 말하자면, 모든 동물, 즉 인간과 비인간동물은 모든 중요한 것들을 이 취약한 지구에 의지하며 살고 있다. 우리는 여기에 있기로 선택한 것이 아니다. 태어나 보니 여기였을 뿐이다. 우리 인간은 우리가 여기에 있다는 사실 때문에 우리를 유지하기 위해 지구를 사용하고 지구의 일부를 우리의 재산으로 삼을 권리가 있다고 생각한다. 반면 다른 동물들에게는 그와 같은 권리가 있다는 것을 부정한다. 그들의 상황도 우리와 전혀 다를 바가 없는데 말이다. 그들 역시 태어나 보니 여기였고, 가능한 한 최선을 다해 살려고 노력해야 한다. 우리는 무슨 권리로 우리가 주장하는 것과 같은 방식으로 지구를 이용하는 그들의 권리를 부정하는 것일까? 그런 부정에는 아무런 논거도 제시되지 않는 것이 보통이다. 생존하고 번영하기 위해서 지구를 이용해야 한다는 우리 자신의 주장을 지지하는 이유라면 그 어떤 것이든 동물도 같은 권리를 가졌다는 이유가 된다.[1]

그러나 우선은 정의와 불의에 대한 실질적인 개념을 확립해야 한다. 그것이 이 장의 과제다.

시작하기에 앞서 몇 가지 사례가 필요하다. 동물의 복잡성과 인상적인 활동에 경이를 불러일으키는 사례와 인간의 잔혹한 행위와 방치의 세상에서 동물에 느끼는 고통스러운 연민과 거기에 더해지는 행동으로 옮길 수 있는 격분의 사례다.

● 번영하는 동물들, 좌절당한 동물들

앞서 도입부를 통해, 살려고 노력하지만 다양한 유형의 장애와 좌절에 직면한 다섯 가지 특정 동물에 대해서 알게 되었을 것이다. 나는 우선 그 특유의 삶을 살아가는 동물의 번영하는 활동을 보여준 후, 같은 동물이 인간의 학대로 슬픔에 이른 모습을 묘사했다.

어미 코끼리 버지니아는 자유롭게 이동하고 암컷 코끼리 무리와의 사회적인 삶을 즐겼고 무리와 공동으로 아기 코끼리들을 양육했다. 이후 그는 밀렵꾼의 공격으로 죽음을 맞았다. 그의 얼굴은 상아를 채취하면서 난도질당했고, 그의 새끼는 무리에서 떠나 번영하는 삶을 제공받지 못하는 동물원에 팔려 갔다.

혹등고래 헬은 자유롭게 움직이고 고래 무리와 사회적 상호작용을 하고 노래를 하면서 즐겁게 지냈다. 이후 플라스틱 쓰레기를 먹은 헬은 소화관이 막혀 굶주린 상태로 해안에 밀려왔다.

블랜딩의 여제는 블랜딩스 성에서 돼지를 사랑하고 돼지의 독특한 성격과 욕구를 파악하고 있는 사람들의 보호를 받으며 좋은 음식을 먹고 지냈다. 반면 아이오와의 돼지 농장에서는 임신 상자에 갇혀 자신의 배설물 옆에서 먹이를 먹을 수밖에 없었고, 자유로운 움직임이나 사교 생활을 전혀 할 수 없는 완전히 다른 삶을 마주했다.

장피에르는 자유롭게 날아다니고 멋지게 노래를 부르며 다른 핀치들과 사회적 상호작용을 즐겼지만 대기 오염에 목숨을 빼앗겼다.

루파는 고통으로부터 행복으로, 불의로부터 번영으로 이동한 이야기다. 이전에는 잔인한 인간들에게 맞았고 이후에는 먹이를 찾아 거리를 헤맸던 루파는 친절과 사랑과 존중으로 그를 대하고, 훌륭한 의료 서비스와 충분한 운동을 제공하고, 루파의 새끼 레무스까지 입양한(다른 새끼들에게도 좋은 집을 찾아주었다) 인간들 덕분에 인간은 물론 개와도 함께하는 행복한 삶을 살 수 있게 되었다.

이것은 수백만의 이야기 중에서 다섯 개에 불과하다. 잔혹 행위와 방치의 이야기는 끝이 없다. 하지만 이 다섯 개의 이야기는 정의와 불의라는 아이디어를 철저하게 조사하는 데 필요한 자료를 제공한다. 이런 이야기에서 우리는 번영하는 삶을 본다. 특히 이 모든 이야기에서는 자유로운 이동, 사회적인 삶, 각 종의 전형적인 역량을 발휘하는 삶을 관찰할 수 있다. 반면에 이런 역량이 좌절되고, 이런 움직임이 차단되고, 사회적 교류가 불가능해지는 것도 볼 수 있다.

번영하는 삶과 방해받는 삶의 대조가 이 책의 핵심이 되는 직관적인 아이디어다. 그러나 모든 장애가 우리가 해결해야 하는 불의로 간주되는 것은 아니다. 이제 그 문제를 생각해보자.

● 정의: 기본이 되는 직관적 아이디어

불의를 겪는다는 것은 무엇일까? 삶의 피해가 단순한 해가 아니라 누군가가 책임져야 하고, 가능하다면 교정하고, 혹 그게 안 된다면 미래에는 예방해야 할 잘못된 행동일 때는 언제일까?

여기는 내 이론의 근본적인 직관에 이르는, 더 이상의 이유를 제시하기가 대단히 힘든 부분이다. 하지만 기초 아이디어를 분명히 표현하기 위해서 이유를 제시하기 위한 노력을 해보려 한다. 그런 기초적인 아이디어가 우리를 다음에 이어지는 것들로 안내할 것이기 때문이다. 생물에게 불의를 겪는다는 것은 무엇이며, 정의에 기반을 둔 자격을 갖는다는 것은 무엇일까?

하나의 동물을 상상해보자. 가상의 일반적인 동물이라도 이름이 필요하니, 수잔이라고 부르기로 한다. 수잔은 그 종류의 동물에게 중요한 모든 것을 계획하고, 행동에 옮기고, 추구하며 삶을 살아간다. 수잔은 자신의 감각과 생각을 이용한다. 수잔은 여러 가지에 관심을 보이고 욕망을 가진다. 수잔은 그쪽으로 나아가고 그들을 얻으려 한다. 그 과정에서 그런 노력에 대한 장애들을 만난다. 어떤 것들은 사소하다. 그의 삶에서 주변적이고 중요치 않는 과제를 차단하는 장애들이다. 하지만 그중에는 보다 심각한 장애들도 있다. 누구의 잘못도 아닌 신체적인 한계에서 비롯되는 것들도 있다. 수잔은 질병에 시달리며, 큰 폭풍이 그의 거주지를 파괴한다. 여기까지라면 수잔은 크고 작은 피해는 입었지만 불의는 겪지 않은 것처럼 보인다.

이번에는 다른 생물에 의해 혹은 다른 생물이 설정한 상황에 의해 방해를 받는다고 생각해보자. 다른 생물이 그 나름의 일을 하다가 우연히 수잔과 충돌하거나 경쟁하는 식으로 아무런 잘못을 저지르지 않았다면, 수잔은 불의를 겪은 것이 아니다. 그 생물은 수잔이 얻으려 노력하는 음식의 일부를 가져갈 수도 있다. 혹은 자신이나 가족의 생명에 대한 정당한 방어로 수잔과 싸우거나 수잔에게 피해를 줄 수도 있다.

이번에는 수잔의 거주지가 다른 생물에 의해 고의적으로 파괴되었다고 생각해보자. 그 생물은 그보다 더 나은 방법을 알고 더 나은 일을 할 수 있는데도 말이다. 수잔이 같은 종의 동물 수천 마리와 함께 고의적으로 갇혀 죽임을 당했다고 생각해보자. 세상에 있는 대부분의 닭, 많은 돼지와 송아지에게 일어나는 것처럼. 수잔이 블랜딩의 여제와 같이 금속 우리에 갇혀 역겨운 냄새가 나는 정화조로 이어지는 슬레이트 위에서 배변을 할 수밖에 없고 운동 부족으로 병에 걸리는 것을 생각해보자. 버지니아처럼 상아 시장의 수요를 채우기 위해 세계적 범죄 조직이 마체테로 수잔의 얼굴을 피투성이가 되도록 난도질을 했다고 생각해보자. 루파처럼 주인이라는 자로부터 맞았다고 생각해보자. 이제 우리는 불의의 영역에 있다. 자신의 삶을 추구하려는 수잔의 노력이 부당하게 보이는 간섭에 의해 차단되었기 때문이다. 수잔이 인간이라면 우리는 빠르게 불의가 개입되었다는 결론을 내릴 것이다.

햄과 장피에르의 경우는 그와는 조금 달라 보인다. 피해를 가하려는 고의적인 행동이 없기 때문이다. 햄이 작살을 맞은 것이라면(국제포경위원회International Whaling Commission, IWC에서는 더 이상 허용하지 않는 소름끼치는 관행이지만, 이 문제로 위원회에서 탈퇴한 일본에서는 계속되고 있다) 우리는 이 부당한 가해 행위가 고의라는 데 빠르게 동의할 것이다. 햄을 방해한 수중 음파 탐지 프로그램은 미국 해군이 좋은 의도로 설치한 것인데도, 미국 법원은 고래의 활동을 부당하게 방해했다는 이유로 프로그램을 중단시켰다(5장에서 더 자세히 알아보게 될 것이다).² 해변으로 쓸려온 핼이 쓰레기에 질식한 것은 좀 더 복잡한 문제다. 그 모든 플라스틱 쓰레기가 결국 어디로 갈지에 대한 인간의 생각이 짧았던 것은 분명하다. 하지만 그것이 과실의 수준에 이른다고 할 수 있을까? 그 책임은 누가 져야 할까? 지금은 우리가 책임을 면한다 해도 미래에도 그럴 수 있을까? 해변에 죽어 있는 고래를 본 뒤라면, 다음에 생기는 일은 우리에게도 책임이 있다는 것을 인식하게 될까? 쓰레기가 멀리 바다에 있고 치우기가 매우 어렵더라도 말이다.³

대기 오염으로 질식한 장피에르의 문제도 쉽지 않다. 산업화된 우리 삶의 부산물은 우리 자신을 비롯한 많은 종에게 피해를 준다. 그렇다면 정확히 어느 지점에서 부당한 피해의 수준에 이르는 것일까? 비난받아야 할 사람은 누구일까? 우리의 사법 시스템(특히 청정대기법Clean Air Act)은 인간을 염두에 두고 이 문제를 고심해왔지만 철새보호조약법Migratory Bird Treaty Act, MBTA하에서 오염에 대한 소송을 초래할 수 있는 보호는 정치적으로 이론이 있는 사안이다(12장을 참조하라).

그렇지만 수잔이 핼이었다면, 수잔의 친구들은 해양 포유류에 대한 피해를 막는 법이 이미 명문화되어 있으며, 이런 피해가 악의적인 것이 아니고 한 사람의 행위자를 지목할 수는 없더라도 분명히 예견할 수 있는 부주의한 일이었다고 지적할 것이다. 바다는 한심할 정도로 규제의 손이 미치지 못하고 있다. 하지만 국가가 협력한다면 이론적으로는 이런 종류의 쓰레기 투기를 법으로 규제할 수 있다. 대기 오염 역시 법에 의해 축소될 수 있다. 법을 위반하는 자는 고의적인 위반이 아닌 과실이더라도 부당한 행위를 하고 있는 것이다. 새는 다를까? 시간과 정치가 답을 주겠지만 내 생각은 분명하다.

불의는 수잔의 입장에서 그의 삶에 합리적으로 중요한 최소한의 것을 얻으려는 노력을 고려해야 하며, 피해뿐만이 아니라 고의적인 행위나 과실을 막론하고 다른 누군가에 의한 부당한 행위도 포함해야 한다.

지금까지의 이야기를 살피면, 불의의 피해자는 반드시 인간일 필요는 없고 비인간동물도 피해자가 될 수 있는 것으로 보인다. 불의는 쾌고감수능력이 있는 존재에 대한 행동에 좌우되는 것이지 존재의 유형에 따라 달라지는 것이 아니다. 수잔은 인간일 수도, 돼지일 수도, 코끼리일 수도 있다. (6장에서 모든 동물이 불의를 겪는지, 일부만이 불의를 겪는지 질문하고 그 경계를 보다 상세히 정의할 것이다.) 대부분의 고의적인 잘못의 경우, 가해자는 인간이다. 인간은 대부분의 다른 동물들과는 다른 방식으로 고의적인 악의를 가질 수 있기 때문이다. 그렇지만 이후 우리는 인간이 유일한 윤리적 생물이 아니며, 의무를 질 수 있는 유일한 생물도 아니라는 것을 보게 될 것이다. 이는 이후 다종 공동체라는 유력한 이론을 구성하는 데 중요한 역할을 할 것이다.

때로는 사고처럼 보이는 일도 자세히 들여다보면 불의가 포함되어 있다. 과실이 있는 태만이 관련되기 때문이다. 이것은 인간 세상에서는 잘 알려진 일이다. 백신이 있는 질병에 걸렸지만 의사가 백신이 해롭다고 말한 경우, 제조사의 실수로 끔찍한 자동차 사고를 당하는 경우, 불완전한 검사로 오염된 농산물을 먹고 중독이 되는 경우. 모두 불법행위의 책임이 존재한다. COVID-19 팬데믹 동안에는 고통과 책임 사이의 연결이 더 복잡하고 모호했다. 검사가 더 효율적으로 이루어지고 봉쇄가 더 철저했다면 얼마나 많은 사람이 목숨을 건졌을까? (뉴질랜드의 사례가 보여주듯이 그 수는 엄청날 것이다.) 평생 당뇨와 영양실조 같이 빈곤과 관련된 질병과 장애에 영향을 받지 않는다면 얼마나 많은 사람이 목숨을 구했을까? 거기에 잘못이 있을까? 그렇다면 누구의 잘못일까? 잘못된 정보로 목숨을 구하는 백신을 접종하지 않은 사람들은 누구를 탓해야 할까? 과학에 대한 관심이 부족하거나 잘 속는 사람? 잘못된 정보를 공급한 사람? 둘 다? 책임을 지는 사람들, 혹은 책임을 져야 하는 사람들이 있는 때이고 진실과 신뢰를 갈망해야 하는 매체가 있는 곳이라면 피해는 부당한 일로 보이기 시작한다. 그들은 피해를 예견했어야 한다. 그렇다면 그들의 힘을 고려할 때 피해를 피할 수 있었을 것이다. 헬의 경우도, 장피에르의 경우도 다르지 않다.

어딘가에는 과실이 있는 것 같지만 꼬집어 내기가 어려운 경우도 있다. "자연"에 있는 생물들이 피해를 보았지만 인간이 그 현장에서 도움을 줄 수 있는 때라면 어떨까? 코끼리들이 가뭄으로 먹을 수 있는 풀들이 없어서 굶어 죽는다면? (인간이 주변의 땅을 사용한 것이 가뭄의 주된 원인일 것이다.) 동물들이 우리가 치료법을 아는 질병으로 불구가 된다면? (시카고 브룩필드 동물원Brookfield Zoo의 호랑이는 고관절 대치술을 성공적으로 마쳤다. 자연의 호랑이, 인간이 감독하고 모니터링하지만 여전히 "야생"인 호랑이에게는 수술적 개입을 실시할 수도, 않을 수도 있다.) 포식은 어떨까? 가능한 경우라면 야생 개 무리가 사슴을 잡아먹는 것을 저지해야 할까? 반려견이나 반려묘라면 비슷한 공격적 행위에 가담하는 것을 분명히 막으리라는 것을 아는 상황에서 말이다.

언제 불의가 존재하는지, 누가 불의를 행하는지 파악하는 것은 대단히 힘든 일이다. 하지만 보통의 직관은 보다 명확하게 드러난다. 불의는 **피해**뿐 아니라 고의든 과실이든 **부당한 방해**에 의해 중요한 삶의 노력이 차단되는 것을 뜻한다. 이런 방해에는 유기체의 거의 모든 일반적인 활동(인식, 섭식, 이동, 사랑)을 방해하는 고통을 가하는 것이 포함된다.

이제는 당신이 동물이 피해를 볼뿐만 아니라 부당한 방해로 이해되는 불의를 겪을 수 있다는 확신을 가졌다고 가정해보자. 다음에 이어지는 글을 통해 왜 이렇게 생각해야 하는지 그 이유를 제시하겠지만 나는 당신이 이 사례들로부터 이미 공감했기를 바란다.

인간과 인간의 삶의 방식은 어디에서나 찾아볼 수 있다. 육지에서는 대형 포유류의 서식지를 압박하고 동물들에게 필요한 물을 사용한다. 공중에서는 철새의 비행 패턴을, 그들이 숨 쉬는 공기를 바꾼다. 바다에서는 포유류와 어류의 서식지를 엄청나게 다양한 방법으로 변화시킨다. 인간의 힘이 도처에 편재하면서 인간의 책임은 과거 "야생"이나 "자연"으로만 생각했던 영역까지 확장되고 있다. 정의는 어디에서 시작되고 어디에서 끝나는 것일까?

이 책이 모든 어려운 사례를 다룰 수는 없을 것이다. 하지만 다른 경쟁 이론들보다 어려운 사례를 다루는 데 도움이 되도록 동물의 번영에 대한 사고방식, 그리고 이를 방해하는 것을 보여주기 위해 노력할 것이다. 나는 우리 인간 전체에게 이 지구를 공유하고 있는 생물들의 가장 필수적인 삶의 활동을 지원할 책임이 있다고 주장할 것이다. 이런 많은 활동에 대한 잘못된 개입을 중단하고 모든 척추동물과 많은 무척추동물을 비롯한 모든 쾌고감수능력이 있는 생물(세상에 대한 관점을 갖고 있으며 그런 것들이 중요한)이 번영하는 삶을 위한 적절한 시도를 할 수 있도록 서식지를 보호함으로써 말이다. 중요한 활동을 선택할 수 있는 이런 가능성이 바로 내가 "역량capabilities"이라고 말할 때 의미하는 것이다. 따라서 우리는 동물의 역량을 지원해야 한다.

● 경이, 연민, 격분: 영혼의 눈을 뜨다

나는 이런 사례들을 잘못 행해져 왔다는 감각을 일깨우는 방식으로 묘사하기 위해 노력했다. 다시 한번 강조하자면, 이것은 이 책 전체의 과제다. 나는 동물에 대한 인간의 많은 행위가 부당한 방해의 형태를 띤다고 당신을 설득하려 하기 때문이다. 인간의 행동이 동물에게 많은 고통과 다른 많은 장애를 유발한다는 것은 모두가 알고 있지만, 이것이 잘못임을 인정하지 않는 사람들이 많다. 연민을 좀 더 발휘하는 것이 좋은 일인 것은 당연한데도 여전히 우리에겐 하고 있는 일을 계속할 권리가 있다고 생각하는 것이다. 20세기의 위대한 철학자인 존 롤스John Rawls의 정의론도 동물을 연민으로 대하는 것은 미덕이지만 동물을 대하는 데 있어서 정의와 불의를 가릴 여지는 없다고 말한다.

이후 내 이론을 설명하면서 동물에게 권리가 있다는 점에 대한 논거를 제시할 것이다. 하지만 사람들이 철학적 논쟁에 관심을 두려면 우선 주의를 기울일 동기가 있어야 한다. 우리 인간이 가진 소양 중에 거기에 이르는 데 도움이 될 만한 것이 있을까? 일부 동물과 애정 어린 관계를 맺고 있는 사람들이 있다. 이런 애정은 보다 포괄적인 관심의 출발점이 될 수 있다. 하지만 기본 애정만으로는 부족할 수 있다. 자신이 알고 있는 것에만 애정을 갖고 자신이 알지 못하는 수백만의 동물에는 애정을 갖지 않기 때문이다. 아이를 애정으로 키우는 부모들이 전 세계의 기아와 아동의 성적 학대를 근절하기 위해 노력하려는 동기를 부여받지는 않는 것처럼 말이다. 도움을 이끌어낼 만한 다른 것은 없을까? 어떤 감정이 일상적인 배경에서 벗어나게 할 잠재력을 갖고 있을까?

내 설명은 동물의 노력이 부당하게 좌절될 때 윤리적 방향의 연민과

"이것은 용납할 수 없다. 다시 일어나서는 안 될 일이다"라고 말하는 미래지향적인 **격분**으로 이어질 수 있는 윤리적 방향의 **경이**의 감각을 깨우려는 시도였다. 이후 드러나겠지만 이런 모든 감정은 나의 역량 접근법과 긴밀히 연결되어 있다. 그 이유는 그 모든 감정이 나의 접근법이 궁극적으로 세상을 묘사하는 방식, 즉 놀랍도록 다양한 형태의 동물이 의미 있고 지원의 가치가 있어 보이는 노력을 하는 것으로 보는 데 도움을 줄 것이기 때문이다. 경이는 우리가 보고 듣는 대상의 중요성과 가치를 알려주면서 우리의 주의를 끈다. 연민은 다른 사람의 고통과 그 중요성에 대한 경각심을 일깨운다. 이후 격분(내가 전환적 분노Transiton-Anger 라고 부를)은 우리를 단순히 반응하는 것에서 벗어나 미래를 새로 만드는 방향으로 **전환**해 개선의 조치를 취하게끔 이끈다. 그렇다면 잠시 이런 감정들을 살펴보는 시간을 가져보기로 하자.

헬이 태양으로 뛰어드는 것을 볼 때, 그리고 그의 신비한 노래를 들을 때. 버지니아가 새끼를 배 밑에 두고 풀밭을 부드럽게 걷는 것을 볼 때, 그리고 그의 나팔 같은 울음소리를 들을 때. 블랜딩의 여제가 즐겁게 먹이를 먹는 것을 볼 때, 그리고 그가 "꿀꺽, 콸콸, 짭짭" 소리를 내는 것을 들을 때(이런 단어들 자체가 애정 어린 관심을 표현한다). 다채로운 깃털의 장피에르가 가지에 앉아 있는 것을 볼 때, 그리고 그의 다채로운 지저귐 소리를 들을 때. 골프 코스를 가로질러 뛰는 루파를 볼 때, 그리고 신나는 질주를 마치고 돌아오면서 헐떡이는 소리를 들을 때. 이 모든 경우에 우리는 경이라고 부르는 감정을 느끼곤 한다. 이는 경외에 가까운 감정이다. 둘 다 인상적이고 신비로운 어떤 것에 반응하는 강한 감정이지만 경이는 경외보다 능동적이며 호기심과 더 밀접한 관련이 있다.⁴

아리스토텔레스가 오래전 말했듯이, 경이는 어떤 것에 처음 깊은 인상을 받아 하던 일을 멈추고 이후 인상을 남긴 장면과 소리 뒤에 어떤 일이 벌어지고 있는지 파악하고 싶은 자극을 받는 것이다. 그는 경이를 쾌고감수능력이 있는 삶에 대한 인식과 긴밀하게 연결시킨다. 제자들이 동물을 하찮은 존재로 여기고 하늘의 별과 같은 신성함이 없다며 동물과 동물의 능력에 대해 배우는 것에 눈에 띄게 저항했을 때, 그는 제자들에게 모든 자연 속에서 조직적인 기능의 경이로운 형태를 발견할 수 있다고 말했다. 그 뒤에 그는 이런 이야기를 했다. 멀리에서 온 현자들 몇 명이 철학자 헤라클레이토스Heraclitus를 찾아왔다. 그들은 이 현자가 그를 섬기는 제자들로 둘러싸인 높은 자리에 있을 것이라고 생각했다. 하지만 그들이 헤라클레이토스를 발견한 곳은 "난로 근처at the hearth"(학자들은 이 단어가 변소를 의미한다고 생각한다)였다. 그가 말했다. "두려워하지 말고 들어오시오. 여기에도 신은 있다오."[5]

대부분의 감정은 우리 자신의 개인적인 안녕과 긴밀하게 연관되어 있다. 두려움, 슬픔, 분노, 질투, 시기, 자부심 등은 모두 자신과 자신의 애착이 세상에서 어떤 일을 하는지를 언급한다. 나는 감정의 이런 성격을 묘사하는 데 "행복주의적eudaimonistic"이라는 단어를 사용한다. 감정은 그 대상을 자신에, 행복에 대한 자신의 개념에 연결시킨다.[6] 경이는 다르다. 경이는 우리를 자신에게서 벗어나 다른 대상으로 향하도록 한다. 경이는 우리 자신의 개인적인 행복 추구와는 관련이 없는 것 같다. 경이는 삶 자체에 대한 본원적인 기쁨에 연결되어 있다. 경이는 자기애나 자부심과는 동떨어져 있고 놀이와 가깝다. 경이는 아이 같다. 놀라운 존재들의 세계에서 뛰놀고 있는 우리 인간성이다.

경이는 엄숙하지만은 않다. 나는 "짭짭"이나 "콸콸"과 같은 단어를 사용한 것 자체가 익살스러운 경이의 한 형태라고 생각한다. 고귀한 돼지가 먹는 방식에서 느끼는 즐거움을 단어를 사용한 놀이처럼 표현하는 것이다. (앞서 언급했듯이 우드하우스는 유명한 동물 애호가였다.)

우리는 많은 것 앞에서 경이를 느낀다. [경이wonder에 어울리는 전치사가 "at(~에)"인지 "about(~대해서)"인지는 판단하기가 어렵다. 철학자 제러미 벤딕 케이머Jeremy Bendik-Keymer는 보다 느리고 신중하다는 면에서 "over(~로 인한)"가 더 낫다고 제안한다.] 하지만 아리스토텔레스의 경이에 대한 개념을 빌어서 확장해보자면, 경이는 움직임이나 쾌고감수능력의 인식과 특히 밀접한 관련이 있다. 우리는 이런 생물들이 움직이고 이런 일들을 하는 것을 보고 들으면서 그 안에서 어떤 일이 벌어지고 있다고 상상한다. 그것이 단순한 무작위적 움직임이 아니라 어떤 존재에 의해, 내적 인식에 의해 지시된 것이라고 말이다. 경이는 목적 추구에 대한 우리의 인식과 관련된다. 우리는 생물들에게 목적이 있으며, 세상은 우리가 온전히 이해하지 못하는 어떤 방식으로 그들에게 의미를 갖는다는 것을 알며, 그에 대해 호기심을 갖는다. 그들에게 세상이란 어떤 것일까? 그들은 왜 움직이는 것일까? 그들은 뭘 얻기 위해 노력하고 있을까? 우리는 그 움직임을 의미 있는 것으로 해석하고 그로 인해 우리는 그 안에서 쾌고감수능력이 있는 삶을 상상하게 된다.

우리가 다른 인간을 만날 때 이런 일이 일어난다. 우리의 감각은 외형만을 알려준다. 그 다른 외형의 존재에게는 세상이 어떤 것으로 보일까 상상하게 하고 그것이 오토마톤이 아닌 쾌고감수능력이 있는 다른 존재라는 데까지 생각을 도약시키도록 하는 것은 우리의 호기심, 우리의 상상력이다.[7] 6장에서 나는 다양한 동물에게 쾌고감수능력을 부여하는 근거가 인간과 같은 외형을 만났을 때 "다른 지성인"이라고 상정하는 근거와 사실상 동일하다고 주장할 것이다. 우리는 가끔 실수를 저지른다. 분명히 기계인 것이 명백한데도 그 안에서 무슨 일이 벌어지고 있다고 생각하는 때가 있는가 하면, 대부분 곤충의 경우가 그렇듯이 우리는 일부 동물의 움직임을 의미가 있는 것으로 받아들이지만 더 조사해보면 그런 증거가 그들에게 쾌고감수능력이 있다는 증거가 아님을 발견하는 때도 있는 것이다. 그러나 많은 경우, 추가적인 조사는 쾌고감수능력, 세상에 대한 관점을 부여하는 것이 옳다는 쪽을 지지한다.

경이는 윤리적인 문제와 어떻게 연관될까? 아리스토텔레스는 이 둘을 연결시키지 않았다. 다른 많은 고대 그리스 사상가들과 달리, 그는 경이에 대한 성찰을 윤리적 영역까지 확장하지 않은 것으로 보인다. 그는 채식주의의 도덕적 논거나 동물에 대한 인도적인 대우에 대해 도덕적 논거를 제시하지 않았다(혹은 그런 논거로 남아 있는 것이 없다). 하지만 동물의 복잡한 활동이나 삶의 분투를 보고 경이를 느낀다면 그런 경이감은 최소한 그 존재가 그 종류의 존재로 지속되고 번영할 만한 가치가 있다는 생각을 암시한다.[8] 이런 아이디어는 생물의 번영이 다른 생물의 유해한 행위에 의해 차단되는 경우, 그것이 부당하다고 여기는 윤리적 판단과 밀접한 관련이 있다. 역량 접근법의 핵심에는 이보다 더 복잡한 아이디어가 자리하고 있다. 사랑과 마찬가지로 경이는 인식에 관한 것이다. 경이는 우리를 자신으로부터 벗어나도록 만들고 윤리적 관심을 일깨운다.

어떻게 하면 경이감이 생길 수 있을까? 나는 보통 어린아이들이 동물의 삶에 큰 호기심을 갖는 것이 강력한 관심으로 연결된다고 생각한다. 그들은 가까이에서 동물을 봄으로써 상상력을 키운다. 하지만 대부분이 그림책이나 영화, TV 다큐멘터리, 조금 더 문제가 있는 방식(이런 것들이 제시하는 문제는 10장에서 논의할 것이다)으로는 동물원이나 테마파크의 방문을 통해 동물에 대한 생각을 발전시킨다. 우리 세상에는 어린 이들의 경이를 일깨우고 육성할 좋은 방법들이 많이 있다. 다만 부모들은 아이들이 다른 영화를 볼 때처럼, 영화가 정확한지, 거기에 동물의 행동에 대한 정확치 못한 고정관념이 담겨 있지 않은지 의문을 가져야 한다. 나는 경이감이 매우 자연스럽게 시작된다고 생각한다. 우리의 주된 문제는 시작하지 못하는 것이 아니라, 일상, 경쟁, 어수선한 것들이 마음의 눈을 가리고 우리가 보았던 것을 잊게 만드는 데 있다.

대조적인 내 시나리오들이 불러일으키는 경이는 감정에만 그치는 것이 아니다. 좋은 시나리오에 집중했다가 나쁜 시나리오를 접했을 때의 반응은 격분(그런 일이 일어나서는 안 된다)과 고통스러운 연민 중 하나일 가능성이 높다. 격분은 이후에 다시 이야기할 것이고 지금은 연민에 대해서 생각해보자. 아리스토텔레스의 생각에 따르면 다른 생물의 심각한 고통에 대해서 우리 역시 고통을 느낄 때 그 감정에는 세 가지 요소가 있다. 나는 여기에 네 번째 요소를 추가했다.[9] 첫 번째 요소, 그 고통을 사소한 것이 아닌 중요한 것으로 생각해야 한다. 나는 일어난 일이 동물의 삶을 얼마나 망쳤는지 보여줌으로써 이야기에 이런 요소를 집어넣었다. 두 번째 요소, 동물의 곤경에서 동물 자신의 잘못이 없다고 생각해야 한다. 이야기 속에서 그 점 역시 분명하게 드러나며, 이것은 동물의 행동이 악의적이라고 생각해서 연민을 갖지 않는 경우와 대조된다. (동물의 공격이 우리의 생명을 위협하는 경우에는 연민을 갖지 않는다. 이는 때로 동물에게 피해를 입히는 일을 정당화할 수 있는 자기방어 원칙에 대해서 이야기하면서 다시 다룰 것이다. 이런 경우에 동물을 비난하는 것은 잘못이다. 쥐는 쥐로서의 삶을 살고 있을 뿐이다. 하지만 위험한 속성의 행동은 우리가 연민을 갖지 않는 데 정당성을 부여할 수 있다.) 세 번째 요소, 아리스토텔레스에 따르면, 우리는 고통받는 대상과 동질감을 가져야 한다. 우리 자신이 고통받을 가능성이 고통받는 대상과 비슷하다고 생각해야 하는 것이다. 이전 연구에서 나는 연민을 느끼기 위해 비슷한 가능성이 있다고 믿을 필요는 없다고 말하면서 이 점을 부정하고 이를 설명하기 위해 비인간동물의 사례를 제시했다. 지금의 나는 이것이 옳은 일이기도 그렇지 않은 일이기도 하다고 생각한다. 고래나 돼지에 대해 관심을 갖기 위해서 우리 자신에게서 벗어날 때, 그런 생명의 이질성을 보는 것이 중요하기 때문이다. 이후에 더 자세히 설명할 것처럼 우리는 고래가 우리와 대단히 비슷하다고 생각하기 때문에 그들에게 관심을 가지는 것이 아니며 그래서도 안 된다. 하지만 지금의 나는 그런 이질성에 대한 감각의 균형을 잡는 것이 보다 일반적인 동질성에 대한 감각이라고 생각한다. 우리는 모두 이 세상에 던져져 우리에게 필요한 것들을 얻기 위해 노력하고 종종 그 시도에서 좌절을 겪는 동물이다. 우리는 모두가 동물계에 속하며 그런 가족적 유사성은 우리의 경험을 이해하는 데 중요하다.

결정적으로 우리가 느끼는 유사성은 전통적인 "자연의 사다리^{scala}"는 표현과 맞지 않는다. 즉 동물 종들이 인간이 신과 가장 가까운 최상위에 위치하는 선형적인 위계로 배열되어 있다는 생각에서 묘사하는 종류의 유사성이어서는 안 된다. 2장에서는 이 아이디어를 거부하게 될 것이다. 그것은 동물에 대해 진지하게 연구하면서 세상을 발견하는 데 좋은 지침이 아니다. 동물의 역량은 놀랍고 복잡하며, 많은 동물이 많은 요소에서 인간보다 낫다. 결국 단일한 순위라는 아이디어 전체가 거의 쓸모가 없는 것이다. 다만 고래가 개나 돼지보다 인간과 더 비슷하게 보인다는 이유로 고래에게 높은 점수를 주지는 말되, 우리는 이 모든 생물의 일반적인 유사성에 주목해야 한다. 세상에 대한 시각을 가지고 있고, 의식한 것에 따라 반응하며, 원하는 것을 얻기 위해 나아간다는 유사성 말이다. 아리스토텔레스가 『동물론De Motu Animalium』에서 동물의 움직임을 "공통적인 설명"으로 제안할 수 있다고 느낀 것은 이를 기초로 한 것이다.[10]

유사성은 상당히 유혹적이어서 오류로 이어질 가능성이 높다. 유사성은 우리를 태만하게 하고 심지어는 동물 삶의 놀라운 다양성과 타자성을 보지 못하게 할 수도 있다. 유사성은 비판 능력을 유예하고 증거가 뒷받침하지 않을 때에도 생물들에게 쾌고감수능력을 부여하게 만들수도 있다. 하지만 이 세계에서 공동의 운명을 타고났다는 감각, 우리를 동물과 가족적 유대로 연결하는 감각은 충분히 정당화될 수 있으며 인식론적 가치를 지닌다. 유사성의 감각을, 호기심을 자극하고 차이와 놀라운 타자성에 대한 경각심을 불러일으키는 경이와 결합시킨다면 호도당할 가능성은 줄어든다.

네 번째 요소도 있다. 고통이 중요하다고, 우리 관심 범위의 일부라고 믿어야 한다. 감정을 다루는 내 책에서 나는 이것을 **행복주의적** 요소라고 불렀다. 하지만 그것은 지나치게 편협한 명칭일 수도 있다. 생물은 그 생물의 행복이 우리 자신의 번영의 일부라는 생각 없이도 우리 관심 범위에 편입될 수 있다. 경이는 자기 참조 없이도 많은 생물을 우리의 관심 범위로 이동시킨다. 우리의 관심을 우리 자신의 삶에 본질적으로 가치가 있는 부분(친척이나 친구가 그럴 수 있는 것처럼)이 아닌 타자로서 상대에게 향하게 하는 것이다.

이 네 번째 요소를 포함시킨 것은 우리가 세상의 많은 재앙과 불의에 대해 알고 있지만 우리를 움직이는 것은 일부에 불과하기 때문이다. 우리의 주의를 끌고, 목적과 목표에 대한 우리의 생각을 수정해야 할 필요가 있다. 때로 수정은 일시적이다. 홍수로 목숨을 잃은 사람들에 대해

듣고 가슴 아파하지만, 곧 그에 대해서 잊고 이전과 다를 바 없는 삶을 사는 것처럼 말이다. 따라서 지속적인 연민이 뿌리내리게 하기 위해서는 상상이 지속적인 방식으로 그 생물을 더 가까이로 움직이게 하고, 그것을 우리 목표와 과제의 일부로 만들어야 한다.

심리학자 C. 다니엘 뱃슨C.Daniel Batson의 실험에서처럼 연민 그 자체가 이미 도움이 되는 행동을 유발한다.[11] 하지만 연민은 약한, 혹은 최소한 불완전한 동기 유발 요인으로 입증되는 경우가 많다. 연민이 주는 메시지는 "이런 것들은 나쁘다. 따라서 더 낫게 만드는 것이 그들에게 좋다"는 것이다. 연민은 피해자를 돕는 행동을 하는 이유가 된다. 하지만 피해자의 고통에 집중하기 때문에 고통을 유발하는 가해자 행동의 부당성에는 온전하게 반응하지 않는다. (이 과제를 개념적으로 단순하게 만들기 위해서, 뱃슨의 실험 대부분은 부당한 일이 없는 고통, 예를 들어 다리가 부러져서 수업에 가는 데 도움이 필요한 학생 등과 관련된 것이었다.) 따라서 연민 자체는 가해자가 가하는 추가적인 피해를 막는 데 이르지 못한다. 이 때문에 우리에게는 다른 감정, 지금까지 내가 "격분"이라고 불렀던 감정이 필요하다. 이제 그에 대해 더 설명해보겠다.

격분은 분노의 한 형태다. 하지만 철학자들이 수 세기에 걸쳐 정의했듯이 분노는 부분적으로 응보주의적인 감정이다. 분노는 인식된 부당한 피해에 반응하기도 하지만 치고받는 종류의 보복으로 튀어나오는 것이기도 하다. 아리스토텔레스와 그를 잇는 서구 전통의 철학자들(그리고 불교와 힌두교 인도 철학자들)에게 보복의 바람은 분노의 개념적 일부다. 나는 다른 곳에서 이런 보복의 아이디어가 누구에게도 소용이 없다고 주장했었다. 현재의 고통이 과거를 속죄하거나 해결할 수 있다고 생각하는 것은 공허한 환상이다.[12] 예를 들어, 살인자를 죽인다고 피해자가 되살아나는 것은 아니다. 많은 피해자 가족은 사형이 범죄의 피해를 속죄하거나 무효화할 수 있는 것처럼 그런 형벌을 요구한다. 보복적인 분노는 공격적일 뿐 아니라 역효과를 내는 행동을 자극한다. "나쁜" 배우자의 고통을 가중시키는 "보복"의 마음으로 이혼 협상에 임하는 사람들은 자녀나 친구는 물론이고 그 자신의 세상까지 훨씬 더 나쁘게 만드는 경우가 많다.

그러나 보복적인 바람에서 벗어난 유형의 분노, 이런 철학적 정의에는 포함되지 않는 분노도 있다. 이런 종류의 분노는 미래를 지향하며 그 목표는 더 나은 미래를 만드는 것이다. 그런 이유에서 나는 이런 분노를 전환적 분노라 부르며, 지금부터는 내가 발명한 이 용어를 사용할 것이다. "격분outrage"이나 "분개indignation"와 같은 일반적인 용어로는 이것이 보복의 바람이 없는 분노라는 것을 명확히 표현할 수 없기 때문이다. 이런 유형의 분노를 상상하는 좋은 방법은 부모와 자녀를 생각하는 것이다. 아이가 옳지 못한 일을 하면 부모는 격분한다. 하지만 부모는 보복을 추구하지 않으며 "눈에는 눈" 식의 **동해보복법**同害報復法, lex talionis을 따르는 형벌을 원치 않는 것이 보통이다. 그들은 미래를 더 낫게 만들 방법에 집중한다. 나쁜 행동을 중단시키고 자녀가 미래에 달리 행동하게 만들 방법을 찾는 것이다. 전환적 분노는 "얼마나 용납하기 어렵고, 얼마나 충격적인 일인가! 지금부터 이런 일은 절대 일어나서는 안 된다"는 뜻을 갖는다.

전환적 분노는 때로 부당한 행동에 대한 처벌을 구한다. 처벌이 보복이나 응징의 한 형태이기 때문이 아니다. 같은 사람이 비슷한 범죄를 저지르는 것을 막거나("특정적 억제specific deterrence"), 다른 사람들이 나쁜 행동을 모방하는 것을 막는("일반적 억제general deterrence") 등 사람들이 향후 그런 종류의 행동에 끌리는 것을 막기 위해서도 처벌을 할 수 있다. 가해자를 교화하고 다음 세대를 교육시키기 위해, 이런 종류의 행동은 따라 해서는 안 되는 것이라는 메시지를 전달하는 처벌을 할 수도 있다. 이 과정에서 전체 사회의 가치관을 표현할 수도 있다. 이 모든 것이 전환적 분노의 지지자들이 포용하는 것이다.

전환적 분노는 우리에게 필요한 세 번째 감정이다. 과거의 죄를 한탄하거나 나쁜 행위를 한 사람(이 경우 우리 모두)을 후회하게 만드는 것은 보통 쓸모도 없고 심지어는 방종한 행동이다. 필요한 것은 미래에 대한 새로운 태도다. "이런 일은 그만하자. 해야 할 일이 있다. 이제 다르게 행동하자." 격분은 우리를 대립적이면서도—부당한 행위를 하는 사람들에게 맞서고 그들을 저지하는 데 전념하는(때로 형사적 혹은 민사적 처벌을 통해)—건설적인 과제로 이끈다. "더 나은 행동 방식을 찾자. 계속 이렇게 지낼 수는 없다"고 말이다.

이 책은 인간의 거대한 불의에 대한 것이다. 하지만 독자들이 인간의 불의를 알아보고 거울 속 우리 모습에 눈살을 찌푸리도록 하는 데에만 그친다면 아무런 소용이 없을 것이다. 결국 윤리적 사고는 실용적이어야 하고, 그렇지 않은 윤리적 사고는 공허할 뿐이다. 이것은 매우 어려운 문제다. 하지만 우리를 정의에 보다 가까워지기 위해 할 수 있는 많은 일들이 있고 독자 각각은 조사할 부분, 해야 할 일을 찾아 거대한 공동의 책임에서 작은 일부를 맡아야 한다.

경이는 우리의 주의를 끌고, 우리를 자신에게서 끌어내 외계外界에 대한 호기심을 갖게 한다. 연민은 강력한 감정적 경험 속에서 우리를 고통받는 동물과 연결한다. 전환적 분노는 행동을 준비하게 만든다.

우리에게 필요한 것이 한 가지 더 있다. 노력의 방향을 잡는 적절한 이론이다. 다음 세 개의 장에서는 동물 정의(혹은 동물 윤리. 세 이론 모두가 "정의"라는 단어를 사용하지 않기 때문에)의 세 가지 유명한 이론에 심각한 결함이 있어 미래의 건설적인 노력을 위한 적절한 지침이 될 수 없다는 것을 보일 것이다. 그 뒤에는 내 이론과 수렴되는 점을 찾아 선의를 가진 "다른 진영" 사람들 역시 공동의 노력에 참여할 수 있다는 점, 그리고 그 방법을 보여줄 것이다.

다음 네 개 장에서는 주요한 대안 이론들을 살펴볼 것이다. 2장에서는 인간과의 유사성을 이유로 제한된 범위의 동물들에 대한 보호를 쟁취하는 데 집중한 "우리와 너무 비슷해서" 접근법에 관해 알아볼 것이다. 나는 이 이론이 동물 삶의 이질성과 다양성을 고려하지 않는 너무 편협한 접근법이며, 부당한 대우를 받는 동물들을 돕는 전략으로서 비생산적이라고 주장할 것이다. 3장에서는 영국의 공리주의적 접근법에 대해 알아볼 것이다. 공리주의자들은 쾌고감수능력을 가진 모든 존재의 삶을 인도하는 보편적인 규범으로서의 고통과 쾌락에 집중한다. 이 접근법은 장점도 많지만 결함이 대단히 크고 많아 적절한 지침이 될 수 없다. 4장은 크리스틴 코스가드가 최근 발표한 『동료 생물*Fellow Creatures*』에서 이야기하는 접근법을 다룰 것이다. 이것은 동물의 삶에 대한 최근의 문헌 중 가장 이상적인 철학적 이론으로 한 장 전체를 할애가 가치가 충분하다. 코스가드는 철학적 이론의 기반을 이마누엘 칸트Immanuel Kant에 두고 있지만 칸트의 동물에 대한 실제 견해가 가진 결함에 신중하게 대응한다. 그의 견해는 훨씬 더 흥미로우며, 각 생물이 그 나름의 삶을 영위할 기회에 가치를 두는 방식을 포함하는 그의 복합적인 견해는 내가 추천하는 접근법과 많은 부분에서 수렴한다. 하지만 나는 법과 시민권에 대한 사고에 있어 다른 능력보다 이성과 도덕적 선택에 특전을 부여하는 이 견해가 법과 공공 정책에 대한 온전히 적절한 접근법을 개발하는 데 장애로 드러날 것이라고 주장한다.

마지막으로 5장에서는 내가 추천하는 내 버전의 역량 접근법을 이야기한다. 본래는 인간을 위한 국제개발기구의 지침으로 개발되었지만 동물의 주체성에 기초를 제공하는 데에도 적절한 접근법이다. 이 이론을 살피다 보면 이 1장의 주제로 다시 돌아오게 될 것이다. 역량 접근법은 동물 삶의 형태가 가진 다양성, 즉 몇 가지 일반적인 공통점을 인정하되 위계를 형성하지 않기 때문에 "수직적"이 아니고 "수평적"인 다양성을 기반으로 하면서 경이와 연결된다. 역량 접근법은 그 나름의 특징적인 방식으로 살고, 움직이고, 인식하고, 행동할 수 있는 조건을 갖춰야 하는 각 동물의 필요에 초점을 맞춘다는 점에서 연민과도 연결된다. 이런 조건이 차단되면 연민이 정당화된다. 종종(차단이 부당할 때) 전환적 분노도 정당화된다. 부당한 좌절을 봤을 때는 개탄하거나 눈물을 흘릴 시간이 없다. 바로 "더 이상은 안 돼!"라고 소리쳐야 한다.

2장

자연의 사다리, 그리고
"우리와 너무 비슷해서" 접근법

이제 이 책의 중심 질문으로 넘어가보자. 동물 삶의 불의에 대한 어떤 이론적 접근법이 동물의 삶, 특히 법과 정책 문제에 대한 진지한 사고를 이끄는 데 최선일까? 이 시점에서 세상을 지배하고 있는 것이 인간이라는 데에는 의심의 여지가 없다. 법을 만드는 것도 우리 인간이다. 이렇게 법은 우리가 만들었지만 법은 우리만을 위한, 우리에 대한 것만은 아니다. 법과 정책은 다른 생물이 자신의 목표를 추구하는 방법을 규제하고 번영의 기회를 부여하거나 배제한다. 지금까지 인간은 이 일에서 다른 동물들이 관여된 부분을 대단히 무계획적으로 처리해왔다. 이 일을 더 잘할 필요가 있다. 이를 위해서는 이론적으로 사고하고 자연계에 대해서 우리가 알고 있는 것에 합치하는, 윤리적 논거가 우리의 책임에 대해서 말하고 있는 바에 합치하는 접근법을 선택해야 한다.

이 장에서 나는 인간과의 유사성을 이유로 제한된 범위의 동물들에 대한 보호를 쟁취하는 데 집중하는 "우리와 너무 비슷해서" 접근법을 다룰 것이다. 법학자이자 운동가인 스티븐 와이즈Steven Wise의 연구를 통해 미국 법과 정책에 큰 영향을 끼친 이 이론은 지나치게 편협하며 동물 삶의 이질성 및 다양성과 부합하지 않는다. 또한 이 이론은 동물 자격을 확장하는 전략으로서 비생산적이다.

와이즈는 실용주의적인 입장에서 이 접근법을 선택했다. 서구의 일반적인 교육을 받은 판사들의 관심을 끌고자 하는 바람이 있었기 때문이다. 따라서 서구 철학(과 종교)의 부적절성이 남아 있는 부분을 간략하게 요약하는 일부터 시작하는 것이 좋겠다. 서구 철학사에도 동물 삶에 대한 훌륭한 접근법이 일부 포함되어 있지만 전반적으로 영향력이 약했으며, 반면에 서구의 지배적인 견해는 동물의 역량과 동물의 삶이 가진 도덕적 중요성을 부정해왔다.

● 서양철학의 역사와 자연의 사다리

유럽-미국 문화권의 사람 대부분이 수백 년에 걸쳐 자연에 대해 받아들여온 특정한 관념이 있다. 자연은 낮은 가로대에서 점점 높은 가로대들을 거쳐 신에게까지 이르는 사다리라는 관념이다. 가장 높은 곳에는 인간이 있다. 인간은 옳고 그름의 도덕적 차이를 이해하는(꼭 지키지는 않을지언정) 능력은 물론이고 이성과 언어 덕분에 살아 있는 다른 어떤 존재들보다 신과 가까이에 있는 것으로 여겼다.

생물들이 실제로 이 사다리를 오르는 것은 아니다. **자연의 사다리**라는 중세의 관념은 진화 이론보다 훨씬 앞선 것이다. 심지어는 진화도 생물이 의욕적으로 진화를 이끌어가는 것을 허용하지 않는다. 진화의 사다리라는 배경은 고정되어 있고 변하지 않는 것으로 여기는 종들의 세계다. 이것은 아무도 오를 수 없는 사다리다. 그 유일한 목적은 영구적인 우월성과 열등성을 나타내는 것이다.

모든 종교와 세계관이 인간이 우월한 종이라고 생각하는 것은 아니다. 불교와 힌두교는 자연계에 대한 보다 관대한 견해를 갖고 있다.[1] 힌두교 전통의 영향하에 있는 인도 법원은 서커스 동물들이 인도 헌법이 의미하는 "사람"이라고 판결한 바 있다(12장 참조).[2] 많은 힌두교도들은 엄격한 채식주의자이며 현재 모든 인도 항공사들은 기본적으로 "채식"과 "비채식"의 두 가지 메뉴를 제공한다. 불교는 모든 동물에 대한 학대를 더 엄격하게 금한다. 불교는 모든 생명에 대한 자비, 쾌고감수능력이 있는 모든 존재의 공통적 속성인 고통의 우선성에 초점을 맞춘다. 불교 윤리는 여러 면에서 현재 서구 동물 권리 운동에 원동력이 된 영국 공리주의(다음 장에서 설명할 것이다)의 견해와 닮아 있다. 동물의 대우에 대한 윤리적 민감성이 최근의 발명품이라는 믿음은 다른 세계의 전통에 대한 무지를 드러내는 것이다.

　　영국 철학자 리처드 소라브지Richard Sorabji가 보여주듯이, 서구 전통에서도 모든 고대 그리스·로마 철학 학파가 인간이 가장 우위라는 견해를 가지고 있었던 것은 아니다. 그들 대부분은 인간과 다른 동물 사이에 확실한 경계를 두려 하지 않았고, 일부는 동물에게 고통을 주는 모든 일을 비롯해 고기의 섭취를 엄격하게 금지했다.[3] (그리스·로마 사상을 연구한 대표적인 역사가 소라브지는 연구의 동인이 가족의 인도 혈통에서 비롯되었다고 말한다. 덕분에 영국에서 자란 다른 사람들에 비해 동물에게 더 관대한 태도를 접할 수 있었다고 말이다.) 기원전 6세기의 피타고라스(와 그의 학파)와 기원전 5세기의 엠페도클레스Empedocles 등 소크라테스 이전의 그리스 사상가 일부는 채식주의를 주장했다. 그들은 동물, 심지어는 식물에게도 쾌고감수능력을 지닌 살아 있는 영혼이 있다고 생각하면서 모든 자연과의 친족 관계를 그 이유로 제시했다. 플라톤(기원전 347년 사망)은 영혼이 한 종에서 다른 종으로 환생한다고 믿었다. 비록 남아 있는 그의 이야기에서 동물 윤리에 대한 상세한 내용을 찾을 수는 없지만, 그의 사상은 채식주의를 강력히 옹호하는 이후 저술의 토대가 되었다. 자연의 사다리를 가장 자주 언급하는 아리스토텔레스는 자연철학과 생물학에 대한 저술 전체에 걸쳐 각 생물이 각자의 방식으로 번영을 추구한다고 주장했다. 각 생물의 목표나 목적은 각자의 삶과 번영이며, 어떤 생물도 다른 "상위" 종을 위해 존재하지 않는다는 것이다. 다른 그림을 제시하는 글이 몇 개 있기는 하지만, 아리스토텔레스는 비교적 오래 살았고(기원전 384/3~322) 플라톤의 죽음 이후 아테네에서 쫓겨나 유배 생활을 한 이후에야 동물 연구의 즐거움을 발견했다. 생물학 연구에서의 많은 진술(불행히도 읽은 철학자가 얼마 되지 않는)과 모순되는 자연 전반에 대한 견해만을 그의 사상으로 생각하지 않아도 아리스토텔레스의 글에 나타나는 불일치에 대해서 생각하는 방법은 여러 가지가 있을 수 있다.[4] 도입에서 언급했듯이, 후기의 저술인 『동물의 움직임에 관하여On the Motion of Animals』는 욕망의 대상을 향한 다양한 종류의 동물 움직임에 대한 "공통적 설명"을 제공하면서 우리에게 인간을 동떨어진 종으로 취급하는 설명보다 이런 공통적 설명을 우선하라고 촉구한다.[5] 아리스토텔레스의 실제 글을 중세 시대 기독교 형태의 아리스토텔레스 철학, 즉 스콜라철학을 만드는 데 이용된 것과 구분하는 것이 극히 중요하다. 바로 이 스콜라철학이 지금 우리가 알고 있는 **자연의 사다리**를 발명했다.

그러나 헬레니즘 시대(아리스토텔레스가 사망한 시점 전후에 시작된 시대) 동안 변화가 있었다. 쾌락주의자들은 동물에 대해 여전히 관대하고 포용적인 견해를 갖고 있었던 것으로 보이지만 그들의 글은 종종 인간과 쾌고감수능력이 있는 다른 생물들 사이의 유사성을 주장한다. (예를 들어, 로마 에피쿠로스학파 시인 루크레티우스Lucretius는 기원전 1세기에 동물들의 꿈을 신비하게 묘사하는 작품을 남겼다. 인지와 희구稀求 능력에서 동물이 인간과 유사하다는 것을 보여주기 위해 고안된 작품이었다.) 그 자체로 좋고 나쁜 것은 쾌락과 고통뿐이라고 생각하는 에피쿠로스학파는 인간과 쾌고감수 능력이 있는 생물들 사이를 긴밀하게 연결해, 긴 세월이 흐른 후 18세기에 등장하기 시작한 공리주의 윤리의 원천이 되었다. (영국 상류층의 사상가들은 모두 그리스와 로마 전통에 따른 교육을 받았기 때문에 전통적인 종교의 규범적 견해에 의심이 제기될 때 대안적 견해를 미리 준비할 수 있었다.)

하지만 고대와 기독교 윤리의 발전 모두에 큰 영향을 미친 고대 그리스와 로마의 금욕주의자들은 에피쿠로스 철학에 동의하지 않았다. 그들은 비인간동물들이 사고나 감정이 없는 짐승인 반면, 인간은 신과 유사하며 그 때문에 우리가 원하는 대로 동물을 이용할 수 있다고 생각했다. 스토아철학은 기원전 4세기 말부터 로마제국 초기(기원후 1~2세기)까지 문화를 지배하면서 일상적인 사고에 지대한 영향을 주었다. 스토아학파는 인간이 특별하다는 비슷한 생각의 유대교와 마찬가지로 이후 기독교에 영향을 미쳤다. 두 사상 모두가 신의 형상으로 만들어진 인간만이 진정으로 지능이 있는 영적 존재이며 구원이 열려 있는 유일한 존재라고 가르친다고 이해되는 것이 보통이다.

이후에도 고대 그리스-로마 세계에서는 활발한 논쟁이 이어졌다. 후기 플라톤주의자인 플루타르코스와 포르피리오스(도입 참조)는 감명 깊은 작품을 남겼다. 동물의 지능과 쾌고감수능력을 옹호하면서 고기 없는 식단을 주장한 이 작품들은 오늘날에도 연구의 가치가 있다. 포르피리오스의 『동물 고기를 끊는 것에 대하여On Abstinence from Animal Food』는 철학 교육 과정에서 중요시할 만한 상세하고 대단히 설득력 있는 논거로 가득한 훌륭한 작품이지만, 그에 대해서 알고 있는 철학자들은 소수에 불과하다. 이들의 견해는 기독교의 우세 속에서 점점 소외되었다.

　스토아학파와 마찬가지로 대부분의 기독교와 유대교 사상가들은 인간을 다른 동물과 확실히 구분하며, 그런 구분은 두 종교에서 동물을 우리 인간의 목적에 따라 이용하는 것을 정당화하는 데 널리 사용되었다.[6] 이런 구분을 성문화시킨 **자연의 사다리**라는 중세의 은유는 일부 동물이 다른 동물보다 높은 점진적인 일련의 단계를 상정한다는 면에서는 스토아학파의 견해보다 약간 더 관대한 것 같다. 하지만 실제로는 사다리의 은유가 스토아식으로 해석되어 인간과 다른 동물들 사이에 매우 큰 간극이 있음을 암시한다. 이런 식의 견해는 유대-기독교 전통 속에서 번영한 철학자들의 사상에 계속 영향을 미쳤다.[7]

　자연의 사다리라는 아이디어는 스토아적 형태이든(인간만이 우주에 대한 제우스의 이성적 계획에 참여한다), 유대-기독교 형태이든 근본적으로 종교적인 사상이다. 논쟁과 관찰보다는 사람들에게 철저한 검증 없이 삶의 틀로 받아들이라고 요구하는 신념 체계에 기초하는 것이다. 스토아주의자들은 이성주의자로 비판적 사고를 우선했지만 이 중요한 문제에 있어서는 이성을 통해 신념을 검증하지 않았다. 그 반대자들은 동물의 야수성에 대한 그들의 주장을 치열하게 반박했다. 고대 회의주의자들이 스토아학파를 비판하는 데 사용했던 대표적이며 조금은 재미있는 사례가 있다. 가장 중요한 스토아학파 철학자인 크리시포스Chrysippus의 개에 관한 이야기다. 이 가상의 개는 토끼를 쫓다가 세 갈래 길에 이른다. 개는 A길의 냄새를 맡고 B길의 냄새를 맡는다. A길과 B길에서 부정적인 피드백을 받은 개는 멈춰서 C길의 냄새를 맡아보지 않고 토끼가 분명히 C길로 갔다는 확신이 있는 것처럼 C길로 돌진한다. 스토아학파의 반대자들은 크리시포스의 개를 통해 동물이 짐승이라는 주장을 반박한다는 것을 보여주고자 했다. 개가 선언적 삼단논법, 즉 A, B, C 중 하나가 답일 때 A와 B가 답이 아니라면 C가 답이라는 것을 알고 있었기 때문이다![8] 개를 사랑하는 사람들은 이게 단순한 농담이 아님을 알 것이다.

스토아학파가 로마에서 대단한 영향력을 갖고 있었기 때문에 로마인들은 다른 많은 측면에서의 스토아주의로부터 강한 영향을 받았지만, 그럼에도 불구하고 모든 동물의 야수성에 대한 스토아학파의 견해를 완전히 받아들이지는 않았다. 그들은 일관성이 없고 선택적이긴 했지만, 동물의 쾌고감수능력과 복잡성에 대한 놀라운 증거를 목격했다. 기원전 55년, 로마의 정치가 폼페이우스Pompey는 인간과 코끼리를 싸우게 했다.[9] 경기장에 둘러싸인 코끼리들은 도망칠 가망이 없다는 것을 인지했다.[10] 플리니우스Pliny에 따르면, 이후 코끼리들은 "일종의 애가를 통해 비통한 심정을 한탄하면서 형언하기 어려운 몸짓으로 군중의 연민을 사기 위해 노력했다."[11] 그들이 불쌍해지고 그들이 처한 곤경에 화가 난 군중은 일어나서 폼페이우스에게 저주를 퍼붓기 시작했다. 그 자리에 있던 철학자이자 정치가 키케로는 코끼리가 인류와의 공통성(사회 societas)을 가지고 있다고 느꼈다.[12]

동물의 야수성에 대한 스토아와 유대-기독교 신념은 검증이 이루어지지 않았거나 검증이 불가능했던 것이 아니라, 인간 중심적이고 의인관에 따른 종교의 유형에서 유래한다. 그런 종교에서는 신을 우리와 비슷하되 더 나은 존재로 상상하며, 말을 하고, 사고를 하고, 언어를 사용하면서 신은 신과 닮은 우리를 더 특별한 존재로 만들고 우리에게 가치를 부여한다.

사다리와 간극 모두가 주류 유대-기독교 종교의 핵심 교리가 되었지만, 여기에서 잠깐 이들 종교의 더 심오한 특징과 긴장을 이루는 측면을 지적하고 넘어가는 것이 좋겠다. 첫째, 유대인과 많은 기독교인들은 신(기독교에서는 아버지 하나님)을 인간으로 상상하는 것을 우상숭배로 간주한다. 더 나아가 두 종교는 신이 모든 종을 창조했고 모든 피조물이 "좋더라"라고 기뻐했다고 생각한다. 창세기는 생물의 아름다움과 다양성에 대한 경이를 권장한다.[13]

이후 대홍수 전 노아와 그 가족이 방주에 들어갈 때 신은 각 동물 종을 암수 한 쌍씩을 데려가라고 명한다. 모든 종이 보호와 존중받을 자격이 있는 것처럼 말이다.[14] 홍수 이후에는 신이 "너희와 너희 후손과 너희와 함께한 모든 생물 사이에 대대로 영원히 세우는" 언약을 내린다.[15] 토라(모세 5경)에서는 동물이 인간을 위한 음식이나 희생자가 되기 위해 창조되었다는 어떤 징후도 발견할 수 없다. 두 이야기의 지배적인 사상은 경이, 그리고 최소한의 존중에 대한 이야기다.

창세기 1장 26~28절에서 하나님이 인간에게 다른 생물을 "다스리게" 했다는 것은 사실이다. "다스린다"로 번역되는 단어 radah는 통치의 한 유형이라는 뜻을 내포한다. 학자이자 번역가인 로버트 알테르Robert Alter가 주장하듯이 대단히 강력한 형태의 통치나 지배인 것이다. 하지만 우리는 보통 좋은 통치자를 다스리는 사람들을 소유물처럼 대하고 그들에게 고통을 가하는 사람이 아니라 잘 돌보는 사람이라고 생각한다. 그리고 그 이야기에서 인간은 하나님이 사랑하고 좋다고 여기는 창조물을 책임지는 섭정자이기 때문에 인간이 "다스리는" 방식은 지적이고 세심한 청지기의 직분을 행하는 것이어야 한다. 더구나 "다스림"이라는 선물은 인간과 다른 동물에게 "먹이"로 주신 식물이라는 선물과 대조된다. 29절과 30절에서 하나님은 "내가 온 지면의 씨 맺는 모든 채소와 씨 가진 열매 맺는 모든 나무를 너희에게 주노니 너희의 먹을거리가 되리라. 또 땅의 모든 짐승과 하늘의 모든 새와 생명이 있어 땅에 기는 모든 것에게는 내가 모든 푸른 풀을 먹을거리로 주노라"라고 말씀하셨다.[16] 이 구절은 타락하기 전까지 채식주의가 표준이었고 육식은 타락한 본성의 한 표현일 수 있다는 점을 강력하게 시사한다. 에덴동산에서는 동물조차 육식을 하지 않았던 것 같다. 분명한 것은 "다스림"이 동물이라는 피조물을 약탈하고 학대할 자격으로 해석해서는 안 된다는 점이다. 간단히 말해 유대-기독교 전통은 대중의 믿음과 관행이 흔히들 주장하는 것보다 동물을 더 존중한다.

매슈 스컬리Matthew Scully의 『지배Dominion』는 이런 사상의 함의를 도출하고 잔혹한 관행이라는 지금의 현실과 병치시킨다.[17] 스컬리는 보수주의자이며 공화당, 특히 조지 W. 부시의 연설 원고 작성자다. 이 감동적인 책의 목표는 연민 어린 청지기의 직분을 역설하는 것이다. 미국인들이 현재 동물에게 행하는 몇몇 잔인한 관행에 대한 생생한 설명에는 끔찍한 공장식 축산업계에 대한 묘사, 영적인 용어를 사용해서 야생동물 사냥을 홍보하는 사파리 클럽의 위선적 자기 정당화에 대한 신랄한 풍자, 거들먹거리며 여우 사냥의 "신성성"을 운운하는 철학자들에 대한 교묘한 조롱이 포함된다. (작고한 로저 스크루턴Roger Scruton도 정당한 조롱의 대상이 되었다.[18]) 그 과정에서 스컬리는 성경과 함께 동물에 대한 잔인함과 비인간성을 욕하는 후기 기독교 사상가들의 글을 다루었다. 그중 일부는 모든 살육에 반대한다. 스컬리의 주된 목표는 지금의 관행 속에 있는 흉측하고 고의적인 잔학 행위가 인간 탐욕의 산물이며 진정한 기독교적 정당성이 없다는 점을 보이는 것이다. 이는 자기만족(유대-기독교 방식의 종교적인 것이든 아니든)에 엄청난 충격을 가하는 큰 기여다.

고대 그리스-로마의 철학 학파들과 유대-기독교에서 정전正典으로 인정받은 글들은 모두가 종이 고정되어 있다고 가정하는 세상에서 나온 것이다. 다윈의 진화론은 미국의 여러 지역에서 엄청난 격변을 유발했고 그것은 지금까지도 이어지고 있다. 진화론은 인간이 신의 특별한 행동에 의해 바로 창조된 것이 아니고 영장류 조상으로부터 억겁의 시간에 걸쳐 점진적으로 변화하면서 그 특성을 획득하게 되었다고 말하고 있기 때문이다. 이 이론이 인간과 비인간동물들 사이에 형성시킨 긴밀한 역사적 동류 관계는 반감에 부딪히곤 했다. 신이 인간을 특별히 창조했다는 것을 부정하는 것처럼 보이기도 했고, 많은 사람이 우리 종과 유인원 사이의 긴밀한 연계를 혐오스럽게 생각했기 때문이다. 이런 이유로 미국 내 여러 곳에서, 여러 시기에, 진화론을 가르치는 것이 불법이었다. 가장 유명한 것은 1925년 스코프스 재판Scopes Trial의 원인이 된 테네시주 버틀러 법Butler Act이다.[19] 현재는 미국 어디에서도 진화론을 가르치는 것이 불법이 아니지만, 14개 주는 대안적인 견해로 "창조 과학creation science•"도 동시에 가르칠 것을 요구한다. "창조 과학"과 그와 관련된 "지적설계론intelligent design"은 과학계에서 거부되었는데도 말이다. 그들은 다른 식견을 제공한다고 볼 수 있을지는 몰라도 과학은 아니다. 다윈 이론—이제는 전반적인 개요가 완전히 확립된—이 창세기에 대한 문자 그대로의 해석과 상충되기는 하지만, 실제에서는 스코프스 재판에서 클래런스 대로Clarence Darrow가 증인석의 윌리엄 제닝스 브라이언William Jennings Bryan에 대한 질문에서 보여주었듯이 지구의 나이에 대

• 신이 우주를 창조했다는 기독교 창조론이 과학적 근거를 갖는 역사적 사실이라고 주장하는 이론

한 모든 일반적으로 인정되는 과학도 창세기와 상충되는 것은 마찬가지다. 브라이언은 창세기 예언자들의 나이를 바탕으로 한 지구 나이의 계산을 믿었는데 창조의 연대를 기원전 4004년으로 보는 이 이론은 고고학적 관점에서 터무니없는 시기다. 오늘날 브라이언과 생각을 같이하는 미국인은 거의 없다. 그렇다면 어느 시점엔가는 은유적인 해석의 대체가 필요하다. 문제는 그것이 언제일까라는 것이다. 다윈의 이론은 인간이 특별한 지위를 가지며 신의 특별한 관심을 받는다는 생각과 공존할 수 없는 것이 아니다. 하지만 다윈주의 기독교인이라면 이 특별한 위상을 겸손한 태도로 살펴야 한다. "인간을 역사적으로 우리와 연관된 다른 피조물과 차별화하는 것은 정확히 무엇인가?" "어쩌면 우리는 특권만이 아니라 특별한 의무도 가지고 있는 것이 아닐까?"와 같은 의문을 가지고 말이다.

서구의 전통은 우리가 때때로 생각하는 것보다 복잡하다. 이 점에서 여전히 **자연의 사다리**라는 사상을 좋아하는 민감한 다윈주의자들은 당연하게도 유인원과 다른 생물들이 우리와 어느 정도 특별함을 공유하는 사다리의 "상위"에 있지 않을까 하고 생각한다. 우리가 다른 유인원들을 따돌리고 자연의 사다리 최상위에 이르렀다면, 이는 그들도 거의 그만한 높이에 이르렀다는 것을, 따라서 그런 유사성 덕분에 최소한 부분적으로는 특별한 대우를 받을 자격이 있지는 않을까?

"우리와 너무 비슷해서" 접근법으로 들어가보자.

● "우리와 너무 비슷해서" 접근법: 자연의 사다리를 밟고 진전하다

대부분의 미국인들이 현재 가지고 있는 입장에서 시작해 제한된 생물에게 제한된 권리를 부여하는 방향으로 나아가도록 하는 것은 어떨까? 내가 "우리와 너무 비슷해서" 접근법이라고 부르는, 동물 윤리와 법에 대한 저명하고 영향력 있는 접근법이 바로 그런 입장을 취하고 있다. 이 접근법은 인간과 같은 능력을 근거로 특정 동물 종에 법인격과 부분적인 자치권을 인정하는 방향으로의 변화를 꾀한다. 이 접근법은 특히 운동가이자 작가인 스티븐 와이즈와 연관된다.[20]

와이즈는 동물법 분야의 가장 중요한 개척자로, 그가 2000년 출간한 『철창을 덜컹이는Rattling the Cage』는 동물 윤리 분야를 법으로 가져가 큰 성과를 이뤘다.[21] 하버드 법학대학원의 동물법 강좌는 그 종류의 법학대학원 강좌 중 최초일 것이다. 2016년 선댄스Sundance 영화제에서 상영된 2016년 작 다큐멘터리 〈철창을 열고Unlocking the Cage〉의 주인공인 그는 영화를 본 많은 시청자들에게 그가 이끄는 비인간권리프로젝트Nonhuman Rights Project의 목표를 설득력 있게 설명한다. 이 영화는 갇혀 있는 몇 마리 침팬지의 제한적 인격권을 얻기 위한 법적 투쟁을 따라간다.[22] 와이즈는 영웅적인 선구자이며, 그가 그런 개념적 접근법을 선택한 것은 그것이 최선이라고 생각해서가 아니라 당장 심각한 불의로 고통받는 동물들을 위한 진보에 도움이 될 수 있다고 생각했기 때문이다. 그의 접근법에 대한 내 비판에는 와이즈와 그의 법적인 연구에 대한 존경의 마음을 손상시키려는 의도가 전혀 없다.

와이즈의 견해는 유인원과의 진화역사적 친족 관계가 아닌 유사성

자체에 근거를 두기 때문에 고정된 **자연의 사다리** 사상이나 수정된 다윈주의 형태 모두와 공존할 수 있다. 하지만 그는 진화론적 친족 관계에 집중하거나 인간과 진화적으로 밀접한 관계에 있는 생물에만 관심을 제한하지 않는다.

2000년 발간한 그의 책에서 와이즈의 초점은 침팬지와 보노보 bonobo*에 있다.[23] 하지만 지금까지 그는 4종의 유인원은 물론 코끼리(짐작건대 3종 모두), 고래, 돌고래(짐작건대 고래와 돌고래 2종의 모든 종)를 명시적으로 포함시켰다.[24] 그의 논거는 이들 동물이 인간과 유사하다는 주장에 크게 의존하고 있다. 그의 말에 따르면, 그들은 자의식이 있고, 자기 결정 능력, 마음 이론, 문화를 갖고 있으며, "본능에 갇혀" 있지 않고, 자신의 미래를 관조하는 능력이 있다. 일반적으로 그들은 "정말로 정말로 똑똑하다."[25] 그는 그들이 "자율적인 생물"이고 그런 이유로 "자율적인 삶"을 살아야만 한다고 주장한다.[26]

와이즈는 철학자가 아니다. 그는 철학자들이 사용하는 자율성의 개념 중 어떤 것을 마음에 두고 있는지 설명하지 않는다. 또 그는 침팬지를 다섯 살 인간 아이의 수준으로 생각한다고 말하기 때문에 그가 그들에게 자율성을 부여해야 한다고 하는 것이 일반적으로 그렇듯 고차원적인 원칙에 비추어서 자신의 욕망을 비판적으로 생각할 수 있는 능력이나 칸트가 주장하듯 종교나 문화의 영향에서 벗어날 수 있는 능력을 의미하는 것인지는 확실치 않다.[27] 아마 그가 의미하는 것은 여러 대안 중에서 선택할 수 있는 능력처럼 그리 엄격하지 않은 형태의 자기 결정 능력일 것이다. (하지만 다른 많은 동물 종이 대안 중에서 선택하는 능력을 갖고 있

---

* 영장목 성성이과의 포유류. 피그미침팬지라고도 한다.

다!) 어쨌든 책과 영화 모두가 반복적으로 강조하듯이, 와이즈는 이 동물 종들이 인간과 매우 유사하다고 생각하며 그는 이런 유사성을 그들에게 제한적인 법적 권리를 보장해주고자 하는 투쟁의 근거로 삼았다.[28]

와이즈는 이들 동물이 우리와 얼마나 유사한지를 보임으로써 법이 인간과 동물 사이에 두는 경계가 불합리하고 재고가 필요하다는 것을 보여주려 한다.[29] 자격과 한계가 있기는 하지만 어린이와 심각한 인지장애를 가진 사람들에게도 권리가 보장되고 후견인이 필요하다고 생각한다면, 이런 종의 동물들에게도 권리가 있다고 인정해야 한다. 모든 인간을 권리를 가진 인격체로 대우하고 모든 동물은 물건으로 취급하는 것은 비합리적이고 일관성이 없다. 이 부분에서 와이즈는 노예제를 비유로 든다. 과거에는 법이 노예를 재산으로 취급하는 데 사용되었지만 이제는 그것이 도덕적으로 극악하다는 것을 알고 있는 것처럼, 동물에 대한 지금의 처우가 도덕적으로 극악하다는 것을 깨달아야 한다고 말이다.[30] 영화에서 노예제의 비유는 와이즈와 대화를 나누던 사람들 일부로부터 심한 반발을 유발했다. 그가 전달하려던 뜻과는 달리 아프리카계 미국인들이 침팬지와 같다는 암시로 해석될 수 있기 때문일 것이다.[31] 때문에 그는 이런 비유에서는 물러섰지만, 동물을 물건이나 재산으로 보는 법의 시각에서 그들을 인격으로 보는 시각으로 전환해야 한다는 핵심 사상에서는 물러서지 않았다.[32] 그는 기업이 법에 의해 권리를 부여받는다는 것을 생각할 때 자율적인 동물들에게 권리를 확장하는 것은 그보다 쉬운 단계라고 계속 지적—매우 좋은 지적—하고 있다.[33]

이 마지막 비유에서 알 수 있듯이, 와이즈는 변호사다. 그는 동물법을 위한 최고의 철학적 이론을 만들려고 노력한다기보다는 자신이 이용할 수 있는 법적, 이론적 자료들을 통해 동물에게 더 나은 입지를 마련해주기 위해 노력한다. 많은 사람이 기업에 법인격을 확장한 것이 큰 실수였다고 생각하며, 와이즈 자신도 그렇게 생각하고 있는 것 같다. 하지만 그는 기민한 변호사들이 그렇듯이 선례를 주장의 근거로 삼고 있다. 이미 이렇게 결정했으니 이제는 그 결정이 동물의 문제에 미치는 영향을 생각해봐야 한다고 말이다. 그가 유사성에 초점을 맞추는 것은 철학적이라기보다는 전략적인 일이다. 그는 판사들이 현재 있는 곳에서 시작해 그들과 상황을 바꿔보려고 노력하고 있을 뿐이다. 따라서 그의 이론을 이론적 입장에서 비판하는 것은 무례한 일일 수 있다. 그럼에도 불구하고 그의 이론은 대중적 논쟁의 좋은 근거로 내세워지고 있으며 사람들이 그것을 믿는 범위에서만 설득력을 갖는다. 때문에 영리한 법적 전략이라는 것을 충분히 아는 입장에서 대단히 송구스럽지만, 나는 그의 견해가 동물의 자격을 정당화하는 데 대한 이론적 근거로서 적합한지를 냉정히 검토할 것이다.

책과 영화에서 와이즈는 선택된 동물 종들이 인간과 유사한 여러 유형의 능력을 가지고 있다는 많은 증거를 제시한다.[34] 영화에서의 주된 수사 전략은 침팬지와 다른 유인원이 수어를 사용하고, 인간이 감정을 드러내는 영상을 보았을 때 공감을 보이는 등 인간과 같다고 즉시 알아볼 만한 일들을 하는 모습을 보여주는 것이다.[35]

와이즈는 동물 권리에서 진전을 보기 위해서는 청중이 공감하는 부분에서 시작해야만 한다는 기민한 상황 판단을 한 것이다. 그는 이런 시작을 "전략적 전쟁의 첫 번째 일제사격"이라고 부르며 "발로 차 첫 문을 여는 것"에 관해서도 이야기한다.[36] 따라서 그는 모든 유형의 동물 권리를 생각하는 보다 폭넓은 과제에 무관심한 것이 절대 아니다. 일부 종의 능력과 그 박탈에 대한 깊은 관심은 칭찬받을 만하다. 그럼에도 불구하고 우려가 되는 부분은 분명히 존재한다. 프레임워크의 선택은 우리가 어디까지 갈 수 있는가에 영향을 미친다. 진실과 이해를 위해서는 이론을 바로 세우는 것이 중요하다. 우리를 막다른 골목으로 향하게 하는 것이 아니라 올바른 방향으로 출발하게 하는 전략을 세우는 것이 중요하다.

그렇다면 철학적 관점에서 와이즈의 전략이 가진 문제점은 무엇일까? 가장 분명한 것은 그것이 우리를 최상위에 두는 비과학적이고 인간 중심적인 **자연의 사다리** 사상을 받아들이고 이용한다는 점이다. 일부 동물은 호의적인 대우를 받지만 그 이유는 단지 그들이 우리와 (거의) 같다는 데 있다. 첫 번째 문은 열렸지만 우리 뒤에서 바로 닫혀버린 셈이다. 다른 것들은 포함시킬 수 없다. 이전의 경계 대신 약간 다른 경계를 만들긴 했지만 사실은 그리 다를 것이 없다. 동물의 세계는 여전히 물건이라는 어두운 영역에 남아 있다.

자연의 사다리라는 이미지는 자연을 바라보는 데에서 나온 것이 아니며, 오만을 제거하고 자연을 바라볼 때 우리에게 보이는 것과는 일치하지 않는다. 우리에게 보이는 것은 수천 가지 다른 동물 생명체다. 모두가 생존, 번영, 번식을 위해 나름의 질서에 따라 노력하고 있다. 생명체는 단일한 척도로 등급을 매길 수 없다. 모두가 놀라울 정도로 다르다. 등급을 나누고 싶다면 공정하게 하자. 우리 인간은 IQ와 언어 요소에서 우승자다. 그런데 그런 테스트를 누가 만들었는지 생각해보라. 많은 동물이 인간보다 훨씬 더 강하고 빠르다. 새는 공간 지각력과 먼 목적지를 기억하는 능력에서 인간보다 훨씬 우월하다. 대부분의 동물은 예민한 후각을 갖고 있다. 우리의 청력은 대단히 제한적이다. 일부 동물(예를 들어 개)은 우리보다 높은 주파수를 들을 수 있으며, 많은 동물(코끼리, 고래)이 우리보다 훨씬 낮은 주파수를 들을 수 있다.[37] 우리는 오페라를 부른다면, 새는 놀라운 새의 노래를, 고래는 고래의 노래를 부른다. 어떤 것이 "더" 나은가? 음악을 좋아하는 사람에게 모차르트와 바그너 중에 누구를 선호해야 하는지 묻는 것과 다를 바가 없다. 그들은 너무 다르다. 하나의 척도로 비교하는 것은 어리석은 시간 낭비일 뿐이다.

생명 유지 능력에 관해 말하자면, 쥐는 번식과 생존에 있어 훨씬 성공적이다. 관벌레에서 북극고래에 이르기까지 수많은 동물이 인간보다 훨씬 오래 산다. 도덕적 능력은 어떨까? 인간은 그 부분에서 자부심을 갖고 있다. 하지만 우리 인간은 다른 동물 종에서는 알려진 바가 없는 고의적인 잔학 행위와 고문에 깊이 관여하고 있으며, 이후에 우리는 수많은 동물 종이 우정과 사랑의 능력을 보여주는 것을 목격하게 될 것이다. 우리가 가장 아름답다고 생각하는가? 말과 같이 생긴 멋진 후이늠과 몇 년을 보낸 걸리버가 인간의 형태와 냄새를 역겹게 느끼게 된다는 조너선 스위프트Jonathan Swift의 묘사는 충분히 납득이 된다.[38] 다른 동물들은 자신의 아름다움에 대해 그런 오만함을 갖지 않는다. 동시에 자신을 혐오하고 그로부터 도망치는 경우도 없다.

간단히 말해, 우연히 우리가 잘하는 것으로 우리에게 유리하게 판단하지 않고 능력에 따라 공정하게 줄을 세운다면 다른 많은 동물이 다른 많은 순위 매기기에서 "승리"할 것이다. 이쯤이면 순위에 관련된 모든 아이디어가 조금씩은 어리석고 인위적으로 보이지 않는가? 각 생명체의 전혀 다른 면들과 특수성을 연구하는 것은 정말로 흥미로운 일이다. 인류중심주의는 완전히 잘못된 오만이었다는 것이 드러나기 시작한다. "우리는 너무 훌륭해! 모든 생물이 우리 같았더라면! 음…, 조금은 그런 것도 있는데." 우리는 이렇게 생각해온 것이다. 와이즈는 이런 식의 사고를 뒤흔들어 동물의 삶을 진정 혁명적으로 받아들이도록 하기보다는, 과거의 사고와 기존의 경계를 유지하면서 몇몇 종만을 다른 쪽으로 옮겨둔다. 다시 한번 말하지만, 이는 상상력이 제한된 판사들을 다룰 때는 좋은 전략이다. 하지만 결함이 있는 이론은 결국 장기적으로 결함이 있는 결과로 이어질 가능성이 높다.

자연의 사다리는 다른 방식에서도 위험해질 가능성이 있다. 이런 사상은 자기비판의 의지를 꺾는다. 그것은 동물의 몸에서 나오는 냄새나 체액을 비방함으로써 인간의 몸을 동물의 몸과 다르게 취급하는 추악한 계획으로 이어진다.[39] 이런 계획에는 다른 인간군이 실은 동물이라는 근거로 그들을 종속시키려는 시도가 뒤따른다.[40] 비교적 힘이 약한 하위군에게 악취, 오염된 신체적 특성, 성욕 과다라는 불명예를 전가하고 그것을 폭력적인 종속의 변명으로 삼는다. 미국의 인종차별, 인도의 카스트 제도, 어디에서나 발견되는 여성 혐오, 동성애 혐오, 노인에 대한 편견에서 이런 사상의 자취를 찾을 수 있다.[41] 와이즈의 전략은 이런 사악한 인간의 관행들을 약화시키는 데 아무런 역할도 하지 못한다. 오히려 경계를 그림으로써 그런 관행을 강화시킬 위험이 있다. 우리 신체를 보는 완전히 새로운 방식이 필요한 시점에, 그것은 우리에게 똑같은 과거의 방식, 몇 개의 작은 조정만을 거친 과거의 방식을 제시한다.

한편, 와이즈의 접근법은 그의 개입으로 도움을 받지 못한 대부분의 동물을 표류하게 만든다. 그는 이런 결과를 원한 것이 절대 아니다. 하지만 그의 이론이 돼지와 닭이 겪는 끔찍한 고통, 북극곰을 비롯한 수십 종 야생동물의 서식지 상실에 대해 어떤 결과를 낼지는 짐작하기가 그리 어렵지 않다. 그가 제공하는 것이 무엇인지는 쉽게 알 수 있다. 그는 아무것도 제공하지 않는다. 우리와 너무나 비슷한 종이라는 특별한 영역을 벗어난 곳에서는 완전히 새로운 접근법을 만들어야 한다. 분명 와이즈가 장기적으로 원한 것은 이런 사안들을 다룰 다른 접근법이었을 것이다. 하지만 그는 새로운 접근법이 어떤 것인지, 그것을 그의 출발점인 철저한 인간중심주의와 어떻게 조화시킬지에 대해서는 어떤 아이디어도 내놓지 않는다. 그의 방식에는 자연의 다양성에 대한 경이, 생명의 다양한 형태에 대한 애정이 결여되어 있다.

"우리와 너무 비슷해서" 접근법에는 더 충격적인 결과가 따른다. 실제로는 야생에서 삶을 사는 종의 특징이 아닌 인위적인 성과에 집중하게 되는 것이다. 따라서 〈철창을 열고〉는 수어에 상당한 시간을 할애한다. 침팬지, 보노보, 고릴라가 수어를 배울 수 있다는 것은 사실이며 분명 인상적인 일이다.[42] 하지만 인간들 사이에서 살지 않을 때라면 그들은 수어를 사용하지 않는다. 돌고래는 가끔 야생에 돌아가서도 인간으로부터 배운 행동을 하고 다른 돌고래들에게 가르치기도 하지만,[43] 나는 유인원이 그런 일을 했다는 사례를 알지 못한다. 그들에게 유용치 않기 때문이다. 프란스 드 발Frans de Waal은 수십 년간 유인원과 코끼리가 같은 종들과의 여러 유형의 행동에서 보이는 공감과 감정을 입증했지만,[44] 와이즈는 그렇게 하는 대신 영화 속에서 수어의 사용을 통해 전달되는 공감의 사례에 집중했다. 인간 아이가 가족들에게 작별 인사를 하는 영화를 본 고릴라가 슬프다는 수어를 하는 식이다.[45] 다시 말하지만, 감정을 내비치기 위한 수어 사용은 유인원이 인간을 위해 인간을 대상으로 하는 것이지 자신들 사이에서 하는 일이 아니다. 드 발이 여러 차례 보여주었듯이 그들 사이에는 감정을 소통하는 대단히 많은 방법이 있다.[46] 왜 인간에 대한 영화여야 했을까? 와이즈가 수어-공감의 사례를 좋아한 것은 그것이 우리와의 유사성을 확립하는 데 도움이 되기 때문일 것이다. 하지만 그것은 동물의 재롱일 뿐이다. 와이즈가 유인원들에게 가라테 발차기를 가르치는 것을 비난하면서 언어를 이용한 재롱을 좋아하고 중시하는 근거는 이해하기가 대단히 어렵다. 내게는 둘 다 비슷해 보인다(가라테를 잔혹 행위가 아닌 긍정적인 강화를 통해 가르쳤다는 가정하에). 동물의 삶의 형태의 핵심에 있는 일이 아닌 어떤 것을 보여주는 접대용 재주인 것은 가라테와 수어 모두 마찬가지다. 그런 재주를 가르치는 것이 윤리적인지 아닌지는 논쟁의 대상이 되겠지만, 나는 와이즈가 그것이 우리에게 가르침을 준다는 이유로 수어 재주를 옹호할 것이라고 확신한다. 하지만 바로 거기에 문제가 있다. 우리에게 가르침을 주는 것일 뿐 동물의 삶에는 어떤 혜택도 없는 일이기 때문이다.

와이즈는 모든 종류의 생물들에게 모든 종류의 권리를 인정해야 한다고 하면 사람들이 겁을 먹을 테니 우선 몇 종의 몇 가지 권리에만 집중하는 것부터 시작해야 한다고 주장한다. 하지만 이후 살펴볼 것처럼 동물들에게 정치적 목소리를 부여하는 일은 얼마든지 합리적이고 수용 가능한 방식으로 달성할 수 있는 장기적 목표다. 사람들은 일관성과 이론적 온전성을 높게 평가한다. 사람들은 결국 와이즈가 미끼로 유인을 하고 있다는 사실을 알아차리게 될 것이다. 일부 생물에는 인간과의 유사성을, 다른 생물에는 아직 알려지지 않은 다른 근거를 댄다는 점을 말이다.

와이즈는 숙련된 변호사다. 지금은 대단히 유명해진 한 소송에서 그와 그의 비인간권리프로젝트는 제한적인 성공을 거뒀다. 두 마리 침팬지의 동물 보호소 이송을 가능하게 하기 위해 그들을 인간으로 신고하려 한 사건이다. 뉴욕 대법원은 5대 0으로 와이즈의 주장을 기각했지만 한 판사는 와이즈의 주장에 감명을 받은 것이 분명했다. 유진 파헤이Eugene Fahey 판사가 다음과 같이 눈에 띄는 보충 의견을 내놓은 것이다. "인간이 하듯이 삶에 대해서 생각하고 계획하고 인식하는 지적인 비인간동물은 임의적인 잔학 행위와 강요된 구금에 대한 법의 보호를 누릴 권리를 가질까? 이것은 정의定義의 문제만이 아니라 우리의 주목을 촉구하는 심각한 윤리적, 정치적 딜레마다."[47] 자신의 접근법이 눈에 띄는 변화를 만들 수 있다는 와이즈의 생각은 옳았다. 하지만 이런 일은 역량 접근법, 그리고 이론적으로 보다 일관적이고 적절한 방식으로도 가능하다.

● 수정된 자연의 사다리: 화이트의 "이질적 지능"

자연의 사다리에서 벗어나기 전에, 특정한 유형의 동물이 사는 삶의 형태를 애정 어린 눈길로 상세히 묘사했을 뿐 아니라 와이즈보다 상당히 미묘하고 주의 깊은 윤리/정치적 접근법을 발전시켜 와이즈의 인간중심주의가 품고 있는 함정을 최소한 일부는 피하고 있는 훌륭한 철학 책을 살펴보는 시간을 갖는 것이 좋겠다. 토머스 I. 화이트Thomas I. White의 『돌고래를 위한 변호: 도덕의 미개척지In Defense of Dolphins: The New Moral Frontier』가 그 책이다.[48] 화이트는 철학자이며 그의 책은 개념적, 논쟁적인 부분에 주의를 기울이고 있다. 그는 개인적인 관찰과 과학 문헌에 대한 철저한 독서를 통해 돌고래에 대해서도 깊이 있는 지식을 갖고 있다. 그는 명료하고 생생하게 글을 쓰는 사람이며 대중과 효과적으로 소통할 줄 하는 사람이다. 그의 목표는 궁극적으로 와이즈의 목표와 비슷하지만, 그는 하나의 종에만 집중한다. 돌고래가 정교한 인지력과 감정을 갖고 있다고, 거기에서 더 나아가 "사람"이라는 표준적인 철학적/법적 개념이 인간과 마찬가지로 돌고래와도 부합하며, 그런 이유에서 돌고래를 사물이나 재산이 아니라 각자 나름의 개별적 목표가 있고 "가격"만이 아니라 칸트 철학이 말하는 "존엄"을 지닌 지위에 있는 자아로 대하는 것이 중요하다고 독자들을 설득하는 것이 그의 목표다. 그의 구체적인 목표는 돌고래를 다치게 하고 죽게 하는 참치잡이 관행을 중단시키고 사람들이 돌고래를 가두어두는 관행을 근본적으로 재고하도록 하는 것이다. 후자에 대해서는 이후 10장에서 다시 논의할 것이므로 지금은 화이트의 일반적인 접근법에 집중해보자.

화이트는 와이즈와 마찬가지로 자의식, 자아감("거울 테스트"를 통과하는 능력으로 드러나는[49]), "고급" 인지 능력과 감정 능력,[50] 목표에 비추어 행동을 통제하는 능력, 대안적인 활동 가운데에서의 "자유로운" 선택 능력, 다른 사람을 알아보고 적절히 대우하는 능력 등 인간성이라는 친숙한 철학적 개념을 사용한다.[51] 이 책의 많은 부분은 독자들에게 돌고래가 이 모든 능력을 갖고 있다고 설득하는 데 쓰이며, 화이트는 돌고래가 이런 "고급" 능력을 가지고 있다는 이유로 돌고래를 다르게 대우해야 한다고 말한다. 따라서 화이트의 접근법 역시 내가 와이즈에 제기했던 여러 가지 비판에 취약하다. 특히 화이트는 생물의 삶의 형태가 그 생물에게 해가 될 수 있는 것을 결정한다는 올바른 주장으로부터 비인간동물들이 중요한 측면에서 실질적인 피해를 입을 수 없는 사물이자 재산이라는 결론으로 너무나 빠르게 움직인다.[52] 화이트는 칸트학파이고 그는 이런 인격적 속성을 "도덕적 지위moral status"를 부여하는 데 있어서 중심이 되는 규범적 중요성으로 본다.

화이트의 견해는 와이즈의 견해와 미묘하게 다르다. 와이즈는 단순히 유사성에 호소한다. 일부 동물들은 우리와 비슷하다고 말이다. 인격과 자율권이 중요한 것은 우리가 가지고 있다는 이유만으로 중요한 것이며 특별한 개별적 이유는 없다. 화이트는 여기에서 더 나아가 인간이 가진 특별한 능력에 독립적 가치를 부여해 돌고래가 이런 능력을 가지고 있다고 주장한다. 그의 견해에는 와이즈의 견해만큼 노골적인 자기 도취가 없기는 하지만 비슷한 방식의 한계가 있다. 이런 능력이 다른 능력보다 중요하다는 그의 주장을 반박하려면 더 긴 논거가 필요하다. 능력을 평가하는 옳은 방법은 생물의 역할을 그 생물의 전반적 삶의 형태 안에서 바라보는 것임을 밝혀야 하는 것이다. 눈에 띄는 새의 일부 능력이 인간의 삶에는 유용하지 않은 것처럼 인간의 능력 중에는 새의 삶에 적합하지 않은 것이 있다. 5장에서는 이 주장에 대해서 자세히 다룰 것이다. 여기에서는 화이트의 편협함이 동물의 삶에 대한 그의 평가뿐 아니라 우리가 스스로를 어떻게 평가하느냐에 대한 그의 견해, 즉 우리가 이런 놀라운 특성을 가지고 있기 때문에 자랑스러워 마땅하다는 견해에까지 영향을 준다는 점을 알 수 있다.

그럼에도 불구하고 화이트의 책은 세 가지 면에서 와이즈의 인식 체계보다 개선된 모습을 보여준다. 그는 와이즈가 언어와 인위적인 성과에 지나치게 집중하고 있다며 나와 비슷한 방식으로 그를 비판한다.[53] 우선 첫째, 유사성과 인격성에 집중하는 그의 접근법은 현재 대중의 위치에서 그들에게 접근한다는 면에서 유용하고 돌고래에 대한 우리의 대우에 큰 변화가 필요하다는 점을 정당화시키기에 충분하며 "가장 인간 중심적인 인간"도 받아들일 만한 좋은 접근법이지만, 그것이 비인간동물에 대한 윤리적 관심의 유일한 근거는 아니라고 여러 차례 부인한다.[54] 예를 들어 그는 이렇게 적고 있다. "우선은 내가 인격이 유일한 것, 비인간동물이 도덕적 지위를 가지는 데 가장 중요한 토대라고 주장하지 않는다는 것을 확실히 하고 싶다."[55] 이 책에는 이 말을 전적으로 고수하지 않는 구절들이 있다. 자의식과 선택에 대한 칸트주의적 격정에 이끌려 인격이라는 특성이 없는 존재는 존엄성이 없다고 암시하고 있는 것이다. 하지만 그의 공식적인 입장은 인격성을 도덕적 지위의 충분조건으로 보지 않는 것이다.

둘째, 돌고래의 인격성에 대한 화이트의 주장은 그들의 "이질적 지능Alien Intelligence"에 대한 흥미로운 설명으로 이루어져 있다. 와이즈는 인간을 닮기는 했지만 유인원의 정상적인 생활에서는 중요한 역할을 전혀 하지 않는 유인원의 성과에 집중하는 반면, 화이트는 돌고래가 지능이 있기는 하지만 여러 가지 면에서 우리와는 전혀 다른 "이질적인" 지능이라는 데 주의를 기울인다. 화이트는 돌고래의 능력과 삶의 형태를 대단히 상세하게 묘사하면서 우리가 인식과 의식조차도 인간의 삶과 돌고래의 삶에서 매우 다른 방식으로 실현된다는 것을 파악하게 돕는다. 이런 점은 고래는 물속에서의 삶에 적응했고, 우리는 육지에서의 삶에 적응했다는 것을 생각하면 놀랄 일도 아니다. 돌고래들은 시각보다는 청각으로 훨씬 많은 일을 한다. 수중 음파 탐지기처럼 물체를 "읽는" "반향정위•"라는 놀라운 능력을 갖고 있다. 돌고래는 반향정위를 통해 대상의 외면만 파악하는 것이 아니라 내면까지 인지한다. (돌고래가 조련사 자신이 알기도 전에 그의 임신 사실을 안 놀라운 사례도 있다!) 이 책에서 정말 좋은 부분은 돌고래의 관점에서 인간이 어떻게 보일지 상상한 것이다. 비슷하긴 하지만 이상하게도 일부 필수적인 능력이 부족하게 보일 것이다. 다른 형태를 가진 생명의 복잡성과 이상함에 대한 이런 경이

• 음원에서 나간 음을 보낸 후 물체에 부딪쳐 되돌아오는 음파를 받아 정위하는 일

는 와이즈의 접근법에서는 전혀 찾을 수 없는 것이다.

돌고래의 생경함에 대한 화이트의 집중은 때로 지나친 경우가 있다. 예를 들어 그는 돌고래가 대단히 사회적인 생물인 반면, 인간, 적어도 많은 인간이 혼자 있기를 좋아한다고 계속 말한다. 그는 사람들에게 스스로를 묘사하게 하는 자기 보고 연구들을 지적한다. 일부 사람들은 관계를 언급했지만 그렇지 않은 사람이 많았다.[56] 하지만 설문에서 사람들이 말하는 것은 실제로 그들의 행동을 이끄는 것이 무엇인지 파악하는 데 그리 도움이 되지 않는다. COVID-19의 시대에 우리는 인간이 실제로 얼마나 속속들이 사회적인 생물인지 상기하게 되었다. 물리적으로 근접하는 것이 불가능한 때에도 우리는 이메일을 보내고, 전화를 걸고, 줌Zoom으로 대화를 나눴다. 시카고의 한 지역에서는 6피트(약 182.9센티미터)의 "사회적 거리"를 두고 공원에서 공개 결혼식을 올린 사례도 있다. 다른 사람들 없이 어떤 일을 할 수 있다는 것을 남자답다거나 강하다고 생각하는 사람들도 있지만, 그것이 혼자 있는 것을 강요당했을 때 그것을 싫어하지 않는다는 의미는 아니다.[57]

그럼에도 불구하고, 화이트가 인격에 대한 자신의 주장을 정당화하는 세 번째, 가장 중요한 방식은 돌고래에게 사회 적응력과 이질적인 지능의 자리를 내주는 때조차 "인격"의 모든 범주가 부적절하게 인간 중심적일 수 있다는 점을 솔직하게 인정하는 것이다.[58]

하지만 결국 화이트의 경이는 거기에 그친다. 그는 우리 인간이 하는 어떤 일을 동물들이 이질적으로 하는 방식에 깊은 인상을 받고 호기심을 가진다. 별개의 진화 경로를 거쳐 우리와는 전혀 다른 지능의 형태와 능력에 이르게 된 생물(특히 새나 물고기)의 완전히 다른 세계에 들어가 보지는 않는다. 돌고래는 우리와 신경 구조가 매우 비슷하며 그들의 지능은 이질적이라고는 하지만 그렇게까지 이질적이지 않다. 새는 "수렴 진화convergent evolution"를 통해 훨씬 더 이질적이고 여러 면에서 신비하게 보이는 놀라운 능력들을 개발했다(6장 참조). 그는 이렇게 이질성보다는 유사성을 선호하기 때문에 선형성이라는 사상에서 완전히 벗어나 우리가 실제 살고 있는 풍성하고 놀라운 세계를 보지 못하고 여전히 인간과 비슷한 "사람들"이 사다리의 맨 꼭대기에 있는 자연에 대한 선형적 개념에 머물러 있다.

기쁘게도 화이트는 최근 자신의 견해를 바꾸었고 현재는 역량 접근법을 추천하고 있다(결론을 참조하라).

● 자연의 사다리 너머: 경이롭고 이질적인 생명체

화이트의 책은 순수한 호기심과 놀라운 생명의 형태에 대한 경이감을 갖고 우리와 크게 다른 생물의 눈을 통해 세상을 보라고 말한다. 이는 윤리학에 대한 놀라운 공헌이다. 나는 동물의 세계 전체에 걸쳐서 우리가 이런 일을 해야 한다고 생각한다. 그는 생물을 어떻게 대할지, 생물의 기본적 욕구가 무엇인지, 그것들이 특유의 삶의 형태로 어떻게 실현되는지 생각하고 의문을 가져보라고 촉구하면서 비교를 마무리한다. 그렇게 한 후에야 우리가 생각하고 있는 형태의 대우(예를 들어, 돌고래를 수족관에 가두는 것)가 적절한지 아닌지 판단할 수 있다.[59] 이것은 내 접근법에서 우리가 모든 쾌고감수능력이 있는 동물들에 대해서 가져야 한다고 촉구하는 의문이다. 화이트의 이야기는 이렇게 매력적이고 감동적이지만 아쉽게도 지나치게 편협하다. 내가 보기에 화이트는 우리와 대단히 유사한 생물에게만 그런 의문을 제한하는 충분한 이유를 제시하지 못했다. 인격이란 아무리 폭을 넓혀도 인간 중심적이다.

　이질적인 면이 있더라도 우리와 얼마간 비슷한 생물들에게는 그런 질문을 하고 답을 구하기가 한결 쉽다. 하지만 이 질문을 더 확장하는 것이 어렵다고 해서 시도를 단념해야 하는 것은 아니다. 화이트가 보여주는 종류의 겸손, 호기심, 사실에 대한 몰두를 이용해서 노력을 계속하는 것이 마땅하다. 인식론적 문제는 최선의 절차와 틀에 대한 우리의 규범적 질문을 해결해주지 못한다. 인간의 인식이 돌고래에게 얼마나 이상하게 보일지 상상하는 것이 가능하다면, 새, 포유류, 심지어는 어류에게 세상이 어떻게 보일지 열심히 생각해보는 것도 가능해야 한다.

　물론 어떤 것이든 언어적 설명에는 왜곡이 따르기 마련이다. 그런 문제는 유아기의 인지에 대한 연구나 그림이나 음악을 통한 경험을 말로 표현하려는 시도를 통해 익히 알고 있는 것이다. 그러나 좋든 싫든 언어는 철학적, 과학적 연구의 매개체다. 따라서 "더듬더듬하는 번역 stammering translation"(작곡가 구스타브 말러Gustav Mahler가 자신의 음악을 말로 묘사하려는 시도에 사용한 말)이 반드시 이루어져야 한다. 신중하고, 겸손한 태도를 갖고, 자원을 충분히 이용한다면 이런 일을 동물 세계 전체에 걸쳐서 하지 못할 이유는 없다.

　여기까지는 영향력이 큰 개념들, 다른 것들보다 서구 문화에서 자란 대부분의 사람이 가질 가능성이 높은 검증되지 않은 사고와 부합하는 동물 권리와 정의에 대한 이론적 개념을 알아봤다. 이 개념은 편협하다. 이 개념은 호기심 없이, 정당성이 없는 상당한 자기도취 속에서 존재의 서열을 매기고 평가한다. 이제는 이 개념에 강력하게 이의를 제기하면서 고통에 대한 공통의 취약성에서 모든 동물이 가지는 공통성을 강조하는 견해를 살펴보기로 하자.

3장

공리주의자들

쾌락과 고통

18세기 후반, 영국의 위대한 공리주의 철학자 제러미 벤담(1748~1832)
은 여론에 호소했다. 그는 다른 동물에 대한 기존의 대우를 노예제와 비
교하면서 동물에 대해서 던져야 하는 적절한 질문은 "'그들이 사유할 수
있는가?'가 아닌 '그들이 고통을 느낄 수 있는가?'"라고 말했다. 벤담에
게 쾌락과 고통은 윤리적 사실의 핵심이었고 다른 모든 것은 쾌락과 고
통으로 환원될 수 있었다. 벤담은 쾌락을 질은 달라지지 않고 양(강도와
지속 기간)만이 달라지는 단일한 것으로 보았다. 합리적 정치의 목표는
우주 내에서 고통을 차감한 쾌락의 양을 극대화하는 것이어야 한다고
생각한 것이다.

　벤담이 동물의 고통에 초점을 맞춘 유일한 공리주의자는 아니다.
그의 제자이자 후계자인 존 스튜어트 밀(1806~1873)은 이 문제를 진
지하게 연구했다. 그의 전체적인 견해는 중요한 측면에서 벤담의 견
해와 달랐다. 그는 재산을 동물학대방지협회Society for the Prevention of
Cruelty to Animals에 남겼다. 빅토리아 시대의 저명한 철학자 헨리 시지윅
(1838~1900)은 밀의 비판을 거부하고 벤담의 견해로 회귀해 벤담의 견

해에서 철학적 측면의 근거를 한층 탄탄하게 다졌지만 특별히 동물에 초점을 맞추지는 않았다. 우리 시대의 선도적인 사상가로는 벤담과 시지윅의 사상을 계승한 공리주의자 피터 싱어(1946~)가 있다. 그는 유명한 저서 『동물해방』과[1] 많은 학술적 저술에서 동물에 대한 잔학 행위의 문제를 다루고 있다.

이 장에서 나는 동물 복지에 대한 공리주의의 강력한 접근법을 진단한다. 여기에는 감탄과 상당한 공감에서 나오는 동의는 물론이고 의미심장한 비판도 포함된다.

공리주의 접근법은 동물의 고통에 민감하다는 면에서 크게 존중받아 마땅하다. 공리주의 접근법은 앞서 내가 비판했던 "우리와 너무 비슷해서" 접근법과 정반대처럼 보인다. 인간 종의 오만을 공격한다는 면에서 말이다. 하지만 다른 의미에서 보면 두 접근법은 결함을 공유한다. 둘 다 동물의 세계가 놀라운 다양성과 포괄성을 가지고 있다는 것을 파악하지 못한다. 세심히 주의를 기울였을 때 드러나는 것은 "사다리"도, 단일한 동질적 본성도 아니다. 대신 모든 동물의 삶의 방식을 이루는 서로 맞물린 활동 속에서 엄청난 복잡성이 드러난다. 즉 두 접근법에는 경이, 세심한 호기심이 부족하다. 첫 번째 접근법은 하나의 주형, 인간의 본보기만을 보려 하고, "최소 공분모 견해least common denominator view"라고 부르면 좋을 두 번째 접근법은 동물의 삶에서 단 하나의 측면만을 인정한다.

● **벤담의 주석**

벤담은 핵심이 되는 윤리적 사실은 오로지 쾌락과 고통이라고 생각했던 것으로 유명하다. 그는 쾌락과 고통이 질적인 차원에 따라 달라지는 것이 아니고 오로지 몇 가지 양적 차원(가장 중요한 것은 지속 시간과 강도)에 따라 달라진다는 강력한 주장을 폈다. 쾌고감수능력이 있는 개별 존재 각각의 목표는 순쾌락의 극대화이며, 그래야만 한다는 것이다.[2] 합리적 사회의 목표는 모든 사회 구성원의 순쾌락 극대화여야 한다. 바로 그것이 행복이다.

그렇다면 사회의 구성원은 누구인가? 벤담은 『도덕 및 입법의 원리 서설Principles of Morals and Legislation』에서야 그 극히 중요한 질문에 관심을 갖는다.[3] 그는 윤리와 법이 "행복에 민감한"(그가 사용하는 용어에 따라) 모든 살아 있는 존재에 관심을 두어야 한다고 주장한다. 그런 존재에는 "두 가지 종류"가 있다. 첫 번째는 "인간, 즉 정형화된 사람/자칭 사람이라고 하는 인간"들이다.[4] 두 번째는 "고대 법학자들의 무신경으로 그 이익이 방치되어온 결과 사물의 계급으로 강등된 다른 동물"들이다.[5] 이후 벤담은 사람과 사물 사이의 전형적인 구분을 거부한다. 그는 동물이 후자의 범주로 격하되는 것도, 그들이 재산이라는 생각도 분명히 거부한다. 그는 다른 동물들이 사람이라고 주장하지 않지만 그 단락은 올바른 항목이 무엇이든 인간과 동물을 한데 포함시켜야 한다는 것을 분명히 시사한다. 이후 그는 여기에 그 유명한 주석을 붙인다. 종종 일부가 인용되지만 이 단락은 전체를 인용할 가치가 충분하다.

힌두와 이슬람 종교에서는 동물 피조물의 이익이 얼마간 주목을 받았던 것으로 보인다. 왜 동물의 이익은 감수성의 차이를 감안해 인간이란 피조물의 이익만큼 인정하지 않은 것일까? 법이 상호적인 두려움의 산물이기 때문이다. 인간만큼 이성적이지 못한 동물은 인간이 이용했던 것 같은 수단을 가져서는 안 된다는 정서 때문이다. 왜 그들은 안 되는가? 아무런 이유가 없다. 동물을 먹는 것이 무엇보다 중요한 문제이고, 그것이 우리에게 이득이 되며 동물에게는 해가 되지 않는다면 우리에겐 우리가 좋아하는 만큼 먹는 것을 허용받을 충분한 이유가 있다. 그들은 우리처럼 미래의 불행에 대해 오랫동안 생각하지 않는다. 그들이 우리 손에서 겪는 죽음은 불가피한 자연의 흐름 속에서 그들을 기다리는 것보다 보통, 아니 어쩌면 항상 더 빠르고 그런 면에서 덜 고통스럽다. 동물을 죽여 먹는 것이 무엇보다 중요한 문제이고, 동물들을 죽이지 않을 때는 우리의 상황이 나빠지고, 동물은 죽더라도 딱히 더 상황이 나빠지지 않는 것이라면, 우리에게 해가 되는 것들을 죽이는 일을 허용받을 충분한 이유가 있다. 그러나 동물을 학대하는 것은 다르다. 학대를 허용받을 이유라는 것이 과연 있을까? 내가 아는 한은 없다. 반면 학대하지 않아야 할 이유는 여러 가지가 있다. [벤담은 여기에서 그의 다른 글을 언급한다.] 안타깝게도 많은 곳에서 인류의 상당 부분이 동물과 정확히 같은 근거로 법에 의해 노예라는 이름이 붙여져 열등한 동물 종족과 같은 대우를 받는 날들이 있었고 일부에서는 아직도 계속되고 있다. 마찬가지로 동물들이 이런 폭정이 아니었다면 결코 빼앗기지 않았을 권리를 획득하는 날이 올 수도 있지 않을까? 이미 프랑스인들은 검은 피부가 인간이 어떤 배상도 없이 고문하는 이의 변덕에 맡겨져야 하는 이유가 아님을 발견했다. 마찬가지로 다리의 개수, 털이 많은 피부, 천골의 유무가 쾌고감수능력이 있는 존재를 같은 운명에 처하게 할 충분한 이유가 되지 못한다는 것을 깨닫는 날이 올 수도 있지 않을까? 절대적인 기준이 되어야만 하는 다른 것이 또 있는가? 이성의 능력인가? 어쩌면 담화의 능력인가? 다 큰 말이나 개는 하루, 아니 일주일, 심지어는 한 달이 된 아기와도 비교할 수 없을 정도로 나은 대화 상대다. 혹 그렇지 않다고 해도 달라질 것은 없다. 문제는 '사유할 수 있는가?'나 '말을 할 수 있는가?'가 아니라 '고통을 받는 가?'다.[6]

놀랍게도 벤담은 법 아래에서 동물이 인간과 같은 대우를 받아야 한다고 주장한다(인간성이라는 항목하에서든, 좀 더 가능성이 높은 공통의 취약성을 강조하는 새로운 개념하에서든). 동물은 물건이나 재산으로 취급되어서는 안 되며 그들의 이익은 인간 생물의 이익만큼 민감성의 차이에 걸맞은 인정을 받아야 한다.[7] 그 자격 조건이 그가 말한 것의 대부분을 무효화시키는 것 같이 보이지 않도록, 그는 그것이 무슨 의미인지 대단히 명확하게 이야기한다. 유사한 이익은 유사하게 취급되어야 하지만, 생물의 이익과 무관한 것은 그 욕구를 생각할 때 중요치 않다고 말이다. 다른 곳에서는 이런 수칙을 선언한다. 각각은 하나로 계산하며, 어떤 것도 하나를 넘지 않는다.

벤담은 이 글과 다른 글에서 살육의 허용 가능성에 있어서의 차이를 인정한다. 다른 동물들은 인간과 다른 마음의 성질 때문에 죽음을 피하는 일에 인간만큼 관심을 쏟지 않는다. 자신의 죽음을 예견하거나 예측하지 못하기 때문이다. 그들은 현재의 순간에 산다. 때문에 고통 없는 죽음은 그들에게 나쁜 일이 아니다. 나는 이런 원리의 일부에는 동의하지만 그것을 대부분의 동물에게 적용시키는 것은 부정한다. 또한 벤담은 다른 동물도 인간과 마찬가지로 자기방어 원리의 대상이라고 주장한다(옳은 주장). 상대가 우리에게 중대한 해를 유발하겠다고 위협한다면 치명적인 물리력을 사용할 수 있다는 것이다. 이런 주장들은 7장에서 살필 것이다. 하지만 중요한 것은 이익이 비슷하다면 법의 주목도 비숫해야 하며, 이는 우리가 고의나 과실로 인간들에게 허락되는 것 이상의 고통을 동물들에게 주어서는 안 된다는 것을 의미한다. 벤담은 다른 곳에서는 권리라는 아이디어를 폄하하지만, 여기에서는 법이 이런 권리를 인정하든 그렇지 않든, 동물은 잔혹한 처우에 대항할 권리를 가지고 있다고 주장한다.

다음으로 벤담은 신체적 차이를 도덕적 지위에서의 차별 징후로 지적하며 **자연의 사다리** 이론의 한 버전을 옹호하는 가상의 대화자에 맞선다. 벤담은 우선, 노예제의 경우 우리는 현재 신체적 차이가 자연에 "경계"를 만든다는 생각을 거부하고 있다고 지적한다. 따라서 그는 결국 비인간동물의 신체적 특성이 그런 "경계"를 형성한다는 아이디어도 거부하게 될 것이라고 내다본다. 이번에는 가상의 대화자가 우리와 그들 사이의 그런 "경계", 잔혹한 대우를 허용하는 경계를 찾는 타당한 이유로 "이성"과 "담화"를 언급한다고 상상한다. 벤담은 우선 그런 경계의 존재 자체를 부정한다. 어떤 동물은 일부 인간보다 더 나은 사유를 한다는 것이다. 하지만 이후 그는 진짜 대답을 한다. 그것은 중요치 않다고, 핵심이 되는 도덕적 사실은 이성적 추론 능력이 아니라 고통을 느끼는 능력이라고 말이다.

벤담의 전담 편집자 존 보링John Bowring(1792~1872)이 수집한 벤담의 수많은 발언이 증명하듯, 동물에 대한 그의 관심은 진심이었다. 그는 고양이, 당나귀, 돼지, 생쥐를 비롯한 다양한 동물에 애정을 표현했다. 그는 산책을 할 때마다 자신을 따라다녔던 돼지와 우정을 키웠다. 그가 존 랭본 목사라고 이름을 붙인 고양이는 식탁에서 그와 함께 마카로니를 먹곤 했다. 그는 생쥐를 자신의 서재에서 놀도록 하고 무릎에서 음식 부스러기를 먹게 했다. "나는 다리가 네 개인 모든 것을 사랑한다"라고 적기도 했다. 그는 어린 시절 자신이 동물에게 했던 잔인한 행동을 떠올리며 부끄럽게 여겼고, 삼촌의 꾸짖음이 좋은 영향을 주었다고 회상했다.[8] 벤담은 빅토리아 시대 동물 권리의 문제에서 가장 극단에 있는 사람이 아니었다. 동물을 음식이나 옷으로 사용하는 것을 전적으로 금지해야 한다고 주장하는 사상가들도 있었다.[9] 하지만 벤담은 자기주장의 한계를 변호하며(7장 참조) 이익이 비슷하다면 법적 고려 역시 비슷해야 한다는 주장을 반복했다. 벤담의 청중 대부분에게 이런 주장들은 급진적이었다. 기독교 고위 성직자였던 윌리엄 휴얼William Whewell은 이런 급진주의를 강력히 비판했고, 밀은 그의 비판을 명쾌하게 반박했다. 이에 대해서는 이후 살펴볼 것이다.

● 벤담의 반빅토리아적 급진주의

벤담은 급진적인 입장을 굽히지 않았다. 최근에야 그의 생전에 발표되지 않았던 작품들이 발표되면서 드러난 것처럼, 그는 신체적 쾌락과 인간의 동물성을 혐오하는 영국의 청교도적 도덕성, 동물에 대한 빅토리아적 경멸(그가 거부한)을 낳는 데 일조한 태도에 대담하게 이의를 제기했다. 우리는 스스로의 동물성에 자주 부정적인 태도를 갖는 것에 문제를 제기해봐야 하기 때문에 이런 맥락은 현재에도 대단히 중요하다.

특히 2013년에야 출간된 기독교 윤리에 대한 급진적 재고를 담은 책『바울이 아니라 예수님Not Paul, but Jesus』에서[10] 벤담은 모든 쾌락과 모든 고통이 그 원천에 관계없이 동일한 가치를 갖는다고 주장하고 "고결한" 쾌락과 "저열한" 쾌락이 있다는 생각 전반을 공격했다. 그는 예수가 성적 쾌락에 반대하지 않았으며, 그런 반대는 부부간의 성관계만이 좋은 것이고 다른 유형의 성관계는 나쁘고 형사처벌을 받아 마땅하다고 결정한 지배 집단의 위선에 불과하다고 주장했다. 그는 동성 간 성행위를 비범죄화하고 여성에게 더 큰 성적 자율권을 허용하는 데 찬성하는 일련의 놀랍고 강력한 논거를 펼쳤다. 무엇보다 벤담은 독자들에게 빅토리아 문화에 큰 영향을 미친 신체에 대한 혐오를 버리라고 촉구한다.

그의 시점에서 우리는 중요한 진실을 발견할 수 있다. 인류의 다른 동물에 대한 폄하에 큰 영감을 준 것은 자기혐오와 두려움이라는 것을 말이다. 동물적 본성이 문제라고 생각하고, 혐오감을 느끼고, 겁을 내기 때문에 자신의 일부를 낮잡아 보고, 나머지 동물계와 우리보다 동물적이라고 생각하는 하위 그룹에도 비슷한 경멸과 혐오를 투사하는 것이다. 청교도주의와 다른 동물에 대한 경멸은 서로를 강화시킨다. 종차별과 인종차별, 성차별, 동성애 혐오와 같은 다른 악은 공통적인 근원을 갖고 있을 수 있다.

벤담은 동물에 대한 더 나은 처우를 요청하는 데에서 더 나아가 부당한 처우의 근원을 추적하면서 우리가 용기 있는 방식으로 스스로에게 의문을 제기해야 한다고 주장한다.

● 문제: 질, 활동, 정체성

공리주의는 대단히 급진적이며 그 사상은 동물에 대한 인간의 잔학 행위를 제한하는 최근의 진전에 결정적인 역할을 했다. 고통은 동물의 삶에서 매우 큰 부분을 차지한다. 공리주의는 그런 면에서 옳았고, 그것을 강조했다는 면에서 용기가 있었다. 벤담은 다른 무엇보다 신체적 고통에 대해서 생각했고 정신적 괴로움을 고려하지 않았기 때문에 동물의 심리가 복잡하며 정신적 고통과 좌절을 느낄 수 있다는 주장을 펴지 않았다. 빅토리아주의의 태도에 대한 벤담의 철저한 공격 덕분에 현재의 동물 권리 옹호자들은 그의 구체적인 제안에 동의하느냐와 관계없이 그의 논거를 중요하게 받아들인다.

하지만 이 견해는 몇 가지 면에서 지나치게 단순하다.

우선, 벤담은 쾌락과 고통에 대해 설명하지 않는다. 밀이 언급했듯이, 그는 거기에 대한 철학적인 문제가 있다는 것조차 인식하지 않는다. 그는 모든 쾌락과 고통의 질이 같다는 것도 명쾌하게 입증해주지 않는다. 고대 그리스와 로마의 철학자들은 쾌락이 실제로 무엇인지에 대해 격렬한 논쟁을 벌였다. 쾌락은 감정인가? 활동의 방식(스트레스나 장애가 없는)인가? 아니면 가장 그럴듯하게, 활동에 가장 밀접하게 연결된, 너무나 밀접해서 활동에서 떼어내 그 자체만으로는 측정할 수 없는 감정일까? 맛있는 음식을 먹는 즐거움은 사랑해 마지않는 아기를 안고 있는 즐거움과 전혀 달라 보이며, 배우고 연구하는 즐거움은 이 둘과 또 다르다. 아리스토텔레스는 쾌락이 건강한 젊은이의 "뺨에 피어나는 홍조처럼" 활동에 "수반"하는 것이라는 설득적인 주장을 편다. 달리 말해 활동과 매우 긴밀하게 연결되어 있어 활동을 추구하지 않고는 그것을 얻을 수 없다는 것이다. 그것이 사실이라면, 순쾌락을 극대화한다는 과제 전체가 시작부터 문제에 봉착한다.

더구나 이런 질적 차이를 인식하면 촉진할 가치가 있는 쾌락이 어떤 것인지 파악해야 하는 것처럼 보인다. 모든 것이 동일한 가치가 있다는 생각은 불확실하다. 많은 사람이 잔학 행위에서 즐거움을 발견한다. 한없이 부를 축적하는 데에서 즐거움을 찾는 사람들도 있다. 아마도 이런 것들은 건전한 사회를 만들고자 하는 사람들이 선호하는 즐거움이 아닐 것이다. 인간-동물 관계를 생각하면 이 문제는 대단히 중요하다. 기록된 모든 역사에서, 대부분은 아닐지라도 많은 인간이 다른 동물을 지배하는 것으로부터 공장식 축산에서 모피업계에 이르기까지 동물들을 비참한 삶에 이르게 하는 많은 관행으로부터 즐거움을 발견해왔다. 이런 모든 쾌락이 사회 전체의 쾌락을 계산할 때 긍정적인 것으로 간주된다면, 공리주의자들은 그런 관행을 중단해야 한다고 설득력 있는 주장을 펼치기가 힘들어질 것이다. 하지만 도대체 왜 그런 쾌락을 긍정적인 것으로 간주해야 할까? 그가 이런 문제를 무시한 데에는 그만한 이유가 있다. 그는 빅토리아식 쾌락의 위계를 약화시키려는 간절한 바람을 갖고 있었던 것이다. 그렇더라도 그가 근본적인 질문을 무시했다는 것은 사실이다.

이런 기본적인 질문은 잠시 접어두더라도, 벤담식 계산에는 또 다른 문제가 있다. 벤담이 추구하는 사회적 목표는 총합이나 평균, 즉 합계다. 쾌락과 고통의 분배는 고려하지 않는다. 좋은 결과는 다양한 방식으로 만들어질 수 있다. 사회적 지위의 최하층에 있는 사람들의 엄청난 고통이 포함될 수도 있는 것이다. 벤담의 이론으로는 번영의 기회가 동등하거나 적절한 기회를 가진 사람으로 하여금 최하층의 지위에 특별한 관심을 기울이게 할 방법이 없다. 목표가 평균적인 쾌락이 아닌 전체적인 쾌락으로 이해될 때라면 합계의 문제가 더 큰 우려를 낳는다. 이 목표는 종에 상관없이 그 삶이 극도로 비참하더라도 그 삶에 고통보다 쾌락이 약간만 더 있다면(식품 산업이 만들어낸 많은 동물의 삶이 그렇지 않을까?) 세상에 그런 생물이 존재하는 것을 정당화할 수 있기 때문이다.

크리스틴 코스가드도 공리주의적 합계의 문제를 바라보는 방식을 제안했다. 그는 공리주의자들이 합계를 낼 때 개별적 삶의 중요성을 무시한다는 타당한 주장을 편다.[11] 벤담은 중요한 것은 사회 내 쾌락의 양이라고 말하고 있는 것 같다. 개별 생물은 쾌락이나 만족을 담는 그릇으로서만 의미를 갖는다. 개인을 좀 더 많은 쾌락을 담을 수 있는 다른 개인으로 대체할 수 있다면 그렇게 해야 하는 것이다. 간단히 말해 사회는 쾌고감수능력이 있는 개별 존재에 대해 전혀 책임을 지지 않는다. 이런 견해는 그런 존재들을 존중하지 않는다. 그들은 더 많은 혹은 적은 양의 쾌락을 부을 수 있는 그릇과 같고, 그들이 단 한 번의 삶만을 사는 생물이라는 사실은 전혀 문제가 되지 않는다. 어쩌면 이런 문제를 극복하는 공리주의적 견해가 만들어질 수도 있을 것이다. 내가 생각하기에는 밀이 바로 이런 일을 했다. 하지만 벤담이 이런 문제를 해소하기는커녕 그에 대해서 고려조차 하지 않았다는 것만은 분명하다.

모든 동물이 표준 이하의 조건에도 적응한다는 것을 고려하다 보면 또 다른 문제가 제기된다. 때로 사람들은 "적응adaptation"과 "적응적 선호adaptive preference"의 형성이라고 알려진 과정을 통해 모욕과 박탈에도 고통받지 않는 법을 배운다.[12] 문제가 되지 않는 적응도 있다. 우리는 성장하면서 날지 못하는 것에 대해 화를 내는 일을 멈추고 이족 보행의 상태에 적응한다. 하지만 어떤 적응은 사회적 관습의 해로운 압제를 반영한다. 성차별이 있는 사회의 여성들은 고등교육, 성적 자율성, 정치 참여의 온전한 권리 등 사회가 부정하는 것을 원하지 않는 법을 배우곤 한다. 동물들에게도 이런 문제가 있다. 태어날 때부터 동물원에 있는 동물들은 이동의 자유가 없고 사교의 대상이 부족하다는 데 고통이나 불만을 느끼지 않을 것이다. 이런 것들을 경험한 적이 없는 데다, 앞서 예로 든 여성들이 그렇듯이 관리자로부터 온순함에 대해서는 보상을 받고 항의와 공격성에 대해서는 처벌을 받기 때문이다.

그 밖에도 벤담의 설명은 동물(인간을 포함한)의 삶에서 중요한 것이 무엇인지의 측면에서 대단히 편협한 해석이다. 단순히 쾌락(질적으로 동일한 감정으로 보는)과 고통의 회피만이 중요하다. 따라서 자유로운 이동, 동료애와 다른 종 구성원과의 관계, 감각 자극, 쾌적한 서식지에 특별한 가치를 둘 여지가 없다. 이런 면에서 벤담주의는 "우리와 너무 비슷해서" 접근법에 수렴한다. 이 둘은 동물들이 실제로 영위하는 많은 복잡한 삶의 형태가 가지는 온전하고 긍정적인 가치를 고려하지 않는다. 동물의 번영 기회를 평가할 때 고려해야 할 관련 사안은 쾌락과 고통만이 아니다.

활동에 대한 문제도 있다. 이미 언급했듯이 벤담은 쾌락을 감정으로 생각한다. 그런데 감정은 활동에 의해서 생성되는 것이 보통이다. 먹는 즐거움은 먹는 행위에 의해서 만들어지고, 교우 관계의 즐거움은 친선을 통해 만들어진다. 물론 즐거움을 만드는 다른 많은 방식들이 있다. 아리스토텔레스의 개념과 달리 벤담의 개념에서는 쾌락과 활동이 긴밀히 연결되지 않는다. 하지만 생물에게 활동은 중요하다. 철학자 로버트 노직Robert Nozick은 "경험 기계"를 상상했다. 기계와 연결되면 당신은 먹고 있는 듯한, 친구와 이야기하고 있는 듯한 인상을 받으며 그런 활동을 추구하는 것과 관련된 즐거움을 얻을 수 있다. 전혀 그 일을 하지 않으면서 말이다.[13] 노직은 대부분의 사람이 경험 기계를 거부할 것이라고 짐작한다. 경험만이 아니고 자기 행동의 주체가 되는 것이 중요하기 때문이다. 동물의 경우도 마찬가지다. 대부분의 동물은 무엇인가를 하는 것을 좋아한다. 그들에게는 자기 행동의 주체가 되는 것이 중요하다. 공리주의적 접근법은 이를 설명하는 데 어려움이 있다.[14]

공리주의가 용기 있게 고통에 초점을 맞추고 인간과 다른 동물들 사이의 광범위한 공통성을 인정하는 부분은 유념해야 한다. 빅토리아 시대의 선민의식과 신체적 쾌락에 대한 내숭을 공격하는 벤담의 급진성도 간직해야 한다. 하지만 여러 가지 반론을 물리치고 공리주의적 견해를 재구성하고자 하는 공리주의자들의 갈 길이 상당히 먼 것만은 분명하다.

● 벤담의 추종자: 시지윅과 싱어

빅토리아 시대의 철학자 헨리 시지윅은 대단히 통찰력이 있고 엄정한 철학자였다. 그의 『윤리학의 방법The Methods of Ethics』[15]은 공리주의의 사상에 동의하든 동의하지 않든 행복에 관심을 가진 모든 사람이 면밀히 연구해야 할 가치가 있는 기념비적인 작품이다. 공리주의에 대한 여러 가지 비판(다음 부분에서 논의할 존 스튜어트 밀의 비판을 비롯한)에 대항해 그가 내놓은 용의주도한 옹호는 그 견해의 철학적 역량을 벤담보다 훨씬 더 잘 보여준다. 시지윅은 벤담과 마찬가지로 운동가였으며 여성 고등교육의 개척자로 아내 엘리너와 함께 여성에게 대학 학위를 주는 영국 최초의 학교 케임브리지 뉴넘 칼리지를 설립했다.[16] 내가 그의 사상을 상세히 다루지 않는 데에는 세 가지 이유가 있다. 첫째, 시지윅의 사상에서는 벤담의 이론에 대한 내 비판에 대한 답을 찾을 수 없다. 그는 그 대부분을 고려조차 하지 않았다. 둘째, 시지윅은 동물과 그들의 자격에 대해서 논의한 적이 없다. 자신의 이론이 동물에게 적용된다는 것을 이해하고 있다는 것을 암시하는 언급이 여러 곳에 있기는 하지만 말이다. 셋째, 벤담의 직계 계승자로 가장 유명한 피터 싱어는 주요한 동물 권리 이론가이지만, 시지윅은 그렇지 않다. 또한, 싱어는 시지윅 철학의 전문가이기도 하고 그의 철학을 자기 사상의 근간으로 보기 때문에 싱 어에 대한 고려를 통해 시지윅 방식의 벤담주의를 연구할 수 있다.[17]

피터 싱어는 의심할 여지없이 동물 권리 운동 역사에서 매우 중요 한 인물이다. 생동감 있는 저술과 명료한 논거를 담고 있는 『동물해방』 은 세상에 분명한 메시지를 보냈다. 주요한 논평을 형사처벌에 관한 책 의 주석에 집어넣은 벤담이나, 이 사안에 대한 논평을 저널에서의 답변 에 한정했던 밀과 달리, 싱어는 동물에 대한 인간의 끔찍한 처우를 가지 고 대중을 직접 만났다. 싱어는 자기 견해에 대한 반대를 집요하게 다루 는 안식 높은 철학자이기도 하다.[18] 그는 벤담이 사실상 거의 언급하지 않은 부분에 대해서도 의견을 내놓는다. 그가 말하는 것이 모두를 만족 시키지는 못할지라도 말이다.

벤담과 마찬가지로 싱어는 생명에 가치를 매겨 일부를 다른 것보다 더 가치 있다고 보는 것에 결연히 반대한다. 그는 종차별에 대해서도 상 세한 주장을 펴지만, 이 부분에 대해서는 내 자신의 논거를 이미 제시 했기 때문에 그의 의견을 다시 언급하지 않을 것이다. 벤담과 같이 그는 모든 이익이 동일하게 취급되어야 한다고 주장한다. 동일한 고려의 원 칙이 모든 생물을 똑같이 대우해야 한다는 뜻은 아니다. 생물의 이익은 저마다 다를 수 있기 때문이다. 동일 고려의 원칙은 비슷한 이익이 비슷 하게 대우받아야 한다는 것이다. 이것은 싱어의 벤담주의와 내 자신의 견해 사이의 중요한 수렴 지점이다.

싱어는 대의를 발전시키기 위해 지적 수렴을 추구하는 운동가이다. 그는 『동물해방』과 같은 대중적인 저술에서 자기 버전의 공리주의에 대 한 동의를 상정하지 않고 관련된 다른 견해를 가진 사람들도 동의할 수 있는 방식으로 주장을 편다.[19] 나는 수렴이 중요한 사안이라고 생각하기 때문에 5장과 결론에서 그에 대해 논의할 것이다. 그렇지만 그와 나는 철학적 견해를 올바로 세우는 것도 중요하다는 데에도 동의한다.

싱어와 나의 견해가 수렴하는 부분이 두 개 더 있다. 하나는 쾌고감수능력, 즉 의식적 인식이 자연을 나누는 중요한 경계이며, 그것이 없는 동물(6장에서 그가 논의한 사례에 대해 숙고할 것이다)과 식물은 다른 유형의 고려에서는 적절한 대상일지 몰라도 정의 이론에서는 윤리적 고려의 적절한 대상이 아니라는 주장이다.

다른 하나는 살육의 부당성에 대한 고려다. 싱어는 벤담과 마찬가지로 오로지 현재만을 사는 생물을 죽이는 것은 허용된다고 생각한다. 하지만 그 집단에 대부분의 동물이 포함된다는 그의 설명은 타당해 보이지가 않는다.[20] 7장에서 나는 이것과 비슷한 원리에는 동의한다. 하지만 그 원리는 현재만을 사는 생물(극소수의)이 어떤 것인지에 대해 전혀 다른 견해를 갖고 있다.

싱어가 벤담의 견해에 동의하는 것은 여기까지다. 세부적인 싱어의 견해에 이르면 상당한 차이가 드러나기 시작한다.

벤담은 쾌락과 고통을 과학자가 측정할 수 있는 객관적인 사실로 간주하는 것 같이 보인다. 시지윅도 그렇게 해석하고, 싱어도 이후 시지윅을 모방한다. 하지만 싱어는 경력 초반에 쾌락과 고통이라는 사실이 아닌 사람들의 주관적인 선호에 집중했으며, 싱어 버전 공리주의의 목표는 선호의 순만족을 극대화시키는 것이었다.

이 견해는 벤담의 것과 달라 보이고, 실제로도 다르지만, 벤담에 대해 내가 제기한 모든 반론에 취약하다. 첫째, 싱어의 계산에서는 분배가 중요치 않다. 그는 동물에 대한 잔학 행위를 줄이는 것이 실제로 순 선호도 만족을 극대화하는 데 기여한다는 것을 입증해야만 한다. 그러나 이것은 입증하기가 대단히 까다롭다. 벤담의 경우, 그리고 아마도 싱어의 경우에도, 강도는 경험 측정에서 중요한 차원인데, 인간이 육식에서 매우 강한 만족을 얻기 때문에 많은 동물의 고통을 상쇄시킨다는 점을 배제하기 어렵기 때문이다. 이 점에서 계산은 대단히 애매하며 그리 유용하지도 않다. 둘째, 싱어는 만족들 사이의 질적 차이를 인정하지 않는다. 그는 벤담이나 시지윅처럼, 그리고 밀과는 달리 쾌락과 고통의 측정에서 단일한 계산만을 인정한다.

적응적 선호에 대해서라면 내가 아는 한 싱어는 논의한 적이 없지만 아마도 그러면 만족은 거기에 이른 과정에 관계없이 만족이라고 말할 것이다. 주체성의 특별한 가치에 대해서도 언급한 적이 없지만(예를 들어, 노직 이론의 그 측면에 대해 아무런 언급이 없다.[21]), 아마도 경험 기계가 정말로 선호를 만족시킨다면 문제가 없다고 말할 것이다. 내가 언급했듯이 싱어는 그릇/교체 가능성에 대해서 이야기하지만 반대자인 코스가드를 만족시키는 방식은 아니다.

어쨌든 싱어는 현재 쾌락이 주관적이라는 주장을 버리고 시지윅이나 벤담의 견해처럼 쾌락이 측정할 수 있는 사실이라는 견해로 이동했다.[22]

전반적으로 싱어의 논거는 벤담보다는 뛰어난 철학적 정교함을 갖추고 있지만 비슷한 문제를 안고 있다. 그들은 전통적인 "우리와 너무 비슷해서" 접근법으로부터 크게 한 걸음을 내딛었지만, 밀의 선례처럼 우리는 더 잘할 수 있고, 더 잘해야만 한다.

● 밀은 이런 문제들을 해결할 수 있을까?

벤담의 뛰어난 계승자인 존 스튜어트 밀은 이런 문제들 대부분에서 상당한 진전을 이뤘다. 벤담과 마찬가지로 무신론자였던[23] 그는 학계에서 자리를 얻지도, 심지어는 학위를 취득하지도 않았고 벤담처럼 부유하지도 않았기 때문에 영국 동인도 회사British East India Company에서 일하고 기사를 쓰면서 생계를 유지해야 했다. 결과적으로 밀이 출간한 작품들은 때때로 짧고 난해하다. 이런 의견들을 더 길게 발전시켰다면 하는 아쉬움이 남는다. 그의 견해는 시지윅에 의해 거부되고 종종 당대 공리주의자들에게 무시를 당했지만 우리에게는 발전의 여지가 있는 자료들을 선사한다.[24]

우선 밀은 쾌락이 양적으로뿐만 아니라 질적으로도 차이가 있다고 주장한다. 그는 주체성의 가치도 강조했고, 그것을 생물의 존엄과 연결시켰다. 그는 건강, 존엄, 우정, 자기 수양과 같은 구체적인 항목의 중요성을 강조한다. 그는 이런 가치 있는 것들이 실현될 때 전형적으로 쾌락이 수반된다고 생각했던 것으로 보이지만, 쾌락을 연결된 활동으로부터 가치를 얻는 것이지 그 반대가 아닌 것처럼 이야기한다. 그는 만족 자체로는 삶의 번영에 충분치 않다는 것을 명확하게 밝힌다. 활동, 구체적인 활동의 질이 대단히 중요하다고 말이다. 간단히 말해, 그는 행복을 아리스토텔레스의 다차원적 번영, 즉 에우다이모니아eudaimonia 사상과 비슷하게 보았다. 또한 그는 부패한 사회에서는 사람들의 쾌락이 가치의 믿을 만한 지표가 될 수 없다는 사실에 주의를 기울였다. 여성 평등에 대한 글, 특히 『여성의 종속The Subjection of Women』에서 그는 여성의 욕망과 선호가 남성의 지배에 의해 왜곡되었다고 주장한다. 여성은 두려움을 갖는 법, 유순해지는 법을 배우고, 그렇게 되는 것이 그들을 성적으로 매력적으로 만드는 것처럼 교육을 받으며, 따라서 "여성의 주인"이 여성의 정신을 "노예화"하는 것이다. 그는 최근의 공리주의 비평가들이 "적응적 선호"에 대해 글을 쓸 것을 미리 내다봤다.

더욱이 밀은 사회의 효용 분배에 큰 관심을 두었다. 그는 "공리주의"의 정의와 권리에 대한 사상이 전체의 복리라는 명분이 있더라도 법이 시민을 밀어붙일 수 없게끔 하는 바탕의 역할을 해야 한다고 주장했다. 정치적 저술에서는 모두에게 적절한 교육을 보장하고, 근로 환경을 보호하고, 참정권을 확대하는 데 정부가 강력한 역할을 맡아야 한다고 주장하는 사회 민주주의적 입장에 섰다. (그는 국회의원으로서 1872년 여성에게 선거권을 주는 영국 최초의 법안을 발의했다.) 또한 그는 가정 폭력과 혼인 내 강간을 막는 법을 추천했다. 그는 "현대사회의 불완전한 상태"에는 사람들이 번영을 낳을 것이라고 생각하는 것과 정말 모두가 번영하는 삶을 낳는 것 사이에 큰 격차가 있다고 주장했다. 그는 이런 문제가 결국은 교육 계몽을 통해 해결되겠지만 그동안에는 법이 선두에 서야 한다고 생각했다.

특히 밀은 서신에서뿐이긴 하지만 "그릇"의 문제를 해결했다. 친구가 정확히 어떻게 삶 전체에 걸쳐 행복을 합산하느냐고 묻자 행복한 삶(아마도 어떤 합리적인 기준치만큼 행복한)을 사는 사람들의 수를 헤아리는 단순한 방법으로 가능하다고 대답했다. "내가 이 특정 문장을 사용한 것은 A의 행복이 선이고, B의 행복이 선이고, C의 행복이 선이기 때문에 이 모든 선의 합계는 선일 수밖에 없다고 주장하기 위해서다."[25] 좀 더 광범위한 이론적 논의가 있다면 좋겠지만 그의 견해는 각 생물의 삶을 가치의 개별적인 원천으로 취급한다.

밀은 많은 저술에서 인간과 인간 사회에 대한 이야기만을 한다. 하지만 자신의 사상을 다른 동물과 그들의 번영에까지 확장할 의도를 갖고 있었던 것은 분명하다. 동물 권리의 철학적 기초에 대한 자신의 사상을 상세히 글로 남긴 적은 없지만 "휴얼에게 보내는 답장Reply to Whewell"이라고 알려진 글에서 자신의 기본적인 입장을 명확하게 밝혔다.

윌리엄 휴얼은 인간이 생물 중에서 가장 상위의 특별한 위치를 차지한다고 생각하는 일종의 "자연의 사다리" 버전을 옹호한 기독교 성직자이자 지식인이다. 그는 벤담의 견해에 강력히 반대하는 글을 발표하면서 동물의 쾌락과 고통을 인간의 그것과 동등하게 고려하라고 하는 것은 공리주의적 계산의 **귀류법**reductio ad absurdum이라고 말했다. 휴얼은 그와 반대로 우리는 모든 존재가 누리는 쾌락의 가치를 우리와의 유사성으로 판단해야 하며, 우리는 스스로를 "인간적 형제애"에 묶여 있다고 보아 인간의 쾌락을 우선하고 다른 동물의 쾌락을 동일하게 계산해서는 안 된다고 말한다. 밀은 긴 저널 기사에서 통렬한 기지와 충격적인 논리로 이를 비롯한 여러 가지 사안에 대해 그를 반박했다.

밀은 유사성에 대한 인식이 불확정적이며 조작이 얼마든지 가능하다고 주장했다. 그의 관찰에 따르면 미국 남부의 경우, 흑인의 쾌락과 고통은 백인의 쾌락이나 고통과 완전히 다르게 여겨졌다. 500년 전, 봉건귀족의 쾌락과 고통은 농노의 그것들과 절대 비교할 수 없는 것으로 여겨졌다. 휴얼에 따르면, 각 경우의 지배 집단에게는 종속 집단의 쾌락과 고통을 같은 계산으로 고려하지 않는 것이 옳은 일이다. 하지만 이런 견해는 "이기주의의 미신"이다.[26] 반면에 밀은 우리는 언제나 "모든 관행이 사람에게 주는 쾌락보다 동물에게 더 많은 고통을 준다면, 그 관행은 도덕적인가 비도덕적인가?"라는 질문을 던지고, 구렁텅이로부터 머리를 쳐드는 이기심 때문에 여기에 큰 목소리로 '비도덕적'이라고 대답하지 않는다면 공리주의 원칙의 도덕성은 영원히 비난받아 마땅하다고 말했다.[27]

밀의 원칙은 모호하다. 이 단락에서 그는 질적 차이, 권리와 정의의 중요한 기준, 적응적 선호라는 의문들 그리고 쾌락을 합산하는 방법이라는 난제에 대한 자신의 통찰을 포함시키기 위해 벤담의 계산을 어떻게 수정할지 이야기하지 않는다. 그 대신에 우리가 그 일을 해야만 한다. 5장의 내 긍정적 제안은 정신적인 면에서 밀의 사상에 대단히 가깝다.

하지만 중요한 한 사안에 있어서는 밀로부터 멀어져야 한다. 밀은 쾌락에 대한 벤담의 급진적 민주화 대신 "고결한 쾌락"과 "저열한 쾌락"을 구분하는 친숙한 빅토리아주의를 다시 도입했다. 더구나 동물을 예로 들어 "만족한 돼지"라는 말로 이를 설명했다. 신체적 쾌락에 대해 밀에게 남아 있는 청교도적 잔재는 다른 동물과의 동류의식에 대한 올바른 사상을 세우고 그런 동류의식을 진심으로 인정하는 데 전혀 도움이 되지 않는다. 그는 아리스토텔레스와 마찬가지로 각 활동에는 그 나름의 고유한 쾌락이 수반된다고만 말함으로써 기존의 위계질서로 회귀하지 않고 질적 구분을 유지했던 것 같다.

따라서 내 역량 접근법은 밀이 빅토리아 시대의 위선과 수치에 덜 시달렸더라면 동물에 대해서 말했으리라고 짐작되는 것을 분명하게 표현할 것이다.

● 벤담의 계산으로부터의 진전

공리주의자들은 윤리에서의 영웅이었다. 그들은 다른 사람들이 보고 들으려 하지 않는 것을 보고 들었으며, 연민(고르지는 않을 수 있어도)을 지니고 있었음은 물론이고 쾌고감수능력이 있는 모든 생물을 똑같이 대우하는 원칙에 입각해 결정을 내린 사람들이었다. 물론 공리주의에는 단점이 있다. 따라서 우리는 고통을 모든 동물의 공통적 유대로 강조하고 쾌고감수능력을 정당한 대우를 받아야 하는 생물을 구분하는 가장 핵심적인 경계로 강조하는 벤담의 용기를 공유하되, 벤담을 넘어서서 각 동물의 삶의 형태 전체와 동물 번영과 박탈의 다양한 측면에 주목하는 접근법을 찾아야 한다. 이런 노력에서 벤담에 대한 밀의 비판이 대단히 중요한 역할을 할 것이다. 나는 각 존재가 가진 존엄성의 중요성, 상태는 물론 활동의 중요성, 중요한 가치의 축소할 수 없는 다양성을 인정해야 할 필요 등 그 비판의 많은 부분에 뜻을 같이 한다. 그러나 밀에게는 벤담과 같은 신체와 신체적 쾌락을 복원하려는 급진적 열정이 없었다. 그런 이유로 우리는 벤담은 물론 밀의 사상까지 염두에 두면서 진보를 이루기 위해 노력해야 할 것이다.

나의 접근법은 쾌고감수능력이 있는 모든 존재의 이익에 동등한 비중을 두고 쾌고감수능력을 대단히 중요한 경계로 삼는다는 면에서 공리주의와 비슷할 것이다. 그러나 고통이 대단히 중요하고, 불필요한 고통을 끝내는 것이 급박한 목표이긴 하지만 동물은 행위의 주체이며 그들의 삶에는 존엄, 사회적 역량, 호기심, 놀이, 계획, 자유로운 이동 등 다른 관련된 측면들도 있다. 따라서 그들의 번영은 단순한 만족의 상태가 아닌 활동 선택의 기회라는 측면에서 이해하는 것이 가장 적절하다. 그렇다면 우리는 공리주의자로부터 교훈을 얻되 앞으로 더 나아가야 할 것이다.

4장

크리스틴 코스가드의
칸트주의 접근법

● 칸트, 존엄, 그리고 목적

나는 인간을 떠받들며 우리와 닮은 범위 안에서만 동물의 가치를 판단하는 접근법을 거부해왔다. 나는 벤담의 공리주의도 거부하고, 쾌고감수능력이 있는 각 생물의 존엄을 인정하고 동물에 단순히 만족의 그릇이 아닌 행위의 주체로서의 가치를 두는 견해를 요구해왔다. 이제 우리는 내 접근법과 훨씬 더 가깝고 여러 면에서 중복되는 세 번째 이론적 접근법을 만나게 될 것이다. 크리스틴 코스가드의 접근법은 이마누엘 칸트의 사상, 특히 우리는 생물(칸트의 경우에는 인간만을, 코스가드의 경우에는 쾌고감수능력이 있는 모든 동물)을 언제나 우리 목적의 수단이 아닌 목적으로 대해야 한다는 칸트의 사상에 기반을 두고 있다. 그의 책은 최근 출간된 동물의 권리에 관한 철학 책 중에 가장 의미가 깊은 것으로 그 질만으로도 주의를 기울일 가치가 충분하다. 이렇게 이 접근법은 대단히 인상적이긴 하지만 동물의 주체성과 동물 삶의 복잡성을 정당하게 평가하지 못했다. 때문에 이렇게 기대에 못 미친 이유를 이해하는 것 역

110

시 중요한 일이다.

벤담과 동시대를 살았던 이마누엘 칸트(1724~1804) 역시 자유주의적 계몽주의의 주요한 설계자 중 한 명이었다. 두 사람은 사회에서 인간의 선택권을 확대하고 독단적인 권위를 줄이고자 했다. 독단적인 종교와 관습의 지배에 반대하는 두 사람은 인간의 이성에만 책임을 두는 공공 정책을 추구했다. 두 사람은 대담한 국제주의자로 국가 간의 협력을 추구하고 식민주의를 비판했다. 또한 두 사람 모두 노예제와 노예무역에 반대했다.[1]

그럼에도 불구하고 근본적인 방식에서는 차이를 보였다. 벤담은 쾌락과 고통이 관련성이 있는 유일한 규범적 사실이라고 생각한 반면, 칸트는 쾌락에 그런 도덕적 가치를 부여하지 않았고 대신에 인간이 가진 윤리적 선택 능력의 존엄성에 초점을 맞췄다.[2] 이런 근본적인 차이와 연결되어 두 사람의 실제적인 결론도 달라졌다. 벤담은 성 규범을 여성과 동성애를 원하는 사람들을 비롯해 힘이 없는 집단을 종속시키는 방식으로 이해하고 모두에게 자신이 선호하는 방식으로 쾌락을 찾을 권리가 있다고 주장한 반면, 칸트는 여성의 평등에는 거의 혹은 전혀 관심이 없었고 성적 불온성에 대해 지극히 관습적인 견해를 갖고 있었다(그는 심지어 자위가 강간보다 나쁘다고 생각했다!). 그는 쾌락과 욕망을 몹시 경멸했다. 벤담은 인간에 의해 고통받는 동물들에 대해 뚜렷이 인식하고 이것을 용인할 수 없는 유형의 "압제"라고 생각했지만, 칸트는 윤리적 선택 능력이 결여된 동물들은 존엄성이 부족하다고 생각했고 인간은 "원하는 대로" 동물을 이용할 수 있다는 결론을 내렸다.[3]

벤담은 고통에 지대한 관심을 두고 회의적인 시선으로 모든 지배 형태의 가면을 벗김으로써 칸트가 한 실수를 바로 잡는다(이를테면 그렇다는 말이다. 그는 칸트의 글을 접하지 못했을 테니). 하지만 문제는 간단치 않다. 그 반대로도 말을 할 수 있기 때문이다. 벤담은 공격성에 집착했지만 개별 생물의 불가침성과 존엄성을 인식하지 못한 반면, 칸트는 존엄(인간에 대해서만)을 자신의 도덕철학의 중심에 두고 악행의 기본적인 형태는 인간을 목적이 아닌 수단으로만 대하는 것이라고 생각했다. 둘 다, 실수를 주의 깊게 피할 수만 있다면 동물의 삶과 고통에 적용시킬 수 있는 가르침을 갖고 있다.[4]

이 장에서 나는 동물을 사랑하는 사람들이 칸트에 대한 생각으로부터 배울 것이 많이 있기는 하지만, 칸트의 접근법이 우리에게 제공하는 것이 무엇인지에 대해서는 비판적으로 생각할 필요가 있다고 주장할 것이다. 나는 크리스틴 코스가드의 연구에 초점을 맞춤으로써 그런 주장을 펼 것이다. 그는 칸트의 가장 뛰어난 해석자이자 계승자이며 매우 설득력이 있는 현대 철학자 중 하나다. 코스가드는 동물 애호가이자 동물의 자아와 동물의 권리를 다루는 최고의 사상가라고 할 수 있다. 그는 칸트가 동물을 거의 존중하지 않았다는 것을 알고 있지만 그럼에도 불구하고 그는 칸트의 윤리적 관점에 우리가 동물 권리에 대한 견해를 구성하는 데 사용할 수 있는 자료들이 포함되어 있다고 믿어왔다. 코스가드는 2004년 태너 렉처Tanner Lecture•에 "동료 생물: 칸트 윤리와 동물에 대한 우리의 의무Fellow Creatures: Kantian Ethics and Our Duties to Animals"와[5] 2018년 『동료 생물: 다른 동물에 대한 우리의 의무Fellow Creatures: Our Obligations to the Other Animals』라는 두 개의 중요한 출판물로 자신의 견해를 발표했다.[6] 비슷한 제목이 암시하듯이, 두 작품은 논거가 매우 비슷하다. 강연을 발

• 인간 가치와 관련된 교육적, 과학적 논의의 모음

전시켜 훨씬 더 긴 책으로 만든 것이다. 그렇지만 순차적으로 다루어야 할 만한 상당한 차이점들이 있다.

나는 2018년 작 코스가드 저서의 모든 내용에 동의하지는 않지만, 그 작품을 철학계의 중요한 업적으로 여기며 이 책을 읽는 모든 독자에게 그 책 역시 읽어보길 권한다. 여기에서는 그 책의 풍성하고 중요한 논의 중에 일부만 다루어지기 때문이다.

코스가드는 칸트주의자지만 아리스토텔레스로부터도 많은 것을 배웠다. (그의 하버드 대학 박사 학위 논문은 칸트와 아리스토텔레스에 대한 것이었다.[7]) 아리스토텔레스(내 자신의 견해를 설명하면서 훨씬 더 많이 언급하게 될)는 인간과 다른 동물의 공통성에 큰 관심을 두었고, 모든 동물이 인지 능력(지각, 상상력, 욕망)과 여러 형태의 욕망 및 감정을 이용해 자신의 목표를 향해 나아가면서 특유의 삶의 형태를 유지하려고 노력한다고 생각했다. 코스가드는 이런 통찰을 중요하게 생각한다. 코스가드는 아리스토텔레스를 통해 쾌고감수능력이 있는 온갖 종류의 생물들이 어떻게 자신의 목적을 달성하기 위해 노력하고 각종 특유의 기능 유형에 맞게 살아가는지를 이해한다. 이런 통찰은 칸트에게서는 찾아볼 수 없는 것으로,[8] 코스가드는 동물(인간을 비롯한)이 어떻게 자신의 목적을 이루기 위해 노력하는지에 대한 아리스토텔레스의 이해를 이용해서 칸트의 가차 없는 인간 중심적 윤리에 동물 애호가들이 동물과 그들의 노력을 공정하게 평가할 수 있는 여지를 마련한다. 그렇다면 왜 이렇게 칸트를 고수하는 것일까? 개별 생물이 지닌 불가침의 존엄에 대한 그의 통찰, 아리스토텔레스는 전혀 표현하지 않은 그런 통찰 때문이다.

나는 동물 정의에 대한 좋은 접근법에는 아리스토텔레스적 요소와 칸트적 요소가 모두 필요하다는 코스가드의 의견에 동의한다. 아리스토텔레스 철학에는 존엄이라는, 그 자체를 목적으로 대하는 개념이 없다. 우리에게는 이런 사상이 필요하다. 코스가드와 나는 아리스토텔레스와 칸트적 요소를 상당히 다른 방식으로 결합시키지만 결국 여러 가지 동일한 결론에 이른다. 이후 이 장은 경쟁하는 견해에 대한 연구인 동시에 내가 선호하는 접근법으로 향하는 전주곡이 될 것이다.

● 동물 처우에 대한 칸트의 입장

칸트는 인간에 대한 핵심적 사실은 윤리적인 추론과 선택의 능력, 스스로가 만든 법으로 자신을 구속하는 능력으로 본다. 그는 이 능력이 값을 헤아릴 수 없는 가치가 있다고 여긴 반면, 다른 동물의 능력은 가치를 인정하지 않았다. 『실천이성비판』의 결론에서 그는 다음과 같은 유명한 논평을 내놓는다. "내 위에 있는 별들이 총총한 하늘과 내 안에 있는 도덕률. 더 자주 그리고 더 꾸준하게 묵상할수록 이 둘에 대한 찬탄과 경외심은 점점 커지고 새로워져서 내 마음을 채운다."[9] 이 능력에 대한 우리의 존중과 경외심은 그에게 윤리의 기본적 출발점이다.

칸트는 도덕적으로 이성적인 다른 존재, 예를 들어 천사가 있을 수 있다고 생각했다. 하지만 우리의 일상 세계 속에는 인간만이 있을 뿐이다. 스토아학파처럼 칸트는 도덕적 입법 능력에서 동물의 몫이 있다는 것을 부정했다. 동물은 본능과 욕망을 가진 생물에 불과하며, 그 자체로는 도덕적 가치가 없다고 생각한 것이다. 인간은 (이 세상에서) 유일하게 자기 입법의 능력이 있기 때문에 "비이성적인 동물과 같이 우리가 원하는 대로 처분할 수 있는 **사물**과는 지위와 존엄성의 면에서 전혀 다르다"는 것이 그 이유였다.[10]

칸트는 "정언명령Categorical Imperative"의 네 가지 정식에서 인간 존엄의 규범적 결과를 명료하게 설명한다.[11] "정언"은 "가언hypothetical"과 대조된다. 가언명령은 B를 얻고 싶다면 A라는 행동을 하라고 말한다. 이는 이전의 목표에 달려 있다. 정언명령 A는 모든 상황에서, 당신이 원하고 느끼는 것과 상관없이 구속력을 가진다. 정언명령은 제안된 행동의 원칙이 윤리적 기준을 통과하는지 검증하는 방법으로 보는 것이 가장 적합할 것이다. 그렇다면 그것은 우리가 행위를 준비할 때 스스로에게 부여해야 하는 종류의 법을 구체화하는 것일까?

칸트의 정언명령의 여러 정식에 대해 많은 글이 있지만 그 대부분은 여기에서 우리가 다루는 목적과 관련이 없다. 나는 칸트의 중심 사상을 가장 잘 포착하는 것이 두 번째 공식, 인간성 정식Formula of Humanity[12]이라는 코스가드의 의견에 전적으로 동의한다. 즉 "너 자신에게나 다른 모든 사람에게 있어 인격을 언제나 동시에 단순한 수단이 아닌 목적으로 대하도록 행동하라"[13]라는 핵심 사상은 생물은 본질적으로 중요하기 때문에 항상 생물을 자기 목적의 도구, 목적의 대상(만)이 아닌 본질적으로 중요한 존재로 대해야 한다는 것이다. 물론 생물을 수단이자 목적으로 사용할 수도 있다. 예를 들어, 노동자를 고용해서 일을 하게 할 수 있는 것이다. 그러나 그와 동시에 그 노동자를 존중과 진실한 관심으로 대할 수 있다. 칸트주의자들은 생물의 도구적 이용이 그 생물 자체에 가치를 두고 그 생물이 자신의 목적을 추구하는 것을 존중하기 위해 노력해야 한다는 지배적인 사상의 제한을 받아야 한다고 주장한다. 이 사상은 전 세계의 법과 헌법이 대다수가 할 수 있는 것과 해서는 안 되는 것을 제한하는 방식으로 국가 프레임워크에 포함되어 있어야 한다고 말한다.

칸트는 이 정식을(다른 정식들과 마찬가지로) 네 가지 예를 참조해 설명한다. 가장 명확한 것은 기만적인 약속이다. 개인적 이익을 위해 기만적인 약속을 하는 것은 명백히 다른 사람을 수단으로 대하는 것이기 때문에 정언명령은 그런 행동을 거부한다. 기만의 존재는 상대를 선택이 가능한 사람으로 충분히 존중하지 않고 있다는 것을 보여준다. 우리는 이 사례를 통해 인간을 목적으로 대하려면 강압이나 사기로 다른 사람을 착취해서는 안 된다는 것을 알 수 있다.

칸트는 스스로에 대한 의무도 있다고 생각한다. 따라서 그는 다른 사례를 통해 자신의 재능을 개발하지 않고 쾌락을 위해 사는 사람들은 자신의 도덕적 능력을 존중하지 않고 그것을 흥미의 수단으로 대하는 것이라고 주장했다. 칸트가 옳은지는 확실치 않다. 아주 극단적인 경우라면 사람의 쾌락 추구가 그 사람의 선택 능력을 완전히 파괴할 수 있을 것이고 그런 극단적인 경우는 부당할 수 있다. 하지만 그런 주장은 청교도주의의 선별 도구로 사용되며 칸트 역시 그런 이의로부터 자유로울 수 없다.

칸트는 또 다른 사례를 이용해서 안락한 환경에 있는 사람들이 곤궁한 사람들을 돕기 위해 아무런 일도 하지 않는 것은 사실상 그들을 수단으로만 대하는 것이라고 주장한다. 스스로가 곤궁한 때라면 도움을 간절히 기대할 것이기 때문이다. 이 사상은 흥미롭지만 칸트가 제시한 것보다 훨씬 많은 발전이 필요하다. 안락한 사람들은 자신보다 못한 사람들을 목적으로 존중하기보다는 자신의 이익을 위해 종으로 부리면서 착취할 가능성이 높다. 하지만 그런 비판이 정당화될 수 있는 조건을 명확히 표현하는 데에는 주의가 필요하다.[14]

인간성 존중의 성패를 가르는 것이 무엇인지 파악하는 또 다른 방법은 자신의 원칙을 보편적인 법으로 만든다면 세상이 어떻게 될지 생각하는 것이다. 정언명령의 첫 번째 정식인 보편법칙의 정식은 인간성 정식과 긴밀하게 연결되어 있으며 그것을 이해하는 또 다른 길을 제시한다. 칸트는 도덕적 오류의 중심적 형태가 자신을 특별한 경우로 삼고, 다른 사람에게 부과하는 규칙에서 자신을 예외로 하는 것이라고 생각했다. 우리의 원칙을 보편화시킨다면 그런 행위와 관련된 자기거래가 드러나면서 원칙의 착취적인 측면을 파악하는 데 유용할 것이다. 거짓 약속을 하는 사람은 모든 사람이 거짓 약속을 할 수 있는 것을 원치 않는다. 그렇게 된다면 약속이라는 제도가 존재하지 않게 될 것이다. 그 사람은 그 제도에 의존해 자신을 승격시키기 위해 다른 사람을 대가로 삼고 있는 것이다. 칸트는 게으르게 쾌락만 좇는 사람은 모든 사람이 게으르게 쾌락만 좇는 세상을 바랄 수 없을 것이라고 생각한다. 아무도 세상을 안정적으로, 살 가치가 있게 만드는 데 필요한 일을 하지 않을 것이기 때문이다. 간단히 말해, 그 사람은 다른 사람의 노동에 기생하는 기생충이다. 다른 사람을 도우려 하지 않는 사람 역시 세상 전체가 그런 식이길 바랄 수 없을 것이다. 그 사람이 도움을 필요로 할 때 아무도 도우려 하지 않을 것이기 때문이다. 그렇다면 그 사람은 다른 사람을 착취하는 것이다.

칸트의 기본적 사상은 각각의 인간을 내재적 가치와 자율성이 있는 생물로, 나와 마찬가지로 선택권을 갖는 존재로 존중하고 다른 사람의 목적에 종속시키지 않아야 한다는 것이다. 이제는 다른 동물을 다룰 때 그 원칙이 어떻게 적용되는지 살펴보자.

우리 인간이 다른 동물들과 자연계를 공유하고 있다고 생각하면서 다른 동물에 대한 행동 원칙을 검증해야 한다고 상상해본다면, 정언명령의 엄정한 감사를 통과하는 것은 거의 없을 것이다. 인간은 돼지는 임신 상자에 가두면서 자신의 아이를 데려가서 고통스럽고 비하적인 형태로 감금시키는 것은 오싹한 일이라고 생각할 것이다.[15] 인간은 동물에게 고통을 주는, 종종 치명적인 공격 행동을 하는 것은 괜찮다고 생각하면서 다른 동물이 인간을 공격하는 것은 용인하지 않는다. 인간은 동의조차 구하지 않고 동물에게 의존해서 우리가 필요로 하는 온갖 것을 공급하면서 어려움에 처한 동물을 돕는 것을 중요하게 생각지 않는 것이 보통이다. 인간은 동물의 삶에 대한 경이와 경외의 능력을 개발하는 것이 스스로에 대한 의무 중 하나라고 생각하지 않는다. 다른 동물에 대한 우리 행동의 대부분에서 우리는 동물을 물건이나 수단으로 사용한다. 우리는 스스로를 변화시키기 위해 애쓰지도 않는다. 따라서 정언명령은 동물에 대한 현재 우리의 대우를 비판적으로 생각하는 데 중요한 자원이 될 것이다. 애초에 동물을 고려의 대상에 포함시킨다면 말이다.

하지만 칸트는 이런 생각을 전혀 하지 않았다. 그는 스스로에게 윤리 법칙을 부과한 생물과 본능을 따르는 생물 사이에 분명한 선을 긋고 더 이상의 고민 없이 후자에는 윤리적 고려 가치가 전혀 없다는 결정을 내렸기 때문이다. 칸트는 "인류 역사의 시작에 대한 추측Conjectures on the Beginnings of Human History"이라는 에세이에서 인간의 이성이 "인간을 동물 사회보다 절대적인 우위에" 올려놓는 단계를 인류 발전의 가장 중요한 단계로 묘사한다. 인간은 그들이 "자연의 진짜 **목적**"이라는 것을 깨닫는다. 그 시점에서 인간의 동물과의 관계는 변화한다. 인간은 "더 이상 동물을 동료 생물로 여기지 않고 인간이 바라는 목적을 달성하기 위해 마음대로 이용할 수 있는 수단이자 도구로 여기게" 되었다.[16]

그러나 놀랍게도 칸트는 동물을 잔인하게 다루는 것을 금한다. 그들 자체가 목적이어서가 아니라 전혀 다른 이유 때문이다. 칸트는 18세기의 공통적 견해를 채택해 동물에 대한 잔혹한 대우가 인간을 냉담하게 만들며 인간에게도 잔인해지게 만들 가능성이 높다고 주장한다. 윌리엄 호가스William Hogarth의 '잔학 행위의 4단계The Four Stages of Cruelty'(1751)라는 그림들은 이런 견해를 보여주는 유명한 사례다. 톰 네로라는 어린 소년은 개를 학대하는 것으로 시작해 성인이 되어서는 개를 때리는 것으로 발전하고 이후 강도짓을 벌이다 여성을 잔혹하게 살해한다. 마지막으로 그는 교수형을 당하고 그의 시체를 의대생들이 해부한다. 칸트는 『윤리학 강의Lectures on Ethics』에서 이 판화를 언급하면서 "어린이들에게 인상적인 교훈"이 될 것이라고 말한다.[17]

칸트는 이런 심리적 법칙으로 잔학 행위를 충분히 배제할 수 있다고 생각했다. 여기에는 오락적인 사냥과 낚시, 곰 놀리기bear-baiting*나 투계와 같은 스포츠 등 벤담 역시 금지한 많은 행위가 포함된다. 칸트는 동물을 죽일(그리고 아마도 먹을) 수는 있지만 그 일은 고통 없이 해야만 한다고 생각했다. 동물에게 일을 시킬 수는 있지만 지나치게 무리하도록 해서는 안 된다. 알고자 하는 것을 다른 방법으로 배울 수 있는데도 "단순한 추측"을 위해 동물에 대한 의학 실험을 해서는 안 된다. 그는 너무 늙어서 유용성이 없어졌을 때 동물을 죽이는 관행도 비판했다.[18] 보다 일반적으로, 그는 동물이 연민, 감사, 사랑 등 **인간으로서 바람직한 행동을 하게 도와주기 때문에** 강화시켜야 할 유용한 여러 감정을 불러일으킨다고 생각했다.[19] 그러나 이것은 동물을 위한 것이 아니다. 사실 동물은 인간의 도덕적 자기 수양을 위한 도구로 이용되고 있다. 이것은 동물에 대한 의무가 아닌 우리 자신에 대한 의무다.

---

* 개에게 사슬에 묶여 있는 곰을 공격하게 하는 놀이의 일종

코스가드가 주장하듯이, 칸트의 입장은 불안정하다. 그는 우리가 동물을 여러 면에서 우리와 비슷하게 보고 그들에게 진정한 감정을 갖기를 원한다. 단순히 사랑하는 것처럼 대하는 것이 아니라 그들을 사랑하기를 원하는 것이다. 그렇다면, 그렇게 동물을 사랑한다면 우리 자신의 발전을 위해서가 아니라 그들을 위해서 좋은 대우를 해주고 싶지 않을까? 그의 말대로, "생물을 그 생물을 위해 사랑하는 것과 그 사랑을 '다른 사람과 우리 관계에서의 도덕률에 쓸모가 있는 선천적 기질을 보존하는 방편'으로 보는 것 사이에는 분명한 긴장이 존재한다."[20]

코스가드는 칸트주의자가 더 나은 일을 할 수 있고 해야 한다는 확신을 갖고 있다.

● 코스가드의 동물 권리에 대한 첫 번째 칸트주의적 견해

칸트와 마찬가지로 코스가드는 윤리적 성찰과 선택의 능력을 가진 우리 인간이 의무를 지고 직분을 가질 수 있는 유일한 생물이라고 생각한다. 하지만 코스가드는 이 사실이 우리가 의무의 대상이 될 수 있는 유일한 생물이라는 뜻은 아니라고 본다. 칸트는 그 자체로 목적이 될 수 있는 이 두 가지 방식이 같은 종류의 존재, 즉 오로지 인간만을 골라낸다고 가정한다. 코스가드는 첫 번째 의미에서는 존재 그 자체가 목적일 수 있다고 주장한다. 예를 들어, 고양이는 두 번째 의미에서 목적이 되는 데 필수적이라고 생각되는 윤리적 입법 능력을 결여했지만 우리가 존중의 마음으로 그들을 대해야 할 의무의 대상인 생물일 수 있다.[21]

동물의 본성에 대한 코스가드의 개념은 칸트 사상이 아닌 아리스토텔레스의 사상에 가깝다. 나의 사상 역시 마찬가지다. 코스가드는 동물

(인간의 동물적 본성을 포함한)을 선을 추구하고 스스로를 중요하게 여기는 자기 유지 시스템으로 본다. 그는 동물을 지적인 존재로, 즉 자아가 있고 자신의 선에 대해 파악하고 있으며 따라서 그 성취를 중요하게 여기는 존재로 보는 방식을 잘 설명하고 있다. 그는 우리 인간도 그와 마찬가지이고, 스스로에게 정직해진다면 그런 의미에서 우리의 삶이 다른 동물의 삶과 다르지 않다는 것을 알게 될 것이라고 주장한다. 그러나 그의 견해에는 균열이 남아 있다. 우리 인간은 또 다른 별개의 부분, 윤리적 성찰과 선택을 수행하는 부분이 있다. 따라서 앞으로 보게 될 것처럼 그의 견해는 나의 견해와 일치하지 않는다. 나는 우리의 모든 역량이 동물적 본성의 일부라고 믿는다.

칸트와 코스가드에 따르면 인간이 선택을 하고 "법을 만드는" 것은 다른 동물은 갖지 못한 도덕적 능력 덕분이다. 그렇지만 이것이 모든 인간의 입법 행위가 자율 의지 자체를 위한 것이라는 의미는 아니다. 사실 윤리의 대부분은 코스가드가 우리의 동물적 본성에 속한다고 생각하는 역량의 특징인 이해관계와 이익 추구에 관련된다. 우리는 신체적 욕구, 욕망, 다른 목표를 충족시키는 방법을 윤리적으로 생각한다. 코스가드는 우리의 동물적 욕구와 욕망을 합법적으로 충족시키는 것과 관련해 법을 스스로 만들 때, 우리와 비슷하게 그런 욕구와 욕망을 가지고 있는 다른 존재들—고양이, 개를 비롯해 모든 종류의 다른 동료 생물들—을 이런 법의 영역 안에 포함시키지 않는 것은 일관적이지 못하고 신실하지 못한 일이라고 주장한다. 어떤 처세법이 일단의 인간이나 한 명의 인간을 선정해 특별 대우를 하고 비슷한 상황에 있는 다른 인간은 배제한다면 칸트의 테스트를 통과하지 못할 것이다. 코스가드는 이를 재해석해 인간 삶의 동물적 부분을 다른 동료 생물의 동물적 삶에서 분리한다면 그것 역시 칸트의 테스트를 통과할 수 없다고 믿는다. A라는 사람에게는 자신의 신체적 건강을 보호할 조치를 취할 의무가 있다. 그런 그가 고양이, 개, 기타 동물적 목표를 지닌 다른 동물을 보호하는 조치를 취하지 않는다면 그것은 일관성이 없는 일이다.

코스가드의 동물에 대한 의무라는 개념은 결합하기에 적절해 보이는 두 가지 요소, 즉 칸트주의적 부분과 아리스토텔레스적 부분을 담고 있다. 이 개념은 동물 그 자체를 인간 목적의 도구가 아닌 목적 그 자체로 대해야 한다고, 즉 자신의 목적을 중요하게 여기는 존재로 대해야 한다고 말한다. 또한 우리 자신을 포함한 동물의 삶을 복잡한 지능을 포함하는 자기 유지 시스템으로 생각한다. 여기까지는 괜찮다. 동물적 본성과 이성적 본성 사이의 균열이 걱정스럽기는 하지만 말이다.

나는 코스가드 개념에서 핵심이 되는 부분을 마지막까지 남겨뒀다. 그는 우리 인간이 가치의 창조자라고 주장한다. 가치는 세상에 존재하다가 발견되는 것이 아니고 우리의 자율 의지의 작용을 통해 존재하게 되는 것이다. 우리의 목적은 그 자체로 선이 아니다. 우리의 목적은 우리 자신의 이익에 비해 상대적으로 선할 뿐이다. 우리는 어떤 것에 관심을 두고 "일종의 가치를 부여하면서" 선택의 가치가 있는 것으로 만든다. 이는 우리가 우리의 이성적 본성뿐 아니라 우리의 동물적 본성까지 포함해 스스로에게 일종의 가치를 부여한다는 것을 의미한다. 동물은 중요한 생물(의 동물적 본성)과의 친족 관계 때문에 중요하며, 그 생물이 중요한 것은 스스로 가치를 부여했기 때문이다.

내가 보기에 이것은 지나치게 간접적이다. 동물의 삶, 예를 들어 고양이의 삶이 대단하게 보이는 것은 스스로가 능동적으로 목적을 추구하기 때문이며, 따라서 그런 삶에 대한 우리의 경이와 경외는 그랜드캐

니언이나 태평양에 대한 우리의 반응과는 상당히 다르다. 자신의 선을 달성하기 위해 노력하는 능동적인 존재의 가치와 존엄에 대한 반응인 것이다. 동물은 일련의 목적을 능동적으로 추구하는 쾌고감수능력이 있는 존재이기 때문에, 인간의 간섭으로 목적의 추구를 저해당할 수 있다. 능동적으로 노력을 경주하는 주체성은 동물이 경이의 대상만이 아닌 정의의 대상이라는 것을 시사한다. 이 아이디어는 5장과 6장에서 더 발전시킬 것이다.

경이는 동물이 그들이 가진 우리와의 유사성 때문이 아니라 그 자체로 중요하다는 것을 이야기해준다. 경이는 우리로 하여금 고양이를 향해 밖으로 향하게 하는 것이 아니라 우리 자신을 향해 내면으로 향하게 한다. 코스가드는 동물의 가치를 인간의 가치에서 파생시키지 않는다. 대신 그는 우리가 스스로에게 가치를 부여할 때 한 종의 구성원들에게는 가치를 부여하고 비슷한 다른 구성원에 대해서는 같은 행동 지침의 가치를 부정하는 것은 신실하지 못하다고 본다. 그러나 동물 가치로 향하는 경로에는 여전히 이상한 간접성이 있는 것 같다. 동물의 삶에 가치를 부여하는 것은 우리 자신이 비슷한 동물적 본성을 가지고 있고 그 본성에 가치를 부여하므로 동물의 삶에도 가치를 부여하는 것이 일관적이기 때문이다. 우리가 전혀 다른 본성을 가지고 있었다면, 예를 들어 안드로이드android의 본성을 가지고 있다면, 동물의 삶에 가치를 두어야 할 이유는 사라지는 것이다. 지금까지 내가 파악한 바에 따르면, 칸트가 인정한 이성적 존재이지만 동물이 아닌 존재(천사, 신)는 동물의 생명에 가치를 둘 이유가 없다.

이는 잘못으로 보인다. 동물이 중요한 것은 우리와의 유사성 때문이 아니라 **존재 자체** 때문이다. 그런 유사성이 없더라도 동물은 그 자체로 여전히 중요하고 그들의 노력은 지지할 가치가 있다. 달리 표현하면 코스가드에게 동물이 중요한 것은 사실상 사고다. 우리는 우연히 그들과 많이 닮아 있다. 하지만 나는 동물 삶의 가치는 그들의 삶 안에서 비롯된다고 생각한다. 세상에는 다양한 가치가 있고 독특한 종 각각은 우리와의 유사성 때문이 아니라 그 존재 자체로 가치가 있다.[22]

요약하면, 코스가드는 "우리와 너무 비슷해서" 접근법의 오류들 대부분을 피했지만 결국 그 접근법의 한 버전, 동물의 가치가 인류와의 유사성에서 파생된다는 아이디어에 자신을 결부시켰다.

이것이 코스가드의 이론에 내가 첫 번째로 제기하는 이의다. 이번에는 이성적인 것과 동물적인 것 사이의 균열에 대해서 살펴보자. 코스가드는 동물의 다양한 인식 유형을 인정하는 대단히 설득력 있는 주장을 편다. 거울 테스트를 통과하지 못하는 동물들도 세상에 대한 관점과 그들에게 중요한 목적을 가지고 있다고 주장한다. 전부 옳은 주장 같다. 칸트주의적 견해는 인간과 동물 사이에 명확한 선을 그을 것이라는 예상이 들지만 코스가드의 견해는 그렇지 않다. 코스가드는 토끼의 목적은 오로지 토끼와만 관련된 것이라고 말한다. 하지만 결국 명확한 선을 긋는다.

코스가드는 인간만이 진정으로 도덕적인 동물, 자신의 목적으로부터 한 발 물러서서, 그것을 시험하고, 채택할지 고려하는 전면적인 능력을 지닌 유일한 동물이라고 말한다. 아이나 정신장애가 있는 사람들도 윤리적인 의미에서는 이성적 존재이지만 적절한 추론을 하지 못할 뿐이라고 말한다. 그렇다면 윤리적 합리성의 일부를 많은(대부분은 아닐지라도) 동물에게 확장하는 것은 어떻게 피할 수 있을까? 이 문제는 코스가드의 책에서도 계속 다루고 있기 때문에, 나는 다음 부분에서 우리의 도덕적 본성이 우리가 가진 동물적 본성과 따로 떨어진 것이 아니라 그 일부라고 주장하면서 내 반대 의견을 더 발전시킬 것이다.

간단히 말해, 코스가드는 칸트를 한계까지 밀어붙여 칸트와 아리스토텔레스의 사상이 어떻게 합쳐질 수 있는지를 대단히 세심하고 매력적으로 보여준다. 하지만 근본적으로 칸트에서 벗어나지 않고서는 우리의 도덕적 능력 자체가 동물적 능력이고, 동물적 본성의 일부라는 것은 인정할 방법이 없다. 2장은 이 점을 인정하지 않는 모든 개념이 윤리적 위험, 자기 분열과 자기 경멸의 위험(여성, 장애인, 우리의 동물적 측면을 부각시키는 모든 것에 대한 경멸과 매우 자주 연결되는)에 처해 있다는 것을 지적했다. 코스가드는 이런 위험이 등장할 때마다 현명하게 이를 피하지만, 그런 위험을 완전히 제거하지는 못하고 있다. 우리가 자연계보다 도덕적이라는 아이디어 속에는 여전히 이런 위험이 도사리고 있다.

● 『동료 생물』: 칸트주의 견해의 발전

『동료 생물』은 동물 애호가들이 중요하게 여기는 대부분의 사안에 대한 설득력 있는 논거를 담은 중요한 책이다. 이 책은 아직은 동물 애호가가 아니지만 분별 있는 논거를 따르고자 하는 사람들에게도 흥미로운 과제를 선사한다. 여기에서는 주요한 논거에만 초점을 두고 몇 가지 비판을 할 것이다. 하지만 5장에서는 내 자신의 견해를 발전시키면서 코스가드가 이 책과 별개의 두 개 논문에서 발전시키는 권리의 근거와 법에 대한 논거를 이어받을 것이다.

코스가드는 독자들이 이전의 주장들을 상세히 알고 있으리라고 생각지 않는다. 따라서 자신의 견해가 어떻게 진화했는지 지적하지 않고 그저 자신의 견해를 전개한다. 독자는 이 부분을 스스로 해결해야 한다. 그 차이가 미묘한 경우가 많기 때문에 나는 상당한 주의를 기울여서 그들의 특징을 묘사할 것이다.

코스가드는 현재 내가 아리스토텔레스적 측면이라고 부르는 관점을 발전시켜 거기에 훨씬 더 의지하고 있다. 그는 모든 동물(인간과 비인간 모두)이 자기만의, 자기 삶의 형태에 본질적인 선을 추구하는 기능적 시스템이라고 주장한다. 모든 동물은 연약한 재료로 만들어져 있지만, 항상 스스로에게 연료를 공급하고 종족 번식을 위해 노력한다. 모든 동물은 스스로 세상을 표현하는 능력을 가진 지각자다. 더구나 그들의 지각은 평가적이기 때문에 어떤 것은 자신들에게 유익한 것으로, 또 어떤 것은 자신들에게 해로운 것으로 간주해서 어떤 것에는 마음을 쓰고 어떤 것으로부터는 멀어진다. 그는 이 모든 것이 단순히 동물에 대한 사실이 아니고 어떤 것이 동물인지(바위나 불멸의 신, 식물과 구별되는)에 대한 개념의 일부라고 말한다.

모든 동물은 그들이 추구하는 목적을 원하고 거기에 가치를 부여한다. 토끼는 먹거리, 위험으로부터의 자유, 번식 가능성에 삶의 방식의 일부로서의 가치를 둔다. 인간은 다른 생물들의 목적에 절대적인 순위를 매겨 어떤 생물이 추구하는 어떤 목적이 다른 것들보다 중요하다고 정하려는 그릇된 시도를 한다. (그는 사실상 자연의 사다리와 그와 유사한 다른 견해를 암시한다.) 하지만 이것은 일관된 입장이 아니다. 모든 가치, 모든 중요성이 누군가에게는 중요하다. 어떤 생물이 더 중요하냐는 답에 일관적인 답을 얻을 곳은 없다. 모든 가치는 "매어" 있다. 토끼에게는 인간의 목적이 전혀 중요치 않다. 토끼에게 중요한 모든 것은 토끼의 일련의 목표와 목적에 요약되어 있다. 토끼는 죽음에 이르러서 세상 전체를 잃는다. 이런 식으로 기능하는 생물에게 삶이 선이라는 것은 필연의 진리다.

모든 동물은 삶의 형태 안에 죽음과 노년기를 갖고 있다. 하지만 그 방식은 동일하지 않다. 동물들은 이런 것들을 목적으로 삼지 않으며 이들은 그들의 선에 속하지 않는다.[23]

우리 인간만이 의식 혹은 자아를 가진 유일한 생물이라는 것은 잘못된 생각이다. 모든 동물은 자신의 상태에 세상이 주는 영향을 경험한다.[24] 모든 동물은 세상에서 상관적으로 자신의 위치를 찾는다. 동물은 세상과의 관계 속에서 자신을 경험하는 다양한 경험 방법을 갖고 있다. 동물적 자아를 갖는다는 것은 바로 그런 인식과 세상에 대한 관점을 포함한다.

코스가드는 우리가 이 모든 것을 공감의 관점을 이용해서 이해할 수 있다고 말한다. 동물을 감정이 없는 짐승으로 여기고 이런 식으로 공감을 이용하는 일이 드물다는 사실은 윤리적 지각의 결함이며, 인간 삶에 흔한 도덕적 오류의 한 종류다. "우리보다 불운한 사람들은 보다 단순한 존재여서 불운이 그리 중요치 않다거나 우리에게 같은 일이 일어나는 것만큼 생생하게 느끼지 않는다는 생각을 품는 것은 안전하게 특권을 누리는 존재들에게 끊임없이 계속되는 유혹이다."[25]

목적을 추구할 때 우리는 스스로를 자신의 목적으로 대한다. 우리는 다른 사람의 목적에서 도구로 사용되는 것에 저항한다. 그것은 모든 동물도 마찬가지다. 이런 식으로 우리의 목적에 가치를 두는 것은 동물로 존재하는 방식이다.[26] 모든 동물은 자신의 목적에 절대적인 가치를 부여한다. 코스가드는 이것으로 칸트적 의미에서 동물은 그 자체가 목적이라는, 즉 동물 각각에 재산과 같은 가격이 아닌 존엄성이 있다는 결론에 이를 수 있다. 동물을 수단으로만 대우하는 것은 존엄을 해치는 일이다.[27] 동물을 목적으로 대하라는 것은 제한이 전혀 없는 절대적 가치를 위해서라거나 자신을 위해서가 아니라 그 생물을 위해서 무엇이 선인지 평가하는 것을 의미한다.[28] 노력만 하면 우리는 토끼에게 무엇이 선인지 파악할 수 있다. 토끼를 목적으로 대한다는 것은 그런 것들(생명, 음식, 안전)이 토끼에게 중요하기 때문에 그 토끼를 위해서 그것들에 가치를 둔다는 의미다. 각자의 목적을 추구하는 인간의 권리가 다른 인간의 권리에 의해 제한되듯이, 우리의 목적을 추구하는 우리의 권리는 다른 동물의 선에 대한 공감적 이해에 의해 제한된다(혹은 제한되어야 한다). 간단히 말해, 다른 동물의 목적 자체에 대한 주장은 우리 자신의 주장과 동일한 궁극적 기반, 모든 도덕성과 동일한 궁극의 기반(생명 자체의 자기 긍정적 본성)을 가진다.[29] 동물을 가까이 하는 또 다른 이유는 그들이 우리에게 선이기 때문이다. 그들은 "우리가 그들과 공유하는 모든 중요한 것, 즉 의식적 존재의 순수한 즐거움과 공포"를 우리에게 상기시킨다.[30]

이런 것들은 모두가 옳은 것처럼 보인다. 코스가드는 이런 (아리스토텔레스적) 사실을 강조함으로써 태너 렉처의 논거를 훨씬 발전시켰다. 태너 렉처에서 그는 우리가 동물을 소중하게 여겨야 하는 이유가 그들이 우리와 비슷하다고 여기기 때문인 것처럼 이야기했고, 나는 그런 주장에 의문을 제기했다. 이제는 우리와 다른 동물들 사이에서 유사성을 인식하는 것이 자기 발전적 수단heuristic•일 뿐이고, 그들이 우리에게 갖는 권리의 토대가 아닌 생물 종 자체를 이해하는 데 도움을 준다는 것

• 시간이나 정보가 불충분해 합리적인 판단을 할 수 없거나, 굳이 체계적이고 합리적인 판단을 할 필요가 없는 상황에서 사용하는 어림짐작의 기술

이 훨씬 더 명확해졌다. 그들이 우리에게 갖는 권리와 우리가 서로에게 갖는 권리는 그 출처가 정확히 같다. 인간과 동물이 인간과 로봇처럼 다르다면 다른 동물에 마음을 쓸 이유가 없었을 것이란 견해에는 더 이상 이의를 주장할 여지가 없을 것 같다. 우리의 도덕적 이유들은 동일할 것이다. 동물은 선을 추구하고 거기에 가치를 부여하며 그 이유만으로도 우리는 그들 자체를 목적으로 대해야 하기 때문이다. 다만 그들의 삶에 대한 공감적 이해에 이르는 것이 우리에게는 더 어려워질 것이다. 여기까지는 코스가드와 나의 의견이 전적으로 일치한다.

하지만 코스가드는 렉처에서와 마찬가지로 여기에서도 모든 가치가 인간의 창조물이라고 주장한다는 사실에서 큰 차이가 나타난다. 가치는 발견을 기다리면서 "밖에" 존재하는 것이 아니다. 따라서 우리가 동물의 삶에 가치를 두는 것은 우리가 우리의 삶에 가치를 두듯이 그들의 삶에 가치를 부여하기 때문이다. 코스가드 견해의 근거는 칸트주의다. 우리의 추론은 그 범위가 제한되어 있고, 우리에게는 경험의 범위를 벗어나는 주장을 할 자격도 주어지지 않는다. 이 점에 대해 그에게 주는 내 답변은 5장에서 다룰 것이다. 간단히 말해, 논란이 많은 이 형이상학적 입장은 동물 삶의 가치에 대한 그의 결론에 필요치 않다. 더구나 우리가 추구하는 것이 다른 종교와 형이상학적 견해의 사람들을 통합할 수 있는 적절한 정치적 원칙의 창안이라면 오히려 부적절하다. 내가 생각하는 것처럼 우리 두 사람 모두가 정치적 원칙을 찾고 있는 것이라면 많은 다른 형이상학적, 세속적 개념을 갖고 있는 사람들에게 최종적으로 받아들여질 만한 정치적, 법적 견해를 만들기 위해 노력해야 한다. 이는 궁극적 형이상학의 모든 질문에 대해 우리가 생각하는 바를 말하면서 완벽하게 포괄적인 윤리적 견해를 정당화하려는 시도를 해서는 안 된다는 것을 의미한다. 이에 대해서는 5장에서 내 자신의 견해를 설명하면서 더 자세히 다룰 것이다. 코스가드는 정치적 원칙과 법의 기반을 만들고 있는지에 대해서 전혀 언급하지 않지만 그가 지금 하고 있는 일은 그 자신이 선호하는 윤리-형이상학적 견해를 만드는 것이 아닌 좋은 법을 만드는 일인 것으로 보인다. 그렇다면 그는 동물 권리를 주장하는 데 필요치 않는 분열적 형이상학 요소를 포함시켜서는 안 된다. 이것이 나와 코스가드의 의견 사이에 존재하는 큰 차이이며 내가 그의 프로젝트(수정된 것도)에 이의를 제기하는 또 다른 부분이다.

● **본능, 문화, 선택: 칸트주의의 이분법에 반대하여**

나는 동물 권리에 대한 코스가드의 첫 번째 견해에 두 가지 이의를 제기했다. 첫 번째(동물에 가치를 두는 이유가 우리와의 우연한 유사성 때문일 뿐이라는)는 그 책의 상세한 분석을 통해 제거됐다. 하지만 두 번째 이의는 남아 있다. 코스가드는 도덕적 능력이라는 영역에서 인간과 다른 동물들 사이에 계속해서 매우 확실한 선을 긋는다. 그는 동물은 세상을 기존의 해석대로 인식한다고 말한다. 동물에게 대상은 도망쳐야 하는 것, 좋아야 하는 것들로 비춰진다는 것이다. 이런 구분을 만드는 것은 유전된 본능이다. 동물은 대단히 지능적이며 지능 덕분에 그들은 경험에서 본능의 범위와 성공을 늘리면서 배움을 얻을 수 있다. 하지만 그들은 본능에 매여 있고 그들의 모든 선택은 본능에 의해 결정되며 진정한 선택이 아니다. 이런 이유로 그는 동물들이 결코 "수동적인 시민passive citizen", 그 이상이 될 수 없다는 결론을 내린다. 코스가드는 이를 통해 동물이 좋은 정치적 선택을 하는 데 필수적인 윤리적 호혜에 절대 참여할 수 없다는 것을 의미하는 것 같다. 우리는 그들의 선이 무엇인지 알 수 있고 감안할 수 있다. 하지만 동물들은 자신들의 선에 대한 견해를 수정하거나, 부적절한 행동을 억제하는 선택을 하거나, 규범에 대한 모든 유형의 대화에 참여할 수 없다. 이 모든 것은 능동적 시민 의식에 필수적인 부분이다.

(도덕적) 합리성은 다르다. 그것은 우리 행동의 근거를 분석하고, "우리의 믿음과 행동의 잠재적 원인이 선한 것인지 질문하고, 우리의 믿음과 행동을 우리가 얻은 답에 따라 조정하는" 능력이다.[31] 지능은 세상의 밖과 그 연결을 본다. 반면에 합리성은 안으로 우리 정신의 작용을 보고 그것이 발견한 연결에 대해 규범적인 질문을 던진다.[32] 그는 이런 규범적인 자치 능력이 다른 동물들에게는 완전히 결여되어 있다고 주장한다. 그들의 본능적인 행동도 언제나 기계적인 것만은 아니고 융통성이 있을 수 있다. 그러나 그 행동은 목적론적 인식의 지배를 받는다. 반대로 우리 인간은 우리의 원인을 시험하고 평가한다. 우리 행동의 근원이 우리 안에 있는 것으로 보는 우리는 스스로를 평가한다. 우리의 자아 개념 자체가 규범적이고 평가적이다.[33]

코스가드는 동물의 삶에도 자부심이나 수치심과 같은 자기평가적인 감정이 존재하는 것으로 보인다고 인정하지만, 그는 이것들을 실제적인 것으로 보지 않고 다른 동물이 스스로를 평가한다고 인정하기를 거부한다. 다만 이것이 실증의 문제라는 것은 인정한다.[34] 또한 그는 두 가지 차이를 더 발견했다. 그는 인간에게 자기 종과 자신들의 삶이 인류라는 더 큰 삶의 일부라고 인식한다고 말한다.[35] 그리고 인간은 다른 자아(동일한 종이든 다른 종이든)의 중심에서 세상이 어떻게 보이는지 생각할 수 있다.[36] 코스가드는 다른 동물은 세상을 항상 자신의 이익의 관점에서 보기 때문에 그런 일을 할 수 없다고 주장한다.

다시 말하지만 나는 코스가드가 철저한 이분적 구분을 보는 지점에 실제로는 연속성이 있다고 믿는다. 개가 물에 빠진 아이를 구하는 경우, 어미 코끼리가 위험을 무릅쓰고 때로는 목숨을 버리면서 철로 위에 있는 아기 코끼리를 구하려 하는 경우,[37] 들개가 장애가 있어 무리를 따르지 못하는 개에게 고기를 나눠주는 경우,[38] 그들은 이타주의적인 행동을 하고 다른 생물을 목적으로 대하면서 이기적인 욕망을 누른다.[39] 프랑스 드 발의 획기적인 연구를 통해 침팬지, 고릴라, 보노보가 다양한 유형의 이타적 행동을 한다는 것이 널리 알려졌다.[40] 개와 사는 사람 중에서 개가 반려인의 고통에 민감하게 반응하고, 인간이나 다른 동물을 돕기 위해 기꺼이 자신의 위험을 무릅쓴다는 점을 부정할 사람은 많지 않을 것이다.

이런 행동이 본능에 기반을 두고 있다는 데에는 의심의 여지가 없지만 두 가지 지적해야 할 점이 있다. 첫째, 우리의 도덕적 행동 역시 본능적인 진화적 자질에 기반을 둔다. 다른 사람을 돕는 유전적 성향은 인류가 생존하고 번영하는 데 도움이 되었다. 둘째, 인간과 다른 동물 모두 적절한 방식으로 본능을 개발하는 데에는 교육이 필요하다. 우리는 동물과 생활하면서 동물의 행동에서 분명히 이런 문화적 요소를 본다. 적절한 훈련을 받지 않은 개는 무법자처럼 행동하며 심지어는 위험한 공격성을 학습할 수도 있다(사랑스럽고 협력적일 수 있는 핏불을 공격용으로 훈련시키는 경우처럼). 잘 훈련된 개들은 자신의 행동에 적절한 규범을 내면화한다.

많은 야생동물의 경우도 마찬가지다. 과학자들은 코끼리 공동체가 밀렵의 공격을 받아 새끼를 거둘 어미 집단이 없는 경우 아기 코끼리들은 무법적이고 우리가 병리적 행동이라고 부를 만한 모습, 애정과 적절한 교육이 부재했을 때 예상되는 결과를 보인다는 것을 관찰했다. 안타깝게도 우리는 다른 종에서도 이런 모습을 본다. 무리에서 분리되어 해양 테마파크에서 재주를 부리는 오르카를 예로 들 수 있다(10장 참조). 인간과 마찬가지로 어린 시절에 학대를 당한 영장류는 성장해서 학대를 가한다. 영장류 학자 다리오 마에스트리피에리Dario Maestripieri는 히말라야 원숭이를 대상으로 새끼를 바꾸는 실험을 진행했다. 학대를 하는 어미 원숭이에게 정상적인 어미가 낳은 새끼를 기르게 했고, 학대를 하는 어미 원숭이의 새끼는 정상적인 어미가 기르도록 한 것이다. 이 실험은 행동이 유전자가 아닌 환경으로 정해진다는 것을 결정적으로 보여준다. 학대하는 어미가 기른 새끼는 학대를 자행하는 원숭이가 되었고 정상적인 어미가 기른 새끼는 정상적인 원숭이가 되었다.[41]

　동물의 행동이 본능이 아닌 문화에 의해 결정되는 정도는 종마다 다를 테고 이 문제에 대해서는 아직 배워야 할 것이 많다. 하지만 거의 모든 곳에서 문화의 역할이 우리가 과거에 생각했던 것보다 큰 것으로 밝혀지고 있다. 생물학자 핼 화이트헤드와 루크 렌델Luke Rendell은 대규모 포유류 집단을 대상으로 "유전자/문화"의 문제에 대한 철저한 탐구를 진행하고 고래와 돌고래 삶의 많은 측면이 본능보다는 집단 내의 교육에 의해 형성된다는 것을 보여주었다.[42] 이런 차이에 대한 또 다른 훌륭한 탐색은 칼 사피나Carl Safina의 『야생동물 되기: 동물 문화가 가족을 키우고, 아름다움을 창조하고, 평화를 이루는 방법Becoming Wild: How Animal Cultures Raise Families, Create Beauty, and Achieve Peace』이다.[43] 사피나의 연구 분야는 동물이 아니다. 하지만 관련 연구에 대한 깊이 있는 지식을 갖추고 있으며 과학자들의 연구에 동행한다. 3종의 동물(향유고래, 마코앵무새, 침팬지)을 연구한 그는 이들 모두에게서 사회적 학습이 큰 역할을 한다는 것을 보여준다. 3종 모두가 어린 구성원에게 적절한 규범을 가르쳐 본능적 기질을 집단과 개인의 복지를 증진하는 방향으로 발전시키는 사회적 메커니즘을 갖고 있다. 이것은 모든 좋은 부모들이 노력하는 일이 아닌가?

여기에서 논리적인 다음 질문은 '우리는 우리가 누구라고 생각하는가?'가 될 것이다. 우리는 특별한 합리성 행성에서 온 외계인이나 천사가 아니다. 우리 역시 본능을 가진 생물이며 부적절한 행동을 억제하는 법과 친사회적인 행동을 배워야 한다. 그런 교육이 이루어지지 않으면 여러 종류의 과도한 행동과 자기도취의 모습을 보이게 된다. 차이가 있다면 그것은 종류가 아닌 정도인 것 같다. 완벽한 칸트주의적 인간은 극소수다. 이것이 칸트의 원대한 윤리학의 요지다. 인간의 사회적 교육은 대단히 다양하며 많은 양의 사회적 기능장애를 낳는다. 코스가드 자신도 드 발에 대한 반응에서 인정했듯이, 일이 잘못되는 경우 엄청난 결과를 낳을 수 있다. 인간은 다른 동물의 세계에서는 알려지지 않은 심술궂고 뒤틀린 일을 할 수 있다.[44]

때로 동물은 인간의 사랑이 자기 본위로 왜곡되는 때가 너무 많은 상황에서 무조건적인 사랑과 헌신의 역량을 보여줌으로써 윤리적인 교훈을 준다. 실제에서도 이런 많은 예를 찾을 수 있지만 여기에서는 작가의 실제 관찰을 바탕으로 한 가상의 사례를 살펴보기로 하자. 테오도르 폰타네Theodor Fontane의 비극적인 소설 『에피 브리스트』(1895)에 등장하는 개 롤로의 에피에 대한 사랑이다. 에피는 부모의 강요로 열여섯 살에 40대의 근엄한 남자와 결혼해 친구와 소녀다운 삶을 빼앗긴다. 에피는 불륜에 빠지지만 결혼 생활이 더 나아질 수 있다고 믿으며 오래지 않아

관계를 정리한다. 아이가 태어난 후, 에피가 친구를 더 사귀고 즐거운 생활을 하도록 베를린으로 이주하겠다는 남편의 결정 덕분에 실제로 결혼 생활은 나아진다. 하지만 8년의 행복한 생활 후에 남편은 오래전 불륜의 증거를 발견한다. 남편은 에피를 사랑했고 마음으로는 그를 용서했지만 사회 도의에 따라 아내와 절연하고 그 연인(그에게 죽임을 당하는)과 결투를 해야 한다고 느낀다. 에피의 부모 역시 그를 피해야 한다고 생각한다. 에피가 시들어 죽는 마지막 날에 뉴펀들랜드 종의 개 롤로만이 음식과 즐거움을 포기하고 그를 돌본다. 무덤가에서 그를 애도하는 것은 롤로뿐이다. 그의 아버지는 그의 어머니에게 어쩌면 동물은 인간이 알지 못하는 중요한 것을 아는 것 같다고 말한다. 그런 의문과 함께 소설은 끝이 난다. 롤로가 알지 못한 것은 에피에게 "부정한 여자"라는 낙인을 찍은 억압적 사회 통념들이다. 롤로가 알고 있는 것은 사랑이었다. 동물을 세심하게 지켜본 폰타네가 자신의 작품에서 종종 강조하는 점이다.

동물에게 타자의 관점에서 세상을 보는 능력이 결여되어 있다는 코스가드의 주장에 대해 말하자면, 개, 많은 영장류, 코끼리, 돌고래, 많은 조류, 높은 확률로 많은 다른 동물에게도 이런 원근법적 사고 능력이 있다(6장에서 보게 될 것이다). 영장류 학자 바버라 스머츠Barbara Smuts는 그의 반려견 사피가 반려인의 기분을 너무나 잘 파악한 나머지 그 자신이 의식하기도 전에 그에게 심각한 우울증이 있다는 것을 알아차렸다고 말했다. 사피의 걱정스런 반응을 통해 바버라는 문제가 있다는 것을 알게 되었다. 사람이 동물을 존중의 마음으로 친밀하게 대할 때 드물지 않게 일어나는 일이다.[45] 다른 동물들이 그들의 생각을 소통하는 언어(6장 참조)를 이해하지 못한다고 해서 그들이 생각을 하지 못한다고 생각해서는 안 된다. 언젠가는 이런 커뮤니케이션 시스템에 대한 이해가 향상 될 수도 있다. 그동안 우리는(코스가드가 제안하듯이) 공감을 이용해 우리 가 이해하려 노력하는 동물들에게 세상이 어떻게 보일지 상상해봐야 한다.

코스가드는 다른 동물들에게 스스로를 어떤 종의 구성원으로 보는 능력이 없고 이것 역시 심각한 윤리적 한계라고 주장한다. 우선 이런 질 문을 해보자. 인간이 종의 구성원이라는 명확한 인식을 갖고 있고 "인 류"의 운명이라는 측면에서 자신을 규정하는 경향이 있다는 것이 미덕 일까, 악덕일까? 나는 이런 점들, 너무나 자주 우리 스스로를 쾌고감수 능력이 있는 다른 존재들과 분리시키는 이런 모든 점들이 미덕보다는 악덕이라고 생각하는 쪽이다. 인간이 정의와 친절로 이 지구에 살아가 는 것을 공통의 목표로 생각한다면 종의 구성원이라는 인식도 좋은 것 이 될 수 있다. 하지만 종에 대한 소속감조차 우리만의 것은 아니다. 코 끼리는 코끼리 뼈를 보면 슬퍼한다. 그 뼈가 자신의 무리와 관련이 없는 것일 때라도 말이다. 동물들에 대한 우리의 지식이 늘어남에 따라 이런 종류의 다른 많은 사례를 발견하게 될 가능성이 높다.

이런 것들로부터 동물이 행사할 수 있는 유형의 시민적 권리에 어 떤 것이 있을지 생각해볼 수 있다. 우선은 모든 동물에게 요구가 있다 는 것을 인정해야 한다. 동물들은 자신들의 번영에 무엇이 필요한지 표 시한다. 우리가 충분히 주의를 기울인다면 그들의 의사를 해독할 수 있 을 정도로 말이다. 나는 여기에서 동물을 "수동적" 시민이 아닌 능동적 인 시민으로 이해해야 하는 이유가 이미 드러났다고 본다. 더구나 대부 분의 동물은 행동을 규범에 맞추는 것을 학습하는 능력을 보여주며 이 것은 공동의 다종 사회를 만드는 데 필수적인 능력이다. 이런 능력이 법과 규칙에 영향을 미치는 방식은 종마다 크게 달라질 것이다. 이에 대해서는 반려동물과 야생동물에 대해 다루면서 더 자세히 논의할 것이다. 의회 절차에 참여하고, 법을 만들고, 투표를 하고, 소송을 제기하는 등의 일은 동물들이 할 것이라고 기대할 수 없다. 이런 것들이 시민적 권리의 핵심이라고 생각하는 사람이라면 동물이 능동적인 시민이 될 수 있다는 데 의심을 품을 것이다. 하지만 나는 그것이 너무 편협한 태도라고 생각한다. 지구상의 공존을 다스리는 조건 형성은 시민적 권리의 핵심이며 동물들은 그런 능력을 온전히 갖고 있다. 법규를 만들고, 소송을 제기하는 등의 일에 그들을 대신하는 인간 대리인이 필요할 뿐이다.

칸트의 사상은 그 전체가 인류를 동물계보다 우위로 올리려는 시도를 포함하고 있다. 그는 우리를 천사와 동등한 위치에 두거나 타락 천사로 표현한다. 그런 칸트가 우리의 도덕적 능력이 동물적 본성의 일부이며, 우리가 때로 선하고 깊이가 있지만 다른 동물들보다 더 영예로울 것도 덜 영예로울 것도 없는 존재임을 받아들일 리는 없다. 코스가드는 다른 생물들이 가치는 있지만 목적이 아니라는 칸트의 생각에 동의할 수도 없고 우리의 능력에 진정으로 유일무이하고 경이로운 것, 나머지 자연계의 위는 아니더라도 그들과 차별화하는 어떤 것이 있다는 칸트의 사상을 포기할 수도 없는 불편한 입장에 있다. 그러나 다음과 같이 말한다면 그는 불편한 입장에서 벗어날 수 있다. 이것은 인간적 삶의 형태이고 어느 정도는 다른 삶의 형태들과 다르다고, 모든 삶은 그 나름의 방식에서 독특한 경이로움을 지닌다고 말이다. 하지만 그는 인간의 도덕적 합리성에 대해서 더 광범위한 주장을 하고자 하며 그런 면에서 칸트주의자로 남는다. 동물 권리에 대한 논거를 만드는 데에는 이런 주장이 필요치 않으며, 이런 주장은 독자를 혼란에 빠지게 해서 오히려 그를 내가 2장에서 거부한 견해에 가까워지게 만든다.

내가 보기에 좋은 결과로 나아가는 길은 이런 능력을 특별하고 경이로운 유형의 동물적 본성이며, 동물적 본성의 많은 경이로운 유형 중 수많은 방식에서 매우 큰 차이가 있는 능력으로 보는 것이다. 그리고 도덕성을 우리를 동료 생물들과 차별화시키는 것으로 보는 대신, 우리를 연결하는 실로 보아야 한다. 이런 공통성을 인식한다면 우리의 호기심은 깊어지고 우리의 이해는 넓어질 것이다.

코스가드의 견해와 내 견해에는 유사한 점이 많다. 그리고 그의 견해는 다른 동물에 대한 풍성한 윤리적, 정치적 관심의 토대가 되기에 충분하다. 코스가드의 실질적인 결론은 대부분의 측면에서 나의 견해와 꼭 들어맞는다. 다음 장에서는 나의 역량 접근법이 기꺼이 넘겨받을 수 있는 칸트주의 견해의 한 부분, 즉 법의 기능과 동물 권리의 기초에 대한 매력적인 설명에 대해 알아볼 것이다.

나보다 인간의 특별함(코스가드가 부인한 우월성이 아니라)에 집착하고 있는 독자라면 그의 견해가 매력적으로 보일 것이다. 그것은 "우리와 너무 비슷해서" 접근법보다, 심지어는 공리주의 견해보다 훨씬 진보한(밀의 형태보다는 우월하지 못할 수 있어도) 견해다. 하지만 코스가드의 견해에 이끌리는 독자는 거기에 불필요하게 광범위한 형이상학적 주장을 펴는 단점이 있다는 것을 기억해야 한다. 그것이 내가 이미 밝혔고 내 견해를 자세히 설명하면서 더 논의할 코스가드와 내 의견의 차이다.

코스가드의 칸트주의적 논거는 다른 개별 생물의 존엄성을 존중하는 개념, 내가 공리주의에서 매우 부족하다고 생각했던 개념을 분명히 드러내주었다. 동물에 관심이 있는 사람들이라면 여기에서 칸트로부터 많은 것을 배울 수 있을 것이다. 그렇지만 내가 보기에 코스가드의 논거들은 여전히 인간이라는 동물을 자연계에서 분리시킨다. 그의 윤리-정치적 사상 대부분에 있어서 불필요한 방식으로 말이다. 그와 나는 동물이 목적이라는 깊이 있는 통찰을 받아들인다는 면에서는 뜻을 같이 한다. 그리고 나는 정치적 원칙 형성이라는 목적에 있어서는 그가 인간의 도덕적 특수성에 대한 주장을 덜 강조할 수 있다고 생각한다. 그 점에서는 우리의 견해가 거의 완벽하게 일치한다. 그렇다면 이제는 역량 접근법으로 눈을 돌려보기로 하자.

5장

역량 접근법

삶의 형태 그리고 함께 사는 생물에 대한 존중

사람이 실제로 할 수 있고 될 수 있는 것은 무엇인가? 이런 기본적인 질문이 내 역량 접근법의 출발점이다.

이 접근법은 개별 시민에게 **상당한 자유**^{substantial freedom}를 보장해야만, 즉 사람들이 일반적으로 가치를 둘 이유가 있는 삶의 영역에서의 선택과 행동의 기회로 정의되는 중심적 역량을 최소한도로 보장할 경우에만 사회가 최소한의 공정함을 가진다고 주장한다. 역량은 기본권과 대단히 유사한 핵심적인 자격이다. 하지만 역량 접근법은 그 목표가 단순히 서류상의 거창한 단어만이 아니라는 점을 강조한다. 사람들이 원한다면 그 활동을 정말로 선택할 수 있게 만들어야 한다. 따라서 역량은 많은 권리 기반 접근법보다 물질적인 **권한 부여**^{material empowerment}를 강조한다. 그렇지만 권리 기반 접근법들과 같이 개인의 자유에 대한 여지를 남긴다. 역량의 목록에 명시된 모든 기본적 기회나 자격을 가졌다고 해서 그것들을 모두 행동으로 옮겨야 하는 것은 아니다. 행동의 선택은 그들의 몫이다.

역량 접근법은 정치적 정의에 대한 이론이고 이론적 언어를 사용하지만, 시민을 능동적으로 번영하는 삶을 추구하는 존재로 보아 사람들의 실제적인 노력에 가까워지는 데 집중한다.

본질적으로 역량 접근법은 노력하는 생물에게 번영의 기회를 부여하는 것이다. 역량 접근법 이론가에게 번영할 기회란 고통을 피하는 것만이 아니라 이후 우리가 역량 목록에서 만나게 될 긍정적인 기회의 목록, 즉 건강을 누리고, 신체 완전성bodily integrity●을 보호하고, 감각과 상상력을 개발하고 발휘할 수 있으며, 삶을 계획할 가능성을 갖고, 다양한 사회적 관계를 맺고, 놀고 쾌락을 즐기고, 다른 종 및 자연계와 관계를 맺고, 자신을 주요한 방식으로 통제할 수 있는 긍정적인 기회의 목록을 의미한다. 이렇게 번영과 폭넓은 다수의 핵심적 가능성에 집중하기 때문에 인간 정의는 물론 동물 정의 이론의 기초로도 적합한 것이다.

코스가드의 칸트주의 이론에서와 같이 이 이론에서는 개별 생물이 법과 정치에서 반드시 존중해야 하는 존엄성을 지니고 있다고 보고 그 개별 생물을 수단으로서가 아니라 목적으로 대한다. 그러나 역량 접근법은 코스가드의 이론과 달리 인간의 도덕적 힘을 동물 생활의 다른 측면보다 정치적 선택에 더 필수적인 요소로 지목하지 않으며, 모든 인간의 힘을 쾌고감수능력이 있는 모든 동물이 그렇듯이 삶에서 공정한 대우를 받을 자격이 있는 유한하고 취약한 동물이 지닌 능력의 일부로 본다. (6장은 쾌고감수능력이 무엇이며 어떤 동물이 그 능력을 갖고 있는지와 관련된 핵심 사안을 다룬다.)

이 장의 목적은 이런 간략한 요약에 살을 붙여 어떻게 하면 역량 접

● 한 사람의 신체는 그 사람에게 속하며, 그에 어떤 일이 생길지는 자신만이 결정할 수 있다는 생각

근법을 확장해 동물의 삶에서 보았던 정의의 문제를 다룰 수 있는지 보여주는 것이다.[1] 나는 역량 접근법이 동물 세계의 다양성과 복잡성을 다루고, 동물 정의의 영역에서 정치와 법에 건전한 윤리적 기초를 제공하는 일에 있어 경쟁 이론들보다 앞선다는 확신을 주기 위해 노력할 것이다. 이 접근법은 과거 인간의 세계에서 경제개발을 위한 이론적 도구로, 이후에는 최소한의 정의와 헌법적 권리에 대한 설명의 기반으로 사용되었다. 때문에, 쾌고감수능력이 있는 모든 동물의 정의에 대해서 생각할 때 이 접근법이 무엇을 제공하는지, 그 과제에 적절하게 만들기 위해서는 어떻게 재구성되어야 하는지 보여주기에 앞서 인간이라는 배경부터 살펴봐야 한다.

● 인간 세상에서의 역량 접근법

나는 역량 접근법을 다듬고 홍보하기 위해 여러 해 동안 다국적 경제학자 및 철학자 그룹과 협력해왔다.[2] 처음 이 조직을 설립한 것은 노벨상을 수상한 경제학자이자 철학자 아마르티아 센Amartya Sen이다. 인도인으로 미국에서 살면서 강단에 서고 있는 그와 협업을 시작한 1985년부터 나는 조금 다른 방향의 접근법을 택했다.[3] 2004년 출범한 국제기구인 인간개발및역량협회HDCA는[4] 전 세계의 학자들과 정책 입안자들을 모아 연례회의, 세미나, 저널을 통해 다양한 버전의 접근법을 탐색한다. 우리에게는 여러 가지 차이점과 다양한 논거가 있다. 예를 들어, 센의 사상은 나의 사상과 약간 다르다. 이 부분에서는 개괄적으로 이 접근법을 소개한 후에 내 버전으로 넘어갈 것이다.

경제학은 사람들의 삶에 대한 것이며 개발 경제학은 사람들의 삶을 개선하는 데 대한 것이어야 한다. 그것이 개발이라는 단어의 의미다. 하지만 개발 경제학에서 정책에 대한 지배적인 접근법은 오랫동안 인간적인 측면에 둔감했다. 그 접근법들은 국가나 지역의 성공을 1인당 국내총생산GDP의 측면에서만 측정했다. 인간에게 가장 중요한 영역에서 성장이 개인의 삶을 개선하는지 개선하지 않는지는 면밀히 조사하지 않은 것이다. 유엔개발계획United Nations Development Programme의 인간개발보고서Human Development Report를 시작한 파키스탄의 경제학자 고故 마붑 울 하크Mahbub ul Haq는 1990년 첫 번째 보고서에 이렇게 적었다. "국가의 진정한 부는 그 국민이다. 개발의 목적은 사람들이 오랫동안 건강하게 창의적인 삶을 향유할 수 있는 환경을 만드는 것이다. 이런 단순하지만 강력한 진실은 물질적, 금전적 부를 추구하는 과정에서 너무 자주 잊힌다."[5]

인구로 평균을 낸 GDP를 통해 국가의 진보를 측정하는 것에는 어떤 문제가 있을까? 다른 것들도 동등하게 성장한다면 좋은 일이다. 하지만 이 수치는 평균값이다. 분배에 대해서는 어떤 것도 말해주지 않는다. 개인과 집단 사이의 기본적인 삶의 기회에 있어서 커다란 불평등을 감출 수도 있는 것이다. 누구에게나 삶은 단 한 번뿐이다. 장애와 박탈이 가득한 삶을 사는 사람들에게 국가가 평균적으로 매우 좋은 성과를 거두고 있다는 말이 위로가 될 리 없다. 전 세계의 인간은(다른 동물과 마찬가지로) 살기 위해서, 잘 살기 위해서, 타고난 인간의 존엄성에 걸맞은 삶을 살기 위해 노력한다. 각각은 개별적인 존재이며 각 개인은 목적으로 여겨져야 하고, 다른 사람의 목적을 위한 수단으로 여겨져서는 안 된다. (역량 접근법은 이 부분에서 칸트와 수렴된다.)

또한 GDP 접근법은 인간 삶 속 다양한 부분의 복수성과 질적 이질성을 도외시한다. 건강, 신체적 완전성, 교육, 정치 참여의 기회, 여가 시간, 존중이 있고 모멸이 없는 관계를 비롯한 삶의 모든 요소가 다 중요하다. 그중 어느 하나가 더 많다고 해서 다른 요소가 부족한 것이 만회되지는 않는다. 사람들은 다원적이고 다양한 삶을 추구하며, 정부는 사람들이 가치를 두는 다양한 목적, 하나의 지표로 환원할 수 없는 다양한 목적에 주목해야 한다. 성장과 함께 이 모든 중요한 것들이 개선되는 경우도 있다. 하지만 항상 그런 것은 아니며 개선은 결코 균등하게 일어나지 않는다.

적정성의 측면에서 한 단계 더 올라가면, 개발에 대한 또 다른 경제적 접근법을 발견할 수 있다. 경제적 공리주의에 기초한 접근법이다. 경제적 공리주의는 보통 사람들의 선호도(보통 전체 만족도가 아닌 평균 만족도)를 극대화하기 위해 노력한다. 하지만 사람들의 실제적인 노력에 비교하면 이 접근법에는 네 가지 결함이 있다. 이미 3장에서 다루었기 때문에 이런 결함은 간단히 서술할 것이다.

첫째, GDP 접근법과 마찬가지로 이것은 분배의 불평등을 무시한 평균이다. 따라서 커다란 불평등을 안고 있는 국가가 높은 점수를 받을 수 있다.

둘째, 역시 GDP 접근법과 마찬가지로, 사람들이 얻기 위해 노력하는 다양한 활동을 무시하고 활동을 동질적인 만족 상태의 원천으로 취급한다.

셋째, 공리주의 접근법은 불평등을 한층 더 깊이 감춘다. 박탈의 상황하에서 사람들은 종종 "적응적 선호", 자신이 얻을 수 있다고 생각하는 낮은 수준에 맞추어진 선호를 형성한다(3장 참조). 이런 유해한 역학이 습관이 되어버리면 종속에 만족감을 느끼게 될 수 있다. 이에 공리주의 접근법은 부당한 현상 유지의 협력자가 된다. 이런 문제는 여성들이 고등교육이나 정치 참여가 그들의 것이 아니라는 느낌 속에 성장했을 때 특히 두드러진다. 이런 것들로부터 단절된 여성들은 상황에 만족한 다고 보고할 수 있다. 센의 연구에서 보여주듯이, 심지어는 여성은 본래 몸이 약하고 자신들이 "여성으로서는" 정상이라고 믿고 있으며 영양이 부족하고 약한 몸의 상태에도 만족한다고 보고하는 경우도 있다.[6]

마지막으로 공리주의식 계산에서는 쾌락이나 만족의 **상태**에만 가치를 두고 그것을 낳은 활동에는 가치를 두지 않는다. 이미 보았듯이, 활동에 대한 이런 평가절하(3장에서 언급한 로버트 노직의 "경험 기계" 사고 실험에서 포착한)는 정말로 무엇인가를 **하는** 것이 사람들에게 주는 가치를 격하시키는 오류로 이어진다. 경험 기계는 가능성을 제거해 확실한 반면, 인간의 활동에는 반전의 기회와 좌절의 가능성이 가득하다. 그럼에도 불구하고 사람들은 실행하고 노력하는 것을, 직접적인 활동의 결과로 만족감을 얻는 것을 원한다. 근시안적인 개발 정책은 사람들에게 권한을 부여하기보다 당장 좋은 기분을 느끼게 하는 것을 목표로 한다. 그런 정책은 가난한 사람들을 자신의 삶을 능동적으로 만들어가는 온전한 인간이 아닌 그릇으로서만 취급하는 부적절한 존중을 보여주는 것이 보통이다.

고도로 관료화된 인간개발 정책의 세계라면, 번영을 위해 고투하는 실제 사람들에게 초점을 맞추어서 그들이 무엇이 되고자 노력하는지, 무엇을 하려고 노력하는지, 무엇이 그들의 번영을 방해하고 있는지 물어보는 것이 유용한 방법이다. 이전 작품에서 나는 1998년 인도 서부 구자라트주 아마다바드에 있는 여성자영업자조합Self-Employed Women's Association, SEWA에서 만난 바산티라는 가난한 여성에 초점을 맞췄다. 가정 폭력의 피해자였던 바산티는 남편을 떠나 친정으로 돌아간 후 아버지의 가게 바닥에서 잠을 자면서 바느질로 적은 수입을 올리고 있었다. 이후 여성자영업자조합의 도움을 받아 글을 배우고, 정치에 참여를 독려받고, 대출을 받아 더 좋은 재봉틀을 구입함으로써 수입을 늘릴 수 있게 되었다.

개발에 대한 지배적인 접근법을 지지하는 사람들은 구자라트주가 1인당 GDP가 비교적 높은 부유한 주였기 때문에 바산티가 잘 살고 있다고 이야기했을 것이다. 그 GDP 평균은 바산티에게 어떤 의미일까? 그것은 그의 삶에 영향을 미치지 못하며 그의 문제를 해결하지 못한다. 구자라트주 어딘가에는 외국인 투자로 인한 부의 증가가 있었을 테지만 그에게는 해당되지 않았다. 1인당 GDP가 상당히 높아졌다는 이야기는 구자라트 어딘가에 아름다운 그림이 있다는 것과 같은 이야기지만, 그는 볼 수가 없었다. 맛있는 음식이 가득한 상이 차려져 있다는 이야기일 수도 있지만, 그는 하나도 맛볼 수 없다. 내가 만났을 때 그의 상황이 나아진 것은 구자라트 정부의 덕분이 아니고 오로지 비정부기구인 여성자영업자조합의 활약 덕분이었다.

찰스 디킨스Charles Dickens는 그가 살던 시대의 개발 경제학을 비판한 1854년 작, 『어려운 시절』에서 어린이들이 경제개발에 대한 성장 기반 접근법(오늘날에도 여전히 지배적인)을 배우고 있는 교실을 묘사한다. 서커스단에 있는 씨씨 주페(최근에야 반에 들어온)는 교실이 한 나라이고 그 나라에 "5천만 파운드"의 돈이 있다고 상상해보라는 말을 듣는다. 선생님이 묻는다. "20번 학생(합계에 초점을 맞추기 때문에 학생은 이름 대신 번호로 불린다), 이 나라는 번영하는 국가이고, 당신은 번영하는 국가에 살고 있나요?" 씨씨는 울음을 터뜨리면서 교실에서 뛰쳐나온다. 그는 친구인 루이자 할머니에게 자신은 그 질문에 대답할 수 없었다고 말한다. "누가 돈을 갖고 있는지, 그중 제 것이 있는지 알지 못하는 한은 대답할 수가 없어요. 5천만 파운드는 그것과 전혀 관련이 없어요. 숫자 속에는 그 답이 없는걸요."[7]

디킨스가 옳았다. 개발 정책에서 필요한 것은 씨씨 주페와 같은 질문을 하는 접근법이다. 각각이 목적인 개인의 기회라는 측면에서 성과를 규정하는 접근법 말이다. 이런 접근법은 삶의 이야기와 정책 변화가 실제 사람들에게 갖는 의미를 살피면서 밑에서부터 시작하는 것이 좋다. 사람들의 폭넓은 상황에 적합한 정책 개발은 경제, 법률, 과학 데이터만을 이용하는 것이 아니라, 바산티와 같은 많은 이야기를 연구하고 인간 삶의 질에 영향을 미치는 다양한 요인에 대한 감수성을 익혀서 각 영역에서 "사람들이 실제로 할 수 있고 될 수 있는 일이 무엇인가?"라는 질문을 던지는 것을 의미한다.

역량 접근법은 그런 대단히 기초적이고 실용적인 질문을 던지고 답을 구한다. "역량"이라는 말은 "기술"을 의미하는 것이 아니다. 그것은 실제적이고 실질적인 자유, 가치 있다고 여겨지는 삶의 구체적인 영역에서 행동을 선택할 기회를 의미한다. 용어를 좀 더 자세히 들여다보면, 세 가지 다른 유형의 역량을 확인할 수 있다. 모두가 내 이론에서 중요한 유형의 역량이다. 첫째는 **기본 역량**basic capability이다. 목적을 추구할 수 있게 하는 타고난 능력을 말한다. 둘째는 **내적 역량**internal capability이다. 이것은 기술과 같다. 보통 가족이나 사회의 도움을 요하며, 순조로운 상황에서라면 활동으로 이어지는 개발된 특성이다. 글을 읽을 줄 아는 것은 내적 역량이다.[8] 하지만 상황이 언제나 순조로운 것은 아니다. 많은 사람이 중요한 사안에 대해 생각을 말하는 내적 능력을 갖고 있지만 정치적 탄압에 대한 두려움 때문에 그렇게 하지 못한다. 대부분의 사람은 종교적 믿음과 활동의 능력을 갖고 있지만 세상의 많은 사람은 종교 활동을 할 수 없다. 따라서 셋째, 가장 중요한 유형의 역량은 내가 **결합 역량** combined capability이라고 부르는 것이다. 이는 내적 역량과 관련 활동을 실제로 선택하는 데 적합한 환경이 더해진 것을 의미한다.

(인간의) 역량 접근법에서는 각 개인이 목적이다. 이는 정책의 목표가 한 사람 한 사람의 능력을 보고하고 강화하며 어떤 사람도 다른 사람의 목적을 위한 수단으로 대우해서는 안 된다는 의미다. 이 접근법은 일반 이론이지만, 항상 바산티의 이야기와 같은 이야기, 사람들의 실제 삶과 노력에 책임이 있다. 자료를 종합할 때(모든 개발 이론에서는 어떤 식으로든 합계를 내야 하기 때문에 합계는 언제나 개인이 어떤 바람직한 목적을 위한 수단으로 이용될 위험이 있다)는 최악의 상황인 사람들에게 특별히 주목해서 그들이 반드시 적절한 수준에 이르도록 보장해야 한다. 각각의 역량은 다른 것들과는 별개로 취급되며 다른 목표를 달성하는 수단으로 이용되어서는 안 된다. (따라서 목표는 인간 역량의 총합을 극대화하는 것이 아니다.) 사람들은 어떤 역량은 뛰어나지만 다른 역량에서는 열등할 수 있다. 모든 것이 정의의 문제와 관련이 있다. 이 접근법은 각 역량 영역 내에서의 역량 극대화를 추구하지 않는다. 대신 각 영역에서 높지만 합리적인 기준치를 목표로 한다.

유난히 좋은 개입 지점, 다른 역량에 유익한 결과를 내는 역량이 있다. 좋은 정책 입안자라면 역량의 전반적인 수준을 높이기 위해서 우선 그런 역량에 집중할 것이다. 조너선 볼프Jonathan Wolff와 아브너 드샬리트Avner de-Shalit는 그들의 훌륭한 저서 『약점Disadvantage』에서[9] 이를 **비옥화 기능**fertile functioning이라고 부른다.[10] 교육은 고용 기회, 정치 참여, 건강, 자존

감 등 많은 것을 증진하는 다목적 역량 강화제인 경우가 많다. 상관적인 나쁜 상황은 볼프와 드살리트가 **부식성 약점**^{corrosive disadvantage}이라고 부르는 것이다. 전반적으로 부정적 파급 효과를 내는 역량 실패를 말한다. 바산티의 이야기에서 가정 폭력은 부식성 약점이었다. 가정 폭력은 신체 완전성, 건강, 정서적 평정을 손상시켰다. 이들을 통해 고용 선택권, 정치 참여, 다른 사람과의 제휴도 손상됐다. 이런 개념들은 동물의 삶에 대해 생각할 때에도 가치가 있으므로 다시 다루게 될 것이다. 이제 우리는 이 접근법을 사용하는 사람들이 적절한 질문을 던지고 법과 정책에 대한 적절한 권고를 하기 위해 얼마나 많은 정보가 필요한지 알 수 있다.

지금 우리가 어디에 와 있는지 정리해보자. 역량 접근법은 규범적인 개발 이론이다. 상황을 더 낫게 만드는 방법을 보여주는 것을 목표로 하는 이론으로, 사람들을 번영하는 삶을 추구하는 능동적인 존재로 보면서 실제 사람들의 노력과 이런 노력에 대한 장애에 접근하는 데 초점을 맞춘다.

● 비교 순위에서 기본적 정의의 지도로

역량 접근법이 처음 개발되었을 때 그 목적은 한 국가나 지역을 다른 국가나 지역과 비교하는 새로운 틀, 실생활의 문제와 동떨어져 있지 않고 사람들에게 민감한 틀을 제공하는 것이었다. 역량 접근법은 인간개발보고서에서 사용될 때 이미 여러 기회 중에 몇 가지 기회를 선택했다. 사람들의 삶에서 인지되는 특성 때문이었다. 예를 들어, 교육과 건강이 강조되었고 센의 글에서는 언론 자유의 중요성이 계속 강조되었다. 하지만 가장 중요한 목표들의 목록은 존재하지 않았다. 그 접근법이 단순히 상대적으로만 사용되는 것인 한에서는 그런 목록이 필요치 않았기 때문이다.

그러나 정의로운 사회가 모든 구성원에게 무엇을 제공해야 할지 질문하기 시작한 순간부터는 그 내용을 명확히 할 필요가 있다. 명확히 한다는 것은 겸손하고 유연한 방식이되 성문헌법이 있다면 국가의 헌법에 명시될 수 있도록, 그렇지 않다면 다른 방식에서 법적으로 표현될 수 있도록 한다는 뜻이다. 각 개인이 최소한의 기본적 정의로 요구할 수 있는 권리에는 어떤 것이 있을까?

기본적 자격을 위한 이런 틀은 **중심 역량**, 이론 용어로 **결합 역량의 목록**이라는 형태를 취한다.[11]

중심 역량 목록

1. **삶.** 정상적인 수명이 끝날 때까지 살 수 있는 것. 너무 이른 나이에 죽지 않거나, 살 가치가 없을 정도로 쇠약해지기 전까지.

2. **신체적 건강.** 생식 건강을 비롯한 건강을 유지할 수 있는 것. 적절한 영양을 섭취하는 것. 적절한 거처를 가질 수 있는 것.

3. **신체적 완전성.** 자유롭게 이동할 수 있는 것, 성폭력 및 가정 폭력을 비롯한 폭력으로부터 안전한 것. 성적 만족과 생식 문제에 대한 선택의 기회를 갖는 것.

4. **감각, 상상력, 사고.** 감각을 사용하고, 상상하고, 생각하고, 추론할 수 있으며, 문해력과 기초 수학, 과학 교육을 포함하지만 결코 이에 제한되지 않는 적절한 교육으로 정보를 얻고 함양한 "진정 인간다운" 방식으로 이런 일들을 할 수 있는 것. 종교, 문학, 음악 등 스스로 선택한 작품과 이벤트를 경험하고 생산하는 것과 관련해 상상력과 사고를 사용

할 수 있는 것. 정치적, 예술적 표현의 자유와 종교적 행사의 자유의 측면에서 표현의 자유를 보장받는 방식으로 자신의 생각을 사용할 수 있는 것. 즐거운 경험을 하고 유해한 고통을 피할 수 있는 것.

5. **감정.** 자신 주변의 사물과 사람에 애착을 가질 수 있는 것. 우리를 사랑하고 보살피는 사람들을 사랑하고, 그들의 부재에 슬퍼하는 것. 사랑하고, 슬퍼하고, 일반적인 갈망, 감사, 정당한 분노를 경험하는 것. 공포나 불안에 시달려 감정 발달을 망치지 않는 것. (이런 역량을 지원한다는 것은 발달에 필수적으로 보이는 인적 연계의 형태를 지원하는 것을 의미한다.)

6. **실천이성.** 선의 개념을 형성하고 자신의 인생 계획에 대한 비판적인 성찰에 참여할 수 있는 것. (여기에는 양심과 종교의식의 자유에 대한 보호가 수반된다.)

7. **소속.**

   a. 다른 사람들과 함께 그리고 가까이 살고, 다른 인간을 인식하고 관심을 보이고, 다양한 형태의 사회적 상호작용에 참여할 수 있는 것. 다른 사람의 상황을 상상할 수 있는 것. (이런 역량을 보호한다는 것은 그런 형태의 소속감을 구성하고 조장하는 제도를 보호하며, 집회와 정치적 발언의 자유도 보호한다는 것을 의미한다.)

   b. 자기 존중과 비굴욕이란 사회적 기반을 갖는 것. 다른 사람과 동등한 가치를 지니는 존엄한 존재로 대우받을 수 있는 것. 여기에는 인종, 성별, 성적 취향, 민족, 계급, 종교, 국적에 기초한 차별 금지 조항이 수반된다.

8. **다른 종.** 동물, 식물, 자연계에 관심을 갖고 관계를 맺으며 살 수 있는 것.

9. **놀이.** 웃고, 놀고, 오락 활동을 즐길 수 있는 것.

10. **자기 환경에 대한 통제.**

  a. **정치적.** 자신의 삶을 지배하는 정치적 선택에 효과적으로 참여할 수

    있는 것. 정치 참여의 권리, 언론 및 결사의 자유 보호.

  b. **물질적.** 재산(부동산과 동산 모두)을 보유할 수 있고 다른 사람과 동등

    한 재산권을 가지는 것. 다른 사람과 동등한 고용 추구의 권리를 가

    지는 것. 부당한 수색과 압수로부터의 자유를 가지는 것. 직장에서

    는 인간으로서 일할 수 있고, 실천이성을 행사하며, 다른 근로자와

    상호 인정의 의미 있는 관계를 맺을 수 있는 것.

이것은 당장은 아니더라도 상당한 기간 내에 지켜지기를 바라는 최소한의 정의에 대한 일련의 기준점 역할을 하기 때문에 각 국가의 특별한 욕구와 상황에 따라 더 구체화될 수 있다. 이를 위해 국가의 헌법은 성문으로든 점진적 사법 해석을 통해서든 이들 각각의 **기준치**를 마련해야 한다. 국가가 각 시민에게 이들 각각의 기준치를 제공하지 못한다면, 다른 영역의 조항들이 충분하다고 해도 최소한의 정의에 미치지 못하는 것이다. 모든 헌법상의 기본권 목록과 마찬가지로, 각 항목은 질적으로 구별되며 대체될 수 없는 것으로 간주된다. 따라서 누군가가 언론의 자유를 침해당했다고 불평할 때 "하지만 우리가 충분한 교육을 제공하고 있다는 것을 고려하라!"라고 말하는 것은 적절한 대답이 될 수 없다. (일부 국가는 실제 이런 답을 내놓지만 그것은 폭정에 대한 빈약한 변명이다.)

목록이 실제 기능의 목록이 아닌 역량의 목록인 이유는 무엇일까? 중요한 것은 사람들이 실천할 수 있어야 한다는 것이다! 하지만 사람들은 각기 다른 선택을 한다. 어떤 사람은 목록의 모든 기회를 이용하는 것을 바라지 않을 것이다. 어떤 사람은 종교에 관심이 없고 종교 활동에

참여하지 않을 것이다. 그들은 모든 사람이 종교를 가져야 한다는 헌법에 격렬하게 반대할 것이다. 하지만 **기회**에는 반대할 가능성이 낮다. 다른 많은 사람이 이용하기를 원하기 때문이다. 어떤 사람은 여가 시간을 원치 않고 워커홀릭의 삶을 영위하는 것을 선택한다. 다시 말하지만 강제로 느긋한 시간을 보내게 되는 것을 원치 않는다. 하지만 대부분의 사람은 여가 시간이 가치가 있다는 인식에 반대하지는 않을 것이다. 목록을 역량의 목록으로 만드는 것은 사람들의 삶의 선택의 이질성, 다른 길을 선택할 자유에 대한 존중을 보여준다. (어린이들 대상의 의무 교육에서와 같이 때로는 미성숙을 근거로 그리고 성숙한 선택의 관점에서 기능을 명할 자격을 갖는다.)

목록의 8번은 동물을 인간과 관계를 맺는 중요한 참여자로 인정한다. 하지만 이것이 그들 자체를 목적으로 만들지는 않는다. 이것은 당시에 이 운동에 참여하는 많은 사람이 받아들일 준비가 되지 않은 단계였고, 심지어 현재도 내가 지금까지 취한 추가적인 단계들을 밟고자 하는 사람들은 거의 없다. 따라서, 8번은 내가 이 목록을 만들었던 당시(약 30년 전) 광범위한 합의를 이끌어낸 중간 정도의 조치로 보아야 할 것이다. 우리는 더 나은 일을 할 수 있고 또 반드시 그래야 한다!

그런데 역량은 도대체 어떻게 측정해야 할까? 이 사업의 어려움은 개발 경제학이 1인당 GDP라는 부적절한 기준을 선호해온 이유 중 하나이기도 하다. 1인당 GDP는 최소한 측정은 가능하니까 말이다. 하지만 지금 당장 측정할 수 있는 것부터 시작한 뒤 그것을 가장 중요한 것으로 둔갑시켜서는 안 된다. 대신 우리는 가장 중요한 것부터 시작해서 그것들을 어떻게 측정할지 알아내야 한다. 많은 책과 인간개발및역량협회HDCA의 많은 회의가 각 역량의 측정이라는 문제를 탐구했다. 국가들은 법을 통해 가장 다루기 어려워 보이는 많은 영역에서 대략적인 지표를 만들 방법을 찾아왔다. 언론의 자유와 종교의 자유에 대해 생각해보자. 우리가 이들 자유가 한 국가 안에서 어떻게 실행되고 있는지를 평가하는 방식은 이런 헌법적 근거들에 제기되는 도전을 살피고 이런 도전이 지난 시간 동안 어떻게 진행되었는지 확인하는 것이다. 예를 들어, 미국은 사례별로 이들 자유에 대한 이해가 진화하면서 점차 권리의 경계가 확정되고 있다.

목록의 모든 항목이 가진 공통점을 생각하는 한 가지 방법은 그들 모두가 **인간 존엄성에 합당한** 삶에 대해 우리가 갖는 직관적인 생각에 내재되어 있는 듯하다는 것이다. 이 목록의 전제는 모든 사람이 존엄성을 타고났으며, 우리가 원하는 것은 이런 존엄성이 존중받는 것이다. 즉 사람은 존엄성에 합당한 삶을 사는 데 필요한 것을 얻어야 한다. 그러나 존엄성이라는 개념은 모호하며 수단이 아닌 목적으로 대우받을 자격이 있다는 아이디어와 매우 흡사하다. 정치적 원칙의 네트워크에 연결시키지 않는다면 더 이상의 내용을 부여할 수 없다. 여기에서는 국제인권운동에서와 같이 기회가 주어지지 않은 사람들을 상상하고 그들의 존엄이 침해되었다고, 그들이 수단으로 사용되고 있다고 느끼는 것이 직관적으로 도움이 된다.[12] 이렇게 존엄성을 강조하는 것은 칸트주의 접근법과 연결된다.[13] 하지만 그것은 이론을 밀의 미묘한 형태의 공리주의와도 연결시킨다.

이 견해는 각 사람을 목적으로 만들며 이런 방식으로 고전적 자유주의에 연결된다. 이런 유형의 자유주의가 전적으로 서구적인 것만은 아니다. 각 개인의 고유한 존엄성은 인도와 남아프리카공화국 헌법의 기초에도 자리하고 있다. 이 두 나라는 사람들과 집단을 비하하는 부당한 폭정을 떨쳐버리는 과정에서 개인의 존엄성을 받아들였다. 그들의 슬로건은 "우리 각 개인이 중요하며 우리는 종속되지 않을 것이다"였다. 이 견해는 군주제와 제국주의에 반대하며 성별과 인종에 근거한 위계에도 반대한다.

칸트는 인간만이 존엄성을 갖는다고 생각했다. 밀과 나(코스가드도)의 생각은 다르다. 쾌고감수능력이 있는 모든 동물은 그만의 존엄성을 가지며 이는 존중받아 마땅하다. 그들은 수단으로 취급되어서는 안 된다. 그런 통찰이 법과 정책으로부터 요구하는 것은 무엇인가가 이 책의 중심이 되는 질문이다.

살고 있는 국가가 사람들의 노력을 다루는 일을 거의 혹은 전혀 하지 않는 때조차 자신의 노력으로 혹은 비공식 집단의 노력으로 역량의 기준치에 도달할 수 있는 경우가 종종 있다. 엘리트들은 공적 자본이 없는 상황에서도 적절한 의료, 좋은 교육을 받는 것이 보통이다. 가난한 여성인 바산티도 세계 최고의 비정부 여성 기구 중 하나가 가까이에 있었던 행운 덕분에 좋은 성과를 거뒀다. 하지만 국가를 정의로운 곳으로 만들려면 이것으로 충분치 않다. 국가가 국민의 욕구를 무시하고 엘리트는 행운에 의지해 목표를 달성하는 동안, 다른 사람들은 고통받는다. 모두에게 역량을 보장하는 것은 정부의 과제이며, 나의 목록은 가상의 헌법과 같은 정부의 기본적 과제 목록이다. 정부는 종종 목적 달성을 위해 민간단체를 고용하지만 최종적인 책임은 정부에게 있다. 정부가 국민을 기준 위로 끌어올리지 못한다면, 그 책임을 져야 한다. 이는 문제를 해결하기 위해 항상 정부에 의지해야 한다는 의미가 아니다. 그렇게 할 수 없는 때가 있다. 정부가 부패하거나 가망이 없을 정도로 비효율적일 수 있다. 하지만 그것은 정의라는 문제 전체가 정부를 선택하고 권한을 부여한 국민에게 역량을 전달할 수 있는 안정적인 정치적 구조를 마련하는 데 달려 있다는 것을 의미한다.

● "정치적 자유주의": 중요한 제약

역량 목록을 중심으로 구축된 정치 원칙은 국가 핵심 정치 원칙의 일부다. 단, 정치 원칙은 인간의 다양성과 자유를 적절히 존중하기 위해 몇 가지 제약을 따라야 한다. 존 롤스는 그의 저서 『정치적 자유주의』에서 중요한 논거를 발전시켰다. 내가 전적으로 동의하는 이 논거는 인간은 물론이고 동물의 정의에 대한 내 접근법도 포괄한다.[14] 그는 자유라는 조건하에 있는 사람들은 어떻게 살아야 하는지에 대한 규범적 지침을 제공하는 광범위한 "포괄적 신조"에 집착한다고 주장한다. 가톨릭, 개신교, 마르크스주의, 공리주의, 불교… 이런 것들은 대부분의 사회에 존재하는 가치관에 대한 포괄적인 신조 중 일부다. 정의의 기본 사상(그의 생각에 따르면 협력의 공정한 측면을 제안하고 받아들이는)과 양립할 수 있는 모든 신조는 존중받아 마땅하다. 하지만 자신만의 생각을 가지고 거기에 애착을 느끼는 사람들에게 정치적으로 좋은 삶에 대한 전반적인 신조를 부과하는 것은 존중이 아니다. 국가가 다르게 생각할 자유를 제한하지 않는다고 해도(국가에 이미 국교가 있지만 종교적 믿음과 관행의 폭넓은 자유를 허용하는 때와 같이) 국가는 자신의 견해가 최선이라는 진술을 하면서 다른 견해를 억누르게 된다. 물론 일련의 정치적 원칙에는 분명한 윤리적 내용이 있어야 한다. 그렇다면 어떻게 해야 할까?

　롤스가 주장하는 이 문제의 해법은 첫째, **범위가 좁은**, 즉 인간 관심사의 모든 영역을 다루지는 않는(예를 들어, 죽음 이후의 삶의 가능성에 대한 것은 다루지 않는), 둘째, **빈약한**, 즉 어떤 한 그룹의 형이상학적 언어 대신 중립적인 윤리적 언어로 표현된 정치 원칙을 제안하는 것이다. (따라서, 예를 들어 인간 존엄이라는 윤리적 언어는 **영혼**이라는 교파적 개념보다 선호된다.)[15] 우리가 절제력을 가지고 상황을 관리한다면 정치 원칙은 롤스가 "모듈"이라고 부르는 것이 될 수 있다. 즉 각기 다른 합리적인("합리적"이란 기꺼이 공정한 협력의 조건을 제안하고 수용한다는 의미다) 포괄적 신조를 가진 모든 시민이 어떤 것이든 자신의 신조에 추가할 수 있는 모듈을 얻게 되는 것이다. 결국은 그런 정치 원칙들이 모든 신조의 지지자들 사이의 "중첩적 합의overlapping consensus" 대상이 될 것이다.[16] 긴 시간이 걸릴 것이다. 하지만 역량 접근법의 지지자들은 다른 견해를 가진 사람들이 이런 핵심 원칙에 동의하는 길을 그릴 수 있어야 한다.

모든 역량 접근법 지지자들이 이런 제한에 동의하는 것은 아니기 때문에 이 제한은 모든 유형의 역량 접근법의 견해가 아니라 내 견해의 중심적 부분이라는 점을 인식하는 것이 중요하다. 이런 제한이 없다면 역량 접근법에 기반한 정치적 견해는 인간의 차이와 자유를 충분히 존중할 수 없다는 것이 내 생각이다.

이제 4장에서 미뤄두었던 코스가드에 대한 반론을 더 명료하게 이야기할 수 있다. 그는 어떤 식으로도 롤스의 주장에 대한 입장을 밝히지 않는다. 코스가드가 롤스의 제자이고 그의 책과 그 중요성에 대해서 잘 알고 있다는 것을 생각하면 이상한 일이다. 코스가드는 자신의 견해가 정치적 견해가 되기를 원하는지에 대해서 밝히지 않지만, 자신의 견해에서 비롯된 실질적인 정치적 결과를 원하며 동물이 법으로 정당성을 입증해야 하는 권리를 가지고 있다는 견해를 옹호하기 때문에 정치적 견해가 틀림없다. 그는 정치적 원칙의 틀을 형성하는 데 있어서 포괄적인 형이상학을 사용하는 것에 반대하는 롤스의 대단히 설득력 있는 이유를 전혀 반박하지 않기 때문에 그가 자기 견해의 바탕을 논란이 많은 형이상학적 신조에 두고 있다는 비판이 타당해 보인다. (4장 참조).

역량 접근법에 기반을 둔 정치적 신조를 옹호하는 사람들은 일부 형이상학적 견해(예를 들어, 동물을 비하하고 종의 가치가 자연의 사다리에 따라 배열된다고 하는 견해)를 거부해야 한다. 그런 견해는 주장의 대대적인 수정 없이는 "중첩적 합의"에 합류할 수 없다. (그런 견해를 가진 사람들에게도 여전히 그것을 표현할 자유가 있다. 하지만 국가의 헌법이 그에 반하기 때문에 그들은 자신들의 제안을 과반수 투표에 부칠 수 없다. 그러려면 헌법을 개정해야 할 것이다.) 하지만 모든 가치가 어떤 관점에서는 내재적이라는 코스가드의 견해와 동물이 내적 가치를 갖는다는 입장(내가 가진 견해) 사이에서 결정을 내릴 필요는 없다. 두 견해 모두 동물 권리를 보호하는 좋은 정치 원칙과 충분히 양립할 수 있기 때문이다.[17]

그렇다면 역량 접근법은 부분적(포괄적이 아닌) 정치적 신조(포괄적인 윤리적 신조가 아닌)다. 밀의 견해와 마찬가지로 그것은 복수의 서로 다른 일련의 목적을 목표로 하는 견해이며, 이 목적들은 최소한의 정의라도 주장하기를 바라는 사회에서라면 선에 그치지 않고 의무로 간주된다. 이런 목적들을 위한 활동과 기회는 최종 상태(만족과 같은)로 가는 수단이 아니라 목표의 일부로 간주된다.

사회의 목적은 다원적이기 때문에 역량 접근법은 갈등의 여지를 남긴다. 이들 목적은 선택이 아닌 의무이기 때문에 어려운 상황에서 이루어져야 하는 모든 타협은 불운에 그치지 않고 비극이 될 수 있다. 타협이 일부 시민을 최소한의 정의의 기준 아래로 밀어낸다면, 그것은 심각한 위반에 해당된다. 따라서 사회는 그런 비극적 갈등을 최소화하기 위해 앞을 내다보고 노력해야 한다. 8장은 더 갈등이 많은 동물 정의의 영역에서 이 사안을 다룰 것이다.

● 동물 정의를 위한 기반으로서의 역량 중심주의

인간은 쾌고감수능력이 있는 취약한 동물이다. 각자가 위험과 장애의 와중에서 좋은 삶을 달성하기 위해 노력한다. 정의는 가능성이자 제약이기도 한 법을 이용해서 스스로의 선택에 따라 번영할 수 있는 각자의 기회를 증진하는 것이다. 사람들은 종종 도구로 사용된다. 하지만 역량 접근법에서는 각 개인이 삶의 대단히 중요한 영역에서 목적으로 대우받고, 존엄성을 존중받을 때여야만 국가가 최소한의 정의를 달성한다고 생각한다. 목록에 어떤 것을 올려야 할지 생각할 때 나는 불가피하게 다수의 사람이 소중히 여긴다고 예상할 수 있는 기회들에 대해서 생각했고, 인간의 존엄성에 합당한 삶이라는 생각에 직관적으로 내재되어 있는 것처럼 보이는 것들에 초점을 맞추어야 한다고 제안했다. 하지만 목적은 기회이기 때문에 중심적인 중요성을 갖는 영역에서는 소수의 선택권만을 가진 사람들까지 보호해야 한다. 따라서 종교 활동의 자유는 그 수가 엄청난 로마 가톨릭 신자와 소규모 종교의 신자는 물론 무신론자와 종교에 무관심한 사람들도 보호해야 한다.

그렇다면 비슷한 이유에서 다른 동물의 삶에도 그런 접근법을 적용하는 것이 적절치 못한 이유는 어디에 있을까? 그들 역시 쾌고감수능력이 있는 연약한 동물이다. 그들 역시 위험과 장애가 엄청나게 늘어나고 있는(그중 많은 부분이 우리가 만든 것이다) 와중에서 살고 있다. 그들 역시 존중과 경이를 불러일으키는 내재적 존엄성을 지니고 있다. 돌고래의 존엄 혹은 코끼리의 존엄이 인간의 존엄과 정확히 일치하지 않는다는 사실이(그리고 코끼리의 존엄이 돌고래의 존엄과 다르다는 사실이) 그들에게 존엄, 수단으로 사용되지 않고 목적으로 대우받아 마땅하다는 것을 의미하는 모호한 속성인 존엄성이 존재하지 않는다는 의미는 아니다. 가치 있는 목표를 추구한다는 자체만으로도 노력하는 동물은 목적으로서 대우받을 자격을 지닌다는 코스가드의 주장은 옳다. 동물에게는 값이 아닌 존엄성이 있다. 우리는 돌고래가 무리를 이루어서 물속을 유영하고, 반향정위로 장애물을 피해 길을 찾고, 즐거움에 솟구쳐 오르는 것을 지켜보면서, 일단의 코끼리들이 인간에 의해 위협이 산재하는 와중에도 공동으로 새끼를 돌보면서 안전하게 키우려는 모습을 보면서, 직관적으로 존엄성을 느낀다. 경이의 감각은 존엄을 지향하는 인식론적 능력이다. 그것은 우리에게 이렇게 말한다. "그들은 내 멋대로 어떻게든 사용할 수 있는 쓰레기 같은 존재가 아니다. 그들은 목적으로 대우받아야만 하는 존재다." 그렇다면 우리가 그들보다 더 중요하고, 기본적인 법적 보호를 받을 우선적인 자격이 있다고 생각하는 이유는 무엇인가?

이후에는 동물이 법적으로 집행 가능한 권리를 가지고 있다는 생각에 대해 간략하게 논거를 제시할 것이다. 하지만 우선은 역량 접근법의 기본 사상을 설명할까 한다.

● 특유의 삶의 형태

동물은 사람과 마찬가지로 각자가 추구하는 일련의 중요한 목적이 있는 삶의 형태를 갖고 있다. 이후에 자세히 설명하겠지만 우선은 이런 삶의 형태를 종의 형태라고 생각하기로 하자. 우리는 인간에 대해 생각할 때, 살기 위해 노력하는 인간에게 특히 중요한 것들에 대해 생각한다. 충분히 배우고 충분히 열심히 관찰하면, 각 유형의 동물에 대해서도 그렇게 할 수 있다. 각 동물은 생존, 생식, 대부분의 경우 사회적 상호작용을 중심으로 하는 일련의 선한 목적을 지향하는 목적론적 시스템이다. 역량 접근법은 인간의 경우에 그런 노력이 좌절되어서는 안 된다고 생각한다. 그리고 우리가 다른 동물들보다 중요하다고 말하는 것은 오만하고, 건방지고, 근거가 없으며, 지독하게 이기적인 처사다(코스가드의 의견에 동의한다). 삶의 형태는 각기 다르다. 하지만 각각은 그 유형의 존재에게 옳은 것이다. 까치가 번영을 누린다면 조류 종의 삶에 특유한 방식으로 번영을 누릴 것이다. 인간과 비슷한 것은 까치에게 좋지도 적절하지도 않다. 우리 인간은 적대적인 세상에서의 생존과 번영을 모색한다는 면에서 까치, 돌고래, 코끼리와 비슷하지만 우리가 추구하는 구체적인 대상의 속성은 다르다.

역량 접근법은 기본적으로 노력하는 존재에게 번영의 적절한 기회를 부여하는 데 대한 것이다. 이것이 역량 접근법이 법과 정부의 역할을 보는 방식이다. 물론 인간은 법을 만들고 제도를 세우는 데에서는 선두에 설 것이다. 하지만 그것이 인간이 오로지 다른 인간을 **위해서**, 다른 인간에 **대해서만** 이 일을 해야 할 이유는 아니다. 쾌고감수능력이 있는 일부 생물만이 중요하다고 말할 근거는 없다. 인간과의 유사성이라는 지표는 말이나 고래의 관점에서는 아무런 의미가 없다. 공정한 입법자, 쾌고감수능력이 있는 생물들이 그들이 추구하는 유형의 적절한 삶을 살기 위한 시도를 하는 데 도움을 주려는 입법자에게도 유용하지 않다. (6장에서는 쾌고감수능력, 즉 느끼고 세상에 대한 주관적인 관점을 가지는 능력이 정의의 대상이 되기 위한 필수적인 근거라는 주장을 펴고 어떤 생물이 그런 능력을 가지는지에 대한 내 견해를 밝힐 것이다.)

4장에서 코스가드를 비판하면서 언급했듯이, 인간만이 입법과 제도 구축에 능동적으로 참여해야 한다는 이유도 없다. 동물은 인간의 언어를 구사하지 않지만, 자신들의 상황에 대해 소통하는 다양한 범위의 언어와 유사한 방식을 갖고 있으며(6장에서 더 자세히 살펴볼 것이다), 우리 인간이 우연히 정치적으로 운전석에 앉는다면, 우리는 그들의 목소리에 귀를 기울이고 동물들이 어떻게 살고 있는지 그들이 직면한 장애가 어떤 것인지 파악하는 것은 책임을 져야 마땅하다. 우리는 장애가 있어서 **통상의 방식**으로 정치 생활에 참여하지 못하는 인간들을 위해 이미 이런 일을 하고 있다. 우리는 그들에게 그들이 자신의 상황을 표현할 수 있는, 그들의 욕구를 능숙하게 읽어낼 수 있는 보호자나 "협력자"를 지정해준다.[18] 우리는 말을 하지 못하는 어린이들을 정치 생활에서 **수동적 시민**이라거나 비참여자라고 말해서는 안 된다. 그들은 여러 가지 방식으로 자신을 능동적으로 표현하며, 그것을 정치적 행동으로 전환하는 것은 우리의 책임이다. 또한 대부분의 평범한 시민은 법적 권리를 이해하지 못하며 대리인 없이 법정에서 자신을 대표하는 등의 시민권을 적절히 행사할 줄 모른다. 때문에 비인간동물도 다를 바가 없다고 주장하는 것이다.

이 시점에서 우리는 대리인이 개입하지 않는 직접적인 정치 참여가 본질적인 가치를 지니는지 혹은 수단적인 가치를 지닐 뿐인지 생각해봐야 한다. 이것은 역량 접근법을 지지하는 사람들 사이에서 논란이 있는 부분이다. 나 자신은 이것이 수단적인 가치를 가질 뿐이라고 생각한다. 중요한 것은 우리 삶을 지배하는 조건에 우리가 주체적으로 영향을 줄 수 있다는 점이다. 이것이 모든 인간 시민이 법정에 서고, 정치 활동을 계획하고, 투표를 해야 한다는 의미는 아니다. 누군가가 법정이나 의회에서 이 사람의 요구를 대변하고 그 사람을 위해서 투표를 한다면(심각한 인지 장애가 있는 사람들에 대해서 내가 주장하는 것처럼) 말이다. 동물의 경우에는 모든 선거에서 모든 동물을 위한 대리 투표가 있을 필요는 없고 그래서도 안 된다는 것이 내 생각이다. 이런 해법은 바로 불합리해질 것이다. 그 대신에 적절한 자격이 있는 동물 "협력자"들이 동물 대신에 정책을 만들고 법원에서 부당한 방식에 대한 이의를 제기하는 책임을 맡아야 한다. 9장과 10장에서는 이를 실현하는 많은 사례를 제시할 것이다.

유사 보호자이자 경청자로서 동물의 목소리에 귀를 기울이기 위해서는 쾌락과 고통에만 초점을 맞추어서는 안 된다. 바산티에 대해 생각할 때 역량 접근법이 그가 고통이나 쾌락을 느끼는지, 어떻게 느끼는지만을 고려하지 않고 가치 있는 유형의 활동에서 그의 다른 많은 기회(혹은 기회의 결여)까지 고려한 것과 마찬가지로, 생물의 선에 대해서 생각하는 벤담의 환원주의적 방식 역시 비인간 생물에게는 부당해 보인다. 고통은 부정할 수 없는 힘을 갖고 있다. 현재 인간은 비인간 생물들에게 너무나 많은 불필요한 고통을 유발하며, 단순히 그것을 없애는 것만으로도 큰 진전이 될 것이기 때문이다. 하지만 동물의 삶이 가진 복잡성에 적합한 목표 지도가 필요하다. 우리의 경우와 마찬가지로 다른 동물들의 경우에도 고통을 피하는 것만이 중요한 문제는 아니기 때문이다. 대부분의 동물에게는 사회적 관계, 친족 관계, 생식, 자유로운 이동, 놀이, 즐거움…, 이런 모든 것이 중요하다. 각 삶의 구체적인 형태를 보다 적절하게 이해하면 목록을 더 완벽하게 만들 수 있다.

적절한 사안을 논의에 부치기 위해서는 특정 유형의 동물과 가까이

지내면서(공통의 목표, 내적 다양성, 흔한 문제와 장애를 보고) 오랫동안 그 동물들을 연구한 전문가가 들려주는 동물 삶의 다양한 이야기에 귀를 기울여야 한다. 우리는 학대받고 방치된 반려동물들에 대한 이야기(예를 들어, 도입부에서 소개한 루파의 이야기)를 고려해야 한다. 이런 이야기들(바산티의 이야기와 유사한 부분이 많은)은 법이 어떻게 반려동물의 번영을 증진하고, 잔학 행위를 예방하고, 영향을 증진하고, 보다 일반적으로는 호혜, 존중, 우정의 모델을 전달해야 하는지에 대한 아이디어를 제공한다. 야생동물과 살아온 과학자들이 연구한 동물에 대해서 그들의 번영을 방해하는 장애물에 대해서 들려주는 이야기를 고려해, 출처의 전문성과 다양성을 추구하고 다양한 전문가들이 강조하는 부분을 달리하는 방식에 주의를 기울여야 한다. 대단히 자극적이면서도 또 대단히 시급한 이 과제는 새로운 지식이 등장하고 문제와 상황이 변화함에 따라 끝나지 않고 이어질 수 있다. 이는 세계의 다른 부분에 있는 인간들의 상황에 대한 연구에서도 마찬가지다. 긴 시간이 필요한 과제이지만 반려동물에 관해 우리는 이미 공청회를 열고 인도적인 법률을 제정하면서 오랫동안 이런 식으로 일을 해왔다. 따라서 우리는 그것이 가능한 일임을 알고 있다.

가상 헌법

인간의 경우, 역량 접근법은 헌법 제정을 위한 틀을 제공한다. 이 목록에는 각 항목에 대한 내용과 잠정적인 기준이 모두 담겨 있다. 최소한의 정의를 목표로 하는 국가는 그것을 참고로 하고, 자국의 특수한 환경과 역사를 참조해서 목록상의 각 주요한 역량에 대해 지역적인 구체적 설명이 포함된 나름의 목록을 만들어낼 수 있다. 다른 동물들에 대한 이

166

런 접근법은 현재로서는 불가능하다. 거기에는 두 가지 이유가 있다. 첫째, 다른 동물들은 국경을 가로질러 움직이고, 단일 국가의 영역이 아닌 대기나 해양 속의 지역을 점유한다. 따라서 국가의 헌법으로는 철새들을 충분히 보호할 수 없다. 둘째, 세계 대부분의 국가에는 가까운 미래에 그런 보호를 법제화하기에 충분한 정치적 의지가 존재하지 않는다.

이상적인 결과는 전 세계 모든 국가가(동물과 동물에 관한 지식을 바탕으로 그들을 가장 잘 대변하는 사람들의 요구에 귀를 기울이면서) 다양한 동물 종에 대한 법적으로 집행 가능한 헌법, 보호받아야 할 나름의 역량 목록을 갖추고 보호의 결여가 부당한 일이 되는 임계 수준을 제시한 헌법에 합의하는 것이다. 이후 동물들은 고래가 전 세계에서 국제포경위원회 IWC(12장에서 논의할)의 보호를 받는 것처럼(부적절하게) 전 세계 어디에 있든 보호를 받을 것이다. 이런 헌법은 이후 해당 국가 관할권 내에서 살고 있는 동물들에 대한 보다 구체적인 국가 기반의 동물 법으로 구체적인 맥락에 맞추어진 방식으로 보충될 것이다. 하지만 우리는 인간의 불의에 대한 국제적 책임으로 향하는 걸음이 계속 멈칫거리면서 성공과는 거리가 먼 길을 걸어왔다는 것을 알고 있다. 인간의 경우에도 가장 큰 희망을 거는 부분은 개별 국가들의 법률이다. 인간의 경우가 그렇다면, 동물의 경우에는 더할 것이다. 이후에 국제 조약과 협약의 역할에 대해서 논의하겠지만, 대부분의 경우, 가까운 미래에 동물들은 국가, 주, 지자체의 법률로부터 보호를 받아야 한다. 하지만 그것이 국제적인 목적지 지도가 필요치 않다는 의미는 아니다.

따라서 현재 역량 접근법은 국가, 주, 지역이 동물 보호법을 개선하기 위해(혹은 새롭게 만들기 위해) 노력하면서 참조할 수 있는 **가상 헌법**의 제공을 목표로 하고 있다. 나는 시간이 흐름에 따라 이 가상 헌법이 각 국가 안에서는 물론 국경에 걸쳐서도 점차 롤주의의 정치적 "중첩적 합의"의 목표가 되기를 희망한다. 여기에는 시간과 노력이 필요할 것이다. 인권의 틀을 마련하고 보호하는 과제도 마찬가지다. 하지만 이 유연한 접근법은 국가들이 세계적 합의를 얻어내는 것을 기다리지 않고 대담하게 앞서 나갈 수 있게 해준다. (이후에는 이런 동물 자격의 기반에 대한 법적인 논거를 제공할 것이다.) 기본적 목표는 모든 동물이 합리적인 보호의 적절한 기준까지 자신의 존엄 및 노력과 양립할 수 있는 삶을 살 기회를 가지는 것이다.

역량 접근법의 인간 버전인 이런 가상 헌법은 형이상학적이지 않으며 정치적이다. 목표는 시간이 흐름에 따라 모든 공정한 마음을 가진 포괄적인 가치 신조들 사이에서 중첩적 합의를 확보하는 것이기 때문에 논쟁을 초래하는 형이상학적 주장을 하지도, 모든 주장을 다 다루지도 않을 것이다. 동물 역량은 본질적인 가치를 가지고 있다고 여겨지지 않으며, 본질적인 가치에 대한 주장이 부정되지도 않는다. 나는 동물 역량에 대한 지원이 많은 방향에서 나올 수 있기를 기대한다. 종교적, 형이상학적 이유에서 인간의 우월성을 믿지만 그렇더라도 공정한 협력의 조항을 기꺼이 동물에까지 확대해야 하고 그들의 역량을 지원하고자 하는 종교적인 견해, 개인이 아닌 생태계가 관심의 주된 초점이 되어야 한다고 믿지만 정치적으로 기꺼이 생태계의 번영을 돕는 데 필수적인 요소로서 동물의 역량을 기꺼이 지지하는 환경 중심적 견해, 마찬가지로 개별 동물의 현저성은 부정하지만 동물의 삶에 대한 공정한 대우를 권고하는 불교적 견해, 내재적 가치 주장에 대해 불가지론적 입장을 견지하는 코스가드와 같은 견해, 동물의 삶이 내재적 가치를 갖고 있다고 생각하는 나의 견해(내 정치 이론에서는 그렇지 않지만)와 같은 여러 방향에서 말이다.

목록과 삶

이상적으로라면 우리는 각 유형 생물에 대해 잘 파악해서 생존과 번영에 관한 한 가장 중요한 것들을 담은 별개의 목록을 만들 수 있어야 한다. 목록은 동물이 살기 위해 노력하는 동안 표현하는 가장 심각한 문제를 담아야 한다. 해당 유형의 동물에 대한 애정과 감수성을 가지고 그들과 긴 세월 동안 함께 산 사람들이라면 보통 사람들에게는 들리지 않는 동물들의 목소리를 신뢰성 있게 기록할 수 있을 것이다. 개코원숭이의 경우 바버라 스머츠, 코끼리의 경우 조이스 풀과 신시아 모스Cynthia Moss, 고래의 경우 루크 렌델과 핼 화이트헤드, 문어의 경우 피터 고프리 스미스Peter Godfrey-Smith, 침팬지와 보노보의 경우 프란스 드 발, 돌고래의 경우 자넷 만Janet Mann과 토머스 화이트가 그 예다. 이상적으로라면 각 종에 대해서 그런 사람들의 그룹이 있어야 한다. 모든 개인은 실수를 할 수 있기 때문이다. 이런 "협력자"들과 경청자들은 해당 종 내에 있는 모든 다양한 개별 동물들에 대해서 알아야 하며 도입부에서 언급한 것과 같은 개별 동물에 대한 많은 이야기, 각 생물이 직면하고 있는 장애와 어떤 것이 유용한 것으로 입증되었는지에 대한 이야기를 들려줄 수 있어야 한다.

이런 목록의 기초가 되는 눈에 띄는 사례로 코끼리 에소그램Ethogram•이 있다. 조이스 풀과 동료 연구자들이 아프리카 사바나 코끼리를 대상으로 만든 이 놀라운 데이터베이스는 커뮤니케이션, 움직임, 모든 특징

• 어떤 동물의 행동 양태에 대한 상세한 그림 조사 기록

적 활동 등 코끼리의 삶의 형태(해당 종의)에 대해 지금까지 알려진 모든 지식을 통합하고 있다.[19] 에소그램을 연구한 코끼리의 친구들이라면 보호해야 할 가장 중심적이고 가장 중요한 역량을 제안할 수 있다.

내 아이디어는 많은 다양한 에소그램을 기반으로 하는 엄청난 수의 목록을 의미한다. 인간의 중심 역량 목록의 일반적 항목에 초점을 맞춘다면 거의 모든 사례에 대한 출발점으로 좋은 지침이 될 것이라고 생각한다. 사실상 중심 역량 목록은 나름의 목적을 추구하는 연약한 동물성의 공통 지형, 각 종이 그 나름의 방식으로 살아가는 공통의 지형을 포착하기 때문에 놀랄 일도 아니다. 모두가 **생명**을 위해, **건강**을 위해, 신체적 완전성을 위해, 그 종류의 생물 특유의 **감각, 상상력, 사고**를 사용할 기회를 위해 노력한다. 실천이성은 일견 너무 인간적이어서 좋은 지침이 될 수 있을까 하는 의심이 들지만, 사실은 그렇지 않다. 모든 생물은 선택과 계획의 주체가 될 기회, 자신의 삶이 어떻게 진행될지에 대한 핵심적인 선택을 할 기회를 원한다. 소속은 모든 동물에게 매우 중대한 문제이지만 그 유형에는 큰 차이가 있다. 모두가 주변의 자연계와 좋은 관계를 맺고자 하지만 여기에는 보통 다른 종의 구성원이 포함된다. 놀이와 **재미**는 인간에게 그리 기이한 것이 아니지만 연구자들은 동물 사교성의 핵심 측면이기도 하다는 것을 배우고 있다. 또한 모든 동물이 자신의 물질적, 사회적 환경에 일정한 유형의 통제를 추구한다. 지금의 나는 아직 생각해내지 못했지만 인간의 목록에서 빠진 동물의 삶에 적절한 다른 중요한 항목들이 있다면, 목록의 확장 가능성은 설득력 있게 제시되는 모든 항목에 대해서 언제나 열려 있을 것이다.

그런 목록이 의인관에 묶여 있다는, "우리와 너무나 비슷해서" 접근법의 오류 중 일부에 가깝다는 우려가 드는 사람이 있을지도 모르겠다.

이런 우려는 이해가 가지만 잘못된 생각이라는 것이 내 입장이다. 이 목록은 두드러지게 인간적인 것에 대해서 생각함으로써가 아니라 동물성에 대한 대단히 일반적인 조건을 생각함으로써 만들어졌다. 특정한 수준에서의 상당한 변형을 허용하되 일반적인 수준에서는 공통의 패턴을 발견할 수 있다고 주장할 수 있다. 그렇지만 둔감함이나 자기 특권적 인식은 항상 경계해야만 한다.

때때로 우리가 만드는 목록들에는 언뜻 보기에 동물의 삶에 중요치 않아 보이는 인간 목록의 세부 항목이 들어가게 될 것이다. "집회의 자유"와 "언론의 자유"를 생각해보라. 대부분의 동물원은 결사의 자유를 부정하는 수단이 아닌가? 언론의 자유에 대해서라면, 동물들은 그들이 필요로 하고 원하는 것을 나름의 방식으로, 종종 매우 정교하게 표현한다. 공식적인 미국 법하에서도 언론의 자유에는 종이에 적힌 단어만이 아닌 많은 형태의 표현 활동이 존재한다. 그렇다면 왜 이런 법적 범주가 동물이 이야기하는 방식을 포함하면 안 되는 것일까? 동물에게 법적 지위만 보장된다면 당연히 가능하다.[20] 그들이 말을 하지 않는 것이 아니라 보통은 우리가 귀를 기울이지 않는 것이다. 그러나 동물들의 불평이 무시될 때, 공장식 축산업의 환경에 대한 정보가 대중의 눈에서 체계적으로 차단될 때, 어그개그 법ag-gag*에 의해 고통받는 돼지와 닭의 인간 협력자들조차 그런 환경을 설명하지 못할 때라면 동물들에게는 말할 자유가 없다. 언론의 자유는 동물들과 밀접한 관련이 있고, 동물에게 있어 언론의 자유는 동물 권리 옹호자인 존 스튜어트 밀이 『자유론』에서 언론의 자유를 옹호하면서 제시한 정확히 그 이유들 때문에 중요하다. 즉

---

* 농업 시설을 비밀리에 혹은 허가받지 않은 상황에서 조사하지 못하게 하는 법

언론의 자유는 우리 사회를 더 낫게 만드는 데 필요한 정보를 제공하고, 무사안일주의와 자만에 도전하고, 인기 없는 입장(그러나 청문회를 거쳐야 마땅한, 아니 청문회가 꼭 필요한 입장)을 제시하기 때문에 중요하다.

"출판의 자유"와 "정치 참여"는 어떨까? 동물은 신문 기사를 쓰지 않는다. 하지만 인간이 모든 동물의 삶을 지배하는 이 세상에서 그들의 곤경에 대한 정보가 자유롭게 유통되는 것은 그들의 선에서 중대한 부분이다. 아마르티아 센은 『빈곤과 기근Poverty and Famines』에서 사람들이 정치적 행동을 취하게 자극하는 정보가 있어야 하기 때문에 언론의 자유가 인간의 기근을 피하는 데 필수적인 요소라고 주장했다.[21] 나는 센의 주장을 확장해서 동물이 현재 겪고 있는 심각한 곤경—서식지 상실, 육류 산업의 고문, 밀렵, 플라스틱으로 가득한 바다—에 대한 정확한 정보가 공개되어야만 끔찍한 동물의 고통을 막는 행동이 취해진다고 주장하고 싶다. 물론 기사, 책, 영화는 인간이 만들어야 한다. 하지만 인간이 기록하는 불만의 목소리, 인간이 보여주는 참기 힘든 상황은 그 당사자인 동물과 그들의 삶에서 중요하다.

정치 참여에서도 마찬가지다. 대부분의 동물은 해당 종의 집단 내에서는 충분히 정치적이지만, 인간이 지배하는 세상에서의 정치 참여에는 관심이 거의 없으며 선거, 집회, 공직에 대해서 알지 못한다. 그럼에도 불구하고 인간 정치에서 일어나는 일은 그들에게 대단히 중요하다. 인간이 지배하는 세상에서 정치는 해당 장소에 있는 거주자의 권리와 특권을 결정하며 복지, 거주지 등의 문제에 대한 중대한 결정을 내린다. 따라서 동물이 정치적 발언권을 갖는 것은 중요한 일이다. 나는 발언권이 법적 지위(소송의 고소인으로 법정에 설 수 있는 권리)와 일정 유형의 법적 대리를 의미한다고 생각한다. 현재 우리는 인지 장애가 있는 인간의 대리 진술을 허용한다. 따라서 이런 제안은 그렇게 놀라운 일이 아니다. 한 장소에 사는 생물은 그들이 사는 방식에 대한 발언권을 가져야 한다.

동물들에게 출판의 자유와 정치 참여가 중요한 것이 오로지 우리 인간이 세상을 지배하면서 동물에게 많은 문제를 일으켰기 때문인 것처럼 보일지도 모르겠다. 인간의 관여가 없는 세상은 목가적이고, 경이롭고, 평화롭고, 동물들에게 좋다고 여기는 사람이라면 이런 식으로 생각할 것이다. 10장에서 더 자세히 이야기하겠지만 나는 그렇게 생각지 않는다. 어떤 피해를 일으키는 간섭이 없다 해도, 기근, 홍수 기타 다른 형태의 기후 관련 재해가 있을 것이다. 따라서 나는 우리 인간의 나쁜 행동이 아니더라도 동물들의 곤경에 대한 소식이 외부로 전달되고 동물들이 그들이 사는 방식에 대한 발언권을 가져야 하는 강력한 이유가 있다고 생각한다.

하지만 목록의 구체적인 항목은 그 수준이 천차만별일 테고, 따라서 우리는 놀라움과 배움에 항상 열려 있는 태도를 가져야 한다. 각 종의 동물은 나름의 형태의 사회 조직을 갖고 있으며 감각 인식의 형태도 다르다. 애정을 갖고 공을 들여 연구를 해야만 무엇을 이야기해야 하는지 알 수 있을 것이다.

비옥화 기능, 부식성 약점

내가 구상하는 접근법은 각 유형의 동물의 삶에 특화된 것이기 때문에 그 요구도 다양하고 다차원적이다. 하지만 각 사례 내에서 혹은 여러 사례에 걸쳐서 특히 전반적으로 좋은 삶을 증진하는 비옥화 역량이 있는가 하면 유난히 해로운 역량 실패도 있다. 모든 동물에게 있어서 인간 멋대로의 폭력에 대한 종속은 작살 낚시에 대한 고래의 취약성, 밀렵에 대한 코끼리의 취약성, "임신 상자" 감금에 대한 돼지의 취약성, "주인"의 잔학 행위와 방치에 대한 개의 취약성 등 어떤 형태를 띠는지에 관계없이 부식성 약점이다. 또 다른 전면적인 부식성 약점은 환경 오염이다. 이는 대기이든 물이든 많은 종에게 치명적인 조건을 유발하며 그들의 서식지를 잃게 만든다. 이런 해악과 반대되는 잔인한 관행을 금지하고 환경 정화에 대한 헌신은 동물 전반의 역량을 향상시키는 비옥화 행위가 될 것이다.

종의 구성원은 개별적 존재다

지금까지는 동물 각 종의 목록에 대해 논의했다. 하지만 동물의 경우도 인간과 마찬가지로, 각 개별 생물을 목적으로 대우해야만 한다. 동물들은 수적으로만 개별적인 존재가 아니라(각각이 중요하다) 질적으로도 개별적인 존재다. 종의 구성원 각각은 서로 미묘하게 다르다. 반려동물과 사는 사람들은 그들의 성격과 취향이 대단히 저마다 다르며, 어떤 개나 고양이에게 좋은 것이 꼭 모두에게 좋은 것은 아님을 알 것이다. 우리와 살지 않는 동물의 경우에는 이런 다양성을 알아차리지 못하는 것이 보통이다. 하지만 해당 유형의 동물과 사는 사람들은 이런 차이를 인식하고 강조한다. 개코원숭이는 개코원숭이 사회의, 코끼리는 코끼리 사회의 일원이지만 각자는 그 세상을 사는 특유의 방법을 지니고 있다. 지금까지 주의 깊게 연구했던 모든 유형의 동물이 그랬다.[22] 생물학자들에게 종이라는 개념은 너무 개략적이다. 그들이 다루는 것은 개별 생물들로 구성된 개체군이다.

각 개체가 서로 별개이고(다른 누구의 삶이 아닌 그만의 삶이 있다) 다른 개체와 질적으로 다르다면, 종의 삶의 형태를 중심으로 목록을 만드는 것이 실수는 아닐까? 그것이 각 동물의 고유성을 부정하는 일은 아닐까? 각 돌고래에 대해 별개의 스토리와 목록을 만드는 대신 "돌고래"나 "돌고래의 삶의 형태"라고 말하는 것은 너무 둔감한 처사가 아닐까? 아니, 더 나아가서 지나친 객관화가 아닐까? 아일랜드 딩글 베이에서 사랑을 받다가 2020년 10월 사라져 많은 사람의 걱정을 산 펑기Fungie를 예로 들어보자.[23] 딩글만 주민들은 수십 년에 걸쳐서 이 돌고래가 특이하게 무리와 떨어져 지내고 인간에게 이상할 정도로 사교적인 성향이라는 것을 알게 되었다. 이 경우 종에 기반한 접근법은 펑기의 고유성을 덮게 되지 않을까?

그럼 바산티에 대해서 다시 생각해보자. 역량 접근법을 만든 사람들은 그의 독특한 이야기를 통해서 삶의 질과 정치적 정의에 대한 일반적인 접근법, 즉 인간 삶의 형태에 적합해 보이고 각국과 각 지역의 배경에 따른 수정으로 법제화시킬 수 있는 일련의 인적 권리를 찾았다. 많은 특수한 상황을 아는 것은 일반적인 것, 일련의 헌법적 권리를 구축하는 데 도움이 된다.

이것이 실제 삶의 특수성을 부당하게 일반화하는 것은 아닐까? 그를 자료로 사용해서 헌법적 권리의 목록을 만든다는 것이 바산티라는 특정 여성에게 부당하거나 실례가 되는 일은 아닐까? 그렇지 않다. 거기에는 세 가지 이유가 있다. 첫째, 그 목록은 의무적인 기능이 아니라 역량의 목록이다. 그것이 만드는 기회는 서로 다른 사람들이 서로 다른 방식으로 사용할 수 있다. 그 사람이 사용하기를 원치 않는다면 전혀 사용하지 않을 수도 있다. 역량은 자격, 일종의 권리다.[24] 사람들은 인간의 권리가 모든 인간을 일률적인 모형으로 전락시킨다고 생각지 않는 것이 보통이다. 권리는 다양한 개인이 자유롭게 선택할 수 있는 공간이다.

둘째, 권리의 법적 해석 절차에서는 개별 소송 당사자가 독특한 요소들로 이루어진 자신의 이야기를 들려준다. 권리 장전의 법적 해석에 대한 모든 기록은 개인이 일반 조항의 한계를 시험하고 새로운 결정이 모두에 대한 일반 조항을 더 구체화시키는 과정에서 개별적인 것과 일반적인 것 사이를 끊임없이 오가게 된다는 것을 보여준다. 셋째, 목록이 개인이 절실히 추구하는 것에 대해 일반적인 기회의 수준에서조차 여지를 마련해주고 있지 않은 경우, 언제든 자격의 목록을 변경할 수 있다.

나는 모든 종류의 동물에 대해서도 마찬가지라고 생각한다. 우리는 특정 종(앞서 언급했듯이, "종"은 형이상학적 실체가 아니라 다양한 개체군에 공통적인 것을 말하는 대략적인 용어다)에 속하는 공동체를 연구한다. 우리는 목록을 만든다. 이후 질적으로 서로 다른 종 구성원들은 각자 나름의 방식으로 그 자격(권리)들을 이용할 수 있다. 평기는 다른 모든 돌고래와 다르다. 하지만 일반적으로 돌고래를 보호하는 역량들은 평기 역시 보호할 것이고 평기는 자기만의 방식으로 그 역량들을 사용할 수 있다. 평기는 원하지 않는다면 큰 무리와 어울릴 필요가 없다. 그는 해안을 돌아다닐 완벽한 자유를 누린다. 언젠가 더 큰 무리를 찾아 떠나기로 결정한다면 그 선택 또한 보호받는다. (그에게 일어났을 수 있는 일 중 하나다. 비교적 나이가 많다는 것을 고려하면 죽었을 가능성도 있다. 2021년의 목격은 그를 아끼는 사람들에게 희망을 주었다.) 이 접근법은 이런 식으로 개별 생물을 존중한다. 그들이 각자의 방식으로 번영을 추구하도록 보호받는 공간을 만드는 것이다. 목록은 향후의 법적 구체화를 통해서 개선될 것이다. 그 유형의 동물과 함께 살고 그들을 아끼는 사람들이 그 목록이 불완전하고 잘못되었다고 이의를 제기한다면, 목록은 언제든 바뀔 수 있다.

선의 일부는 종간 관계일 수 있다

인간 역량 목록에는 "다른 동물 및 자연계와의 관계"라는 항목이 포함되어 있다. 달리 말해 좋은 사회는 좋은 종간 관계가 가능한 곳이어야 한다. 평소의 삶이 같은 종과의 생활에서 거의 벗어나지 않는 동물들이 있다. 돌고래와 코끼리는 다른 종과의 견실한 관계가 그들의 선에서 결정적인 요소가 아닌 것처럼 보인다(그렇다고 적절한 조건에서 종의 장벽을 뛰어넘는 우정이 생기지 않는다는 말은 아니다). 하지만 삶의 형태가 종의 장벽을 훨씬 쉽게 넘나드는 종도 있다. 개, 고양이, 많은 말, 농장 동물들이 그렇다. 이런 동물들은 서로 간의 관계를 발전시키며 인간과의 관계도 추구하고 필요로 하는 것으로 보인다. 9장에서는 이 문제를 중점적으로 다룰 것이다. 따라서 이 점이 각 유형 생물을 목록으로 만들 때 필요 요소로 포함되어야 한다. 종의 규범에 의지한다는 것이 그 생물을 종 안에 가두는 것은 아니다. 이런 관계들은 시간이 흐르면서 더 발전하고 목록도 이를 반영해 변화할 수 있다.

● 네 가지 견해의 비교

역량 접근법은 어떤 종류의 "사다리"로도 종의 순위를 매기지 않으며 우리와의 유사성에 가산점을 주지 않는다. 그 대신 경이와 호기심을 따르며 동물이 번영을 추구하는 다양하고 특이한 방식을 발견한다. 역량 접근법은 동물이 이동하고 살아가는 방식에서 공통점을 본다. 모든 동물은 감각 인식이 가능하며, 모두가 환경에 대한 정보를 전달하는 능력을 가지고 있고, 모두가 스스로 영양을 공급하고, 번식하고, 다양한 방식으로 사회 작용을 한다. 역량 접근법은 "우리와 너무 비슷해서" 접근법과 달리 인간적인 유형의 언어(수화)를 사용해서 소통하는 생물의 능력을 강조하지 않는다. 대신 역량 접근법은 생물들이 실제로 소통하는 여러 가지 방식을 연구한다. 이런 방식 중 다른 것보다 "언어와 유사"한 것도 있겠지만, 한결같은 공통점은 모두가 특정 생물의 상황, 신체, 삶의 형태에 적합하다는 것이다. 고래가 인간의 언어를 사용하면 더 나으리라는 것은 정말 이상한 생각이다. 고래의 생리, 환경, 욕구는 인간의 그것과 완전히 다르다. 실제로 어떤 유형의 커뮤니케이션이 있는지 확인하는 것이 훨씬 더 흥미로울 것이다.

당연히 역량 접근법은 쾌고감수능력이 있는 모든 생물에 대한 가장 큰 해악, 고통에 깊은 관심을 갖고 있다. 하지만 고통 이외에도 나쁜 일이 존재한다. 생물은 자유로운 이동, 종에게 정상적인 사회, 편안한 방식으로 놀고 자신의 능력을 이용할 기회를 빼앗길 수 있다. 이런 모든 일은 신체적 고통 없이도 가능하다. 벤담을 따르지 않고 역량의 측면에서 본다면, 바산티의 인간으로서의 삶에서와 같이 동물 삶에서 여러 축의 박탈을 발견할 수 있다. 역량 접근법은 동물을 쾌락과 고통의 그릇이 아닌 주체로 대하며 그런 방식으로 동물을 존중한다.

역량 접근법은 많은 면에서 코스가드의 칸트주의 견해에 가깝다. 역량 접근법은 모든 동물이 존엄성을 존중받아 마땅하며, 어떤 유형의 생물이 다른 유형의 생물보다 중요하다고 순위를 매길 수 없고, 각 생물은 나름의 방식으로 번영을 시도할 자격이 있다고 주장한다. 역량 접근법은 동물을 주체로, 기꺼이 귀를 기울이는 이들에게 자신의 욕구를 소통시키는 "수동적"인 시민이 아닌 잠재적인 능동적 시민으로 본다. 또한 역량 접근법은 자연에는 본능을 따르는 것과 윤리적으로 굴절된 선택 사이의 코스가드식 엄격한 구분이 없다고 주장한다. 많은(대부분은 아니더라도) 동물이 문화를 갖고 있으며 때로는 본능을 따르지만, 때로는 학습된 행동을 따르고 나름의 선택을 하는 문화를 따른다. 또한 윤리적 능력은 본질적으로 불연속적이지 않다. 많은 유형의 생물들이 행동 규칙, 종종 대단히 이타적인 규칙을 따르며 이런 규칙을 새끼에게 가르친다. 인간의 규칙들은 더 정교하고 더 철학적일지 몰라도 종류에 있어서 전혀 다른 것은 아니며 동물의 규칙과 마찬가지로 인간 삶의 배경에 맞게 진화해왔다. 개, 코끼리, 치타, 기타 많은 동물이 자신보다 다른 동물의 선을 우선하는 선택을 하며 이것은 단지 본능이 아니라 부분적으로 문화다. 나는 코스가드의 책을 매우 훌륭하다고 생각하며 우리 두 사람은 많은 분야에서 협력하고 있지만, 그럼에도 불구하고 나는 역량 접근법이 우리 세계와 그 안에 있는 동물들, 뿐만 아니라 우리 자신의 동물성에 더 적절하다고 본다. 또한 역량 접근법은 정치적 원칙을 비형이상학적 방식으로 만듦으로써 다원성과 차이를 더 존중한다는 것을 보여준다.

나는 역량 접근법이 다른 세 가지 견해보다 우리 세계에 더 적합하다고 생각하지만, 인간-동물 관계에 존재하는 최악의 관행들에 반대한다는 면에서는 네 가지 견해 모두가 수렴한다는 것을 아는 것이 중요하다. 스티븐 와이즈는 공장식 축산에 대해 언급하지 않고 포획된 영장류와 코끼리에 대한 잔인한 처우만으로 자신의 노력을 한정하지만, 적절한 시기에 다른 종으로의 확대를 감안해 의도적으로 문을 열어두었다.[25] 나는 그의 실제적인 법적 노력을 기꺼이 지지한다. 공리주의자들은 공장식 축산, 실험실 동물의 고문, 피터 싱어의『동물해방』에 기록된 모든 수모를 강하게 비판해왔다. 싱어와 나는 철학적으로는 다른 입장이지만 정치적으로는 동맹이다. 코스가드의 경우에도 마찬가지다. 윤리적인 구체적 논거에서는 많은 차이가 있지만 그의 견해와 나의 견해는 실질적인 면에서 같다. 이런 수렴이 의미하는 바는 정치 원칙에 관한 한 우리가 다양한 견해의 "중첩적 합의"를 향한 방향으로 잘 진행하고 있다는 것이다. 나는 역량 접근법이 정치 원칙의 가장 좋은 근원이라고 생각하지만 다른 이론들도 적절한 시기에 이를 자기 것으로 받아들여 자기 견해의 수정된 버전으로 발전시킬 수 있을 것이다.

● 절멸 위기에 처한 개별 동물과 절멸 위기에 처한 종

역량 접근법은 개별 동물에 집중하고 인간이든 비인간이든 개별 동물을 문제의 초점으로 삼는다. 이를 뒷받침하는 일반적인 개념은 어떤 개별 동물이나 집단도 다른 존재의 재산이나 다른 존재의 목적을 위한 수단으로 사용해서는 안 된다는 것이다. 개별 동물은 목적이다.

그렇다면 종은 어떨까? 오늘날 우리가 보는 동물 보호법은 절멸 위기에 처한 종을 보호하는 법이다. 그렇다면 역량 접근법은 절멸 위기에 처한 종의 보호를 지지하는가? 그에 대한 답은 간단치가 않다.

우선, 앞서 이야기했듯이, 종species이라는 개념 자체에 문제가 있다.[26] 자연의 경계는 과거 많은 생물학자들이 생각했었던 것만큼 엄격하지도 빠르지도 않다. 지금의 과학자들은 대개 "개체군populations"이라는 보다 느슨한 개념을 사용한다. 교배 가능성도 종의 경계를 정하는 명확한 기준은 아니다. 하지만 종이라는 전통적인 개념은 이를테면 대략적인 것으로, 그 한계를 기억해둔다면 유용하기는 할 것이다.

그러나 종의 기본적인 개념을 유지한다면 여전히 종에는 선이 없다고 주장해야 할 것이다. 종의 개별 구성원에게는 인지된 선이 있고, 그들은 그 선을 취하려 한다. 그리고 그들은 목적으로 대우해야 한다. 개별 생물을 종의 번영을 위한 수단으로 취급하는 것은 다른 생물의 목적을 위한 수단으로 취급하는 것만큼 잘못이다. 종 자체는 세상에 대한 관점을 갖지 않는다. 느끼지도, 고통받지도, 지각하지도 못한다. "돌고래 종"은 플라스틱을 삼켜도 죽지 않고, "코끼리 종"은 밀렵꾼의 총에 죽음을 당하지 않는다. 고통받고 죽는 것은 개별 고래와 개별 코끼리다. 요술 지팡이를 휘둘러 종이 갑자기 절멸하게 되더라도 고통받는 개별 생물은 없고 쾌고감수능력이 있는 존재가 부당한 일을 당하지도 않는다. 이런 관찰은 종의 보호에 과학적 혹은 미학적 가치가 있을지언정 정치적 정의라는 측면에서 목적으로 간주되지는 않는다는 것을 보여준다.

그렇지만 종의 보호는 그 자체가 목적인 개별 생물에게 큰 도구적 가치가 있다. 생물다양성은 보통 생물들에게 선이며, 10장에서 이야기할 것처럼 자연이 사랑스런 조화를 이루고 있는 시스템이라는 것까지는 근거 없는 믿음일지라도, 우리는 종(쾌고감수능력이 없는 생물조차)의 실종이 다양한 목적(식량, 수분受粉 보조, 위험한 기생충 퇴치, 다양하고 건전한 서식지를 지키는 관리자로서)으로 그 종을 필요로 하는 쾌고감수능력이 있는 많은 생물에게 해를 끼칠 수 있다는 것을 알고 있다. 그런데도 우리는 보통 상호 관계에 너무 무지한 나머지 "종은 남아 있는 개별 생물에 해를 끼치지 않고 사라질 수 있다"라는 말을 할 정도다. 더구나 생물의 새끼가 근친교배의 질환으로부터 고통받지 않으려면 해당 종의 유전자 풀 내에 다양성이 존재해야 한다.

뿐만 아니라, 종이 절멸하는 방식에는 남은 구성원 다수의 큰 고통이 포함된다. 북극의 얼음이 녹으면서 부빙에 갇혀 짝을 짓거나 먹이를 찾는 것이 불가능해진 북극곰을 생각해보라. 밀렵꾼에 위협을 당하고,

엄니 때문에 도륙당하는 무리 구성원을 지켜봐야 하는 멸종 위기의 코끼리와 코뿔소를 생각해보라. 살아남은 개체들은 정신적 충격 속에서 살아가야 하고, 그 와중에 서식지 소실로 기아의 위협을 받는다. 대양에 점점 늘어나는 플라스틱 쓰레기가 배에 가득 차서 해변에 밀려와 마지막 숨을 쉬는 고래(많은 종이 절멸 위기에 있는)를 생각해보라. 보다 일반적으로는 서식지 손실(대부분 지구 온난화로 인한)과 서식지 훼손(예를 들어 플라스틱으로 인한 대양 훼손)이 우리 세계 종 절멸의 주요한 메커니즘이며, 그들은 보통 개별 동물들에게 엄청난 고통을 가한다. 개별 생물의 삶에 관심을 가진다면 이런 종 파괴 방식에 맞설 강력한 이유를 갖게 될 것이다.

마지막으로 섬처럼 고립적으로 살 수 있는 생물은 없다. 생물의 선은 예외 없이 다른 생물과 함께 하는, 혹은 다른 생물을 향한 일종의 사회적 선이다.[27] 보통의 사회생활에 다른 생물보다 더 큰 집단을 필요로 하는 생물도 있다. 돌고래는 대부분의 새보다 더 사회적이다. 그러나 사회성이 낮은 생물들(평생 하나의 짝과 관계를 이어가고 다른 새들과는 거의 상호작용을 하지 않는 새들)조차 개체군이 근친교배로 인한 결함을 겪지 않을 만큼 충분히 큰 번식 공동체의 존재에 의지한다. 앵무새조차도 개별 생물의 선을 위해서는 주변 종 공동체의 건강과 다양성을 필요로 하며, 어떤 경우에는 종간 공동체도 필요로 한다.

요약하면, 우리 노력의 목적이자 정의 이론의 중심 관심사는 개별 생물이다. 그러나 종은 개별 생물의 삶에 결정적인 역할을 하기 때문에, 우리에게는 많은 종이 현재 직면하고 있는 위험에 대해 큰 관심을 기울여야 할 충분한 이유가 있다.

● 권리의 기초에 대한 견해

역량 접근법은 중심 역량의 달성을 정치적 정의의 의무로 삼음으로써 동물이 다양한 삶의 형태에서 중심이 되는 역량을 합리적인 기준까지, 그리고 다른 생물의 합리적 주장에 의해 제한되는 방식으로(7장에서 명확하게 설명하겠지만 이런 제한에는 정당방위 원칙이 포함된다) 지원할 권리를 갖고 있다고 주장한다. 이 권리들은 개별 동물의 존엄성에 내재된 권리다. 이런 권리들을 충족시켜야 한다. 우리가 서로에게 살고, 말하고, 건강을 누릴 기회 등을 요구하는 것처럼 동물들도 마찬가지다. 다만 권리는 원칙적으로 법에 의해 강제될 수 있을 때에만 실재하는 권리가 된다. 지금 세계 역사에서는 인간이 입법자이자 집행자이긴 하지만, 인간이 인간의 권리만을 집행하고 쾌고감수능력이 있는 다른 존재의 권리를 집행하지 말아야 할 이유는 없다.

그러나 독자들은 역량 접근법이 흥미롭다거나 목표와 포부를 규정하는 데 있어서 중요하다고 느끼면서도 동물이 정말로 역량 목록에 있는 항목들에 대한 **권리**를 지니고 있다는 점과 그런 권리의 부재가 **불의**와 **권리침해**의 징표라는 점은 아직 납득하지 못했을 수 있다. 따라서 이 부분에 대해서 더 자세한 이야기가 필요할 것이다.

우리 과제의 일부는 의무에 대해서 잘 생각하는 것이다. 권리는 보통 의무과 연관된 것으로 여긴다. 그럼, 모든 동물이 일련의 권리를 갖고 있다면 관련된 의무는 누구에게 있을까? 사람들이 동물의 권리를 부정하는 것은 이 질문에 대한 타당한 답을 찾지 못했기 때문이다. 문제는 거기에서 끝나지 않는다. 권리는 의무뿐만 아니라 법과도 관계가 있다. 권리는 코스가드가 설득력 있게 주장했듯이(칸트에 의지해서) 그리고

나 자신도 믿듯이 개념적으로 법과 연관된다. 따라서 생물이 어떤 권리가 있다고 말하는 것은 그 자격을 보호하는 법이 있어야 한다고 말하는 것이기도 하다. 하지만 사람들은 동물의 자격을 보호하는 법이라는 아이디어 자체가 터무니없이 공상적이라고 생각할 것이다. 그런 사람들은 동물이 권리를 갖고 있다는 생각에 저항할 것이다. 우리는 그들에게 어떤 말을 할 수 있을까? 이런 권리의 정당성을 입증할, 법을 이용해 그렇게 할 의무는 누구에게 있는 것일까?

칸트가(코스가드가 확장한) 그에 대한 정확한 답을 내놓는다. 동물의 권리는 "불완전한 권리"라고 말이다. 이는 특정한 사람이나 동물에 대한 권리가 아니라 모든 인간에 대한, 집단행동이 가능한 것으로 여겨지는 인류에 대한 권리라는 의미다.²⁸ (10장에서 어떤 동물이 먹히지 않을 권리와 같은 다른 동물에 대한 권리, 정의로운 사회에서는 어떻게든 집행되어야만 하는 권리를 가지는지 생각해볼 것이다.) 불완전한 권리는 부당한 대우에 대한 개별적 생물의 권리이며, 아직은 효과적인 행동을 조직하는 방법이 확실치 않다. 그런 경우, 개인으로서 우리가 가장 시급하게 해야 할 일은 모든 권리가 보호되는 방식으로 집단을 조직하기 위해 노력하는 것이다.

그런데 도대체 왜 동물에게 권리가 있다는 것을 인정해야 하는 것일까? 대부분의 윤리적 견해는 훨씬 강도가 낮은 제안을 한다. 동물을 연민이나 은혜에서 비롯된 인도적인 태도로 대해야 한다는 식으로 말이다. 하지만 그것으로는 충분치 않다. 쾌고감수능력이 있는 개별 생물이 부당한 대우를 받을 때마다 불의가 행해지고 있다. 역량 접근법은 존엄한 동물, 스스로 법과 제도로부터의 상응하는 보호를 요구하는 동물이라는 매력적인 그림 위에 살을 붙인다. 그렇다면 이 권리의 근거를 더 정확하게 설명하는 것은 가능한가? 그럴 수 없다면 역량 접근법은 많은 독자들에게 매력적인 이상이되, 우리가 해야 할 일에 직접적인 영향력이 없는 이상으로 보일 것이다.

여기에서 코스가드의 칸트주의가 도움을 준다. 칸트는 인간에게 권리란 지배에 대항하는 방벽이라고 믿었다. 우리 모두는 세상, 다른 사람의 지배에 극히 취약한 세상 속에 있다. 권리(법적으로 집행 가능한 윤리적 권리로 이해되는)가 없다면 우리는 다른 사람의 지배로 인해 욕구를 충족시킬 자원을 사용하는 데 끊임없는 위협을 당할 것이다. 우리 권리의 기반에는 대단히 간단한 아이디어가 있다. 모든 인간은 지금의 자리에 있을 권리가 있다. 어떤 것을 소유하거나 사용하기 이전에, 우리는 지금 있는 이곳에 있을 권리를 가진다. 따라서 어떤 것이 일부가 살 수 없는 방식으로 분배된다면 불의가 존재하는 것이다. 칸트는 이런 방식으로 재산권만이 아니라 민주적 참여의 권리, 세상에서 일어나는 일에 대한 통제권에서 한몫을 가져야 하는 권리의 근거를 제시한다.

세상에 던져진, 품위 있는 삶을 살기 위해 지배를 피해야 하는 쾌고 감수능력이 있는 생물은 인간만이 아니다. 칸트는 동물이 단순히 재산이라고 생각했고, 그의 논거는 인간에게 동물을 이용할 자격을 주었다. 하지만 코스가드는 이에 반대한다. 다른 동물도 우리와 같은 상황에 있다. 세상에 던져져 살기 위해 노력하고 있고 지배에 취약하다. 현재 모든 다른 동물들은 인간의 지배를 받고 있다. 칸트의 논거에 따르면 이것은 불의로 보인다. 다른 동물 역시 그들이 있는 곳에 있을 권리를 가져야 하고 우리와 마찬가지로 일어나는 일에 대한 지분이 있다. 그들은 자신만의 목적을 갖고 있으며 불의가 아니고서는 우리의 지배를 받을 수 없다.[29]

지금 있는 곳에 있을 권리라는 이 직관적인 아이디어는 이미 일부 우리의 법과 제도에서 인정받고 있다. 법학자 카렌 브래드쇼Karen Bradshaw는 최근의 책 『재산 소유자인 야생동물: 동물 권리의 새로운 개념Wildlife as Property Owners: A New Conception of Animal Rights』에서[30] 법이 이미 서식지와 일부 유형의 재산에 대해 동물에게 권리를 부여하는 여러 가지 방식에 대해 논의한다. 물론 동물과 관련된 우리의 모든 법이 그렇듯이 이런 법들도 단편적이고 불완전하다. 하지만 그들은 동물과 "야생"에서 사는 사람들이 공식적인 표현은 없지만 칸트의 논거에 민감하다는 것을 보여준다. 이 동물들은 그곳에 있고, 그곳에 있을 권리가 있으며, 우리는 그들을 내쫓을 권리가 없다.

이것은 법이 실체를 부여할 수 있고, 해야 하는 아이디어다(12장에서 이에 대해 상술할 것이다). 이런 이종 간 법 개념은 인간에게는 의무만을 주고 동물에게는 권리만을 주는 일방적인 것이 아니다. 동물 역시 법적 의무를 지며 그들의 권리에는 다양한 종들이 세상에서 함께 살아갈 수 있도록 법적 한계가 있을 수 있다. 9장에서 자세히 논의하겠지만 반려동물의 경우에는 이런 생각이 친숙하다. 반려동물은 사람이나 다른 동물에 특정한 방식으로 해를 입히는 것이 금지된다. 보통 "소유자"에게 "그"의 개가 아이를 물지 못하게 하고, "그"의 고양이가 이웃의 새를 잡아먹지 못하게 할 의무가 있는 것으로 본다. 하지만 이런 의무와 해당되는 동물의 의무는 협력과 교육을 통해 행사되어야 하는 것으로 어렵지 않게 수정할 수 있다. 비슷하게, 어린이와 심각한 인지 장애가 있는 사람들의 법적 의무는 "협력자"라는 기관을 통해 행사되지만 실제로는 그들의 것이다.

● 새로운 접근 방식의 적용

역량 접근법은 목적지를 보여주되 거기에 어떻게 도달하는지는 말해주지 않는다. 나는 그것이 세상의 동물을 위한 가상 헌법과 같다고 생각한다. 동물이 시민인 국가는 없지만 그들은 시민, 불이행이 불의인 권리를 가진 시민으로 보아야 한다. 우리는 동물 정의를 위한 정치적 여정의 시작에 있을 뿐이고, 따라서 더 나은 국제조약과 합의, 더 나은 각국의 법, 많은 주와 지방법의 개선을 향한 노력 등 역량 접근법이라는 아이디어의 실행은 느리고 단편적일 수밖에 없다. 가까운 미래까지는 갈피를 잡지 못하고 조절이 잘 되지 않는 상태를 유지할 것이다. 12장에서는 이런 단편적인 노력에 대해 더 자세히 알아볼 것이다.

하지만 여기에서 실제적, 법적 측면에서 우리가 어디로 향하고 있는지 잠깐 맛보는 것도 유용할 것이다. 그런 예 중 하나는 우리의 논의를 한층 더 진전시키는 데 도움을 줄 것이다. 법에서의 새로운 시대를 예고하는 반가운 조짐이 2016년 미국 제9 순회항소법원이 내놓은 이례적인 의견의 형태로 나타났다. **천연자원보호협의회**Natural Resources Defense Council, Inc. **대 프리츠커**Pritzker **사건에서**[31] 제9 순회항소법원은 미국 해군이 고래의 행동에 영향을 주는 음파 탐지 프로그램을 계속하려 하는 것이 법을 위반한 것이라고 판시했다.[32] 이 의견은 해양포유류보호법Marine Mammal Protection Act, MMPA에 대한 법 기술적 해석이다.[33] 법원은 프로그램이 해양 포유류에 "무시해도 될 영향"을 미친다는 사실은 별도의 법적 요건, 즉 해양 포유류 종에 대한 "실행 가능한 악영향이 최소인" 수단을 강구해야 한다는 요건을 면제하는 것이 아니라고 말했다.[34] 중요하고 놀라운 것은 이 논거가 음파 탐지 프로그램이 방해하는 고래의 역량에 대한 고려에 주로 의지했다는 점이다.

180dB 이하의 노출에서 오는 효과는 자연스런 행동 패턴에 대한 단기적인 중단이나 포기를 유발할 수 있다. 이런 행동 중단의 영향을 받은 해양 포유류는 서로 간의 의사소통을 멈추고, 소리가 들리는 지역에서 도망치거나 피하고, 먹이를 찾는 일을 중단하고, 새끼와 헤어지고, 짝짓기를 멈출 수 있다. 또한 LFA 수중 음파 탐지기는 해양 포유류의 스트레스 반응을 증가시킬 수 있다. 그런 행동 방해로 해양 포유류는 이주 지연, 번식 지연, 성장 감소, 에너지 저장량 감소와 같은 절충을 강요당할 수 있다.[35]

이 의견은 고래에 법적 지위(법원에 소를 제기할 자격, 이 개념에 대해서 12장에서 상세히 논의할 것이다)를 주지 않는다. 이 프로그램이 허용되지 않는다는 명확한 결과에 도달하는 데에는 그런 급진적인 법적 조치가 필요치 않다. 고래는 법적 지위가 없기 때문에 인간 입법자들이 만든 해양포유류보호법MMPA으로 보호를 받는 행운에 기대야 했다.

또한 윤리적으로 굴절된 경이에 의존해야만 했다. 고통은 없되 고래의 삶의 형태에 영향을 주는 일련의 장애를 진지하게 받아들이면서 상상력을 동원해 법을 해석하는 판사들에게 의존해야 했던 것이다. 고래 관찰이 흔한 취미인 워싱턴주에서 오랫동안 살았던 로널드 굴드Ronald Gould 판사는 그가 쓴(3인 재판부 만장일치로) 의견에서 특유의 삶의 활동 형태를 방해하는 것은 고통이 없을지라도 "불리 효과adverse impact"라는 결론을 내렸다.[36] 나는 이 판사가 고래를 진정한 호기심과 경이로 보는 사람일 것이라고 생각한다. 하지만 그가 정말 고래를 관찰했든 아니든 그 의견은 미국 해안 지역, 특히 시애틀 지역에서 점점 많이 발견되는 유형의 윤리적이고 창의적인 조율을 보여준다. 그 의견은 고래를 감정적인 안녕, 관계, 자유로운 이동을 비롯한 능동적인 삶의 형태를 지닌 복합적인 존재로 본다. 간단히 말해, 종 특유의 다양한 형태의 주체성을 지닌 존재로 보는 것이다. 이 의견은 벤담을 훨씬 넘어서고 "우리와 너무 비슷해서" 접근법을 피해 간다. 칸트처럼 고래를 단순한 "수동적 시민"으로 보지도 않는다. 그것은 동물 복지를 위한, 동물 정의를 위한 법에서 새 시대를 알리는 전조다.

6장

쾌고감수능력과 목적 추구

적용 범위

그렇게 동물은 움직이고 행동하기 시작한다. 그들의 움직임의 가장 직접
적인 원인은 욕망이다. 이는 인식을 통해 혹은 상상과 사고를 통해 생긴
다.[1]

– 아리스토텔레스, 『동물의 움직임에 관하여』

지금까지 쾌고감수능력이 있는 동물의 삶의 형태에 기반을 둔 역량
접근법이 실제에 어떻게 적용되는지 살펴봤다. 역량 접근법은 기초 정
의 이론으로서 고통만이 아니라 각 유형의 생물이 달성을 목표로 하는
다양한 목적(한 종 내에서도 개별적인 다양성과 선택의 폭이 넓다)에 초점을
맞춰 중심적인 영역에서 그들의 노력을 지원하는 것을 지향한다.

그런데 무엇이 쾌고감수능력이 있는 생물인가? 이들은 내 이론에서
정당한 처우를 받을 자격이 있다고 보는 생물들이다. 역량 접근법은 정
의에 대한 최소 이론으로 지역, 국가, 세계적 법 제정의 다양한 노력을
안내하는 이상적인 "가상 헌법"의 역할을 할 수 있다. 불의를 쾌고감수
능력이 있는 동물 특유의 삶-활동을 부당하게 방해하는 것으로 이해하

는 나는 최소한의 정의를 동물의 중심 역량을 합리적인 기준까지 보호하는 것으로 본다.

하지만 목적으로 대우해야 하는 생물은 어떤 생물인가? 정의와 불의에 대한 나의 이해를 고려하면, 이는 결국 "어떤 생물이 상당한 노력을 할 수 있는가? 노력에 대한 피해는 물론 부당한 좌절까지 경험할 수 있는 생물은 어떤 생물인가?"라는 질문으로 요약된다. 역량 접근법 자체가 "상당한 노력"에 집중함으로써 이 질문에 대한 답을 제공하기는 하지만, 이번에는 이 이론이 어떤 이야기를 하는지 구체적으로 알아보기로 하자.

역량 접근법에서 논의하는 생물, 이 이론이 우리에게 보호를 요구하는 "상당한 노력"을 하는 생물은 인식과 욕망이 가능해야 하며 그 조합에 대한 반응으로 움직일 수 있어야 한다. 인식에서 내가 뜻하는 것은(실제적으로 표현하기는 어렵지만) 인과적 충돌이 아니라 진정한 방향성, 철학자들이 의도성이라고 부르는 방식으로 세상의 사물에 집중할 수 있는 능력이다. 이 생물들에게 세상은 무언가처럼 보인다. 그들은 일종의 주관적인 경험을 한다. 욕망의 경우에도 비슷하다. 우리가 말하는 생물들은 단순히 기계적으로 해악을 피하거나 음식을 찾아 움직이는 것이 아니다. 그들은 선으로 보이는 것에 끌리고 악으로 보이는 것에 대한 반감을 느낀다. 이것이 그들의 노력을 상당하게 만든다. 그들은 단순한 오토마톤이 아니다.

달리 말해 그들은 쾌고감수능력이라고 알려진 포착하기 어려운 속성을 가지고 있다. 세상은 그들에게 무언가처럼 보이며 그들은 보이는 것에 따라 선을 위해 노력한다. 때로 쾌고감수능력은 고통을 느끼는 능력으로 격하된다. 하지만 쾌고감수능력은 훨씬 더 넓은 개념, 세상에 대한 주관적 관점을 포괄하는 개념이다. 문제의 동물에게 쾌고감수능력이 있다는 것을 보일 방법을 두고 난해한 과학적 논쟁(보통 다소 편협하게 고통에만 집중하는)으로 들어가기 전에 쾌고감수능력이라는 개념을 이렇게 넓혀놓는 것이 도움이 될 것이다. 내가 말하고자 하는 것은 불의라는 핵심적인 개념이 상당한 노력을 할 수 있는 생물에게만 적용되며, 그것은 고통과 쾌락을 느끼는 것만이 아닌 지각 인식과 (대부분의 경우) 그 동물의 견해에 따라 사물을 향해 움직이거나 사물로부터 멀어지는 능력을 포함한다는 점이다. 여기에는 욕망뿐 아니라 감정도 포함되는 경우가 많다. 감정은 생물이 자신의 가장 중요한 목표와 사업이 어떻게 진행되고 있는가에 대한 소식을 받아들이는 방식으로 진화되었기 때문이다.

여러 놀라운 연구와 힘겨운 과학적 논쟁을 거친 현재에 와서는 많은 과학자가 대부분의 동물(모든 포유류, 모든 조류, 경골어류)이 그런 생물이라는 데 의견을 같이하고 있다. 다른 경우들(곤충, 갑각류, 두족류, 연골어류)은 좀 더 모호하다. 식물도 있다. 일부 학자는 식물 역시 정의의 범주에 넣기를 원한다. 나는 이런 논란들을 제시할 것이다. 하지만 중요한 것은 이론이다. 계속 새로운 발견이 이어지는 상황에서라면, 이론을 틀로써 가지고 있는 편이 분류의 변경과 재편성에도 용이할 것이다.

내가 내리는 결론은 어떤 의미에서 신아리스토텔레스주의적이다. 즉 동물은 인식/상상/사고와 여러 종류의 감정의 도움을 받아 특유의 목적을 추구하는 복잡한 생물이다. 이 모든 능력은 전혀 근거 없는 믿음이 아니다. 그들은 진화적/설명적 가치가 있다.

이 장에 있는 모든 내용은 윤리적 직관의 적용과 관련해 논쟁의 여지가 있는 잠정적인 것이다. 새로운 지식이 나의 결론을 뒤바꿀 수도 있다.

● 증거와 함정

우리가 조심해야 할 함정이 하나 있다. 일종의 인간 중심적 안주다. 인간 연구자들은 인간에게 의식(이해하기 어려운 항목으로 규정하기는 하지만), 감정, 상상, 주관적으로 느끼는 지각, 다양한 유형의 인지가 있는 것이 명명백백하다고 생각한다. (과학자들은 보통 인지를 생물이 정보를 획득하고, 처리하고, 이용하고, 저장하는 모든 과정으로 넓게 정의한다. 따라서 이들 범주들 사이에는 중첩되는 부분이 상당히 많다. 지각과 상상은 인지의 한 형태이고, 감정은 보통 인지적 혹은 정보 내장의 요소를 갖고 있다.) 행동주의의 전성시대에 일부 심리학자들은 인간에게 이런 것들이 없으며, 단지 자극에 반응하는 메커니즘일 뿐이라고 말했다. 그렇지만 이런 사상은 삶의 경험과 너무 달라서 생물학 연구의 세계에 깊게 침투하지 못했고 지금은 완전히 버려졌다.

생물학은 다양한 형태의 의도성(외적 대상에 대한 내적 집중)과 내가 **상당한 목적 추구**라고 부르는 개인적 의미가 깃든 노력을 포함하는, 인간에 대한 보다 인본주의적인 개념으로 복귀했음에도 불구하고 그런 개념의 인식론적 어려움과는 정면충돌을 피할 수 없다. 그런 문제는 보통 "다른 사람의 문제"를 논의하는 철학자들의 몫이지 동물 지능에 대한 연구를 하는 과학자들의 몫이 아니기 때문이다. 사실 인간에 대한 인문주의적 관점의 증거는 복잡하고 불확실하다. 우리가 자신의 주관적 경험에 접근할 수 있다고는 하지만 그조차도 확실치 않다. 우리는 우리가 무엇을 하고 있는지, 우리의 감정과 의도가 실제로 어떤지 항상 아는 것은 아님을 알고 있다. 다른 인간에 관해서라면, 우리를 자아에서 타자로 도약하게 만드는 것은 무엇일까? 생물학, 행동, 최선의 설명에 대한 추론, 해석적 상상 등 다른 동물에 대해 이야기할 때 우리가 의지하는(매우 조심스럽게) 것도 같은 것들이다. 우리는 다른 인간이 우리와 같은 신경해부학적 구조를 갖고 있다는 것을 안다. 우리는 그 구조가 유사할 것이라고 추론한다. 우리가 신경 기제의 작용을 통한 주관적 인식을 가진다면 다른 사람도 비슷한 신경해부학적 구조를 가질 가능성이 매우 높다고 말이다. 이것은 가장 간단하고, 가장 그럴듯한 설명이다. 우리는 다른 사람들이 우리가 하는 행동 유형을 암시하는 방식으로, 여러 종류의 주관적인 인식이 수반되는 방식으로 행동하는 것을 본다. 따라서 우리는 이런 행동의 유사성을 가장 잘 설명하는 것이 경험적 근거의 유사성을 상정하는 것이라고 추론한다. 그렇지만 무엇이 이런 자아에서 타자를 향한 상상의 도약을 정당화할까? 우리는 이야기하고 웃는, 친구처럼 보이는 이 존재가 똑똑한 기계가 아니라는 것을 어떻게 알 수 있을까?

다른 인간에게 정신적 생명을 부여할 이유가 없다고 말하려는 것이 아니다. 나는 비인간동물의 경우에 전형적으로 요구되는 결정적인 종류의 증거는 없다고 말하고 싶은 것이다. 우리의 경우가 이렇게 어렵다는 것을 인식하지 못한 연구자들은 동물들에게 불가능하게 높은 기준을 설정한다. 두 경우 모두 증거와 어려움은 거의 비슷하다.

동물 인식의 문제를 다룰 때 과학자들이 이용하는 증거의 첫 번째 정보원은 **신경해부학**이다. 그것이 우리와 충분히 비슷하다면, 설명의 경제성에 따라 그 기능도 비슷할, 동일한 진화적 역할을 할 확률이 높다. 그것이 우리 안에서 지각적 경험, 느낌, 감정을 만든다면, 비슷한 신경해부학적 구조를 갖춘 생물들(다른 인간을 포함해)도 그럴 확률이 높다. 이런 식의 생각은 상당히 합리적이다. 그 같은 구조를 가진 생물이 기능이 다르다고 가정하는 것은 비슷한 사례를 다르게 취급하는 불필요하게 복잡한 일일 가능성이 높다.

하지만 그 반대는 참이 아니다. 즉 우리의 신경해부학적 구조와 전혀 다른 구조(신피질이 없거나, 중앙 집중형 뇌가 아닌)라고 해서 대안적인 시스템의 기능이 전혀 다를 것이라는 추론이 참인 것은 아니다. 오랫동안 이런 실수가 이어져 왔다. 과학자들은 신피질이 없으면 인지도 없다고 말했었다. 하지만 이제 우리는 진화가 직선적이 아니며 비슷한 목표로 수렴되는 여러 경로를 따랐다는 것을 알고 있다. 앞으로 보게 될 것처럼, 진화 계보에서 한참 전에 분기된 인간과 새들 사이에는 신경해부학적으로 큰 차이가 있다. 그러나 새들은 인간과 같은 자연계에서 살며 우리가 직면하는 것과 크게 다르지 않은 일련의 도전에 직면하고 있다. 밝혀진 바에 따르면 새는 이런 비슷한 도전에 맞서기 위해 적응해왔지만 현저히 다른 구조를 가지고 있다. 생물이 독립적으로 기능하는 방식을 연구하고 그 방식을 파악하려고 노력하는 상황에서, 구조의 유사성은 비슷한 기능(주관적인 특성을 비롯한)의 좋은 증거지만, 구조의 차이는 기능 차이의 좋은 증거가 되지 못한다.

이 시점에 우리는 주관적 경험이 특별히 하는 일이 없는 불필요한 것이 아니라는 것을 염두에 두어야 한다. 주관적 경험은 여러 가지 중요한 설명적 역할을 한다. 매우 간단한 예로, 고통의 느낌은 동물을 살아 있게 하는 데 유용하며 해로운 물질의 존재를 알리는 데 필수적인 역할을 하도록 진화했다. 따라서 고통은 동물의 행동과 유용하게 연결되어 있고 생존 가치 때문에 진화해왔다.

두 번째로 여러 면에서 가장 중요한 증거는 다양한 실험 혹은 관찰 조건하에서의 **행동**이다. 행동은 중대하다. 하지만 해석하기가 쉽지 않다. 생물의 움직임 중 일부는 주관적인 인식 없이 단순히 해악을 피하는 메커니즘일 수 있다. 우리가 보게 될 것처럼 과학자들은 그들로부터 진정한 인식을 가진 생물을 구분할 여러 방식을 파악해왔다. 여기에서 고통이 유용한 역할을 한다. 고통은 분명한 행동적 결과가 따르는 것이 보통인 대단히 주관적인 경험이기 때문이다. 하지만 이들 실험은 그 자체로 논란의 여지가 있으며 다양하게 해석된다.

과학자들과 많은 철학자는 이 부분에서 **최선의 설명에 대한 추론**inference to the best explanation(개연적 논법)을 사용한다.[2] 우리가 일상에서 정신 상태의 원인을 다른 사람에게 돌릴 때 하듯이 말이다. 이런 유형의 추론은 불확실성으로 가득하며(정말로 상충되는 설명을 배제하는 것일까?) 아무리 좋게 보아도 부정확한 정도에 그친다. 그러나 과학자들이 보통 이용하듯이, 다른 단서들과 함께 사용하면 합리적인 결론에 이르게 된다. 철학자 마이클 타이Michael Tye는 이런 전략을 사용해서 많은 진전을 이뤘다. 예를 들어, 그는 고통에 대해 이렇게 말하고 있다.

내 안에는 신음, 신체의 긴장, 금단 증상을 유발하는 감각적인 특성이 있고 당신 안에는 이런 효과를 내는 다른 감각적인 특징이 있다는 가설은 더 복잡하며 임시적이다. 차이가 있다고 가정할 이유도, 증거도 없이, 차이가 있다고 가정하는 것이다. … 내 마지막 결론은 내가 고장 난 자전거에 피투성이가 된 당신을 보았을 때 당신이 고통을 느낀다는 것을 받아들이는 것이 합리적이라는 것이다. 그것이 당신의 행동에 대한 가능한 최선의 설명을 제공하기 때문이다. 이는 두려움과 붉은색에 대한 시각적 자각에도 적용되며, 일반적인 감정과 경험에도 적용된다.[3]

이런 발전성 있는 추론은 때로 인간과 다른 동물 사이의 차이나 차이에 대한 과도한 강조에 의해 차단된다. 특히 흔한 것은 내가 언어의 거짓 유혹false lure of language이라고 부르는 것이다. 과학자들은 인간의 인식이 언어적 구조를 갖추고 있으며 언어가 없는 생물은 인식의 종류가 완전히 달라야 한다고 생각하는 경향이 있다. 하지만 물론 인간의 지각적, 감정적 경험은 항상 언어적 형태를 갖는 것이 아니다. 우리는 언어를 사용해 경험을 전달하는 데 익숙하지만 그것은 번역 게임이다. 잘 알고 있듯이 어떤 경험을 할 때 문장이 머릿속을 지나가지는 않는다(적어도 자주 있는 일은 아니다). 우리는 인간의 경험을 상세하게 언어적으로 설명하는 소설을 읽는 데 익숙하지만, 그것은 우리 마음속에 일어나는 어떤 것을 엄청나게 압축하고 약간의 언어적 정교함을 더해 예술적으로 만든 것이다. 소설가들은 어린이의 내면을 정교한 언어로 나타내기도 한다. 하지만 그들은 아이 안에서 매우 다르게 일어나고 있는 어떤 것을 전달하는 시도를 하고 있을 뿐이다. 영국의 작가 헨리 제임스Henry James는 자신의 장편소설 『메이지가 알고 있었던 일What Maisie Knew』의 서문에 이런 말을 남겼다. "어린아이들은 그들이 말할 수 있는 단어보다 더 많은 것을 지각한다. 그들의 시각은 어느 때든 그들이 가진 단어보다 풍성하고, 그들의 이해력은 어휘보다 훨씬 강하다."[4] 이것은 어린이에게만 해당되는 이야기가 아니다. 소설가들의 단어를 통제할 수 있는 것은 아마도 소설가뿐일 것이다. 그러나 그들도 자신의 삶을 빠르게 헤쳐 나가고 있는 동안은 그것을 완벽히 통제하지 못할 것이 분명하다. 이런 이유에서 마르셀 프루스트Marcel Proust는 온전히 실현된 삶은 문학뿐이라는 대담한 주장을 내놓았다. 소설가의 풍성한 언어가 일상적인 경험의 공허함, 무미건조함, 피폐함을 넘어선다는 의미다. 소설가의 언어가 다른 사람들의 일상 경험보다 우월하다는 프루스트의 주장을 믿어서는 안 된다.

우리는 그것이 매우 다르다는 것을 항상 기억해야 한다.

간단히 말해 인간의 경험은 소설과는 거리가 멀다. 보통 인간의 경험은 특별히 언어적이지도 않다. 그것은 종종 그림과 소리 표현을 사용한다. 어느 정도 언어적일 때도 그것을 묘사하는 문장처럼 정확하고 선명하지는 않다. 드물게 정교한 패턴으로 구획되는 때가 있지만 모두 언어적이지는 않다. 어떤 것은 회화적, 어떤 것은 음악적이다. 우리는 모두 언어를 사용하는 법을 알지 못한 채 삶을 시작했다. 우리의 신체를 다른 사람의 신체와 구분하는 법조차 알지 못했다. 이런 인생 초기에도 우리는 깊고 강력한 지각과 감정을 갖고 있으며, 이 중 많은 부분이 이어져 성인기의 인식에도 영향을 미친다.

비인간동물의 관점에서 글을 쓰는 소설가들은 비논리적인 의인화로 비난을 받는다. 때때로 해당 유형 생물의 생활을 조사하지 않고 동물을 단순히 옷을 입은 인간처럼 상상하는 데 그친다는 비난을 받는다. 소설가가 항상 이런 식의 실수를 저지르는 것은 아니다.[5] 비평가들이 잊고 있는 것이 있다. 다양한 인간 등장인물의 관점에서 세상을 묘사하는 소설 역시 우리의 공허하고 혼란스러운 내면세계를 "인간"이라는 문학적 구성체 특유의 산뜻하고 설득력 있는 문장으로 의인화(그렇게 부를 수 있다면)한 책임에서 자유로울 수 없다.

언어의 거짓 유혹을 떨치는 것은 대단히 어렵다. 이와 관련해서 메타인지라는 거짓 유혹 false lure of metacognition을 피하는 것도 어렵다. 일부 과학자와 철학자를 비롯한 많은 사람이 인간을 차별화하는 것은 성찰적 자기 인식, 자신의 정신적 상태에 대한 인식이라는 아이디어에 매혹되어 있다. 의식은 때때로 그런 메타인지의 측면에서 규정되며, 그것이 결여된 것은 의식이 결여된 것으로 여긴다. 그러나 타이를 비롯한 사람들의 설득력 있는(사실 다른 견해를 가진 사람이 있는 것이 놀라울 정도로) 주장대로 세상에서 삶을 추구할 때 우리가 하는 경험 대부분은 성찰적인 인식 없이 진행된다. 우리는 보고, 듣고, 느낀다. 사물은 우리에게 무언가로 느끼고 보인다. 대부분은 이런 상태에 성찰의 레이저 빔을 켜지 않지만, 때로는 분명 그렇게 한다. 이 경우의 거짓 유혹은 두 가지다. 첫째, 우리는 자신의 상태를 깊이 생각하는 이 특별한 능력이 고통을 느끼고 많은 다른 주관적 경험을 갖는 데 필수적이라는 생각에 이끌린다. 일상을 통해 잘 알고 있듯이, 이것은 거짓이다. 둘째, 우리는 인간만이 이런 특징을 가지고 있다고 믿는 실수를 범한다. 그러나 여러 실험을 통해 꽤 많은 동물이 이런 특징을 가지고 있다는 것을 보여준다. 동물의 머리에서 나오는 레이저 빔을 찾을 필요는 없다. 그들이 할 수 있는 일을 통해서 이런 능력을 유추할 수 있다. 그 열쇠 중 하나는 속임수다. 예를 들어, 좋은 먹거리가 어디에 있는지 다른 동물을 속이기 위해서는, 외형에 대해서 생각하고 일련의 지표가 속이는 동물에게 어떻게 보이고 읽힐지 유추하는 능력이 필요하다. 이후에 논의하겠지만, 개와 까마귀 같은 동물들이 속임수를 쓰는 것은 그들에게 메타인지가 있다는 것을 보여준다. 따라서 메타인지는 일부에서 생각해온 것처럼 특정 생물을 특별한 위치에 올려놓는 본질적인 것이 아니며, 인간만이 가진 뛰어난 속성도 아니다. 메타인지는 숨기고 속이는 데 유용한, 그 외 다른 많은 방식으로 유용한 많은 생물의 평범한 능력이다. 한 가지 예로, 우리는 자신이 정교하게 만든 나무 그늘과 끊임없이 연습한 자신의 노래를 암컷이 어떻게 봐줄지 생각할 수 있는(새 옷을 고르면서 다른 사람이 어떻게 생각할지 고민하는 것처럼) 것이 분명한 새를 만나보게 될 것이다.

메타인지는 의식적 인식의 작은 부분에 불과하지만 의식적 인식을 입증하는 데 대단히 유용하다. 다른 생물에게 세상이 어떻게 보일지에 대한 인식을 보여주는 방식으로 다른 생물을 속일 수 있는 생물을 만났다면, 그 생물은 분명 세상이 특정한 방식으로 보인다는 기본적인 인식을 갖고 있는 것이다.[6] 이 방법은 해당 유형의 생물에게 세상이 무언가로 보이고 느껴진다는 것을 의심하는 경향이 강한 경우에 유용할 수 있다. 문제가 되는 것이 새라면, 속임수의 분석이 마음을 열게 해줄 것이다. 물론, 메타인지가 있다면 일반적인 의식적 인식이 충분히 가능하지만 의식적 인식에 꼭 메타인지가 필요한 것은 아니다.[7]

● 쾌고감수능력이란 무엇인가 그리고 그것을 찾는 방법은 무엇인가?

쾌고감수능력이라고 알려진 것을 어떤 생물이 갖고 있는지 어떻게 알 수 있을까? 우선은 우리가 찾고 있는 쾌고감수능력이라는 것이 무엇인지 규정해야 한다.

첫째, 우리는 동물이 자연선택을 통해 진화했다는 것을 항상 유념해야 한다. 동물의 주요한 속성과 능력은 그들에게 도움이 된다. 그렇지 않았다면 그 속성과 능력은 선택되지 않았을 확률이 높다. 따라서 쾌고감수능력은 단순히 감탄스러운 특성이 아니라 유용한 특성이며 우리는 그 점을 항상 염두에 두어야 한다. 그렇지 않으면 우리는 주관성에 감탄하는 경향 때문에 곁길로 새고 말 것이다. 쾌고감수능력은 생물에게 도움이 된다. 그렇지 않으면 거기에 존재하지 않을 것이다. 선택 이론이 아니더라도, 아리스토텔레스는 동물이 생존과 번식을 목표로 하는 목적론적(목적 지향적) 시스템이며, 자신의 통합적인 목표 체계를 촉진하는 시스템과 특성을 가진 것으로 이해해야 한다고 강조했다. 아리스토텔레스는 진화에 대해 전혀 알지 못했지만, 진화가 어떻게 작동하는지 아는 우리는 대부분의 동물 구조가 어떤 목적을 위해 존재한다고 믿을 훨씬 더 많은 이유를 갖고 있다. 물론 더러는 쓸모없는 것도 있다. (아리스토텔레스는 맹장을 언급한다.) 하지만 전체적으로는 모든 것이 "뭔가를 위해서" 존재하며, 모든 능력은 전반적으로 성공적인 생명 형태에 통합되어 있다. 이제 진화에 대해서 알고 있으므로 아리스토텔레스의 접근법을 따르면서 사물이 실제로 얼마나 기능적이고 적절한지 보여주는 설명을 선호해야 할 이유가 더 많아졌다.

과학자들은 "쾌고감수능력"을 세 개의 요소로 구분한다.

1. 통각nociception, 문자 그대로 "해로운 것을 안다"는 의미
2. 주관적인 감각 인식: 세상이 특정한 방식으로 보인다/느껴진다.
3. 중요성 혹은 현저성의 감각

과학자들은 고통에만 집착하는 경향이 있다. 때문에 첫 번째 항목은 해로운 것을 아는 것, 생존에 필요한 능력, 회피 행동을 촉진하는 통각이다. 그러나 보다 포괄적으로 건강과 목적 추구에 초점을 맞춘다면 생물에게 좋은 것에 대한 인식(그리고 그것을 향한 움직임을 자극하는)도 포함시켜야 한다. 아리스토텔레스는 목마른 동물이 "나를 위해서 물을 마셔"라고 말하는 것을 상상한다. 운이 좋은 동물이라면 물을 발견하고 "여기 마실 것이 있네"라고 말한다.[8] "여기 마실 것이 있네"는 통각의 반대되는, 선에 대한 지각이다. 동물은 고통과 위험을 피하는 능력을 필요로 하는 것만큼이나 음식과 음료가 어디에 있는지 인식할 필요가 있다. 따

라서 이것을 선과 악의 이해$^{apprehending the good and the bad}$라고 부르기로 하자.

그러나 생물은 그런 능력을 가지면서도 여전히 인식 없이 자극에 반응하는 오토마톤과 같을 수 있다. 과학자들은 그 자체로는 보통 주관적인 고통의 인식이 관여하지 않는 말초신경계의 반사작용을 설명하는 데 "통각"이라는 용어를 사용하는 것이 보통이다.[9] (그들은 고통에 집중하기 때문에 음식이나 기타 좋은 것들에 대한 반사 인식에 해당하는 용어를 갖고 있지 않다.) 일부 생물은 어느 정도 오토마톤과 비슷한 것으로 밝혀질 것이다. (나는 식물뿐 아니라 일부 동물도 그렇다고 주장할 것이다.) 따라서 우리가 두 번째로 찾는 것은 주관적 인식이다. 생물은 특정한 방식으로 세상을 보며 자신의 관점에서 세상을 느낀다. 다시 말하지만, 고통에 강박적으로 집중하지 말고 고통과 괴로움은 물론 색상을 보고 욕망과 쾌락을 느끼는 것에 대해서도 생각해봐야 한다. 고통은 다른 주관적인 조건보다 시험하기가 쉽기 때문에 연구에서 큰 역할을 하지만, 우리는 생물에게 필요한 다양한 것들을 생각해야 한다. 이것이 의식적 인식에 대한 일반적인 개념이다.

지능이 있는 생물에게서 작동하는 일반적인 인식의 예를 들자면, 우리는 그들의 사고를 우리의 언어로 옮길 때 시적인 장식을 추구해서는 안 된다. 대부분의 지적인 동물의 인식은 대단히 실제적이기 때문이다. 다시 블랜딩의 여제 이야기로 돌아가보자. 우드하우스는 이 놀라운 돼지가 납치되어 슈롭셔로 옮겨졌다가 고향인 우리로 돌아왔을 때 가질 만한 종류의 사고를 통찰력과 유머로 포착했기 때문이다.

그는 익숙한 환경으로 돌아온 것이 기뻐서 주변을 둘러봤다. 다시금 안정감을 느낄 수 있다는 것이 기분 좋았다. 그는 철학자였고 상황을 주어지는 그대로 받아들일 줄 알았지만 조용한 삶을 좋아했다. 차 안에서 들리는 그 모든 윙윙거리는 소음이나 낯선 주방에 던져지는 것은 규칙적인 습관을 가진 돼지에게 전혀 도움이 되지 않았다.

옆에 있는 구유에는 먹을 수 있는 물질들이 있는 것 같았다. 그는 일어서서 그것들을 살폈다. 그래, 분명히 먹을 수 있는 물질이었다. 시간이 조금 늦은 것은 같지만, 간식은 언제라도 먹을 수 있지 않은가 … 그는 고귀한 머리를 낮춰 그것을 먹기 시작했다.[10]

우드하우스의 묘사는 아리스토텔레스가 말했던 "나를 위해서 물을 마셔" "여기 마실 것이 있네"라는 전제가 포함되어 있고 결론은 마시는 행위인, 동물의 "실제적 삼단논법"과 크게 다르지 않다.[11] 우드하우스와 아리스토텔레스는 음식, 조용함, 안정 등 다양한 좋은 것을 추구하는 지적인 삶 안에서 인식과 욕망이 결합되는 방식을 포착한다. 그것은 일상적인 쾌고감수능력이고, 대부분의 척추동물은 분명 그런 능력을 갖춘 것으로 보인다.

주관적인 인식은 생물에게 유용하다. 욕망과 쾌락이 무엇인가를 향한 움직임의 자극제가 되는 것처럼 고통은 회피하는 움직임의 강한 자극제다. 우리는 몸의 어느 부분에 고통을 느끼는 능력을 잃은 인간(예를 들어, 팔의 모든 신경이 제거된)을 관찰함으로써 이것을 알 수 있다. 이 사람은 다칠 위험이 대단히 높다. 그는 뭔가 뾰족하거나 뜨겁거나 거슬리는 것과 닿는 경우를 대비해 계속해서 팔을 주시해야 할 것이다. 고통이 팔을 빨리 떼어놓으라는 정보를 전달하지 못할 것이기 때문이다. 마찬가지로 치과에 가서 마취 주사를 맞은 후 지나치게 빨리 음식을 먹으려 하면 혀를 깨물거나 다칠 수 있다. 간단히 말해, 주관적 인식은 정말로 유용하다. 왜 자연이 그것을 선택했는지 이해가 간다. 그저 놀라운 일이 아니라 동물의 생존을 위한 장치의 일부인 것이다. 많은 생물이 고통을 느낀다는 것은 당연한 일이다.

하지만 그게 끝이 아니다. 나는 앞서 **상당한 목적 추구**를 언급했다. 생물은 어떤 목적을 삶에 필수적인 것으로 삼아 열심히 추구하고 다른 것은 사소한 것으로 보아 소홀히 한다. 감각 경험은 중대한 것과 사소한 것 모두를 보고하지만, 세상에서 선택과 행동을 하기 위해 생물은 특정한 경험에 대해 의미심장한 감각(회피를 향한 것이든 추진을 향한 것이든)을 필요로 한다. 이런 의미심장한 감각은 보통 감정의 진화론적 역할로 이해되며 우리는 그 역할에 대해 이후에 논의할 것이다. 지금으로서는 간단한 사례인 고통에 집중해보자. 고통이 작다면 생물은 그것을 피하기 위해 움직일 수도 움직이지 않을 수도 있다. 고통이 크다면 회피 움직임이 예상되는 것이 보통이다. 그런데 한 가지 문제가 있다. 상당한 고통을 느끼는데도 고통이 그리 **나쁘게** 보이지 않는 때가 있다. 평범한 상황에서는 일어나지 않는 일이다. 하지만 일부 아편제가 작용하는 방식이 정확히 이렇다. 감각은 있지만 개의치 않는다. 해리의 한 유형이 시작된 것이다. 따라서 최소한 이론적으로는 감각과 중대성이 분리될 수 있다는 것을 알 수 있다. 진정한 금욕주의자는 배고픔이 괜찮다고, 심지어는 좋다고 생각한다. 자신이 목표를 향해 나아가고 있다는 신호이기 때문이다. 많은 사람이 성적 욕망에 있어서 그런 해리적 경험을 한다. 강한 충동이 존재하지만 죄나 위험의 신호로 여겨지기 때문에 만족 추구가 아닌 회피 노력으로 이어진다. 지각 경험이 삶의 의미로부터 해리되는 이런 유형의 경험은 비인간동물에게는 흔치 않을 가능성이 높다(해리 유도 약물을 주입하지 않는 한). 그들의 문화는 많은 인간 문화가 우리를 왜곡하는 것처럼 그들을 왜곡하지 않는다. (월트 휘트먼Walt Whitman이 "한 마리 짐승이 되어 그들과 함께 살고 싶다 … 그들은 어둠 속에 깨어 자신의 죄를 뉘우치며 눈물짓지도 않는다"에서 말하려 한 것이다.) 하지만 우리는 우리의 그림 속에 중대성이라는 아이디어를 집어넣어야 한다. 그것이 없다면 움직임과 활동의 선택이 생물의 목표 달성에서 임의적이고 잘못된 방향을 향할 가능성이 있기 때문이다. 블랜딩의 여제는 먹을 수 있는 물질을 보기만 한 것이 아니라 그 물질에 중대한 의미가 있다고 간주했다.

주관성과 의미는 보통 함께하며, 실제로 주관성은 동물의 활동에 중대성을 갖는 목표를 소통하지 않는 한 그리 쓸모가 없기 때문에 진짜 문제는 우리가 동물에게 주관적인 인식을 부여할 자격이 있는가이다. 일부 과학자들은 회의적이다. 메리언 스탬프 도킨스Marian Stamp Dawkins 는 이렇게 말했다.

> 우리와 공통적인 두뇌 구조가 많기 때문에 동물에게 우리와 같은 의식이 있다고 볼 수 있을까? 아니면 일부 결정적 경로의 결여로 의식적인 경험으로 더 나아갈 수 없기 때문에 우리와 다른 것일까? … 우리 자신의 의식조차 어디에 근원을 두고 있는지 이해하기 어렵고 특정한 신경 구조에 결부시키는 것도 절대 불가능한 지금으로서는 동물의 의식에 대한 이런 정반대되는 견해들을 구별 짓는 것이 완벽하게 불가능하다.[12]

도킨스가 의식을 이해하기 어렵고 얼마간은 신비로운 존재로 생각한다는 것에 주목하라. 그는 내가 이야기하고 있는 것, 사물에 대한 평범하고 일상적인 주관적 인식에 대해서 생각하고 있지 않은 것 같다. 그렇지 않다면, 타이가 반복적으로 주장했듯이, 인식을 이해하기 어렵고 알 수 없는 것으로 취급하는 것은 이상할 것이다. 다양한 신경 구조 내에서 다중적으로 실현 가능한 행동을 다룰 때에는 심리적 구조를 사용해야 하고, 어떤 경우에도 심리적 구조를 특정한 신경 메커니즘으로 환원하는 환원주의적 설명은 피하는 게 좋다. 행동에 대한 이런 단순한 설명이 더 간단하고 예측력이 높기 때문이다.

기하학도 마찬가지다. 예를 들어, 반지름 r인 청동구가 반지름이 r보다 약간 큰 나무 고리 안에 들어가는 이유를 설명할 때라면 청동과 나무 원자들의 모든 구체적인 궤적을 보여주는 원자도표까지 들먹일 필요가 없다. 그런 수준의 구체화는 적절치가 않고, 머릿속을 예측하기 어려운 쓸데없는 자료들로 채울 뿐이다. 기하 법칙은 이 경우와 금, 대리석, 기타 다른 고체 물질로 만들어진 구체, 그리고 마찬가지로 여러 가지 고리를 포함하는 수많은 경우에 통용되는 설명을 제공한다. 아무도 구체 각각이 특정한 물질로 만들어져 있지 않다고 주장하지 않는다. 문제의 특수성은 우리가 설명하려고 하는 것을 설명할 때 도움이 되지 않는다.[13]

오늘날의 과학자들이 거의 보편적으로 많은 동물의 주관적인 경험(그리고 중대성의 감각이나 쾌고감수능력)을 인정하는 데에는 그럴 만한 이유가 있다. 고통은 생명을 보존하는 행동에 대단히 좋은 스승이다. 고통은 동물에게 장애나 목숨을 잃는 상황으로 이어질 수 있는 위험을 알린다. 고통은 기억을 훈련시켜 생물이 과거에 고통을 유발했던 일을 피하도록 동기를 부여한다.[14] (따라서 블랜딩의 여제는 이제 자신의 우리에 머무는 것에 대한 선호와 불확실한 운송 수단에 대한 반감을 학습했다.) 방향만 다를 뿐 좋은 것에 대한 것도 마찬가지다.

● 실험을 통한 확인: 어류의 사례

비슷한 행동은 비슷한 유형의 설명을 필요로 한다는 것을 믿을 준비가 되었고, 인식이 우리의 경우에 결정적이면 목적을 추구하고 목적을 피하는 다른 동물들의 경우에도 결정적이라고 추정하더라도 아직 해결해야 할 것이 남아 있다. 특히 신경 구조가 전혀 다른 경우에는 관련된 행동을 실험을 통해 조사해서 우리의 가설이 얼마나 타당한지 확인하는 것이 중요하다. 다시 말하지만 우리는 주관적 인식을 찾고 있는 것이다. 생물에게도 중대성과 의미를 갖는 영역에서는 거의 항상 주관적 인식을 발견하게 될 것이다. 사소한 것에 대한 인식에는 행동이 달라지지 않기 때문이다.

대부분의 실험 과학자들은 어류가 고통을 느낀다는 결론에 도달했다.[15] 이 진영을 선도하는 것은 펜실베이니아 대학의 빅토리아 브레이스웨이트Victoria Braithwaite와 리버풀 대학의 린 스네든Lynne Sneddon이다. 하지만 회의적인 학자들도 있다. 2013년 와이오밍 대학의 명예교수 제임스 로즈James Rose는 6명의 동료들과 함께 『어류와 어업Fish and Fisheries』이라는 저널지에 이 질문에 대한 부정적인 답을 제시하는 『어류는 정말 고통을 느끼는가?Can Fish Really Feel Pain?』라는 논문을 발표했다.[16] 하지만 어류의 고통을 "부정"하는 저자들의 접근법은 의문을 낳는다. 신피질이 있는 생물만이 고통을 느낀다는 전제에서 출발하기 때문이다. 분명 어류에는 신피질이 없고, 따라서 실험이 어떤 것을 보여주든 어류는 고통을 느낄 수 없다고 말이다. 결론을 논거의 전제로 주장하는 것은 좋은 방법이 아니며, 나는 이 논문이 반박할 가치가 있는지조차 확신할 수 없다. 분명한 것은 지금까지 조류가 여러 종류의 주관적 경험을 갖고 있지만 신피질을 갖고 있지 않다는 데 압도적인 합의가 있다는 점이다. 하지만 브레이스웨이트와 스네든이 어류가 고통을 느낀다는 결론을 내린 이유를 알아보는 것은 유용하다. 어쨌든 우리는 통각이 주관적 인식으로 충분치 못하다고 주장을 해왔고 이후에는 일부 생물이 주관적 인식 없이도 통각과 회피 행동을 갖는다는 것도 살펴볼 것이다.

곧 밝혀지겠지만 브레이스웨이트의 책 『물고기는 고통을 느끼는가?_Do Fish Feel Pain?_』에 요약된 기발한 실험들은 상당히 설득력이 있다.[17] 우선, 그 실험들은 어류의 신경해부학적 구조를 주의 깊게 조사해 A-델타와 C 섬유를 포함하는 신경을 찾았다. 이 둘은 인간을 비롯한 포유류의 고통과 관련되는 유형의 섬유이다. A-델타 섬유는 부상으로 인한 강렬한 초기 통증의 신호를 보내는 반면, C 섬유는 앞서보다는 둔해졌지만 보다 욱신거리는 감각일 가능성이 높은 후속 손상 감각의 신호를 보낸다. 따라서 어류는 신피질은 없을지 몰라도 적절한 유형의 장치를 갖고 있다. 다음으로 브레이스웨이트와 스네든은 송어의 피부에서 민감한 신경조직이 발견된 부위에 고통스러운 자극을 가했다.[18] 실험군은 4개로 나뉘었다. 한 그룹은 벌침 독을, 한 그룹은 식초, 한 그룹은 중성 식염수, 한 그룹은 단순히 만지는 것이 행동에 주는 영향을 배제하기 위해 만지되 약물을 주입하지 않았다. 첫 번째와 두 번째 그룹의 물고기들은 아가미의 박동이 높아지고, 입술을 수조에 문지르고, 좌우로 몸을 흔드는 등 고통의 징후를 보였으나 세 번째 그룹과 네 번째 그룹은 그렇지 않았다. 다음 단계는 모르핀과 같은 통증 완화제를 투여받은 생물이 고통을 느끼지 않을 것이란 단순한 사실에 의존한 것이었다. (물고기는 모르핀에 신체적 반응을 보이는 것으로 알려져 있다.) 모르핀 투여는 고통 행동을 없앴다.

이 모든 실험은 물고기가 고통을 느끼고 있었으며 단순히 반사적 통각 행동을 한 것이 아님을 강력히 시사한다. 다음 단계는 이런 결론을 더욱 확실하게 했다. 물고기는 보통 그들의 환경에 갑자기 들어온 새로운 대상을 매우 경계한다. 연구원들은 빨간색 레고Lego 블록으로 탑을 만들어 수조에 넣었다. 주사를 맞지 않은 물고기들은 탑을 피했다. 그러나 주사를 맞은 물고기들은 보통의 방식으로 행동을 변화시키지 못했다. 적절하게 기능하지 못하는 것 같이 보였다. 그들은 이상한 물체 주변을 돌아다녔다. 주위가 산만해진 것이 분명했다. 이런 행동 변화는 그들이 주의를 산만하게 하고 환경의 다른 부분에 대한 인식을 변화시킬 만큼 실제적인 무언가를 느끼고 있다는 강력한 신호였다. 다음으로 결정적인 부분이 남아 있다. 첫 번째 그룹과 두 번째 그룹에 모르핀을 투여하자 그들은 다시 보통의 경계 행동으로 되돌아갔다.[19] 브레이스웨이트는 이 실험이 모르핀으로 반사 반응을 촉진하는 통각 신경 신호를 차단한 달팽이 대상의 실험과 매우 다르다고 지적했다. 물고기의 경우 "새로운 물체에 대한 회피가 반사 반응이 아니었다. 인지 과정인 인식이 관여했기 때문이다. 인지 과정은 아세트산이 유발하는 주관적 느낌 때문에 손상되었다."[20]

여기에서 모두 상술할 수는 없지만 이를 변형한 다른 실험들이 오랫동안 시도되면서 이 팀의 결론에 확실성을 더했다.

요약하면, 우리에게는 **신경해부학적 구조**, 고통에 대한 주관적 감각으로 설명하는 것이 가장 적합한 **행동**, 목표에 **비교한 통증의 중대성**(목적 추구와 회피)이 있다.

● 감정: 중대성의 로드맵

동물들은 다양한 주관적 느낌의 상태를 가지는 것이 보통이다. 하지만 이제 우리는 동물이 그와 긴밀하게 관련된 또 다른 장치, 즉 감정을 가지고 있다는 것을 알고 있다. **고통**만이 아니라 **두려움**, 그리고 다른 많은 것을 갖고 있는 것이다. 여기에는 동물과 그들의 삶의 형태 및 인지에 따라 **즐거움**, **슬픔**(생물이 죽음이나 귀중한 것의 상실이라는 아이디어를 갖고 있다면), **분노**(생물이 인과적 추론을 할 수 있다면), **연민**(동물이 자아와 타자를 명확하게 구분하고 **공감 능력**, 즉 상상으로 자신을 다른 사람의 입장에 놓을 수 있는 능력을 갖고 있다면), 어쩌면 **선망과 질시**가 포함될 수 있다. 이 주제에 대한 생물학 분야의 전문가인 프란스 드 발이 최근의 저서에서 강조했듯이, 이들은 일반적인 범주의 명칭이고, 세상에는 혼합된 감정과 미묘한 종의 구분들이 존재한다.[21]

감정은 느낌과 밀접하게 연관될 때가 많지만, 느낌으로 환원할 수는 없다. 신랄한 감각만이 포함되는 것이 아니라 중요한 선과 악에 대한 인지까지 포함되기 때문이다. 감정은 주관성에서 **중대성**(내 목록의 세 번째 항목)으로의 확실한 이동이 이루어지는 부분이다. 행동학자들이 동물(혹은 인간) 행동의 고급 심리가 감정을 암시하지 않는다고 생각하던 때로부터 180도 돌아 우리는 이제 생물학자들이 감정을 진화적 적합성의 열쇠로 보는 세상에 와 있다. 동물은 자신들의 가장 중요한 목적과 사업의 측면에서 세상에서 일이 어떻게 돌아가는지 인식할 필요가 있다. 감정은 그런 욕구를 충족시킨다. 감정은 사실상 위대한 심리학자 리처드 라자루스Richard Lazarus가 "핵심 관련 주제core relational theme"라고 부르는 것의 인지다.[22] 프란스 드 발이 말했듯이, 신경과학자들은 인간(철학자뿐만이 아니라)과 마찬가지로 감정을 "이성reason"과 대조하면서 폄하했었다. 더 이상은 그렇지 않다. "다마시오의 통찰과 다른 연구들의 결과로 현대 신경과학은 감정과 이성을 물과 기름처럼 섞이지 않고 대립하는 힘으로 보는 아이디어 전체를 폐기했다. 감정은 우리 지적 능력의 필수적인 부분이다."[23]

다마시오의 통찰은 어떤 것을 말하는가?[24] 『데카르트의 오류*Descartes' Error*』에서 안토니오 다마시오Antonio Damasio의 주된 관심사는 감정/이성의 구분이 부정확하고 오해의 소지가 있으며 감정은 지적 인식의 한 형태라고 독자를 설득하는 것이었다. 감정은 "다른 지각과 마찬가지로 인지적"이며[25] 유기체에게 실질적 이성의 필수적 측면을 제공한다. 감정은 대상과 상황 사이의 관계에 관련된 "내적 지침"의 역할을 한다.[26] 그의 부차적인 목표는 인간의 감정적 기능이 뇌의 특정 중추들과 연결되어 있음을 보이는 것이었다.

이야기는 공사 현장 감독이었던 피니어스 게이지Phineas Gage가 겪은 끔찍한 사고에서 시작된다. 폭발로 인해 쇠막대가 그의 뇌를 관통했다. 놀랍게도 게이지는 사망하지 않고 회복했다. 그의 지식과 지각 능력은 변하지 않았다. 하지만 감정적인 면에서의 삶은 완전히 바뀌었다. 그는 중요한 것과 중요치 않은 것에 대한 안정된 감각이 없는 아이와 같이 보였다. 그는 변덕이 심하고, 참을성이 없고, 외설적이었다. 특히 더 신경 쓰는 것이 하나도 없는 것처럼 보였다. 그는 행동의 현실성에 이상할 정도로 무심해 보였다. 따라서 그는 좋은 선택을 할 수 없었고 주변 사람들과 좋은 관계를 지속할 수 없었다.

다마시오는 우연히 현대판 게이지를 발견했다. 이전에는 성공한 경영자였던 엘리엇이라는 이름의 이 환자는 양성 뇌종양이 있었다. 그는 이상할 정도로 냉정하고, 초연하고, 빈정대기를 좋아했으며, 사적인 문제를 침범하는 논의에도 자신의 문제가 아닌 것처럼 무관심했다. 이전에는 이런 식이 아니었다. 그는 다정한 남편이었고 아버지였다. 그의 인지 기능은 많은 부분이 유지됐다. 그는 계산을 할 수 있었고, 날짜와 이름을 잘 기억했으며, 추상적인 주제와 일반적인 세상사에 대해 논의할 수 있는 능력도 있었다. 종양(손상된 전두엽 일부를 포함한)을 제거하는 수술 후, 어떤 일에 관심을 가지거나 우선순위를 정할 수 있는 능력이 약해졌다. 그는 한 과제에 강박적으로 몰두해서 그것을 매우 잘 해낼 수 있었다. 하지만 충동적으로 주의를 전환하고 완전히 다른 일을 하기도 했다. "그의 우선순위와 관련된 행동의 큰 틀에서 보자면 비이성적이 되었다고 말할 수 있을 것이다."[27] 엘리엇은 지능 검사에서 이상이 없는 것으로 나타났다. 전두엽의 손상을 테스트 하는 데 사용되곤 하는 인지 과제(분류 등)도 그에게는 식은 죽 먹기였다. 표준 IQ 테스트에서는 우수한 지적 능력을 드러냈다. 문제는 감정과 우선순위를 정해서 결정을 내리는 능력 이 두 가지였다. 감정적인 면에서 그는 감각이 전혀 없어서 자신의 성패가 달린 일도 냉정하게 이야기를 할 수 있었다. "그는 자제력을 잃는 법 없이 관계가 없는 냉철한 방관자처럼 장면을 묘사했다. 자신의 문제임에도 자신의 고통에 대한 감각을 어디에서도 찾을 수 없었다 … 삶의 모든 일에 동일한 중립적인 태도로 접근하는 것 같이 보였다."[28] 다마시오는 뇌 손상과 연결되는 것이 분명해 보이는(엘리엇 자신도 과거의 자신이 달랐다는 것을 기억하고 있었다) 이런 이상이 의사 결정을 하지 못하는 이유를 설명한다고 생각했다. 어느 것 하나 중요하게 보이지 않는데 인생에서 우선순위를 어떻게 정할 수 있겠는가? 엘리엇은 문제를 헤쳐갈 방도를 추론할 수 있었음에도 불구하고 무엇을 해야 하는지

에 대한 감각을 부여하는 종류의 연대성이 부족했다.[29]

다마시오의 연구는 감정이 동물(이 경우는 인간)에게 세상이 자신의 일련의 목표와 사업에 어떻게 연관되어 있는지를 보여준다는 라자루스를 비롯한 다른 인지 심리학자들의 연구 결과를 확인해준다. 이런 감각이 없으면 의사 결정과 행동은 방향을 잃는다. 다마시오는 이런 작용이 전두엽 특정 부위에서 일어난다는 사실도 보여주었다. 엘리엇이 수술의 영향을 받은 것으로 알려진 부위이자, 다마시오의 동료들이 사건의 재구성을 통해 과거 피니어스 게이지의 두뇌 손상 부위일 것으로 짐작한 부위였다. 대단히 흥미로운 결론이다. 그들은 감정을 의도가 없는 생리적 과정이라고 보지 않는다. 실제로, 다마시오의 주장은 강한 반환원주의다. 모든 인지 과정은 뇌 기능에 뿌리를 두며, 이는 그들을 비인지적 느낌으로 생각할 수 없다는 뜻이다. 다마시오는 감정도 마찬가지라고 주장한다. 감정은 우리가 스스로와 세상 사이의 관계를 분류하는 데 도움을 준다. 하지만 이런 과정에 특정 두뇌 부위의 건전한 기능이 필요하다는 사실은 유의미하고 또 대단히 흥미롭다. 다른 종, 특히 전혀 다른 신경해부학적 구조를 가진 조류 등의 생물에 대해서도 연구할 필요가 있겠지만 말이다.

이것이 드 발이 이야기하는 결론이다. 그의 말대로 이런 연구들과 관련 연구는 감정과 동물의 지능에 대한 과학자들의 태도를 바꾸었다. 사실 드 발은 대부분의 동물이 여러 종류의 느낌을 갖고 있는 것이 분명하지만 우리는 그들의 감정에 대해 아는 것보다 그들의 느낌에 대해서 훨씬 적게 알고 있다는 결론을 내린다. 감정은 세상과 행동에 안전하게 묶여 있으며, 동물이 삶에 대해 가진 지능적 장치의 일부이기에 동물의 행동에 대한 설명의 일부로서 믿음만큼이나 접근하기가 쉬운 반면,

느낌은 이해하기가 더 어려운 경우가 많기 때문에 이런저런 유형의 동물이 되는 것이 실제로 어떠한 느낌인지는 항상 미스터리다. 고통의 느낌은 예외일 가능성이 대단히 높지만 말이다.

감정은 일반적인 느낌이 있는 것 같지만, 이런 느낌에는 같은 종 사이에서도 일관성이 거의 없다. 때로 감정은 내면화되어 항상 우리 행동의 지침이 되지만, 알아차리기가 어려운 죽음에 대한 공포가 그렇듯 의식적인 인식의 일부가 아닐 때도 있으며 항상 전율이나 떨림이 동반되는 것도 아니다.

● 쾌고감수능력과 목적 추구

이제 우리는 우리의 정의 이론이 염두에 두고 있는 생물의 삶, 즉 **중대한 목적을 추구하는 삶**을 스케치해볼 수 있는 위치에 이르렀다. 욕망 그리고 장소의 이동이라는 두 가지 구성 요소가 더 필요하다. (이들은 이미 아리스토텔레스가 주장한 것이다.) 쾌락과 고통을 비롯한 지각과 주관적인 느낌에 감정에서 전달되는 선에 대한 정보가 더해져 동물은 이익과 해악이 어디에서 발견되는지 알게 된다. 이는 다시 욕망이나 회피를 유발하며, 다른 것이 동일하다면 이들은 그것을 향한 움직임이나 거기에서 멀어지려는 움직임을 촉발한다. 쾌고감수능력의 일부 측면, 특히 고통과 쾌락은 개념적으로 욕망과 행동 경향에 연결되는 것이 보통이고, 감정은 거기에 대단히 긴밀하게 연결되어 있다. 동물이 목적을 찾아 여기저기로 이동할 때마다 욕망과 감정은 지각과 공존한다. 공포가 있다고 해서 반드시 이동이 나타나는 것은 아니다. 다른 감정적 요인(예를 들어 새끼에 대한 애정)이 개입할 수 있기 때문이다. 어떤 감정들은 불명확하고 대단히 일반적인 행동 경향을 갖는다. 사랑과 연민은 종종 도움의 행동으로 이어지지만 행동으로의 연결은 거리나 앞으로 나아갈 명확한 방법이 없을 때 깨어지기도 한다. 아리스토텔레스가 동물에 대해 말한 "실제적 삼단논법"에 "여기 마실 것이 있네"와 같은 "가능성의 전제premise of the possible"라고 부르는 단계가 언제나 포함되는 이유도 거기에 있다.[30] 동물이 계획을 세울 수 있는 범위에서 그 단계는 마지막의 좋은 결과로 이어지는 사슬의 첫 단계일 수 있다. 예를 들어, 도둑을 맞은 자신의 경험을 지침으로 이용해 다른 까마귀를 속이기 위해 먹이를 숨기는 까마귀는 경쟁의 세상에서 이후에 음식을 즐기기 위한 중간 단계로 음식을 숨긴다.

이런 능력들은 긴밀하게 서로 연결되어 있지만 예외가 없는 것은 아니다. 이미 언급했듯이 쾌고감수능력은 없지만 통각은 있는 생물들이 있다. (곧 이 이야기로 되돌아올 것이다.) 이들 생물은 이리저리 이동하지만 주관적인 인식, 감정, 욕망(주관성의 한 형태)이 없다. 통각의 신체 장치가 없는데도 사물을 향해 움직이거나 사물로부터 멀어지는 것처럼 보이는 생물(연골어류)도 있다. 일부 생물(아리스토텔레스가 "부동 동물stationary animals"이라고 부른 해면, 말미잘 등)은 쾌고감수능력이나 몸 전체의 이동이 없이도 해로운 것을 피하는 능력을 가졌을 가능성이 있다. 이런 까다로운 사례는 이후에 다루게 될 것이다. 나는 정의 이론의 대상이 되는 필요충분조건이 내가 "표준 동물 패키지standard animal package"라고 부르는 것, 즉 쾌고감수능력, 감정, 대상에 대한 인지적 인식, 선을 향하고 악을 피하는 움직임의 보유라고 주장한다. 그런 생물에게 세상은 의미를 지닌다. 그들은 자신의 안녕과 관련해 상황을 주관적으로 경험한다. 그들은 좋은 만큼 좋은 것에 반응하고 나쁜 만큼 나쁜 것에 반응한다. 여기에서 우리는 공리주의의 위대한 진리로 돌아온다. 자연에는 동물의 위대한 통일자인 쾌고감수능력에 의해 만들어진 구분선이 있다. 그러나 우리는 이 진리를 좀 더 넓게 표현해야 한다. 그것은 단순히 고통(그리고 쾌락)을 느끼는 능력이 아니라 다양한 유형의 주관적 인지 경험, 감정적 경험, 선과 악에 대한 인지적 인식, 즉 내가 "표준 패키지"라고 부르는 것을 모두 포함하는 능력이다.

해당 종 특유의 삶의 형태를 추구하면서 선을 향해, 악을 피해 움직이지만 고통과 쾌락을 느끼는 능력을 잃었거나(교감신경계의 손상에 의해서) 그런 능력을 가진 적이 없는 생물을 우리가 발견했다고 가정해보자. 이 생물은 우리 정의 이론의 범주에 해당될까? 이 생물에게 보통은 고통스러울 일을 하는 것은 불의를 저지르는 것일까? (타인은 고통을 느끼는 능력 없이 태어난 소녀의 실제 사례를 설명한다.[31]) 첫째, 내 이론에서 고통은 기준치다. 하지만 문제가 되는 유일한 것은 아니며, 장애가 있는 이 생물은 모든 삶의 형태가 쾌고감수능력이 없는 로봇 같은 움직임으로 이루어진 생물과 매우 다르다. 고통은 특별히 눈에 잘 띄는 형태이고, 이런 이유로 실험을 할 때 초점을 맞추기가 쉽긴 하지만 쾌고감수능력(이 생물에게 특정한 방식으로 보이는 세상)의 유일한 형태가 아니다. 쾌고감수능력은 주관적인 인식이며, 주관적 시각, 청각, 기타 감각적 인식 등으로 다양하게 나타난다. 상상 속의 그 생물은 부상을 당했고, 그런 삶의 형태에 보통 통증에 대한 감수능력이 포함되는 것을 고려하면 수명이 대단히 짧을 가능성이 높다. 고통은 유용하다. 그것을 가진 동물에게 유용한 정도가 아니라 결정적이다. 이 생물은 베이거나 화상을 입지 않는지 끊임없이 경계해야 할 것이다. 이는 하루라도 살기 위해서는 고통을 느끼는 능력은 아닐지라도 광범위한 의미에서 일정 유형의 쾌고감수능력, 특히 지각 인식이 있어야 한다는 의미다. 주관적으로 알아차리는 지각으로 사지를 주시하고 끊임없이 인식해야 한다. 감각의 일부가 손상되었더라도 이 생물은 쾌고감수능력이 있다(이 경우에는 촉각). 헬렌 켈러는 보지도 듣지도 못했지만 촉각이 대단히 예민했고, 그 감각을 이용해서 살아남고 소통할 수 있었다. 따라서 헬렌 켈러와 반대되는 이 생물은 불운하고 대단히 연약하긴 하지만 정의의 대상이다. 이 이론은 모든 형태의 삶에 대한 것이지 고통만을 중요한 유일한 것이라고 주장하지 않는다(벤담처럼). 장애가 있더라도 목적 추구와 주관적인 인식이 어떤 형태로든 발견된다면 그 생물은 쾌고감수능력이 있는 것이다. 비전형적인 경우는 사례별로 다루어져야 하겠지만, 일반적으로는 정의 이론의 기준치에 대한 아이디어를 설정할 때 예상되는 정상적인 종의 특성을 따라야 한다. 이 이론의 목표는 개체를 보호하는 것이지만 인식론적으로 출발하기에 가장 좋은 지점은 종이다.

이렇게 해서 우리는 또 다른 중요한 관찰에 이르게 된다. 생물이 번영하는 삶을 누리기 위해서는 가능한 한 해당 종 공동체의 일원이 될 수 있는 능력이 필요하다. 생물은 그 안에서 우정과 공동체를, 새끼와 가족을 얻게 될 것이다. 개와 같은 일부 생물은 관련 공동체에 다른 종의 구성원도 포함되지만 말이다. 이것이 인지 장애가 있는 인간 아이에게는 일정한 유형의 언어(종종 수화)를 사용하도록 가르치는 것이 중요하지만, 침팬지에게는 수화를 가르치는 것이 중요치 않은 이유다. 침팬지는 수화를 배울 수 있지만, 수화는 다른 침팬지와 사는 삶의 형태에서 아무런 역할도 하지 않는다. 다른 종에서 장애를 발견할 경우에도 그 장애가 있는 생물이 종 공동체 특유의 능력과 가까워질 수 있도록 최대한 노력하는 것(개별적으로 혹은 일정 유형의 추가적인 지원을 통해)도 그만큼 중요하다. 고관절 이형성증이 있는 독일 셰퍼드는 뒷다리를 위한 특수 휠체어를 통해 좋은 삶을 살 수 있다. 보완을 통해 삶이 비교적 온전해지는 비슷한 사례들은 수없이 많다. (공동체에 인간까지 포함되는 개의 경우, 이런 보완은 개의 공동체만이 아니고 더 큰 공동체의 구성원이 되는 데 중요하다.) 따라서 고통을 느끼지 못하는 가상의 생물(이런 결함이 있는 인간이 세계에 100명 정도 있다)의 경우, 장애를 처리하기 위해 어떤 형태의 삶을 상상할 수 있을지 생각해보는 것이 중요하다. 그런 방법이 존재하지 않는다면 그 생물의 결함은 함께하는 대리인을 통해 만회해야 할 것이다. 따라서 인식론적으로는 종의 규범을 중심으로 정의 이론을 구축하되 모든 종 구성원으로 정의를 확장하기 위해 노력해야 한다.

이 과정에서 우리는 다양한 생물이 단지 물려받아서가 아니라 종 집단 문화 내에서의 가르침을 통해 능력을 학습한다는 것을 염두에 두어야 한다(4장 참조). 일반적인 경향은 물려받지만, 구체적인 실현은 문화적 학습에 따라 달라지는 경우가 많다. 이것은 대표 종 집단의 존재가 동물의 번영에 필수적인 이유 중 하나다.

중대한 목적 추구에는 도움이 되는 것과 해로운 것에 대한 주관적인 인식에, 고통과 쾌락과 같은 다양한 주관적 태도, 거기에 더해 욕망과 감정 등 행동의 동기를 부여하는 수많은 다른 주관적 상태가 포함된다. 우리가 설명하는 쾌고감수능력이 있는 동물은 이 모든 능력을 가진다. 이제 이것이 정의 이론에 어떤 차이를 만드는지 생각해보자.

● 생물 그리고 적용 범위

정의와 관련해서 어디에 선을 그리는 것이 옳을까? 어떤 생물이 포함되며, 현재의 증거는 어떤 생물을 배제하는 것처럼 보이는가? 우선, 항상 눈을 크게 뜨고 마음을 열고, 우리의 지식이 대단히 불완전하다는 인식 하에 겸손하게 잠정적인 선을 그려야 한다. 정의의 대상이 되기 위해 생물이 어떠해야 하는가에 대한 이론은 어떤 생물이 이 집단에 있는지에 대한 구체적인 결론보다 훨씬 안정적이다. 그렇더라도 일반 이론을 적용해서 그것이 우리를 어디로 이끄는지에 대한 전반적인 감각을 제공하도록 하는 것은 가치 있는 일이다. 포유류를 다루지 않는 것은 지금까지의 과학적 합의를 고려할 때 내 정의 이론에 그들 모두가 포함되기 때문이다.

어류

앞서 살펴보았듯이, 물고기는 쾌고감수능력이 있는 생물이 분명하고 거기에서 더 나아가 목적과 번영을 추구하는, 내 이론이 적용되는 생물이다. 이 점은 대다수 과학자들 그리고 나 자신도 만족할 정도로 입증된 사실이다. 어류에 대해서는 이야기할 것이 대단히 많으며, 조너선 밸컴Jonathan Balcombe은 그의 책에서 이런 이야기들을 이해하기 쉽게 전달하고 있다. 어류는 지능을 이용해 전환적 추론transitive inference을 비롯한 놀라운 일을 해낼 수 있다.[32] 그들은 예리한 시각, 청각, 후각 등 세상을 감지하는 다양하고 정교한 방식을 갖고 있다. 어류가 착시 현상에 속는다는 것을 보여주는 실험에서 알 수 있듯이 이런 감각들은 주관적으로 인식된다.[33] 심지어는 우리에게는 없는 감각까지 갖고 있다. 전파를 통해서 사물을 감지하는 능력이다. 그들은 공포와 즐거움, 아마도 다양한 사랑을 포함한 많은 감정을 갖고 있다. 그들은 한 쌍의 결합을 비롯한 다양한 사회생활을 한다. 간단히 말해, 그들은 대단히 복잡하고 매혹적인 삶을 살며 포유류만큼이나 우리의 관심과 규제를 받을 자격이 있는 것으로 보인다. 브레이스웨이트의 표현대로, "이 모든 것을 고려하면 우리가 현재 조류와 포유류까지 확장하고 있는 것과 동일한 복리에 대한 고려를 어류까지 확장하지 않을 이유가 없다고 생각한다."[34] 우리 세계의 이 놀라운 구성원들에 대해서 많은 것을 배우는 일은 신나는 일이 아닐 수 없다.

지금까지는 브레이스웨이트나 밸컴과 마찬가지로 "뼈가 있는" 어류, 즉 "경골teleost"어류에 대해서 이야기를 해왔다. 경골어류는 우리가 알고 있는 어류 종의 96%를 차지한다. 상어와 가오리를 포함한 연골어류, 즉 "판새elasmobranch류"에 대해서는 매우 다른 이야기를 해야 한다.[35] 이 생물들은 역사적으로 경골어류와 멀리 떨어져 있다. 두 그룹이 분기한 시기는 데본기와 백악기로 거슬러 올라간다. 사람들은 두 그룹을 섞어서 생각하고 둘 다 "어류"라고 부르지만 그들은 모든 면에서 큰 차이가 있다. 판새류가 통각을 갖기에 충분한 해부학적 구조를 갖고 있다는 증거가 없기 때문에, 즉 "일반적으로 통각 수용체가 부족"하기 때문에[36] 그들에게 쾌고감수능력이 없다는 결론을 내릴 만한 이유가 충분하다. 그 결과로 그들은 유해한 종을 자주 먹이로 삼는다. 입에 수십 개의 가오리 가시가 박힌 채로 발견되기도 하는 것이다. 움직임이 방해를 받으면 꿈틀거리고 도망치려 하지만 앞으로 보게 될 것처럼 쾌고감수능력이 있다는 증거가 없는 많은 생물의 경우에도 이런 모습을 보인다. 심지어 몸이 둘로 나뉘어도 동요하지 않고 먹이를 먹는데 이런 행동은 쾌고감수능력이 있는 생물에게서는 발견할 수 없는 것이다. 타이는 다음과 같이 결론 내린다. "내가 아는 한, 판새류의 경우, 고통을 느낀다고 설명할 수 있을 만한 행동을 보이지 않는다."[37]

조류

어류의 쾌고감수능력에 대해서는 논쟁이 이어지고 있지만, 차츰 명확한 합의가 부각되고 있다. 조류의 쾌고감수능력에 대해서는 더 이상 의심의 여지가 없다. 항상 그런 것은 아니었다. 최근까지만 해도 뇌의 작은 크기와 신피질의 부재 때문에 새는 "정형화된 활동만을 할 수 있는 사랑스러운 오토마톤"이라는 견해가 광범위하게 퍼져 있었다.[38] 특히 1990년대 이래 "주의 깊게 통제된 시험을 통해 미래에 대한 계획이나 마음 이론 같은 복잡한 인지적 개념들이 밝혀짐에 따라 조류에 대한 지식이 급속히 늘어났다. 실험의 엄정성으로 인해 회의론자들도 부정하기 힘든 놀라운 결과가 드러났다."[39] 드 발은 조류 연구는 조류의 대단히 정교하고 유연한 지능에 대한 이해를 통해 다른 어떤 동물 연구 분야보다 동물의 지능에 대한 과학계 전반의 시각에 혁명을 일으키는 데 큰 기여를 했다는 말도 덧붙인다.

> 과거 우리는 인간이 꼭대기에 있는 선형적인 지능의 사다리를 생각했었지만, 지금은 이것이 각 종이 생존하는 데 필요한 정신 능력을 진화시켜 온, 다른 많은 가지가 있는 덤불에 가깝다는 것을 깨닫고 있다.[40]

해부학의 편협한 견해, 즉 신피질이 없으면 지능도 낮거나 없다는 견해가 조류에 대한 이해를 오랫동안 방해했다. 과학자 윌리엄 소프William Thorpe가 1963년 이미 요약했듯이, "뇌 메커니즘에 대한 오해에 기반한 이런 선입견이 새의 학습에 대한 실험적 연구의 발전을 저해했다는 데 의심의 여지가 없다."[41] 능력이 떨어지는 것으로 알려졌던 새의 뇌를 면밀히 관찰한 결과, 실제로는 새의 뇌에 뉴런이 풍부하며 새들의 뇌는 수렴 진화를 통해 뉴런의 독특한 편성 방법(층보다는 무리로)을 발전시켰다는 것이 알려졌다. 구성은 다르지만 세포 자체는 "기본적으로 동일하고, 빠르고 반복적인 발화가 가능하며, 그들이 기능하는 방식은 정교하고, 유연하고, 창의적이다."[42]

새의 행동에 대한 연구도 오랜 고정관념을 무너뜨리는 혁명적인 연구였다. 지금의 우리는 새가 환경에 대한 뛰어난 적응력과 고도로 발달된 다양한 능력을 가지고 있다는 것을 알고 있다. 이런 지식은 많은 과학자가 각기 한 종이나 그룹을 전문적으로 연구한 결과다. 앵무새와 까마귀는 이례적인 개념적 지능과 사고의 유연성을 가지고 있는 것으로 드러났다. 까마귀는 다른 어떤 비인간동물보다 도구를 잘 이용하고 만든다.[43] 아이린 페퍼버그Irene Pepperberg가 회색앵무 알렉스와 진행한 실험은 초기에는 조롱을 받았지만 지금은 널리 인정받고 있다. 이 실험들을 통해 앵무새는 폭이 넓고 정교한 사고 능력을 가진 것으로 밝혀졌다.[44] 페퍼버그의 실험은 "인간만이 X를 할 수 있다"는 단호한 입장을 가진 사람들로부터 매번 비웃음을 샀다. 하지만 이제는 페퍼버그 연구의 엄정함과 다른 비슷한 앵무새 및 까마귀 연구가 결합되어 회의론을 잠재우고 있다.

언어와 표현에 관해서라면, 언어적 재능을 가진 것은 앵무새만이 아니다. 새소리는 사랑스러울 뿐 아니라 대단히 지능적인 소통 시스템인 것으로 밝혀졌다. 많은 종이 끊임없이 노래를 연습한다. 심지어는 혼자 있을 때도 연습을 한다. 다른 새들(특히 암컷)은 노래의 유려함에 존재하는 개별적인 차이를 인정해준다. 새들은 많은 인간 가수가 부러워할 만한 해부학적 구조를 갖고 있다. 후두와 유사한 울대가 한 번에 두 개의 음을 낼 수 있다. 이렇게 새소리는 복잡한 미적 능력을 담고 있지만 언어와 유사한 조합적 능력도 있다(최소한 일부 종에는). 예를 들어, 박새의 노랫소리는 한도가 없는 유형의 노래를 만들 수 있는 구문을 갖춘 "육상동물의 커뮤니케이션 시스템 중에 가장 정교하고 정확한 것"으로 꼽힌다.[45]

언어는 사회적 상호작용의 일부이며, 새는 대단히 정교한 사회적 동물로 암수의 쌍 결합이 오랫동안 지속되며(종의 80%가 일부일처) 새끼에게 다양한 범위의 행동을 가르치는 문화적 학습의 놀라운 사례다. 둥지의 새끼를 먹이는 것은 아주 힘든 일로, 부모의 집중적인 소통과 관심을 요한다. 그만큼 인상적인 것이 일부 종이 집을 지을 때 심미적인 문제에 기울이는 관심이다. 바우어새는 탁월한 예술가다. 까치는 거울 테스트를 통과하고 자신과 타인에 대한 특히 예민한 인식을 보여주고, 까마귀는 일반적으로 선물 제공을 수반하는 호혜성에 뛰어나다.[46] 그 과정에서 새들은 공포는 물론 사랑과 슬픔 등 다양한 범위의 감정을 경험하는 것이 분명하다. 그들은 자신의 고통을 느낄 뿐 아니라 같은 종 다른 새의 고통에도 대단히 민감하다.[47]

마찬가지로 인상적인 것은 인간의 능력과는 비교가 어려운 능력이다. 특히 새들은 부분적으로는 시각(새들은 모든 척추동물 가운데 가장 발달된, 특히 색상 구분에 민감한 시각 시스템을 가지고 있다), 부분적으로는 후각을 이용해 공간적 입지를 면밀하게 파악하는 놀라운 능력을 가지고 있다. 따라서 새들은 먼 곳을 오가는 길을 찾을 수 있다. 인간을 훨씬 넘어서는 새의 GPS 시스템에 대해서는 아직도 확실히 밝혀지지 않았다.[48]

내가 새에 대해 이렇게 많은 부분을 할애한 이유는 끈질기게 이어진 해부학적 유추의 오류로 인해 많은 사람이 여전히 새가 멍청하고 쾌고감수능력이 없다고 생각하기 때문이다. 하지만 목적 추구에 관한 한, 이

상대적으로 약한 생물은 각 종류가 그만의 환경에서 번영하게 하는 예리한 감각과 적응성 있는 삶의 형태를 지닌, 누구보다 성공적인 생물이기도 하다.

파충류

파충류는 새(공룡에서 유래한 새)와 연관이 있지만, 새들은 어느 순간 온혈동물이 된 반면 파충류는 냉혈동물로 남아 있다. 새와 마찬가지로 파충류에게는 신피질이 없다. 그들의 행동에는 적응성과 정교함이 훨씬 부족하다. 행동과 신경해부학적 구조 모두에서 과학자들의 연구가 부족하긴 하지만, 행동과 생리학을 보면 그들은 고통뿐 아니라 다른 감각 경험을 갖는 쾌고감수능력이 있어 보인다(새의 경우와는 달리 다양한 감각 양태가 서로 연결되어 있지는 않지만). 적어도 그들의 행동을 설명할 때는 쾌고감수능력이 있다는 이론이 그 반대보다 선호될 것이다.[49]

두족류

이제는 무척추동물, 상당히 불확실하고 논란이 많은 영역으로 들어가보자. 그중에서도 두족류(오징어, 갑오징어, 문어)는 쾌고감수능력 부문의 강력한 후보다. 문어는 인간 어린이가 열 수 없게 만든 뚜껑을 여는 법을 학습할 수 있다. 이 생물 집단 전체에 대한 피터 고프리스미스의 상세한 연구는 그들이 쾌고감수능력이 있는 내적 삶을 지니고 있다는 강력한 논거를 제시하며, 브레이스웨이트와 같은 주류 과학자들도 주저함이 있기는 하지만 그 결론에 동의하는 쪽이다.[50] 고프리스미스(과학 철학자)는 이 그룹이 "정신적 복잡성의 면에서 무척추동물의 바다 속에 있는 섬이자 … 큰 뇌와 복합적 행동의 진화에 대한 독립적 실험이다"라는 결론을 내렸다.[51] 한때 보호용 껍질이 있었지만 언젠가부터 껍질을 잃은 문어는 대단히 취약해졌고, 생존을 위해 대단히 크고 복합적인 뇌를 발달시켰다. 고프리스미스는 보통의 문어 뇌에는 개나 인간 어린이의 뇌에 있는 것과 비슷한 수의 뉴런이 있다고 지적한다. 문어는 뉴런이 몸 전체에 퍼져 있기 때문에 몸 전체가 쾌고감수능력을 지니며 발이 놀라운 정도의 주체성과 독립성을 갖는다. 문어는 환경의 도전에 맞설 뿐 아니라 실험 전구에 물을 뿌려 꺼버리는 등(그들은 빛을 싫어한다) 환경을 조종하기까지 한다. 연구자들은 물고기 연구를 통해 신피질이 없어도 쾌고감수능력이 있을 수 있다는 것을 이해했고, 문어 연구로 무척추동물에게 쾌고감수능력이 있다는 것을 깨닫게 되었다. 과학자들 사이에서 아직 결론이 나오지는 않았지만 말이다.[52]

갑각류

갑각류(새우, 게, 바닷가재)의 경우 상황이 명확치는 않지만, 새로운 지식들 덕분에 바닷가재를 끓는 물에 넣는 일반적인 관행에 반대하는 대응이 이어지고 있다. 특히 소라게 실험으로 과학자들은 그들이 고통을 느끼는지에 대한 논쟁을 시작하게 되었다. 영국 벨파스트의 과학자 로버트 엘우드Robert Elwood의 실험에서 어떤 일이 일어났는지 알아보자.[53] 그는 소라게 껍질을 전원에 연결해 게에게 작은 자극을 주었다. 소라게는 달리 쓸 수 있는 빈 껍질이 없는데도 껍질을 버리는 반응을 보였다. 이런 비정상적인 행동은 고통이 소라게에게 불쾌하다는 것을, 스스로를 대단히 취약한 상태로 만들 정도로 불쾌하다는 것을 시사한다. (소라게는 비어 있는 달팽이 껍질을 이용하며 종종 껍질을 바꾼다.) 충격을 받은 게는 충격이 더 이상 존재하지 않는데도 변화된 행동을 보였고, 불쾌한 경험의 기억이 20초 이상 지속되는 것 같았다. 엘우드는 소라게가 고통을 느끼고 기억한다는 결론을 내렸다. 여기에 대해서는 다른 과학자들, 행동을 관대하게 해석하는 타이조차 아직 의심하고 있다. 엘우드가 게와 새우가 우리가 이전에 생각했던 것보다 지능이 높다는 것을 보여주었다는 것만은 확실하다. 그리고 우리는 이전에도 쾌고감수능력에 대해서 잘못 생각했었다. 하지만 부분적으로는 해부학적 이유 때문에(갑각류는 두족류, 심지어는 꿀벌보다도 뉴런의 수가 훨씬 적다) 아직은 명확한 결론에 이르지 못하고 있다. 더 많은 것을 알아내기 위해 노력하는 동안에는 지나치다 싶을 정도로 주의를 기울이는 것이 좋다.

곤충

곤충의 뇌는 포유류의 뇌와 그 구조가 상당히 비슷하며 일부 곤충(꿀벌)은 인상적으로 많은 수의 뉴런을 갖고 있다. 꿀벌의 뇌에는 약 백만 개의 뉴런이 있다. 작은 크기를 고려하면 뉴런의 밀도는 포유류의 대뇌피질보다 10배가 높다. 해부학적으로는 쾌고감수능력이 불가능하지 않은 것이다.[54] 반면에 일부 주요한 측면에서 곤충의 행동은 포유류의 행동과 크게 다르다. 곤충은 부상당한 부위를 보호하지 않는다. 심각한 부상을 당해도 계속 먹이를 먹는다. 예를 들어, 체체파리는 절단되어도 먹이를 먹고 메뚜기는 사마귀에게 먹히면서도 먹이를 먹는다. 일반적으로 곤충은 포유류에게 대단히 고통스런 자극에도 반응하지 않는다. 따라서 곤충이 고통을 느끼는지는 의심스럽다. 회피 학습을 보이는 벌은 이 규칙에 예외인 것으로 보인다.

보다 일반적으로, 벌의 경우는 더 많은 연구의 필요성을 보여준다. 실험은 그들에게서 불안이나 공포에 가까운 상태를 유도할 수 있다는 것을 보여주었다. 벌을 움직이지 못하도록 묶어둔 뒤 한 가지 냄새는 기분 좋은 맛(설탕), 다른 냄새는 불쾌한 맛(퀴닌)과 연관시키도록 학습을 시켰다. 이런 연상이 형성되자 벌은 좋은 것을 나타내는 냄새를 맡을 때 주둥이를 벌리고, "불길한" 냄새를 맡을 때 주둥이를 다물었다. 이후 그들을 두 그룹으로 나누어 한 그룹은 심하게 흔들고(오소리가 벌집을 흔드는 것과 같은 방식으로), 한 그룹은 흔들지 않았다. 연구원들은 불안한 피실험자들이 비관적으로 나쁜 것을 기대하는 반면, 불안하지 않은 피실험자들이 보다 낙관적이라는 일반적인 진리를 이용했다. 중간 냄새를 제시하자, 흔들렸던 벌은 흔들리지 않은 벌보다 맛보기 위해 입을 벌릴 가능성이 훨씬 낮았다. 그들은 애매한 자극을 보다 부정적으로 해석하는 것 같았다. 비관적인 인지 편향을 유발하는 불안 상태와 다소 비슷하게 보였다. 그들이 정말 주관적으로 이것을 느끼는 것일까? 연구원들은 이것이 쥐와 다른 포유류의 경우와 마찬가지로 확실하다고 주장하지만 여기에는 주의가 필요하다. 예를 들어, 흔들림이 냄새를 구분하는 능력을 전반적으로 떨어뜨렸을 수도 있다.[55] 이 실험들은 시사하는 바가 많긴 하지만 브레이스웨이트나 스네든의 물고기 실험만큼 결정적이지는 않아 보인다. 하지만 벌의 해부학이 최소한 쾌고감수능력을 허용하고, 벌의 일반적인 행동이 그것을 배제하지 않는다는 점을 고려하면, 벌에게 쾌고감수능력이 있는지에 대한 논쟁은 계속되어야 마땅하다.

아리스토텔레스의 "부동 동물": 자포류와 해면류

아리스토텔레스 이래 과학자들은 식물과 다소 비슷한 특정 생물을 식물이 아닌 동물로 분류해왔다. "식물과 다소 비슷하다"는 것은 이리저리 움직이지 않고 고정되어 있다는 뜻이다. 아리스토텔레스는 지금의 자포류(산호, 해파리, 말미잘)와 해면류(해면)를 "부동 동물"이라고 불렀다. 일부 (해파리)는 움직이지만 일반적으로 내 모델이 찾는 방식으로 욕망의 대상을 향해 목적 지향적인 유형의 움직임을 보이지는 않는다. 자포류는 뇌와 중추신경계를 갖고 있지 않지만 지각 역할을 하는 것으로 보이는 신경조직망을 갖고 있다. 그들은 개별적인 개체로서 살고, 번식하고, 죽는다. 따라서 오늘날의 과학자들은 자포류에게 촉각이 있으며 식물과 같은 굴성屈性 개체가 아니라는 아리스토텔레스의 주장에 동의한다. 해면류는 더 단순한 개체로 모든 동물계 공통의 조상으로부터 다른 어떤 것들보다 먼저 분화되었다. 해면동물은 신경계가 전혀 없지만, 뉴런을 가지고 있고, 활동을 조정하며, 개체로서 번식하고, 살고, 죽기 때문에 식물이 아닌 동물이다. 그렇지만 이들 생물 중 어떤 것도 쾌고감수능력을 가지고 있지 않은 것 같다.

● 식물은 어떨까?

동물에 대해서는 정의를 기반으로 이해관계를 가지는 일반적인 기준을 제시하고, 어떤 유형의 동물이 이 조건을 충족하는지에 대한 결론을 도출하려고 노력했다. 단, 이런 선 긋기는 항상 잠정적이며 우리는 우리가 가진 지식이 불완전하다는 것을 고려해 누가 그 조건을 만족시키는지에 대한 것보다는 일반적인 기준에 대해 더 명확히 알아야 한다. 하지만 지금까지 나는 동물에 대해서 이야기를 하면서 암묵적으로 정의 이론에서 식물을 배제했다. 여기에 동의하지 않는 사람들이 많을 것이다. 이제는 이 문제에 직면해야 할 때다.

식물은 목적론적 시스템이라고 부를 만한 존재임이 분명하다. 즉 그들은 대부분이 생명을 유지하고 번식하기 위해 작동하는 조직적인 기능 형태다. 그것들은 살아 있는 존재의 기본적인 기능이며 식물은 의심의 여지없이 살아 있다. 미네랄 기타 물질은 움직임에 있어 명확한 법칙을 따르지만, 식물은 스스로 영양을 공급하고 번식하는 반면 미네랄은 그렇게 하지 못한다. 식물은 이런 면에서 동물과 공통점을 가진다. 식물의 행동에는 법칙이 있다. 즉 다양한 상황에서 식물이 생명을 유지하고 영양을 공급하며, 종을 번식시키기 위해 필요한 일을 하리라는 것을 예측할 수 있다.

식물에게 쾌고감수능력이 있는지에 대한 논란은 역사 내내 계속되어왔다. 아리스토텔레스는 "부동 동물", 즉 필요한 것을 얻기 위해 장소를 이동하는 동물의 생명 기능에 필수적인 거리 감각, 청각, 시각, 후각은 부족하지만 기초적인 형태의 지각, 특히 촉각을 이용하는 것으로 보이는 스폰지와 말미잘과 같은 동물들과 식물을 구분하면서 식물의 쾌고감수능력을 부정한다. 하지만 식물과 부동 동물을 나누는 이런 경계는 옹호하기가 어렵다. 파리지옥풀은 먹이를 감지하지 않는가? 모든 식물이 더위와 추위를, 빛과 어둠을 감지하지 않는가?

몇몇 저명한 식물학자들은 식물이 지각할 뿐만 아니라 내가 말하는 쾌고감수능력도 가지고 있다고 주장한다. 그리스의 플라톤주의자 포르피리오스(2장 참조)는 동물 윤리에 관한 저서에서 동물과 달리 식물은 고통과 두려움을 경험하지 않기 때문에 정의의 대상이 아니라고 주장하며 이를 부정했다. 그러나 일부 저명한 현대 식물학자들은 정반대의 결론을 내렸다. 다윈의 조부 이래즈머스 다윈Erasmus Darwin은 1800년경에 식물에 대한 실험을 통해 식물이 고통과 "자극과민성"을 동시에 느낀다는 확신을 가졌다.[56] 19세기 중반, 독일의 생물학자 구스타프 페히

너Gustav Fechner는 식물에게 감정이 있다고 주장했다. 식물에게 말을 걸면 건강과 성장을 향상시킬 수 있는 것처럼 보였기 때문이다. 인도 출신의 식물학자 자가디시 찬드라 보스Jagadish Chandra Bose(1858~1937)는 식물에게도 신경계와 같은 것이 있다고 주장했다. 보스는 식물의 미세한 움직임을 기록하기 위해 크레스코그래프crescograph(식물 성장 측정기)라는 도구를 개발했다.[57] 그는 식물이 열, 추위, 빛, 소음 등 다양한 외부 자극에 미세하게 반응한다는 사실을 규명했다. 그는 이런 반응이 얼마나 적응성이 높고 강렬한지 보임으로써 식물도 고통을 느끼는 등 주관적인 감정을 가지고 있다는 점을 사람들에게 납득시키려 노력했다. 보스는 괴짜가 아니었다. 그는 이런 업적을 인정받아 기사 작위를 받고 널리 존경받았다. 그렇다면 그는 식물의 쾌고감수능력을 확고히 하는 데 성공했을까, 아니면 그의 결론은 그다지 설득력이 없는 것일까? 또 다른 문제는 과학자들이 그의 발견을 복제할 수 없었다는 점이다.[58]

최근 스스로를 "식물 신경생물학자"라고 부르며 식물의 정보 네트워크를 연구하고 그것을 동물의 신경계와 비교하는 과학자 그룹이 등장했다.[59] 식물 신경생물학자들은 일단의 주요 식물학자들로부터 강한 비난을 받았다. 비판가들은 2007년 공동 저술한 서한에서 식물 신경생물학자들의 결론을 "피상적인 유추와 의심스러운 추정에 근거한 결론"이라고 표현했다.[60] 실험에 따르면 식물은 전기신호를 통해 빛의 강도는 물론 심지어 색깔에 대한 정보까지 다른 식물에게 전달한다. 하지만 이런 연쇄 반응은 쾌고감수능력의 증거나 인지적 평가가 되지 못한다.

식물이 우리가 생각했던 것보다 외부 조건에 훨씬 더 민감하다는 이런 흥미로운 증거들에도 불구하고, 식물의 쾌고감수능력을 인정하는 것이 타당해 보이지 않는 데에는 몇 가지 이유가 있다. 신경해부학부터 시작하기로 하자. 식물에게는 뇌가 없다. 중추신경계, 즉 신호전달 기능을 전문적으로 수행하는 세포 네트워크 같은 것을 가지고 있지 않다. 물론 새와 물고기의 경우에 우리가 잘못된 판단을 했었다는 것을 기억하면서 주의를 기울여야 한다. 신피질은 쾌고감수능력에 필요치 않다. 하지만 새나 물고기는 포유류와는 다르더라도 여전히 눈에 띄는 중추신경 조직을 갖고 있다.

행동은 어떨까? 식물과 동물 사이에 구조적 유사성이 없다는 점을 고려해 관찰된 반응을 설명할 수 있는 다른 방법이 있는지 의문을 가지면서 **최선의 설명에 대한 추론**에 매우 주의를 기울여야 한다. 그리고 실제로 다른 설명 방법이 있는 것 같이 보인다. 식물은 단단히 고정되어 있지만 굴성이 있다. 뿌리는 중력의 방향으로 자라면서 **굴지성**을 보인다. 빛을 향하는 **굴광성**도 보인다. 계절에 따른 리듬이 있다. 하지만 이런 것들은 종의 본성에 내재되어 고정적이고 융통성이 없다. 굴성은 생명을 유지하고 스스로 양분을 공급하는 행동이라는 면에서 동물의 행동과 같다. 하지만 쾌고감수능력이 있는 생물이라는 결론을 내리게 하는 일종의 상황적 적응성이 부족하다. 식물에 관해서는 행동의 주요 결정 요인으로서의 주관적인 감정을 명확하게 보여주는 브레이스웨이트 실험과 같은 것이 존재하지 않는다. 이런 실험 없이는 식물을 무엇인가를 **의도**하고, 좋은 삶을 **추구**하는 존재로 생각하기가 어렵다.

또한 식물은 어류와 조류의 특징인 반응에서의 개별적인 변동, 즉 유연한 주체성을 나타내지 않으므로 종 특유의 행동을 보일 뿐이라는 확신을 가질 수 있다.

더구나 식물은 전혀 개별적인 생물이 아니다. 동물은 하나씩 태어나고 하나씩 죽으며 일생 동안 그들은 서로 구별된다. 서로에게 반응한다

해도, 한 동물은 다른 동물의 고통을 느끼지 못하고, 한 동물이 먹는 음식은 다른 동물에게 영양을 공급하지 못한다(임신 기간을 제외하고). 아리스토텔레스의 표현대로, 동물은 "수적으로 하나"라는 분명한 사실은 각각의 동물에게 일어나는 일이 중요하고, 각각이 하나의 목적으로 취급되어야 한다는 우리의 강한 직관의 기저를 이루는 큰 부분이다. 쾌락과 고통이 단일한 체계를 이루고 있으며 우리의 과제는 전자를 극대화하고 후자를 최소화하는 것이라는 철학자들, 그리고 공리주의자와 불교도들의 말은 각각의 생명이 어떤 생명체가 가질 수 있는 유일한 생명이며, 그 각각의 생명이 고유한 의미를 지닌다는 우리의 가장 기본적인 윤리적 직관과 충돌한다. 나는 윤리학에서는 종이 아닌 개별 생물이 목적이라고 주장하면서 이미 이런 직관에 대해 이야기했다. 하지만 식물은 이런 의미에서의 개별적 생물이 아니다. 식물은 언제 태어나고 죽는지 단언하는 것이 불가능하다. 절단, 접합, 묘목의 뿌리 내리기, 구근에서 계절에 따라 꽃이 다시 태어나는 것 등 이런 모든 일반적인 관행과 사건은 식물이 기본적으로 개체가 아닌 군집 개체, 즉 그것이 아닌 그들이라는 것을 보여준다. 우리가 특정 나무에 아무리 깊은 애착을 가지고 있다고 해도 나무가 생존하기 위해 필요한 것이 무엇인지, 씨앗이 뿌리를 내리는 것인지 꺾꽂이 가지가 뿌리를 내리는 것인지 확신할 수는 없다. 식물의 경우에도 종을 보존하는 것이 중요한 것처럼 보이지만, 나는 이것이 정의의 의무가 아니라 우리가 생태계에 대해 가지는 유형의 관심에 좀 더 가까운, 다른 유형의 윤리적 문제라고 주장했다.

나무의 보존에 대해 깊은 관심을 가질 수는 있지만, 그것은 단 한 번밖에 살 수 없고 삶이 끝나면 (종종 괴로운 고통으로) 그뿐인 동물에 대한 관심과는 다르다.

나는 식물에게는 정의에 근거한 자격이 없다는 결론을 내린다. 그들은 피해를 입을 수는 있지만 불의의 대상이 될 수는 없다. 그렇더라도 일정한 종류의 윤리적 관심은 필수적인 것으로 보인다. 자연환경은 도구적(지각 있는 생물의 능력을 지원하는) 측면과 본질적 측면 모두에서 윤리적 중요성을 지니며, 우리에게는 자연환경에 관심을 기울여야 할 윤리적 의무가 있다. (일반적으로 나는 이 책에서 "도덕적 지위"라는 용어의 사용을 피한다. 도덕적 지위는 단일한 것이 아니라고 생각하며 나는 매우 특정한 것, 정의에 대해서 이야기하고 있기 때문이다.) 하지만 이것은 태어나고, 잘 살기 위해 노력하고, 고통을 겪고, 죽는 생물에게 가지는 유형의 의무는 아니다.

● 윤리적 결과

나는 놀라울 정도로 다양한 유형의 생물이 정의 이론에 포함될 수 있으며, 우리의 지식이 불완전하기 때문에 다른 생물들에 대해서도 열린 마음을 가져야 한다고 주장했다. 이는 우리의 의무가 거대하고 심지어 숨막힐 정도로 막중하다는 것을 암시한다. 우리는 그런 의무에 어떻게 맞서야 할까? 하지만 정의의 대상인 생물이 무엇인가의 문제는 거기에 따르는 의무가 무엇인지 말해주지 않는다. 거기에는 **자연의 사다리**가 존재하지 않는다. 생물은 하나의 척도로 등급을 매길 수 없는 다양한 방식으로 번영을 추구하며, 삶의 복잡성이 정의의 자격을 결정하지 않는다. 그러나 삶의 수준과 복잡성은 정의의 대상이 되는 생물에게 **무엇이** 해악인지는 정확히 결정한다. 인간은 돌고래보다 **낫거나 우월**하지 않지만, 돌고래에게는 심각한 해악이나 잘못이 아닌 것이 인간에게는 심각한 해악과 잘못인 때가 있다. 기본적인 문해력을 부여하는 교육을 거부하는 것이 그런 예다. 반대로 큰 물길을 자유롭게 헤엄치는 능력은 물고기와 해양 포유동물의 삶의 형태에서 핵심적인 능력이지만 인간에게 먼 거리를 헤엄칠 기회를 빼앗는 것은 불의가 아니다.

요약하면, 정의와 불의를 고려할 때는 각 생물의 삶의 형태를 염두에 두어야 한다. 목표는 각 생물이 나름의 방식으로 번영할 수 있는 적절한 기회를 얻는 것이다. 이런 번영을 방해하고 있는 우리 인간은(지구와 바다, 심지어 하늘까지 지배하고 있기 때문에 이들의 삶 어디에나 존재한다) 우리의 지나친 방식을 바로잡을 필요가 있다.

고통이 쾌고감수능력이 있는 모든 존재에게 대단히 나쁘다는 것만은 분명하게 말할 수 있다(공리주의의 가장 중요한 진리). 따라서 내 이론에서는 무자비한 고통(동물의 이익에 도움이 되지 않는 고통)은 항상 쾌고감수능력이 있는 생물에게 불의다. 다음 장에서는 고통 없는 죽음이 생물에 해가 되는지가 생물의 삶의 형태의 특정 요인에 따라 달라진다는 주장을 펼 것이다. 죽음이 해가 아니라면 불의도 아닐 가능성이 높다. 이와 비슷하게 9장과 10장에서는 감금의 문제에 대해서 생각해보고 감금이 때로는 불의이지만 때로는 그렇지 않다는 결론을 내릴 것이다. 8장에서는 주로 인간적인 이유로 불의를 저지르고 있지만 새로운 과학적, 의학적 가능성을 통해 그런 딜레마를 뛰어넘을 수 있을 만한 경우들에 대해서 논의할 것이다. 이런 논거들을 다루고 나면, 내 이론의 요구 사항들이 진지하고 민감한 인간이 수용할 수 있는, 혹은 적어도 시간이 지나면서 더 적절하게 충족되도록 노력해야 할 요구 조건으로 보일 것이다.

7장

죽음의 해악

적절한 기간 동안 풍요로운 삶을 살아온 동물의 고통 없는 죽음에 대해서는 어떻게 생각해야 할까? 그런 죽음이 동물에게 해악일까? 우리가 그런 죽음을 초래하는 것이 윤리적으로 허용되는 일일까?

벤담은 단순히 가학적이거나 오락을 위한 것이 아닌 인간에게 '유용한' 목적을 위한 것이라면 동물을 인도적으로(고통 없이) 죽이는 것이 도덕적으로 수용 가능하다고 생각했다. R. M. 헤어R. M. Hare와 피터 싱어 같은 최근의 공리주의자들 역시 이에 기본적으로 동의하며 일부 동물의 살육에 윤리적 허용의 여지를 주고 있다. 다만 고통을 유발하는 공장식 축산업의 관행이라는 근거로 오늘날 세계의 대부분의 육식에는 반대한다.

고대 힌두교, 불교, 플라톤주의 사상가부터 크리스틴 코스가드, 톰 레이건Tom Reagan과 같은 현대 철학자에 이르기까지 여러 시대의 많은 이론가들은 인간의 목적을 위해 동물을 죽이는 것은 항상 부당하다는 보다 급진적인 입장을 취하고 있다. 인간을 위한 살육은 동물이 인간의 재산으로 여겨질 때에만 정당화될 수 있다. 그들은 재산이 아니고, 생명의 주체다. 따라서 살육은 멈춰야 한다. 이 장에서 나는 이 두 집단 사이에서 대단히 불안정한 입장을 취하면서(후자에 가깝기는 하지만) 죽음의 해악에 철학적인 탐구를 결합시킬 때 역량 접근법이 우리를 어디로 이끄는지 보여줄 것이다.

이것은 동물 윤리에 관한 모든 책에서 가장 시급하고도 어려운 사안이다. 그러나 이 사안은 너무나 자주 철학적 명확성의 불충분이라는 문제에 직면한다. 죽음은 쉬운 주제가 아니다. 생물에게 왜 죽음이 나쁜지, 어떤 환경에서 나쁜지는 전혀 명확치가 않으며, 그것이 불명확하면 쾌고감수능력이 있는 삶을 언제 끝내는 것이 해악인지, 허용할 수 없는 것인지도 불명확할 수밖에 없다. 후자의 집단이 내세우는 이론에서 내가 특히 문제를 제기하는 부분은 그들이 이런 문제를 충분히 연구하지 않는다는 점이다. 충분한 연구가 있다면 대답은 분명 복잡할 것이다. 한 발 물러서서 철학사의 도움을 받아 죽음의 해악에 대해서 깊이 생각해보자. 여기에서는 악이 될 수 있는 두 가지 다른 것, 즉 죽음의 과정과 죽은 상태를 구분해야 한다는 것을 잊지 말아야 한다. 일단 인간에서 시작해서 동물에 대한 것으로 생각을 확장해보기로 하자. 그 과정에서 역량 접근법이 관련 문제에 초점을 맞추는 데 어떤 도움을 주는지도 알아볼 것이다.

동물은 서로를 죽인다. 그리고 이런 살육에 우리가 개입할 수 있는 경우도 있기 때문에 윤리적인 문제가 야기된다. 그러나 이 장에서는 이 문제를 다루지 않는다. 이에 대한 논의는 10장에서 "야생"의 문제 전체와 다양한 영역에서 윤리적 관리자로서의 우리 책임을 다룬 후에 이루어질 것이다. 이 장은 우리가 동물을 죽일 때 하는 일에만 초점을 맞춘다.

우선 이 장은 현재 인간의 관행을 다루되 주변부부터 시작한다는 것을 알아두는 것이 좋겠다. 인간이 동물에게 가하는 죽음의 대부분은 고통스럽지 않다. 더 중요한 것은 그들이 온전하고 풍요로운 삶을 살지 못한다는 점이다. 공장식 축산업계에서 식용으로 키우는 동물들은 처음부터 온전치 못한 고통스러운 삶을 산다. 도입에서 나는 임신 상자에 갇힌 암퇘지의 삶에 대해 설명했다. 9장에서는 닭과 젖소의 손상된 삶에 대해 설명할 것이다. 12장에서 다시 이 사안들로 돌아가 이런 관행들에 대해 법이 어떤 일을 해왔으며 어떤 일을 해야 하는지의 문제를 논의할 것이다. 여기에서는 인도적으로 키우는 식용 포유류와 어류의 사안을 다룰 것이다. 그것은 전 세계에서 일어나는 일의 극히 일부에 불과하다. 내가 이런 부수적인 문제를 자세히 설명하는 이유는 공장식 축산업계의 끔찍함은 복잡한 것이 아니고 윤리적으로 민감한 사람이라면 누구나 규탄하는 사안이지만 인도적으로 키우는 식용 포유류와 어류는 윤리적인 관점에서 대단히 복잡한 문제이기 때문이다.

내가 다른 곳에서도 논의하는 또 다른 관련 사안은 개나 고양이의 반려인이 그 생물의 생명을 끊기로 결심하는 것이다. 9장에서 나는 인간이 동물을 잘 알고, 그 삶의 형태를 이해하며, 품위를 지킬 수 없는 기존의 상태가 참을 수 없을 정도로 고통스럽거나 수치스럽다는 동물의 징후에 반응한 것이라면 그런 선택이 윤리적이라고 주장한다. 인간이 자신의 편의를 위해서, 혹은 치료비를 부담하고 싶지 않아서 반려동물의 생명을 끝내는 경우라면, 그것은 돌보는 것이 불편하거나 비용이 많이 든다는 이유로 장애아나 노인의 삶을 끝내는 것과 마찬가지로 항상 부당하다. 여기서는 동물이 상당히 건강한 경우(명백한 이유로, 우리가 식용으로 살육하는 동물들은 보통 그렇다)만을 다룬다. 공장식 축산업계에서 살육되는 동물들은 진정으로 번영하는 경우가 없기는 하지만 말이다.

우선은 인간의 삶에 대해 생각하는 철학자들을 오랫동안 괴롭혀온 죽음의 문제부터 시작해보자. 윤리적인 논의가 훨씬 덜 발달된 동물의 생명에 접근하기에 앞서 인간의 경우에서 이 문제를 가능한 한 명확하게 살필 필요가 있기 때문이다.

● "죽음은 우리에게 아무것도 아니다"

죽음에 대한 두려움은 때로는 지속적으로, 때로는 중압감과 불안감을 배경으로 인간의 삶에서 많은 고통을 야기한다. 기원전 4세기의 급진적인 그리스 철학자 에피쿠로스Epicurus(기원전 341~270)도 그런 생각을 가졌고, 적어도 부분적으로는 그가 옳았다. 죽음의 두려움은 그와 로마인 제자 루크레티우스(기원전 99~55)가 거기에 관련지은 부러움, 전쟁, 성적 폭력, 종교적 권위에 대한 집단적 복종, 조기 자살 등, 모든 악을 낳는 것은 아니더라도 상당히 골치 아픈 문제임에 틀림없다. 하지만 에피쿠로스는 죽음을 두려워할 이유가 없다고 믿는다. 죽음은 우리에게 해악을 끼치지 않는다. 그는 이런 견해를 다음과 같이 간결하게 표현했다. "죽음, 우리를 가장 겁먹게 하는 악은 우리에게 아무것도 아니다. 우리가 존재할 때에는 죽음이 존재하지 않고, 죽음이 존재할 때는 우리가 존재하지 않는다."[1]

에피쿠로스는 죽음의 과정이 종종 고통스럽다는 사실을 부인하지 않는다. 그는 임종의 자리에서 이질과 비뇨기 폐쇄로 인한 극심한 고통을 묘사하는 서한을 남겼다. 하지만 그는 이런 고통이 그때까지도 이어갈 수 있었던 기억과 우정의 즐거움으로 상쇄될 수 있다고 생각했고, 때문에 임종 시에도 최종적으로는 즐거움이 고통을 앞선다고 주장했다. 그렇지만 그에게 중요한 문제는 그것이 아니었다. 그는 삶이 끝난 것, 죽은 상태의 나쁜 점에 대해 이야기했다.

그의 주장은 다음과 같이 재구성할 수 있다.

1. 어떤 사건은 그 사건이 존재하는 시점에 어떤 사람이 최소한 가능한 경험의 주체로 존재해야만 그 사람에게 좋거나 나쁠 수 있다.
2. 사람이 죽은 후의 시간은 그 사람이 가능한 경험의 주체로 존재하지 않는 시간이다.
3. 따라서 죽은 상태는 그 사람에게 나쁘지 않다.
4. 미래의 사건이 자신에게 나쁘지 않을 때 그것을 두려워하는 것은 비합리적이다.
5. 죽음을 두려워하는 것은 비합리적이다.

이 주장이 실제 경험이 아닌 가능성의 개념하에서 작동한다는 것을 유념하라. 에피쿠로스는 "느끼지 못하는 것은 당신에게 나쁠 수 없다"고 말하고 있는 것이 아니다. 이것은 분명히 설득력이 떨어지는 주장이다. 사랑하는 이의 죽음, 무증상의 암, 행복한 무지 속에서 잠들어 있는 동안 집을 태우는 화재 등 즉각적인 지각 영역 밖에서 일어나는 많은 일이 우리에게 나쁠 수 있기 때문이다. 그는 세상에 "당신"이 존재하지 않는다면 나쁜 것이나 박탈이라는 생각이나 혜택이라는 생각을 할 여지도 없다고 말하는 것이다.

에피쿠로스와 루크레티우스는 단순히 사후 세계가 없다고 가정하는 것이 아니다. 사실 그들은 인간에 대한 원자 이론을 사용해 이런 결론을 길게 논증한다. 하지만 이것은 우리에게 영향을 미치지 않는다. 그들은 청중들이 죽음을 두려워하는 것이 대부분 사후 처벌에 대한 두려움 때문이라고 생각했다. 따라서 사후 세계를 없애면 죽음에 대해 두려워할 대부분의 이유는 없어진다는 것이 그들의 생각이었다. 사후 세계를 믿는 사람들은 보통 사후 세계의 가능성이 상황을 악화하기보다는 더 낫게 만든다고 생각한다. 정확히 그들이 두려워하는 것은 죽음 이후에 아무것도 없다는 것이다. 결과적으로 사후 세계가 없다고 주장하는 것은 우리 대부분이 가지고 있는 무에 대한 두려움을 증폭시킬 뿐인 경향이 있다. (동시대 사람들의 에피쿠로스에 대한 비판에서 알 수 있듯이 그리스와 로마 세계에서도 많은 사람이 무에 대한 두려움을 갖고 있었다.) 행복한 사후 세계를 믿는 사람들조차도 삶의 종말로서의 죽음을 두려워한다. 따라서 이런 무, 종말에 대한 두려움이 우리의 초점이 되어야 할 것이다. 우리의 궁극적인 목표는 다원적 사회에서 폭넓게 공유될 수 있는 정치적, 법적 원칙이기 때문에 사후 세계에 대한 논쟁적인 가설을 기반으로 삼아서는 안 된다. 따라서 에피쿠로스의 사상을 따라 개별적 생물의 모든 가능한 경험이 죽음에서 끝나거나 최소한 사후 생존의 사안은 우리가 정치 원칙을 만들 때 의존할 권리가 없는 사안이라고 가정하기로 하자.

에피쿠로스의 논거는 매우 큰 영향력을 가지고 있다. 그리스-로마의 유산에서 비롯된 논거 중에 최근의 철학자들이 그렇게 진지하게 받아들이고 열띤 논쟁을 벌이는 것은 거의 없다. 에피쿠로스의 논거는 직관에 반하는 것처럼 보인다. 대부분의 사람은 대부분의 상황(사람이 여전히 기능을 하고 압도적인 고통이 없는 상황)에서 죽음을 나쁜 것이고 사람에게 피해를 준다고 생각하기 때문이다. 하지만 에피쿠로스의 말대로 해악의 대상이 없는데 어떻게 피해를 줄 수 있단 말인가? 우리는 삶의 즐거움을 상실하는 것을 두려워하겠지만, 마침내 막이 내렸을 때는 상실이 존재하지 않는다. 당신이 없기 때문이다. 루크레티우스는 자신의 장례식에 참석해 모든 좋은 것을 빼앗긴 자신을 목격하는 상상을 하는 사람들의 비합리성을 묘사한다.

> 그렇게 그는 자신을 불쌍히 여긴다. 그는
> 버려진 육체와
> 그 옆에 서서 슬퍼하며
> 감상적인 느낌을 전가하는 사람 사이에
> 존재하는 진정한 차이를 알아보지 못한다.

우리는 자가당착에 빠져 있을 뿐이다. 우리는 우리가 여전히 거기에 있다고 생각한다. 하지만 우리 슬픔의 중심은 우리가 거기에 없다는 사실이다.

일부 철학자들은 우리가 모르는 것, 어쩌면 결코 알 수 없는 것이 우리에게 나쁘다는 것을 인정해야 하는 경우를 지적하면서 이 강력한 논거를 반박하려 노력한다.[2] 따라서 일부에서는 배신을 당하고도 이 사실을 전혀 모르는 사람들도 피해를 입었다고 생각한다. 사고로 모든 고등 정신 기능을 상실하고도 이를 악화된 상황이라고 인식하지 못하는 사람들도 피해를 입은 것이다(손상에서 회복할 수도 있다). 나쁜 것에 대해 배우는 것이 불가능한 사람의 경우도 생각할 수 있다. 그런 경우에도 우리는 그 사람이 피해를 당했다고 생각하곤 한다.[3]

그렇다. 하지만 이 모든 사례에는 적어도 자신이 원래의 그 사람이라고 강력히 주장하는 지속적인 주체가 있다. 손상을 입은 사람은 세상에 원고가 존재한다는 이유만으로 손해에 대한 소송을 제기할 수 있다. (사고로 그 사람이 영구적인 식물인간 상태가 되었다면 우리는 그 사람이 세상에 실제로 존재하는지, 그 사람이 피해를 입었다는 우리의 감각은 루크레티우스가 말하는 이중사고가 아닌지 의심해봐야 한다.) 그러나 그 사람을 완전히 제거하면 상황은 크게 달라진다. 우리는 어떤 주체에게 상황이 "나쁘다"거나 "피해를 입었다"는 말을 붙여야 할까? 지금까지는 에피쿠로스와 루크레티우스가 무패다.

● 중단 논거: 그리고 두 가지 가짜 위로

하지만 당연히도 이야기는 여기에서 끝나지 않는다. 이제 우리는 내가 "중단 논거interruption argument"라고 불러온 것을 도입할 수 있다. 내가 알기로 이것은 데이비드 펄리David Furley가 처음 도입해서 내가 확장했고, 철학자 제프 맥머핸Jeff McMahan이 독립적으로 정교하게 다듬은 논거이다.[4] 이 논거는 죽음이 시간의 흐름과 함께 전개되는 프로젝트를 중단시켜 전체 또는 일부를 공허하고 헛된 것으로 만듦으로써 삶의 형태에 영향을 미치는 경우가 많다고 말한다. 예를 들어, 법학대학원 입학 시험을 준비하거나 법학대학원을 가는 것은 그 자체로 선택의 가치가 있는 활동이 아니고 법률가로서의 커리어를 준비하는 과정이다. 죽음이 이 준비 단계를 가로막는다면 그 활동들은 무의미해진다. 많은 젊은 성인이 하는 일은 이런 성격을 띤다. 죽음은 우리가 삶에서 착수했던 활동의 의도했던 형태를 바꾸어 우리의 많은 행위를 공허하고 의미 없게 만들기 때문에 나쁘다.

　펄리는 일반적으로 조기 사망으로 여겨지는 죽음에 초점을 맞추었지만, 나는 「죽음의 해악The Damage of Death」*에서 이 논거를 시간이 흐름에 따라 전개되는 활동을 중단시키는 모든 죽음으로 확장했다. 그리고 나는 일, 가족생활, 우정 등과 관련된 프로젝트 등 인간 활동의 상당 부분이 이와 같다는 것에 주목했다. 사람들은 자세한 종합 계획까지는 없더라도 시간이 흐름에 따라 전개되는 일련의 프로젝트, 즉 중단될 수 있는 프로젝트를 갖고 있는 것이 보통이다. 일시적으로 장기 프로젝트에 자신을 참여시키지 않으려 노력함으로써 일부 프로젝트가 죽음으로 인해 결실을 맺지 못하게 되는 위험을 피할 수 있다. 실제로 에피쿠로스와 루크레티우스는 이런 방법을 추천한다. (예를 들어, 그들은 우주의 질서에 대한 사색은 한순간에 완성된다고 생각한다.) 하지만 그렇게 되면 사랑과 우정의 발전, 가족생활의 세대 간 역학 관계, 일상적인 과제(정원 가꾸기, 장편소설 읽기 시작하는 것 등)와 같은 많은 인간적 가치를 박탈당할 것이다. 살아가면서 자신의 계획과 프로젝트에 다음에 무슨 일이 일어나는지 지켜보는 순수한 즐거움도 존재한다. 영화를 보는 도중에 영사기가 고장 나면 뭔가를 놓친 것 같은 느낌이 든다. 비슷하게 죽음은 삶 속에 있는 여러 프로젝트의 즐거운 흐름을 갑자기 끝내버린다. 꼭 대단하고 상세한 미래 계획이 있어야 다양한 범위의 프로젝트를 시간을 두고 추진할 수 있는 것은 아니다. 우리의 활동이 이전에 여러 차례 행한 활동의 반복이라 할지라도 그런 활동은 기억, 반복에 대한 우리의 인식, 다시 반복하고자 하는 욕망에서 의미와 무게를 이끌어낸다. 의례가 감정적인 풍요를 가져다주는 경우가 많은 것도 그 때문이다. 예를 들어, 우리

• James Stacy Taylor, "The Metaphysics and Ethics of Death: New Essays", Oxford University Press (2013) 참조

는 과거에 유월절 밤 축제에 참석했던 때를 떠올리고 같은 사람들이 어떻게 성장하고 변화했는지를 생각한다는 사실에서 더 많은 의미를 얻는다. 우리는 시간의 제약을 받는 현세적인 존재다. 시간의 강을 유영하면서 동시에 모든 단일의 순간으로부터 떨어져 서서 연속적인 사건을 관찰한다. (마르셀 프루스트는 인간의 시간이 가지는 이런 측면을 아름답게 포착한다.) 마찬가지로, 반복하지 않고 새로운 추구를 해나갈 때라면, 새로운 것은 그것이 새로운 것이라는 인식으로부터 가치를 얻는다. 이것 역시 우리와 시간의 관계가 갖는 한 측면이다.

많은, 아니 대부분의 사람의 죽음은 장기간에 걸친 프로젝트를 중단시킴으로써 그 사람의 삶을 소급적으로 훼손한다. 조금 다르게, 매순간을 있는 그대로 받아들이며 사는 사람들이 있기는 하다. 하지만 그것은 이례적인 경우다. 그런 사례는 긴 인생의 끝에서 일을 마무리하고 계획과 시간의 흐름이 관여하는 활동을 착수하지 않아야 할 때라는 결정을 할 때에나 발견되는 것이 보통이다. 내 할머니는 건강하게 사시다가 104세에 돌아가셨다. 할머니의 죽음이 대부분 인간의 죽음보다 덜 나빠 보였던 까닭은 할머니께서 어느 정도 일을 마무리 하셨기 때문이었다(비록 가족들과 상호작용을 하고 고급 가구를 관리하는 등의 일상적인 프로젝트에 대한 애정 때문에 삶에 시간적으로 중단될 수 있는 구조가 여전히 존재하긴 했지만). 에피쿠로스는 인간의 삶과 가치에 대한 피폐한 그림을 기반으로 논거를 전개한다. 더 풍성하고 보다 현실적인 견해를 받아들인다면, 많은 혹은 대부분의 죽음은 죽은 사람에게 나쁘다. 루크레티우스가 상상한 비논리적인 방법이 아니라 완벽하게 직접적인 방식으로 말이다. 죽음은 살아온 삶을 더 나쁜 쪽으로 변화시킨다.

역량 견해와 중단 논거는 동맹이다. 역량 접근법은 삶의 활동이 시간에 따라 전개되는 방식을 강조하고 공리주의자들이 전형적으로 하는 것과 같이 쾌락과 고통을 고정적이고 일시적인 것으로 생각하는 일을 거부한다. 중단 논거는 "우리와 너무 비슷해서" 접근법처럼 위계를 만들지 않는다. 중단 논거의 중단과 해악에 대한 주장은 설명적이며 중단 가능한 삶이 다른 삶보다 더 낮다거나 고상하다고 주장하지 않는다. 이 부분도 역량 접근법의 주장과 일치한다. 이 논거는 순위를 만들지 않지만 동물의 삶이 갖는 특징, 대단히 구체적인 방식으로 피해에 대해 취약하게 만드는 특징을 선별한다. 주체가 인식하고, 주체가 가치를 두는 시간에 따른 전개가 삶에 포함되어 있다면 죽음은 그 삶에 해를 입힐 수 있다. 그러나 모든 생물이 그런 삶을 갖는 것은 아니다—벤담이 생각했던 것보다는 많지만. 그러므로 이 논거는 죽음이 모든 생물에게 해를 준다는 것을 입증하지는 못한다. 이 중요한 사실에 대해서는 다시 논의할 것이다.

일부 철학자들은 죽음이 삶을 정리하고 지루함과 의미의 상실을 막음으로써 사실 사람들에게 좋은 것일 수 있다는 것을 지적하면서 에피쿠로스의 결론(그의 논거는 아닐지라도)을 옹호하기 위해 노력했다.[5] 버나드 윌리엄스Bernard Williams는 모든 인간의 프로젝트가 무한히 연장되면 의미를 잃고 지루해질 수밖에 없다고 주장했다. 죽음은 중단처럼 보일 수 있지만 윌리엄스가 "불멸의 지루함"이라고 불렀던 것보다는 낫다. 그는 레오시 야나체크Leoš Janáček의 오페라 〈마크로풀로스 사건The Makropulos Case〉을 예로 든다. 여기에서는 가수인 에밀리아 마르티•가 불멸의 약을 마시는 것을 거부함으로 결국 341세의 나이에 의도적으로

• 실명은 엘리나 마크로풀로스. 연금술사의 딸인 엘리나가 아버지가 만든 불멸의 약을 마시고 여러 개의 이름으로 삶을 산다.

생을 마친다.[6] 윌리엄스는 이 죽음을 삶이 제공하는 모든 목적 추구에 싫증이 난 것으로 해석하고 이것이 일반적인 인간의 욕망에서도 마찬가지라고 주장한다. 하지만 나는 이것이 비전형적인 사례에 근거한 지나친 확대 해석이라고 생각한다. 내가 「죽음의 해악」에서 지적했듯이 엘리나 마크로폴로스가 인생에 지친 것은 삶 속에서 만난 여러 남자들에게 반복적으로 인간적인 존중을 받지 못하고 착취당했기 때문이었다. 그의 자살은 인간 욕망의 피할 수 없는 진실을 보여주는 것이 아니라 남녀 사이의 관계에 변화가 필요하다는 것을, 아니 적어도 엘리나는 새로운 남자를 만나야 한다는 사실을 보여준다!

「죽음의 해악」에서 내가 "젊은 마사Younger Martha"라고 부르는 젊은 시절의 나는 같은 결론에 대해 다른 주장을 했다. 나는 1994년 출간한 『욕망의 치료The Therapy of Desire』에서 죽음은 대부분 종류의 인적 가치의 필요조건으로 목적 추구, 희생, 다른 좋은 인간적 추구에 일종의 한계를 부여해 의미를 갖도록 한다고 말했다.[7] 나는 월리스 스티븐스 Wallace Stevens가 "죽음은 미의 어머니"라고 결론지은 〈일요일 아침Sunday Morning〉을 슬로건으로 삼아 죽음이 없는 삶은 보통의 일반적 형태의 사랑, 우정, 미덕, 심지어는 우수한 운동 능력이 결여될 수밖에 없다고 주장하기 위해 노력했다. 지금의 나는 이 주장이 잘못되었다고 생각한다. 이런 추구가 보통의 인간적 가치를 갖기 위해 필요한 것은 목적을 위한 노력과 저항의 감각이며 죽음이 반드시 필요한 것은 아니다. 우리는 사람들이 용기, 고통에 대한 저항, 관대해지고 희생할 수 있는 능력 등을 계속 발휘할 수 있으리라고 생각하면서 죽음이 제거되는 것을 쉽게 상상한다. 영원한 고통이 죽음보다 나쁜 것으로 생각된다는 것을 고려하면, 희생의 가능성은 더 커질 수 있다. 사람들은 반복을 좋아하고 웅장한 서사 구조를 고집하지 않기 때문에, 종단점이 대부분의 인간적 가치의 필요조건이라고 생각할 이유는 없다.

철학자들은 인간이 자신의 삶을 서사 구조가 있는 것처럼 보곤 한다는 사실을 중요하게 생각해왔다. 제프 맥머핸은 인간 삶의 이런 측면이 우리를 다른 동물보다 가치 있게 만든다고 보았다. 그는 다른 동물은 서사 구조에 대한 감각이 없다고 생각했다. (그는 탄생과 죽음을 중심으로 한 많은 종의 정교한 관행을 고려하지 않았고, 다른 종에 호기심을 보이지 않은 채 "동물"이라고만 말한다.) 나는 이런 존재의 사다리 접근법을 전적으로 거부했다. 서사 구조는 우리가 일을 하는 방식(일부 사람들에게)이고, 다른 종은 그 나름의 방식을 갖고 있다. 우리의 방식은 다른 종 대부분에게 적합하지 않을 것이다. 그렇지만 서사 구조에 대해 생각하는 것은 때로 인간이나 동물의 죽음이 그 생물에게 나쁜 것인지 생각하는 데 도움이 된다. 그 범위에서 서사 구조에 많은 관심을 두는 인간에게 이야기를 마무리 짓는 죽음은 중단이나 긴 저하, 불멸의 반복보다 낫다는 젊은 마사의 주장도 일리가 있다. 이미 언급했듯이 많은 사람이 반복을 좋아하고 많은 다른 방식으로 의미를 찾기 때문에 나는 젊은 마사가 이 규범을 모든 삶에 적용하는 것은 틀렸다고 생각한다. 늙은 마사는 조금도 지루하지 않을 불멸의 삶을 상상할 많은 방법이 있다고 생각한다. 동일한 주인공이 많은 다른 에피소드에 참여하고, 새로운 커리어를 시도하는 등의 일을 하는 식으로 말이다. 하지만 단일한 서사 구조가 없다고 해서 삶이 지루해지거나 삶의 가치가 없어지는 것은 아니다. 제인 오스틴Jane Austen의 소설보다는 톨스토이Lev Nikolaevich Tolstoy나 도스토옙스키Fyodor Mikhailovich Dostoevski의 "크고 헐렁한 괴물loose and baggy•"이나 우리가 제임스 조이스James Joyce에서 발견하는 일상의 의례에 대한 즐거운 포용과 좀 더 가까워지는 것뿐이다. 그러나 헨리 제임스처럼 "크고 헐렁한 괴물"을 거부하는 사람들에게라면 서사의 통일성에 대한 고려가 조기 사망을 비롯한 죽음이 다른 것보다 나은 이유를 설명하는 데 도움이 될 수 있을 것이다. 나로서는 그런 미학을 가진 사람들이라면 실제 인간의 삶이 불만스러울 수밖에 없다는 느낌을 지울 수 없지만, 그 부분은 여기에서의 목적에 벗어나기 때문에 더 파고들지는 않을 것이다.

요컨대, 삶은 시간 속에서 펼쳐지며, 시간을 고도로 의식하고 (인간이 보통 그렇듯이) 현재는 물론 과거와 미래 속에서도 사는 생물에게 죽음은 시간적 흐름을 중단함으로써 해악이 될 수 있다. 다만 방금 이야기했듯이 항상 그리고 모든 사람에게 적용되는 것은 아니다. 역량 접근법은 항상 시간적 모습을 비롯한 생물 삶의 전체적인 형태를 고려할 것을 요구하면서 이런 판단을 지지하는 특징적인 활동을 보는 방법을 제시한다. 반면에 순간의 행복을 극대화하는 데 초점을 맞추면 시간적으로 확장된 장기 프로젝트는 제외된다. 그렇다면 지금까지 우리의 이론은 우리가 내리려는 판단과 잘 들어맞는다. 시간성과 서사 구조 모두가 인간과 많은 동물의 삶에서 비중을 갖게 할 수 있으며, 인간과 동물의 많은 삶의 활동이 그리 거창하지 않더라도 즐겁고 인간적인 가치를 지닌다는 사실까지 정당화시킬 수 있다.

• 미국의 작가 헨리 제임스가 길고 버겁지만 이상하게 매력적인 톨스토이나 도스토옙스키 등의 19세기 작품을 두고 한 표현

● 우리가 죽이는 동물들: 공리주의 논거, 그리고 그 너머

이제 동물의 죽음에 대해 생각해보자. 우선, 다시 한번 말하지만 우리는 서사 구조 혹은 죽음으로 인한 심각한 중단에 대한 취약성이 인간의 삶을 다른 동물의 삶보다 낮게 만든다는 일부 철학자들의 주장을 단호히 부정해야 한다. 하지만 종이 시간과 맺는 관계에서의 차이는 생물에게 어떤 것이 해악이 될 수 있는가에 분명한 차이를 만든다. 인간이 후각에서 세상으로부터 얻는 정보가 상대적으로 적다는 사실은 후각의 상실(때로는 질병의 증상)이 그 자체로는 후각에 크게 의존하는 다른 대부분의 동물에게만큼 큰 손실이 아니라는 것을 의미한다. 청각이 세상에 대한 주요한 정보원인 고래에게는 청각의 손실이 치명적인 반면, 많은 인간은 청각 없이도 잘 살아간다. 이제 비인간동물의 삶에서 죽음의 역할에 대해 생각해보기로 하자.

앞서 말했듯, 반려동물은 특수한 경우로 9장에서 다룰 것이다. 이때 동물은 민감한 인간 반려와의 소통을 통해 죽음이 언제 해악이 되는지 알리는 일련의 사전의료지시서advanced directive•를 전달한다. 대체로 우리 법은 인간에게 번영하는 삶이 더 이상 불가능할 때 의사의 도움을 받는 자살의 사전 선택을 허용하지 않지만, 나는 그런 법이 필요할 것이라고 생각한다. 동물이 만성 통증이나 인지 장애의 상태인 경우, 대부분의 반려는 동물의 신호를 읽고 죽음을 선택한다. 나는 이런 죽음은 해악이 아니라고 생각한다. 이런 죽음은 동물을 위한 선택이다. 숨은 동기

• 자신이 임종이 가까운 상태일 때 받기를 원하는 치료의 범위를 사전에 결정해 기록해둔 문서

(예를 들어, 돌보는 데 드는 과중한 부담을 없애기 위해서나 재산을 상속받기 위해서)가 아닌 세심한 배려에서 결정된 것이라면 수용할 수 있으며 해악이 아니다.

이 모든 것은 우리가 동물을 먹을 때 일어나는 일과는 전혀 다르다. (식용을 주요한 예로 들었지만 동물 실험도 같은 문제를 갖고 있다.) 이 경우 보통 우리는 동물을 대신해 대리 판단을 내리는 것이 아니라, 우리 자신을 기쁘게 하고 동물을 우리 자신의 목적을 위한 수단으로 사용한다. 나는 독자들에게 동물이 자유로운 이동, 사회적 관계, 신선한 공기, 하루를 보내는 방법을 선택할 자유와 같은 특유의 삶의 활동을 하지 못하고 좁은 곳에 갇혀 고통스런 삶을 사는 공장식 축산업을 더 이상의 논쟁 없이 거부해달라고 요청해왔다. 그렇다면 동물이 좋은 음식, 신선한 공기, 다른 동물과의 교류 등이 가능한 상당히 좋은 삶을 살다가 정말 고통스럽지 않은 방식으로 도살되는 인도적 축산의 모범 사례는 어떨까?

우리가 식용으로 도살하는 동물 중 일부는 성숙한 기능으로 그들의 특유의 삶의 형태를 펼칠 기회가 없는 아주 어린 동물이다. 중단 논거로 보충한다 해도 역량 접근법에 따른다면 이런 관행은 거부해야 한다. 역량 접근법은 자연에 있는 다양한 삶의 형태에 대한 도덕적으로 굴절된 경이의 감각을 포함하며, 동물은 그런 삶을 발전시키고 펼쳐나갈 도덕적 권리를 갖는다. 새끼에서 성체로의 전환은 모든 동물 공동체에서 핵심적인 일이며, 새끼의 인식의 일부다. 새끼는 성숙을 추구하는 것을 중심 목표로 학습한다고 가정하는 것이 합리적이다. 그 목표를 달성하지 못한다면 그들은 대단히 비통한 유형의 중단을 겪는다.

하지만 인도적으로 사육된 동물이 적정한 기간 동안 성체로서의 삶을 사는 경우도 있다. 자연은 어떤 생물에게도 특정한 수명을 정해두지 않았고, 질병과 노쇠가 시작되기 전에 죽는 것은 그렇게 혐오스러운 일이 아니다. 나는 인간의 경우에 그런 죽음이 중단의 논거가 적용될 때만 해악이라고 주장했다. 따라서 더 많은 연구가 필요할 것이다.

벤담은 인간과 달리 비인간동물은 죽음을 미리 두려워하지 않는다고 생각하고 이런 이유로 고통이 없고 고통스런 관행이 선행되지 않는다면 죽음은 비인간동물에게 해악이 아니라는 다소 성급한 결론을 내렸다. 그는 증거 없이 두려움에 대해서만 이야기했고 그것은 옳지 않다. 많은 유형의 동물들이 다가오는 위협을 분별하고 그 결과 다가오는 죽음을 두려워한다.[8]

현대 공리주의자들은 다소 나아졌다. 피터 싱어와 제프 맥머핸은 인간만이 그들의 삶에 서사 구조를 부여한다고 말하면서 인간 삶의 우월한 가치를 주장한다. 나는 이미 그 사실 절대주의적 주장을 거부했고, 그들이 거기에서 도출하는 우월성이라는 아이디어도 거부했다. 오로지 인간의 삶만이 "서사 구조"를 갖는다는 것이 사실이라고 해도, 그것은 인간의 삶을 더 나은 것으로 만드는 것이 아니라 그저 다르게 만들 뿐이다. 또한 우리는 3장에서 살펴본 것처럼 삶에서 중요한 것은 거기에 포함되는 쾌락이나 만족의 양이라는 사상에 따라 공리주의자들이 집착하는 "그릇" 모형도 거부해야 한다.[9] 원리상 어떤 삶은 비슷한 양의 쾌락을 포함하는 다른 삶으로 대체될 수 있다는 이런 관점은 통합적인 삶을 정당하게 평가하지 않는다. 인간은 물론 다른 동물도 쾌락을 담는 그릇이 아니라 목적을 추구하는 주체이며, 각각의 삶은 그 자체로 가치가 있다. 존 스튜어트 밀은 이 점을 이해하고 공리주의를 수정해 삶의 개별성과 존엄성의 여지를 마련했다. 따라서 지금부터는 이 점에서 밀에 동의하는 형태의 공리주의에 대해서 생각해보기로 하자.

그러나 최근의 공리주의 역시 중단 논거의 한 버전을 채용하고 있기 때문에 여기에서는 조심스럽게 그들을 따라도 좋을 것이다. 이 논거는 죽음이 다양한 비인간동물에게 해악이 되는가, 해악이 된다면 그때는 언제인가 하는 문제에 대해 어떤 것을 보여줄 수 있을까? 이미 언급했듯이 죽음이 지나치게 빨리 찾아와서 생물이 발달을 인지하는 성숙한 기능에 이르기 전에 그 발달을 방해한다면 죽음은 분명 해악이다. 동물이 장기적인 프로젝트를 추구하거나 반복의 기억과 인식이 있는 반복적인 프로젝트를 추구하는 한에서도 해악이다. 싱어와 맥머핸은 이것이 소수의 종(유인원, 고래, 코끼리)에만 해당된다고 생각하는 듯하다. 하지만 그런 입장을 따라서는 안 되고 연구로부터 배움을 얻어야 한다. 장기적인 프로젝트는 모든 영장류, 코끼리, 새, 설치류, 소, 돼지, 해양 포유류, 개, 고양이, 말의 삶에 분명히 존재한다. 따라서 죽음은 이런 생명체에게 해악이 될 수 있으며, 이런 해악을 가하는 것은 부당하다. 오늘날 개, 고양이, 말, 코끼리, 유인원, 설치류를 식용하는 사람은 거의 없지만 고래, 새, 돼지, 소를 식용하는 사람은 많다.

6장에서는 쾌고감수능력이 전혀 없거나 최소한으로만 있는 것으로 보이는 동물도 있다는 결론을 내렸었다. 아리스토텔레스가 "부동" 동물이라고 불렀던 해면, 말미잘이 여기에 해당하며 대부분의, 또는 모든 곤충, 갑각류도 포함된다. 단, 두족류는 반드시 제외해야 한다. 쾌고감수능력이 없는 생물은 죽여도 해를 끼치는 것이 아니다. 그들은 고통을 느끼지 않기 때문에 죽이는 방식에 대해서 크게 걱정할 필요가 없지만, 바닷가재의 경우처럼 더 많은 것을 배운 후에 우리가 틀렸었다는 판단을 내리게 될 수도 있기 때문에 고통 없이 죽이는 것이 좋을 것이다.

벤담이 관심을 가졌던 또 다른 동물 그룹은 그가 "해충"이라고 불렀던, 즉 끊임없이 인간에게 해를 끼치려 시도하는 동물이다. 이들 대부분은 곤충(바퀴벌레, 모기, 파리)이지만 쥐(실험용 쥐가 아닌)도 이 범주에 포함시켜야 한다. 이 부분에서 벤담은 정당방위의 원칙에 따라 살육이 허용된다고 생각했고, 나도 기본적으로는 동의한다. 그러나 대부분의 합리적인 정당방위 법규는 공격을 받은 쪽이 치명적인 힘을 가하기 전에 먼저 후퇴할 것을 요구한다. 이 경우에는 가능한 한 인간이 죽이기보다 번식을 막는 등 치명적이지 않은 자기 보호 수단을 사용하는 것이 후퇴에 해당될 것이다. 우리는 이미 곤충에 대해 그런 방법을 갖고 있으며, 쥐의 경우 이런 방법이 치명적인 방법보다 개체 수를 줄이는 데 더 효과적인 것으로 드러났다.[10]

이제 문제의 핵심에 도달했다. 주요 식용동물은 소, 돼지, 새, 물고기다. (양은 성체 원칙에 따라 송아지와 함께 이미 목록에서 제외됐다.) 중단 논거를 사용하기 전에, 각 동물의 인지적 삶에 대해 알아봐야 한다. 돼지는 대단히 영리하며, 시간적 계획에 대한 감각을 갖고 있는 것이 분명하다. 새는 엄청나게 정교한 계획을 세울 수 있기 때문에 나로서는 닭이 이런 조류의 공통적 능력을 갖지 않았다는 것을 받아들이기가 어렵다. 소 역시 "중단"의 선을 확실히 넘어선 것으로 보인다. 따라서 인도적인 살육도 이런 동물에게는 심각한 해악을 끼치며 그런 이유에서 부당하다.

하지만 일부 생물, 아마도 일부 유형의 어류는 중단 논거의 영향을 받지 않는 것 같다. 그들은 방해받을 장기 프로젝트 없이 영원히 현재를 살며 반복적으로 수행하는 루틴을 기억하지 못한다. 이 점에 있어서 연구의 결과는 전혀 명확치가 않다. 어떤 유형의 물고기가 영원히 현재를 산다면 일부 과학자들처럼 그 물고기에게 두려움과 같은 시간적인 감정을 대입하는 것(6장 참조)은 잘못처럼 보인다. 회피 행동에 근거해서 성급하게 두려움을 부여했을 가능성이 높아 보인다. 그렇다면, 그렇게 순간을 사는 생물이 있다는 확신을 얻게 되었다고 가정해보자. 공리주의 철학자 R. M. 헤어는 동네 생선장수가 전문적인 솜씨로 휘두르는 망치에 고통 없이 죽는 물고기를 상상한다.[11] 이 물고기는 그 순간 직전까지 자유롭게 헤엄을 치고, 좋은 삶(성체로서)을 살았다. 어류 권위자인 조너선 밸컴은 그런 관행이 광범위하게 사용되는 인도적인 어업에 대해 설명한다.[12] 밸컴은 물고기를 먹는 일의 도덕성을 개인의 판단에 맡겨야 할 복잡한 문제라고 보면서도 그 자신도 물고기를 먹는다고 말한다. 헤어는 그런 식으로 죽인 물고기를 먹는 것은 도덕적으로 수용 가능하다고 판단한다. 피터 싱어는 헤어의 논문에 대한 대답으로 그의 견해에 동의하면서도, 공인公人은 훨씬 더 단순한 정책을 필요로 하기 때문에 그 자신은 인도적으로 죽인 물고기일지라도 먹지 않는다고 말했다.

내 논거가 옳다면 이런 생물들에게는 죽음이 해악이 아니다. 직관적으로는 죽음이 모든 목적 추구에 대한 궁극적인 좌절이지만, 이 경우에는 죽음이 동물의 프로젝트를 좌절시키지 않는다. 좌절될 장기 프로젝트가 존재하지 않기 때문이다. 에피쿠로스의 견해는 인간이나 대부분의 동물들에 대해서는 틀렸지만 이들 생물에 대해서는 옳았다. 물고기는 고통, 굶주림, 고통스런 죽음을 통해 부당한 상황에 처할 수 있기 때문에 정의의 대상이다. 하지만 내 논거가 옳다면, 번영하는 삶의 와중에 이루어지는 고통이 없는 죽음은 이들에게 해악이 되지 않는다. 우리는 물고기가 성체가 될 때까지 기다려야 할까? 그들이 성숙을 목표로 인식할까? 그들이 정말 순간을 산다면 그렇지 않을 것이다. 그러나 아주 어린 물고기에게 다른 물고기는 큰데 비해 자신은 작다는 순간의 인식이 있다고 상상해볼 수도 있기 때문에 사례는 명확치 않다. 따라서 지나치다 싶을 정도로 조심하고 치어를 죽이는 일은 피하는 것이 좋겠다.

나는 상당히 오랫동안 일주일에 네 번 정도 생선을 먹어왔다. 하지만 어류의 인지적 삶에 대한 지식이 늘어나면서 많은 거리낌과 의심을 갖게 되었다. 노년의 여성, 특히 나와 같이 신체 활동 수준이 높은 이들에게는 단백질이 많이 필요하며 렌틸과 콩을 잘 소화시키지 못하는 나는 완전한 비건 식단으로 전환하는 것이 쉽지 않은 일이었다. 현재의 계산으로 체중 115파운드(약 52.16킬로그램)에 신체 활동이 많은 74세의 여성은 매일 70~100그램의 단백질을 필요로 한다. 이 책을 쓰는 동안 나는 일주일에 생선을 한 번 혹은 최대한 두 번만 먹는 채식 위주 식이로의 전환을 시도했다. 낙농업계(나는 요구르트를 많이 먹는다)는 인도적 어류 양식장보다 덜 인도적이기 때문에 도덕적으로 확연히 낫다고는 볼 수 없다. 나는 렌틸콩으로의 전환을 계속 시도하고 있지만 소화기의 반응이 좋지 않다. 그리고 정말 우연하게도 식이 변화로 인해 몸이 약해졌다는 것을 발견했다. 나는 운동 능력의 저하를 "노화"의 탓이라고만 생각했다. 하지만 2021년 5월 딸의 장례를 마친 후 음식이 남았고, 거기에는 뛰어난 단백질원인 넙치가 많이 포함되어 있었다. 일주일 동안 매일 넙치를 먹은 후 나는 근육 기능이 갑자기 개선된 것을 발견했고 지금은 생선을 많이 소비하는 식이로 되돌아왔다.[13]

이 문제를 윤리적으로 어떻게 생각해야 할까? 중단 논거는 내게 할 말을 만들어주지만 마음이 편치는 않다. 그 논거가 옳지 않을 수도 있다. 혹은 옳기는 하지만 물고기에 대해서는 옳지 않을 수도 있다. 낙농업계에서 동물들이 받는 고통을 고려하면 유제품을 많이 소비하는 채식 식이라는 대안이 도덕적으로 보이지 않는 것도 문제를 가중시킨다.

● 도덕적 난제에 대하여

현재로서는 물고기들에게는 고통 없는 죽음이 다른 유형의 인지적 삶과 프로젝트를 가진 동물에게 해악을 끼치는 방식으로 해를 끼치지는 않는 것 같이 보인다. 물고기는 보통 성체일 때 죽임을 당하는데, 자유롭게 유영을 하고 있었고 정말로 고통 없이 죽음을 맞았다면 물고기에게 전혀 해악이 아니라고 주장할 수 있을 것이다. 새로운 배움에는 열려 있어야 하지만 말이다.

따라서 나는 해악을 유발한 것이 아니기 때문에 물고기를 우리 목적을 위한 수단으로만 이용한 것이 아니라고 말하고 싶다. 사람이나 생물을 수단으로 이용하는 것이 항상 잘못은 아니다. 나는 내 원고의 질을 높이기 위한 수단으로 연구 조교들을 이용한다. 나는 건강을 지키기 위한 수단으로 의사들을 이용한다. 문제는 우리가 사람을 오로지 수단으로만 사용할 때, 즉 그 사람의 존엄성을 존중하지 않고 다양한 방법으로 그 사람을 유해하게 착취할 때 생긴다. 내가 연구 조교를 괴롭히거나 약속한 봉급을 주지 않는다면 그것은 착취가 된다. 하지만 존중이 있고 해악이 없다면 그 사람은 오로지 수단으로 이용되고 있는 것은 아니라는 결론을 내려야 한다는 것이 내 생각이다. 9장에서는 양모를 얻기 위해 양털을 깎는 것은 이용이지만 오로지 수단으로 이용하는 것은 아니라고 주장할 것이다. 양은 해를 입지 않고 보통은 혜택까지 보기 때문이다. 따라서 문제는 먹기 위해 물고기를 죽이는 것이 그런 유형의 해악이 없는 이용인가, 오로지 수단으로 이용하는 치명적이고 유해한 행동인가이다.

양털 깎기의 경우, 안락사된 개나 고양이의 경우처럼 가상의 동의를 상상할 수 있다. (양털은 무겁고 성가시다. 나는 양털을 제거하는 것에 동의한다.) 하지만 물고기가 죽임을 당하는 것에 대해 그런 유형의 묵시적 동의를 하는 것은 상상하기 어렵다.

나는 여기에서 네 가지 도덕적 문제를 느낀다. 첫째, 우리는 자기 사건의 판사이자 배심원이 된다. 따라서 이 장 전체에서 그렇듯이 자신에게 유리한 주장만을 할 가능성이 항상 도사리고 있다. 나는 왜 중단 논거에 집중할까? 왜 나는 물고기에 대한 증거를 그렇게 해석하는 것일까? 나는 선의를 갖기 위해 노력하지만 이해관계가 그렇게 노골적으로 충돌할 때라면 회의를 품어야 할 이유가 충분하다.

둘째, 쾌고감수능력이 있는 존재를 도구로 이용하는 습관은 중단 논거에서 벗어날 수 없다고 추정되는 경우까지 확산될 수 있는 유형의 습관이다. 물고기가 가능하다면 인도적으로 키운 모든 종류의 식용 고기는 왜 안 된단 말인가? 우리는 위험을 무릅쓰고 스스로의 도덕적 경각심을 무디게 만든다.

셋째, 이와 관련된 문제다. 식용 물고기가 가능하다면, 스포츠로 하는 낚시는 안 될까? 유용한 목적이라면 서로 매우 비슷하다. 거기에 해가 없다고 주장하면 낚시뿐 아니라 사냥까지도 허용하는 데까지 이를 수 있다. 물론 나는 죽음에 절대 고통이 없어야 한다고 못 박았다. 즉 낚싯줄 낚시와 그물 낚시는 절대 허용되지 않지만 이런 관행의 수정 형태를 상상해볼 수 있을 것이다. 사냥은 고도로 숙련된 사수shooter가 하는 경우 고통이 없을 수도 있을 것이다. 하지만 대부분의 실제 사냥꾼은 그 정도로 숙련된 사격수가 아니다.

넷째, 쾌고감수능력이 있는 또 다른 존재를 도구적으로 사용하는 비인간적인 사례가 있다. 그 존재에게 실제로 해를 끼치지는 않지만 다른 생명에 대한 일종의 지배인 것은 분명하다. 그것은 정당하지 않아 보이는 권위를 주장한다. 완전 채식주의의 이야기다. 완전 채식이라는 것이 정말로 가능한가? 나는 이미 양털 깎기에서 완전 채식주의의 논거를 거부했지만 물고기를 먹는 것은 특별히 어려운 문제로 남아 있다. 도덕적 숙고라는 우리 종 특유의 능력은 밝혀지지 않은 것이 너무 많은 이 경우에 우리가 더 신중하라는 의미가 아닐까? 삶의 유형과 종 특유의 능력이 어떤 것이 쾌고감수능력이 있는 생물에게 해악이 되는가의 문제에 영향을 준다면, 그것은 어떤 것이 쾌고감수능력이 있는 생물에게 부당한가에도 영향을 준다. 우리 특유의 삶의 형태에는 책임이 따른다.

● 대안?

이런 복잡한 문제에 대해서 우리가 할 수 있는 일은 무엇이고 우리가 해야 할 일은 무엇일까? 우선 우리는 그런 문제를 해결하기 위해 노력할 수 있다. 그것이 진보다. 하지만 고민이 기존의 행동을 옳게 만들어 주지는 않는다. 우리는 지금 정치적 사고에서 친숙한 질문에 직면하고 있다. 우리는 점진주의자여야 할까, 혁명가여야 할까? 달리 말해, 우리는 윤리적으로 결백한 수준에 이를 때까지 동물의 삶을 개선하는 많은 변화를 만들도록 스스로와 다른 사람을 격려해야 하는 것일까(내 주장이 그 목표를 해석하듯이)? 일부에서는 이런 종류의 점진적 개선을 불쾌한 자유주의적 "수정주의"로 생각한다. 전면적인 혁명적 변화가 아니고서는 충분치 않다는 것이다. 정의를 향한 모든 운동에서 이런 논쟁이 불거지기 마련이다. 사례가 달라지면 답도 다르다. 내 책을 읽은 독자라면 내가 본질적으로는 자유주의적 수정주의자이지만 혁명주의적 성향을 가지고 있다는 데 놀라지 않을 것이다.

노예제와 같은 일부 악은 너무나 끔찍해서 단번에 완전히 폐지하는 것만이 도덕적으로 수용할 수 있는 길처럼 보인다. 나는 이 범주에 공장식 축산업, 모피를 위한 동물 사용, 스포츠를 위한 동물 사냥을 포함시킨다. 당장 폐지를 초래할 수 없다면 최소한 당장 전면적으로 참여를 거부해야 한다.

다른 악은 다른 양상을 띤다. 일단 인류의 양심이 깨어나면 우리는 시간이 흐름에 따라 문화를 변화시키고 결국에 악을 제거하도록 노력할 수 있다. 나는 성차별을 그런 사례로 본다. 성차별은 너무나 다방면에 걸쳐 있고, 사회의 일상생활에 너무나 깊이 뿌리를 내리고 있어서 단번에 없애는 것이 실현 불가능했다. 병든 제도에 대한 참여의 거부는 개인적으로도 힘들 뿐 아니라 비생산적일 가능성이 높았다. 페미니즘 초기에 일부 분리파 페미니스트들이 이런 방법을 시도하긴 했지만 말이다. 나는 이 범주에 축소가 필요한 도구적 사용과 지배의 사례, 즉 해롭지 않은 동물 살해를 포함시킨다(중단 논거에 따라). 나는 최소한 어류의 경우에는 인도적인 양식이 큰 진전이라고 생각한다. 그것이 최종 목표는 아니지만 말이다. 탄소 제로로 갈 수는 없지만 탄소 발자국을 줄이기 위해 노력하듯이, 우리의 삶이 이런 비도덕적인 관행에 의존하는 범위를 점차 줄여가야 할 것이다.

이제는 또 다른 문제를 다루어야 한다. 비용의 문제다. 최소한 현재로서는 개방사육 달걀이 그렇듯이 인도적으로 공급된 생선은 대단히 비싸다. 따라서 그런 유형의 식이로의 전환을 옹호함으로써 우리는 계층이나 경제적 능력의 문제를 무시하게 된다. 이런 도덕적으로 우월한 선택, 그리고 내가 권하는 점진적 이행이 빈곤 가정의 희생을 통해서만 가능하다는 사실을 무시하고 있는 것이다. (고품질의 비건 다이어트 역시 마찬가지다. 필요한 계산이 매우 어렵기는 하지만 말이다.) 철학에서 우리가 종종 이야기하듯이 당위가 가능을 수반한다면, 즉 가능하지 않은 한 의무일 수가 없다면, 내가 설명한 식이(불안한 부분이 있기는 하지만)를 모두에 대한 도덕적 규범으로 추천할 수 있는가는 명확치 않다. 많은 사람이 선택할 때까지 비용은 떨어지지 않을 것이다. 이 문제는 다음 장에서 우리가 또 다른 명백하게 비극적인 딜레마를 어떻게 해결할 수 있을지 논의하면서 다시 만나게 될 것이다.

이 같은 도덕적 전환에 대해 더 깊이 생각해보기 위해 이번에는 비극적 딜레마의 문제를 다루어보자.

8장

비극적 충돌 그리고
그것을 넘어서는 방법

인간과 다른 동물의 이해관계는 종종 충돌한다. 땅과 자원을 두고 충돌이 일어난다. 예를 들어, 코끼리와 마을 사람들이 같은 공간, 같은 나무의 사용을 두고 경쟁하는 것이다. 인간과 동물의 생명을 구하는 많은 의학 실험은 동물에게 해를 가한다. 취약한 사람들이 자신들의 존재 자체가 동물에게 엄청난 고통을 유발하는 잔인한 관행의 지속을 필요로 한다고 주장하는 경우도 수없이 많다. 이런 충돌은 골치 아프고 난해하다. 대단히 심각해 보이는 것들도 있다. 역량 접근법을 옹호하고자 한다면 이 문제를 논의해야 한다. 다원적 역량에 가치를 두는 것이 우리를 혼란에 빠뜨리는 것처럼 보일 수 있기 때문이다. 이 장에서 나는 비극적 딜레마에 대한 성찰이 우리가 앞으로 나아가는 데 도움을 줄 것이라고 주장한다.

이 비극적 딜레마에 대한 흔한 두 가지 접근법을 나는 파괴적이라고 생각한다. 첫 번째는 **울고불고 접근법**^{weeping-and-wailing approach}이라고 부를 수 있겠다. 상황을 더 낫게 만들 방법이 없는지 호기심조차 갖지 않고 지금의 세상이 얼마나 끔찍한지에 대해서만 개탄하는 것이다. 두 번째로 그와 긴밀하게 연결된 접근법은 **자기혐오적 패배주의**self-hating defeatism다. 지금의 나쁜 상황에 이른 것이 인간의 과도한 욕심 때문이고, 야망의 많은 부분을 포기하고 억제된 생활 방식으로 사는 것 외에는 다른 방법이 없다고 하는 것이다. (많은 그리스 비극이 이런 메시지로 끝맺는다.) 이 두 접근법은 지금도 흔하다. "인류세Anthropocene"라는 용어는 인간이 세계를 지배하는 시대를 묘사하기 위해, 그리고 그런 악에 이름을 붙이고 강한 부정적 반응을 표현할 때 종종 사용된다.

두 접근법 모두가 앞으로의 전진이 없다고 보는 오류를 범하고 있다. 나쁜 상황을 불러온 과거는 없던 일로 만들 수 없다. 그러나 그것 너머로 나아가는 길을 찾을 수는 있다. 또한 인간의 야망은 우리 세계에 많은 문제를 야기했지만 발전의 원천이기도 하다.

● 비극적 딜레마란 무엇인가?

비극적 딜레마라고 부르는 것은 그리스 비극에서 그런 딜레마가 두드러지기 때문이다. 전형적인 예가 아이스킬로스Aeschylus의 『아가멤논King Agamemnon』이다. 아가멤논은 신에게 자신의 딸 이피게네이아를 희생 제물로 바치지 않으면 군대 전체(왕과 딸을 포함한)가 파괴될 것이란 이야기를 듣는다. 극심한 고통 속에서 그는 이렇게 외친다. "이 중 악이 아닌 것은 무엇인가?" 아가멤논이 이런 궁지에 몰린 것이 그의 나쁜 행동 탓이 아니라는 점이 중요하다.[1]

아가멤논의 경우는 결정이 어렵기만 한 것이 아니다. 사실 내가 설명했듯이 두 번째 대안이 모두의 죽음을 유발하기 때문에 이 결정은 전혀 어렵지 않을 수도 있다. 하지만 두 대안 모두 도덕적으로 끔찍한 일을 요구한다. 아버지로서의 책임이 있는 자신의 딸을 죽이거나 지휘관으로서의 책임이 있는 군 전체를 죽여야 하는 것이다. (후퇴와 같은 제3의 대안은 없다고 가정하자.) 우리는 반드시 해야 하는 일을 하는 것이 항상 우리의 능력 범위 안에 있다고 생각하기를 좋아하기 때문에—"당위는 가능을 암시한다"—그런 딜레마의 존재는 능력과 통제의 감각에 대한 모욕이다. 따라서 통제할 수 없는 상황으로 인한 손실만으로도 충분히 나쁜 일이며, 거기에 선한 사람에게 도덕적 오점을 강요하는 것은 더 나쁜 일이다.

삶은 크고 작은 비극적인 딜레마로 가득하다. 도덕적 딜레마는 사람이 다양한 가치를 소중히 여기며, 그들의 통제를 벗어난 사건들이 모든 도덕적 요구의 충족을 불가능하게 만든다는 사실에서 기인한다. 때때로 그들은 전쟁이라는 긴급 상황에 처할 수밖에 없다. 내전에서 각기 전선의 반대편에 선 가족 구성원들은 대의에 따르는 의무와 친족에 대한 의무 사이에서 비극적인 딜레마에 빠지는 경우가 많다. 당연하게도 내전의 비극적 측면은 많은 문화의 비극 문학의 중심을 이뤄왔다.

비극적 딜레마는 단순히 비용과 이익을 가늠하는 문제가 아니다. 우리는 무엇을 해야 할지를 파악하기 위해 항상 비용과 이익을 저울질하려고 노력한다. 그러나 딜레마의 경우 우리는 어느 쪽을 택하든 자신이 책임진 중요한 규범을 위반하게 되는 특별한 **유형**의 비용이 있다는 것을 깨닫게 된다.[2]

그 뒤에는 어떻게 해야 할까? 적절한 반응에는 자신이 취한 행동에 대한 심각한 죄책감을 인정하고 향후에 가능한 어떤 방법으로든 속죄하겠다고 결심하면서 위기 상황에서 놓쳤던 가치관에 대한 일반적인 약속을 재확인하는 것 모두가 포함된다.[3] 그 외에도 좋은 계획으로 그런 비극이 미래에 좋은 사람들을 괴롭히는 것을 막을 수도 있다.

여기에서 우리는 내가 따르는 철학자 헤겔Georg Wilhelm Friedrich Hegel의 비극에 대한 접근법에 이르게 된다. 그는 두 가치관 범위 사이의 비극적 충돌이 상상력을 자극해 앞서 생각하고 세상을 바꾸도록 한다고 주장한다. 처음부터 비극적 선택이 발생하지 않도록 방법을 찾는다면 더 나을 것이기 때문이다. 지금 우리 앞에는 나쁜 선택이 있지만 다음에는 막을 방법을 찾아보도록 하자는 것이다.

이것이 항상 가능하지는 않다. 하지만 헤겔이 이해했듯이 비극은 도덕적 상상력을 자극해 주인공들에게 큰 공포를 유발하는 딜레마가 없는 세상을 그리게 하면서 그가 딜레마의 "지양Aufhebung"이라 부르는 것을 만든다. 소포클레스Sophocles의 『안티고네Antigone』에서 주인공 안티고네는 신성한 종교적 의무를 따르지 말라는 나라의 명령을 받는다. 헤겔은 이 딜레마를 언급하면서 현대의 자유주의 국가는 시민적 질서를 보호하고 종교적 의무를 지킬 국민의 권리 모두를 보호할 방법을 찾았다고 말한다.

따르기 쉽지 않은 제안이지만 노력하기에 좋은 목표인 것만은 분명하다. 조지 워싱턴George Washigton은 1789년 퀘이커 교도들에게 군복무가 필요치 않다는 서한을 보냈다. "나는 모든 사람의 양심적 거리낌이 대단히 섬세하고 사려 깊게 다루어져야 한다고 생각하며, 국가의 보호와 본질적 이익에 대한 정당한 고려가 정당화하고 허용하는 한 법이 항상 국민에게 광범위하게 부응하는 것이 나의 바람이라는 것을 여러분에게 분명히 밝히는 바이다." 전부는 아니더라도 많은 비극적 딜레마는 헤겔이 추천한 방식 그대로 그 사상에 의해 "지양"된다.

헤겔의 사상을 이해하면 일상의 많은 비극이 터무니없어 보인다. 부모들은 종종 직장의 의무와 육아의 의무 사이에서 갈등하며 고통을 느낀다. 우리가 알고 있는 직장은 본래 육아에 많이 참여하지 않는 남성을 위해 고안되었다. 이런 직장은 부모가 필요로 하는 유연성이 부족하기 마련이었다. 오늘날 사람들은 종종(종종 그렇지만 충분하지는 않다) 부모들의 이런 고통스러운 갈등을 덜어줄 수 있는 하루를 상상한다. 예를 들어, 학교와 어린이집이 문을 닫는 시간에는 직원들을 사무실에 있게 하지 않기 위해 노력한다. 즉 죄책감을 수반하는 선택을 침묵으로 견디지 말고 세상을 바꾸라는 것이다.

헤겔식 변화가 항상 가능한 것은 아니다. 하지만 정치적 상상력을 발휘해야만 우리가 무엇을 할 수 있는지 비로소 알 수 있는 것이 아닐까? 인도 케랄라와 타밀나두의 주 정부들은 많은 가난한 부모들이 아이를 학교에 보내지 않는다는 것을 알게 됐다. 아이가 노동을 해야 가족 전체가 생존할 수 있기 때문이었다. 하지만 아이가 학교를 가지 않기 때문에 그런 가정은 궁극적인 문제를 해결하지 못하고 최저 생활을 계속할 수밖에 없었다. 주정부들은 두 가지 헤겔식 조치를 취했다. 첫 번째, 학교의 등교 시간을 다양하게 만들어서 아이가 일을 계속하면서도 학교를 다닐 수 있는 시간을 선택할 수 있도록 했다. 두 번째, 더 중요한 조치로, 정부는 보조금을 지급해 학교에 있는 모든 아이들이 영양가가 높은 점심 식사를 먹을 수 있도록 했다. 열량과 단백질 함량을 법으로 정해두었다. 이 조치는 아이들이 놓친 소득을 보상하는 그 이상의 일을 했다. 이후 인도 대법원은 모든 주의 모든 학교에 점심 식사를 제공하도록 명령했고, 단백질 함량과 열량 수준을 계속 의무화하고 있다.

인도 주정부들이 한 일은 역량 접근법과 일치하는 것이다. 첫째, 그들은 정의로운 사회가 반드시 달성해야 하는 다원적 목적(건강과 교육)

을 확인했다. 둘째, 그들은 기존의 상황이 두 중요한 역량들 사이의 비극적인 충돌을 만든다는 것을 파악했다. 그들은 그 역량들을 분석하고 둘 모두가 반드시 존중해야 하는 진정으로 중요한 가치라고 사람들을 설득했다. 셋째, 두 역량 중 하나를 무시하거나 우선순위에서 밀어내지 않고 두 역량 모두를 합리적인 기준치까지 충족시킬 수 있는 해법을 상상했다. 비극적 딜레마로 보이는 상황에 역량 접근법을 적용할 때는 이 세 단계 모두를 반드시 거쳐야 한다.

헤겔식 상상이 다른 동물을 다루는 문제에서의 딜레마에도 도움이 될까? 나는 그렇다고 믿는다. 단, 이런 곤경의 도덕적 심각성과 정면에서 맞서야 한다. 그렇다면 이제 의학 실험, 육식, 위협받는 전통문화인 사냥 관행에서 제기되는 문제, 그리고 마지막으로, 공간과 자원을 두고 벌어지는 더 크고 일반적인 충돌, 이렇게 도덕적 우려의 네 가지 영역을 살펴보자. 각 경우에 헤겔의 질문을 던져보자. 사회와 법의 어떤 변화가 딜레마를 "지양"할 수 있을까? 정말로 그것이 비극적인 딜레마라면 말이다.

● 동물을 이용하는 의학 실험

현재의 의학 실험은 비극적인 양상을 보이고 있다. 한편에는 인간과 동물의 생명을 구한다는 당위성이 있다. 과거에는 동물을 이용한 연구가 이런 측면에서 큰 기여를 했다. 반면, 실험은 동물에게 끔찍한 고통을 가했고, 수많은 조기 사망을 유발했다. 연구 동물에 대한 처우 또한 동물의 복합적인 삶의 형태에 매우 둔감했다. 연구를 통해 쥐조차 대단히 복잡한 사회생활을 하는 생물임이 밝혀졌지만 실험실에서는 쥐를 한 마리씩 우리에 격리하는 것이 일반적이다.

　동물 권리를 옹호하는 사람들도 동물을 이용한 모든 연구를 돌연 종료하는 것을 추구하지는 않는다. 얻을 수 있는 것이 너무나 많기 때문이다. 동물도 혜택을 본다. 따라서 피터 싱어는 일부 경우에는 동물 실험이 정당화된다고 생각하는 미묘한 입장을 취해왔다.[6] 하지만 여기에서 던져야 할 질문은 모든 것을 감안할 때 실험이 정당한지가 아니라 실험이 도덕적 규범을 위반하는 비극인지, 언제 그런 비극이 되는지다. 실험이 비극이라면 우리는 이런 질문을 통해 가능한 한 빨리 관행을 변화시킴으로써 비극을 "지양"하는 조치를 취해야 한다는 점을 알게 될 것이다.

　이를 세 가지 사안으로 나누어보자. 첫 번째는 정상적인 생활을 불가능하게 하고 죽음을 앞당김으로써(이전에 번영하는 삶을 살았고 이 과정에 고통이 없더라도) 많은 동물에게 끼치는 해악이다. 두 번째는 죽음으로 끝나든 아니든 연구 동안에 동물에게 고통을 가함으로써 동물에게 끼치는 해악이다. 세 번째는 죽음이 함께하든 아니든 실험 조건으로 인해 동물에게 가해지는 박탈감이다. 현재는 이 세 가지 모두가 비극적 딜레마를 제기하는 것으로 보인다. 연구자들은 중요한 선을 포기하지 않기 위해 도덕적 규범을 위반해야 한다. 두 번째 문제는 과학자들이 실험을 하는 방법에 큰 변화를 주지 않고도 비극을 제거하는 방식으로 해결할 수 있다. 고통 완화는 이제 연구 지침의 표준이 되었다. 첫 번째와 세 번째는 더 다루기가 어려운 문제로 새로운 방식의 연구가 선행되어야 한다.

　세 번째 문제를 다뤄보자. 연구용 동물이 사는 전형적인 환경을 생각해보라. 그들이 가진 것은 삭막하고 외로운 철창뿐이다. 그들은 복잡한 삶의 형태가 없는 물건과 같은 대우를 받는다. 많은 사람이 동물원의 많은 동물에게 주어진 열악한 환경에 분노하지만 훨씬 더 열악한 연구용 동물의 전형적인 삶에 대해서는 인식하는 사람이 많지 않다.

역량 접근법은 가능한 한, 각 유형의 생물의 온전한 삶의 형태를 파악하고 쾌락과 고통뿐만 아니라 움직임, 자극, 우정에도 관심을 기울여 품위 있는 삶을 지향할 것을 권장한다. 따라서 역량 접근법은 통증 완화에 초점을 맞춘 대부분의 기존 연구 지침보다 훨씬 더 까다로운 목표를 설정한다. 하지만 이런 요구들은 사람들이 정말 관심을 가지기만 한다면 비교적 쉽게 충족시킬 수 있는 것이어야 한다. 이런 모든 것은 우리가 본질적으로 질병과 고통을 유발하지 않는 실험에 대해서 이야기하고 있다는 것을 전제로 한다. 동물을 적절히 대하는 동안 우리는 동물로부터 많은 것을 배울 수 있다. 일부 동물은 절대 가둬두어서는 안 된다. 이에 대해서는 10장에서 다룰 것이다. 감금을 윤리적으로 수용할 수 있는 동물이더라도, "감금" 공간은 탐색, 유대, 적절한 영향, 자유로운 이동의 가능성이 가득한 세상이어야 한다.

무력화와 죽음을 가하는 연구에 있어서는, 규제와 법이 얼마간의 진전을 이루었다. 영국 너필드생명윤리위원회Nuffield Council on Bioethics의 슬로건인 "3R", 즉 감소reduction, 개선refinement, 대체replacement는 모든 규제 기관의 좌우명이 되었다. 해악을 줄이고, 해악이 덜 발생하도록 기술을 개선하고, 가능하다면 동물이 포함된 실험을 다른 유형의 실험으로 대체하는 것이다.[5] 너필드생명윤리위원회가 개발한 이 지침은 회원들 사이에서 자주 언급되는 의견 차이로 인해 비교적 약한 편이긴 하지만, 그렇더라도 과거 일상적이었던 것들을 상당 부분 금지시키고 있다. 너필드생명윤리위원회는 연구자들에게 동물 실험이 없는 세상이라는 장기적인 목표를 명시하고 한편으로 여전히 행해지는 연구에 대한 사례별 정당화를 요구하고 있다.[6] 그리고 이 위원회는 모든 것을 고려할 때 규제 문화가 바람직하기는 하지만 오히려 사람들의 도덕적 성찰을 막을 수 있다는 유용한 지적을 내놓는다. 이 보고서는 법적 강제력은 없지만 여전히 진보의 전조다. 이런 사상을 현실로 옮기는 입법은 각 나라가 취해야 할 다음 단계다.

그러나 한계와 규제에 대한 논쟁 전체에는 **자연의 사다리** 사고에 의한 심각한 결함이 존재한다. 따라서 선도적인 윤리학자들의 글에서조차 생물이 그 사다리에서 얼마나 "높이" 있다고 판단되는지에 따라 허용 여부가 결정되며, 쥐, 물고기는 대형 척추동물에 비해 완전히 불평등한 취급을 받는다. 대형 유인원을 특별 보호 대상으로 선정한 것이 특히 의심스럽다.[7] 논쟁의 구성에조차 문제가 있다. 따라서 너필드생명윤리위원회는 세 가지 입장을 인정한다.

1. 인간에게는 특별한 것이 있다. 모든 인간에게는 모든 동물에게는 없는 도덕적으로 중요한 속성이 있다.(**명확한 선**clear-line 견해)
2. 도덕적 중요성에는 인간을 정점에 두고, 영장류, 다음에는 아래 쪽으로 다른 포유류 … 무척추동물과 단세포생물이 배열되는 위계가 있다. (도덕적 차등제 견해)
3. 인간과 비인간동물 사이에는 범주적 구분이 없으며 도덕적으로 동등하다. (도덕적 평등 견해)

명시적으로는 첫 번째와 두 번째 견해만이 **자연의 사다리**에 기반을 두고 있다. 하지만 각 유형의 생물이 특유의 삶의 형태를 가지며 이 삶의 형태가 무엇이 그들에게 해악일 수 있는지를 결정한다는 아이디어가 세 번째 견해를 비롯한 전체 목록에서 빠져 있다. 제안된 연구 형태가 어떤 해악을 끼치는지 생각할 때는 종간의 현저한 차이를 인정할 수 있고 인정해야만 한다(6장에서 권고하는 대로 쾌고감수능력 최소한의 한계로 이용). 그러나 그것이 모든 생물을 위계에 따라 나열해야 한다는 의미는 절대 아니다.

여기에 더해 인간의 모든 목적이 중요하지는 않다는 인식이 커지고 있다. 벤담이 이미 이 점을 지적했지만(3장과 7장 참조) 재발견할 필요가 있다. 이에 토끼를 대상으로 한 화장품 실험이 면밀한 조사를 거치고 있다. 현재 미용 분야에서는 비극적이지 않은 윤리적 선택지들이 존재한다. 화학적 위험에 대한 대중의 불안에 대응해 독성학 연구에서 동물을 실험체로 사용하는 일이 증가하고 있기는 하지만, 여기에 대한 비판도 커지고 있으며 일부 선도적인 생명윤리학자들은 완전한 제거를 요구하고 있다.

동물 모델이 그리 신뢰성이 없다는 증거가 쌓이면서 기존의 사고, 심지어는 너필드생명윤리위원회의 점진적인 개혁 노력에까지 이의가 제기되고 있다. 이 영역의 과학적 논거는 고도로 정치화되어서 일반인은 누구를 믿어야 할지 구분하기가 어렵다. 너필드생명윤리위원회는 신뢰성 없는 주장에 대해 연구적으로 불가지론적인 태도를 취하고 있다. 이는 아마도 회원들 간의 의견이 일치되지 않기 때문일 것이다. 최근 아이샤 아크타르Aysha Akhtar는 이 문제와 관련해 증가하고 있는 과학적 자료를 끌어들여, 많은 동물 기반 연구가 신뢰할 수 없으며 그런 식으로 그릇된 치료를 적용하고 우월하다고 입증될 수도 있는 다른 치료를 포기함으로써 인간에게 큰 비용을 부과하고 있다고 주장한다. 그는 인간에만 집중한다고 해도 동물 연구의 비용이 혜택을 넘어선다는 결론을 내리고 있다.[8] 같은 문제에서 앤드루 로언Andrew Rowan은 독성 실험에 집중하면서 동물 실험의 예상 가치는 평균 50~60%이지만 설치류 실험에서는 예상 가치가 50% 이하로 떨어져 동전을 던지는 것만 못하다는 결론을 내린다.[9]

이런 새로운 주장이 옳다면, 동물을 이용하는 연구는 비극적 딜레마를 낳지 않는다. 그것으로 얻을 수 있는 것이 없기 때문이다. 하지만 그런 지나치게 광범위한 결론이 옳을 가능성은 낮아 보인다. 동물 연구가 유용하지 않는 분야에서는 그것을 반드시 중단해야 한다. 확실한 증거에 기반한 사례별 정당화를 요구하는 너필드생명윤리위원회의 요구에는 박수를 보내야 한다. 하지만 비도덕적 수단으로 인간과 다른 동물 모두에 대한 큰 의학적인 혜택을 얻고 있는 분야도 있다.[10] 잠재적으로 유용한 연구를 다른 대안 없이 포기하는 것은 그 자체로 인간과 동물 모두에게 해악이 될 것이다. 우리에게 생명을 구하는 도덕적 의무가 있다고 믿는다면 그 부분에서만큼은 우리는 비극적 딜레마에 빠져 있는 것이다.

하지만 이것은 터널의 한쪽 끝에서 헤겔의 빛을 명확히 볼 수 있는 사례다. 컴퓨터 시뮬레이션을 비롯한 기술이 빠르게 발전하고 있으며, 인간을 이용한 유사한 연구 전략이 불가능한 경우에는 동물 사용의 해악을 줄이기만 하는 것이 아니라 완전히 대체할 수 있다는 가능성을 보여준다. 신중한 입장을 취하는 너필드생명윤리위원회조차 가능한 모든 경우의 "세 번째 R", 즉 대체를 권한다. 윤리학자들은 거기에서 더 나아가 컴퓨터 모델에 대한 막대한 투자를 권장하고 있다. 신뢰성의 문제를 고려할 때, 이런 대체는 질적인 혜택을 얻을 뿐 아니라 윤리적 비용을 피할 수 있는 가능성을 약속한다.

전환기는 가능한 한 짧아야 하며, 그동안에는 연구용 동물들에게 품위를 지킬 수 있는 주거 환경을 제공하고 종 특유의 신체적, 심리적, 정서적 욕구에 관심을 기울여야 한다. 고통을 가하는 데에 대한 엄격한 한계가 반드시 지켜져야 하며 고통 경감이 의무화되어야만 한다.

톰 L. 보샹Tom L. Beauchamp과 데이비드 데그라치아David DeGrazia의 『동물 연구 윤리의 원칙Principles of Animal Research Ethics』에는 이 모든 것, 그리고 더 많은 것이 명문화되어 있다.[11] 이것이 조만간 이 분야의 표준 지침으로서 3R을 대체할 것이고 반드시 그래야 한다. 첫째, 보샹과 데그라치아는 모든 척추동물과 두족류가 쾌고감수능력과 세상에 대한 관점을 갖고 있으며, 따라서 진지한 도덕적 고려를 받아 마땅하다고 주장한다. 그들은 모든 자연의 사다리 순위를 배제한다. 다만 자연의 사다리 사상을 비판하지 않는 신중한 모습을 보인다. 둘째, 그들은 종의 삶의 형태를 보호하는 데 있어 사실상 역량 접근법을 받아들여 3R보다 확정적이면서 훨씬 더 광범위한 지침을 제시하는 일련의 원칙을 만들어낸다.

보샹과 데그라치아는 세 가지 기본 원칙을 추천한다.

1. **불필요한 위해 금지의 원칙.** 과학적 목적에 필요하고 도덕적으로 정당화될 수 있는 경우가 아닌 한, 실험 대상 동물에게 위해를 가해서는 안 된다.
2. **기본적 욕구 충족의 원칙.** 특정한 기본 욕구를 충족시키지 않는 것이 과학적 목적에 필요하고 도덕적으로 정당화되지 않는 한, 연구 수행 과정에서 실험 대상 동물의 기본 욕구를 충족시켜야 한다.
3. **위해 상한의 원칙.** 실험 대상 동물에게 장기간 고통을 주어서는 안 된

다. 매우 드문 경우이기는 하지만, 해당 연구가 매우 중요한 사회적 및 과학적 목적을 위해 필요하고 도덕적으로 정당화되는 경우에 한해 예외가 적용될 수 있다.

그들은 각 원칙에 대해 더 많은 이야기를 하고 있다. 그들은 3R 접근법보다 훨씬 엄격한 입장을 취한다. 조기 사망의 해악이 정당화될 수 있는지에 대한 불가지론과 같은 몇 가지 명백한 공백이 있기는 하지만, 적어도 그 선택의 비극적 성격을, 그것은 해악이라는 것을 인정한다. 또한 그들은 해를 끼치지 않는 대안이 있다면 동물에게 해를 끼치는 어떤 방식보다 선호되어야 한다고 주장하면서 헤겔식 접근법이 해를 끼치는 어떤 접근 방식보다 우월하다는 것을 인정한다.

특히 눈에 띄는 것은 기본적 욕구에 대한 그들의 설명이다. 그들의 설명은 역량 접근법이 추천하는 것과 상당 부분 일치한다. 그들의 카탈로그에는 다음과 같은 것들이 포함된다.

영양가 있는 음식과 깨끗한 물

안전한 쉼터

적절한 자극, 운동, 종 특유의 기능을 발휘할 기회

신체적, 정신적(해당되는 경우) 건강을 유지하기 위한 충분한 휴식

수의학적 치료

사회적 종의 경우, 화합이 가능한 동종 혹은 사회적 그룹 구성원에 대한 접근성

고통, 괴로움, 고통과 같은 중대한 실험적 위해로부터의 자유

질병, 부상 및 장애로부터의 자유

적절한 공간 내 이동의 자유[12]

이후 그들은 조기 사망으로부터의 자유를 들고, 이것이 기본적인 요구인
지는 논란의 여지가 있다고 덧붙이고 있다.

나는 그것이 기본적 욕구라고 주장한다(7장에서 설명한 자격에 따라).
그리고 쾌고감수능력이 있는 모든 생물은 정신적 삶을 가지고 있기 때
문에 나라면 "해당되는 경우"라는 말은 삭제할 것이다. 그것이 바로 쾌
고감수능력이기 때문이다. 하지만 전반적으로 좋은 목록이다. 논객으로
글을 쓴 프란스 드 발은 단기이더라도 유인원 한 마리를 다른 유인원
집단과 분리할 이유는 전혀 없다고 지적한다. 연구자가 한 개체를 일정
기간 격리시켜야 하는 경우, 문이나 입구를 통해 그 유인원들을 무리로
부터 불러내면 된다.[13] 그는 영장류가 종 특유의 삶을 유지할 수 있도록
허용하는 것이 더 나은 과학적 결과를 만들어낼 뿐만 아니라 더 인도적
일 것이라고 지적한다. 우리는 그의 지적을 쾌고감수능력이 있는 모든
동물로 확장할 수 있다.

내 접근법에 따라 전 세계 생물의 중심 역량 목록하에 설정된 한계
치로 가늠했을 때, 우리는 내가 생각하는 헤겔의 목표, 즉 비극이 없는
세상에 아직 도달하지 못했다. 이런 한계치를 정하는 것은 늘 그렇듯
논쟁의 여지가 있는 문제이며, 이에 대해서는 계속해서 합리적인 의견
차이가 존재할 수 있다. 한계치가 충족되는 세상에서라도 허용되는 연
구가 있을 것이며, 거기에는 신중한 규제가 필요할 것이다. 따라서 보
샹과 데그라치아는 최소한의 정의를 향한 우리의 진전에 귀중한 공헌
을 했다.

● 다시 한번 생각하는 육식

다시 한번 육식에 대해 잠깐 이야기해볼까 한다. 여기에 정말 비극적인 딜레마가 존재할까? 존재한다면 얼마나 흔할까? 비건들이라면 모두는 아닐지라도 대부분의 사람이 식물 기반 식단으로 빠르고 건강하게 전환할 수 있으며, 그 과정에서 스스로에게 해를 끼치는 것이 아닌 좋은 일을 할 수 있다고 말할 것이다. 나는 노년층(어린이도 포함될 수 있음)의 단백질 필요를 언급하고 모든 사람의 소화기가 엄청난 양의 콩, 렌틸콩 등을 처리할 수 있는 것은 아니라는 점을 언급하면서 이에 대해 약간의 이의를 제기한 바 있다. 이런 경우라면, 우리에게는 스스로의 건강을 유지해야 할 의무도 있기 때문에 비극적인 딜레마가 발생할 수 있다. 중산층 가정이 아니라면 비용도 문제다. 이런 딜레마는 7장에서 제시하는 인도적 양식(특히 장기적인 계획과 프로젝트가 없거나 거의 없는 물고기의 고통 없는 죽음)이라는 대안을 통해 어느 정도 완화될 수 있다. 하지만 문제가 완전히 제거되는 것은 아니다.

또 다른 잠재적 문제는 모든 사람이 실제로 비건 식단으로 전환할 경우 농작물 재배에 엄청난 변화가 요구되면서 동물 서식지에 미칠 수 있는 피해다. 이 문제는 현재로서는 불확실하지만 진지하게 연구해야 할 문제다.

그러나 여기에도 인공육이라는 헤겔식 해법이 있다. 이 책을 기획할 때만 해도 거의 알려지지 않았던 인공육은 이제 식물성 재료를 이용한 다양한 유형의 '고기'를 생산하는 거대한 성장 산업이 되었다. 이런 육류 대체품이 인기를 모으는 데에는 윤리적인 이유가 한몫을 한다. 또한 사람들은 포화 지방 함량과 나트륨 함량을 낮춰 건강상의 혜택을 얻고자 한다. 이 과학은 아직 초기 단계로, 일부에서는 육류 대체품의 맛과 식감이 다양하지 않다는 지적이 있다. 그리고 내가 아는 한 생선을 좋아하는 사람들을 위한 인공 생선은 없다. 하지만 우리는 미래를 상상할 수 있고 미래를 위해 일할 수 있다. 야구장에서도 베지 도그와 베지 버거를 파는 시대,[14] 지양의 미래가 멀지 않았다. 싱가포르에서는 이미 동물 줄기세포에서 추출한 '진짜' 고기이지만 동물을 죽이지 않고 생산한 실험실 고기가 시판되고 있다. 다시 말하지만, 이런 개발에 대한 투자는 충분히 가치가 있어 보이며, 지금쯤이면 많은 동물 친화적인 셰프들이 풍부한 상상력으로 이런 출발을 계속 이어갈 수 있으리란 기대가 가능할 것이다.

● 문화 보존?

최근 들어 잔인한 관행들이 오랫동안 경시된 원주민의 문화적 권리라는 주장이 제기되고 있다. 세 가지 예에 대해 생각해보자.[15]

2009년 남아프리카공화국의 콰줄루나탈 농무부는 연례 축제에서 행해지는 줄루족Zulu의 황소잡이를 "종교, 문화, 언어를 실행할 모든 인간의 권리를 명시하는" 남아프리카공화국 헌법 31조의 보호를 받는 "문화 의식"이라고 공개적으로 옹호했다.[16] 황소는 "눈을 도려내고, 혀와 꼬리를 뽑고, 고환을 매듭으로 묶고, 모래와 진흙을 목구멍으로 밀어 넣는" 느리고 고통스런 방식으로 도살된다.[17] 줄루족은 이 관습이 그들의 전통을 유지하는 데 필요한 중요한 통과의례로서의 관행이라고 옹호하고 있다.

치페와족Chippewa은 물질적 생존과 문화 보존의 필수적인 부분으로

흰꼬리사슴을 사냥한다. 사슴 고기는 필수 영양소를 제공할 뿐만 아니라 공동체의 유대를 강화하며, 의식을 통해 신체 능력이 떨어지는 사람들과 음식을 나눔으로써 모든 공동체 구성원이 동등한 존엄성을 지녔다는 의식을 키운다는 것이 그들의 주장이다. 사냥 자체가 치폐와 신앙 체계의 중심인 기도와 규칙으로 구성되어 있다.[18]

국제포경규제협약International Covention for the Regulation of Whaling, ICRW에도 "문화적 예외"가 포함되어 있다. 협약 당사국의 영토 내 연안에 거주하는 원주민이 전통적인 낚싯배를 이용하고, 총을 휴대하지 않고, 고래를 지역 내에서만 소비할 목적으로 잡을 경우에는 작살 사용을 제한하는 규정이 적용되지 않는다. 이 마지막 조항은 무시되는 것이 보통이고, 고래 고기의 대부분은 상업적인 목적에서 식당과 시장, 특히 그린란드의 식당과 시장에서 판매된다(12장도 참조하라). 덴마크는 여전히 문화적 예외를 열심히 옹호하고 있고, 원주민이 공공연히 고래 고기를 관광객에게 판매하는 데 신경을 쓰지 않으며 심지어 고래잡이들은 원하는 경우 고래를 죽이기 위해 야구 배트도 이용할 수 있다고 말하기도 했다.[19]

사람들이 힘 없는 사람들을 권력의 남용으로부터 보호하는 데 관심이 있다면, 오늘날 세상에서 지능이 있고 쾌고감수능력이 있는 존재 중에 비인간동물보다 존중받지 못하고 지배당하고 있는 존재는 없다는 것을 알아야 한다. 그리고 비인간동물 역시 문화를 지니고 있다는 것을 알아야 한다. 따라서 이런 식으로 문화를 주장하는 것은 한참 잘못되어 있는 것처럼 보인다. 힘이 없는 존재에게 권한을 부여하기는커녕 힘이 전혀 없는 존재들의 권한을 박탈하고 있는 것이다.

지적할 것은 그뿐이 아니다. 문화를 내세우는 것은 논리와 의미라는 사실상 이겨낼 수 없는 두 가지 문제를 갖고 있다. 그 첫 번째는 우리가

"누구는 되고 누구는 안 되고"의 문제라고 부르는 것이다. 누가 "이누이트족Inuit"인가? 전 세계 어디에 살고 있는지를 불문한 모든 이누이트 출신 사람들? 지리적으로 제한된 특정 집단(예를 들어 그린란드에 있는)? 모든 이누이트족이 고래를 잡는 것은 아니기 때문에 "이누이트 문화"가 고래잡이를 필요로 한다는 주장을 지지하려면 이 질문에 답해야 한다. "문화"라는 개념 자체의 정의도 제시해야 한다. 여러 가지 상충하는 정의가 존재하기 때문이다.[20]

이 문제에 결합되는 것이 "누구의 목소리가 중요한가"의 문제다. 문화의 가치를 내세우는 대부분의 주장은 보통 남성인 그 집단 내 강력한 지도자의 목소리에 집중한다. 그들은 여성, 비판적인 목소리, 소외된 목소리를 무시한다.[21] 이 경우, 젊은 남성 사냥꾼들의 목소리는 들리지만, 여성, 전통에 대한 불만으로 이주한 사람들, 전통을 비판하는 사람 등 이누이트인 다른 종류의 사람들 목소리는 들리지 않는다. 문화는 획일적인 것도 고정적인 것도 아니다. 문화는 논쟁의 현장이며 움직이는 것이다.[22] 낡은 관행을 옹호하는 작은 하위 집단에 우위를 부여하고 다른 불협화적 목소리들을 배제하는 것은 하나의 결정이다. 그렇다면 그 결정의 규범적 근거는 무엇일까?[23]

이런 모든 문제는 원주민 포경을 옹호하는 데 내세우는 문화의 힘을 약화시킨다. 매슈 스컬리의 저서 『지배』에 따르면 마카족Makah은 일본의 포경 찬성 세력의 자극으로 오랫동안 따르지 않던 전통을 받아들였다. 일본의 영향을 따르는 사람들의 목소리가 두드러졌던 것이다.[24] 스컬리는 알래스카의 이누이트 사냥꾼들이 "현실적인" 원주민 포경꾼이라는 진지한 주장을 편다고 말한다. 하지만 그의 연구에 따르면, "오늘날 고래를 사냥하는 대부분의 에스키모인은 문명의 변두리에서 생존을 위해 고군분투하는 원주민이 아니다. 그들은 포경에 열정을 가진, 문화적 자기 확증의 활동으로 고래를 잡는 젊은이들이다. 그들은 그래야 하기 때문이 아니라 원해서 고래를 잡는다."[25] 스컬리는 현재 알래스카 원주민의 생활 방식이 대부분 석유산업에 의존하기 때문에 이런 관행은 트로피 헌팅trophy hunting•과 다르지 않다는 결론을 내린다. "관습"을 존중한다는 그들의 주장도 선택적이다. 고래를 물 밖으로 꺼내는 데 사용하는 방법이 전통적인 방식과는 거리가 멀기 때문이다.[26]

간단히 말해 그들은 마치 규범적 힘이 존재하는 것처럼 문화를 내세우지만 그 힘이 어디에서 비롯되었는지는 말해주지 않는다. 모든 종류의 나쁜 관행은 다분히 전통적이다. 가정 폭력, 인종 차별, 아동 성학대, 동물 고문이 모두 그런 예다. 이런 관행이 오랫동안 존재했다는 사실이 그런 관행을 지지하는 것은 아니다.[27] 전통에 규범적 힘이 있다면, 옹호자들은 그것이 어떤 힘인지 규명하기 위해 더 노력해야 한다.

문화가 중요한 가치를 부정한다면 문화가 붕괴하리라는 주장은 논거가 될 수 없다. 나치즘에 관련된 가치관이 독일 문화 전통에 깊숙이 스며들었을 가능성이 높음에도 불구하고 독일 문화는 나치즘을 완벽히 거부하고 살아남았다. 모든 문화는 성차별을 거부하기 시작했다. 투쟁을 통한 거부였지만 전면적인 문화 붕괴는 없었다. 기독교 문화는 한때, 유대인, 이슬람교도, 힌두교도에게 대단히 적대적이었다. 하지만 현재는 적대감이 훨씬 줄어들었고 그들은 비기독교도의 종교적 약속에 대한 존중을 보여주기 위해 그들의 문화를 재발명했다. 패트릭 데블린Patrick Devlin은 1958년 동성애 행위에 대한 법적 금지가 없이는 영국 문

• 오락 목적의 야생동물 사냥

화가 살아남을 수 없다고 예측했지만 역사는 그가 틀렸음을 보여준다.[28]

그렇다면 고래의 문화는 어떨까? 원주민 문화의 권리를 옹호하는 사람들은 원주민의 자연에 대한 존중을 종종 이야기하지만, 고래잡이를 고래의 삶과 문화에 대한 존중의 신호로 보는 것은 불가능하다. 앤서니 다마토Anthony D'Amato와 수디르 초프라Sudhir Chopra는 "북극고래에게 그들을 곤봉으로 때리고 작살로 찍는 일단의 남성들이 존중을 보였는지" 물어본 사람들은 없다는 적절한 언급을 했다.[29]

철학자 브리나 홀랜드Breena Holland와 에이미 린치Amy Linch는 최근의 논문을 통해서 스스로를 과거의 노예로 보게 하는 것이 원주민을 폄하하는 일이라고 지적했다.[30] 문화는 사람들이 계속해서 그것을 이용해서 자신의 이야기를 구성하는 "도구함"(여기에서 그들은 사회학자 앤 스위들러Ann Swidler의 연구에 의지한다)이다. 과거 동물을 대상으로 잔학 행위를 한 많은 집단이 있지만 윤리적 논쟁의 결과로 관행을 바꾸었다. 그들은 더욱 심사숙고하고 앞으로 나아갈 것을 기대하는 것이 전통 사회에 대한 존중이라고 주장한다. 철학자 조너선 리어Jonathan Lear가 까마귀에 대한 인상적인 연구인 『급진적 희망Radical Hope』에서 보여주듯이, 집단은 전면적인 문화 파괴에 직면한 것처럼 보일 때에도 전혀 예측하지 못했던 진전의 길을 찾을 수 있다.[31] 따라서 나는 여기에는 진정한 비극적 딜레마가 없다는 결론을 내린다. 왜냐하면 목적의 하나를 재구성해서 동물의 생명을 존중하면서도 그 목적도 존중받는 것이 가능하기 때문이다.

린치와 홀랜드는 인도적인 살육에 만족하는 것으로 보인다. 나는 거기에서 더 나아가서 헤겔의 질문과 역량 접근법으로 돌아가고자 한다. 문화나 민족의 파괴를 유발하는 것과 동물에게 고통과 해악을 야기하는 것 사이의 비극적 딜레마가 더 이상 존재하지 않는 세상은 어떤 곳일까? 헤겔의 영감의 원천이었던 그리스 연극이 우리를 답으로 이끈다. 집단은 관행의 극화를 통해 치명적인 수단을 완전히 제거함으로써 집단을 하나로 묶는 관행의 가치를 유지할 수 있다는 것이다. 그리스의 비극은 연극으로 인신의 희생을 대신하는 문화적 변형이었을 가능성이 대단히 높다. 더 이상은 제단에서 젊은이를 죽이지 않는다. 대신 이피게네이아의 희생을 극장으로 옮겨 사람들에게 그들의 역사를 일깨우고 문화적 전통에 대한 이해를 넘어선 진보를 기념한다.[32] 마찬가지로 스포츠는 치명적인 전투에 대한 극적인 대체물로 볼 수 있다(풋볼의 경우, 치명상의 가능성이 완전히 배제되었는지 의문이지만).

해법은 집단 스스로부터 나와야 한다. 문화 관광의 인기가 커지고 있다는 것을 고려하면, 그룹이 자체적으로 의식 극화가 문화 생존에 대해 갖는 잠재력을 이해하는 것도 어렵지 않게 상상할 수 있다. 1950년부터 노스캐롤라이나의 명물로 자리 잡은 체로키의 역사극 〈이 언덕 위로Unto These Hills〉의 오랜 성공은 줄루, 치페와, 이누이트의 미래가 어떻게 펼쳐질 수 있는지 보여주는 증거다.[33]

나는 우리가 현재 남성성의 문화적 표현으로 여성에 대한 폭력을 용인하지 않는 것처럼 동물의 살육을 문화적 표현의 한 형태로 용인해서는 안 된다는 결론을 내렸다. 모든 집단은 변할 수 있으며, 자신의 윤리적 역량에 대한 존중, 또 무엇보다 동물에 대한 존중을 바탕으로 한 변화가 모두에게 요구되어야 한다. 모든 인간에게는 더 나은 법과 제도를 위해 노력해야 할 집단적인 의무가 있다.

● 공간과 자원을 둔 충돌

지금까지는 상상력과 노력으로 극복할 수 있는 비극에 대해 이야기했다. 그보다 훨씬 더 오래 계속된, 만연하는 비극적 딜레마가 있다. 공간과 자원을 둔 인간과 동물의 갈등에서 야기된 딜레마다. 아프리카에서는 코끼리를 보호하고 보전하기 위한 광범위한 노력이 계속되고 있지만 코끼리의 존재 때문에 마을 사람들이 큰 어려움을 겪기도 한다. 마을 사람들이 필요로 하는 나무를 코끼리가 벗겨서 먹이로 삼기 때문이다. 이런 종류의 갈등은 무척 흔하고 많은 동물 종이 관련되어 있다. 미국 서부 주에서 인간과 퓨마 사이에 공간을 두고 벌어지는 갈등과 같이, 종의 재기와 성공 자체가 충돌의 서곡이 되는 경우들도 많다. 이런 갈등은 대단히 기본적이다. 한편에는 목록에 있는 수많은 역량을 비롯해 온전한 형태의 삶을 누리는 동물의 역량이 있고, 다른 한편에는 건강한 삶을 영위한 역량에 대한 빈곤한 인간들의 욕구가 있다.

이런 사례에 대해 잘 생각할 때 밟아야 할 첫 번째 단계는 갈등을 명확하게 분석하는 것이다. 양쪽 모두가 사람들을 정말 중요한 역량의 한계치 아래로 밀어붙이는 것일까? 모든 이해관계가 같은 비중을 갖는 것은 아니다. 예를 들어, 도시의 성공에서 알 수 있듯이, 인간은 대부분의 대형 동물보다 작은 공간에 보다 쉽게 적응할 수 있다. 따라서 동물 집단의 번영을 위해 인간에게 작은 공간에서 적응할 것을 요구할 때 이것을 비극이라고 생각해서는 안 된다. 또한 인간의 금전적 이해관계가 그 자체로 비극을 낳는 것도 아니다. 와이오밍의 목장주들이 야생마 무리를 도태시키고 종족 구성원의 건강을 강화하는 번식 통로를 막는 것은 건강과 생존에 필수적이지 않은 경제적 이해관계가 얽혀 있다. 보다 큰 생태계에서 야생마가 맡는 역할에 대한 과학적 이해를 높인다면 모든 당사자에게 더 나은 결과를 얻을 수 있다.[34]

하지만 양쪽 모두에게 더 비중이 높은 이해관계가 있다. 건강과 생존이다. 이런 경우에는 수가 큰 역할을 한다. 도시에 사는 코요테의 경우, 수가 상대적으로 적고 인간과 가축에 대한 위협도 수용 가능한 정도이기 때문에 서로 자기 방식대로 사는 패턴이 이미 진화 중이다.[35] 하지만 더 위험한 퓨마의 경우 최근 한 용맹한 등산객이 자기방어로 퓨마의 목을 조른 일이 있었고[36] 이런 사건이 다시 발생할 가능성이 높다. 이 경우 죽은 퓨마의 형제들에게 했던 것처럼 인도적인 방식으로 퓨마를 잡아서 야생동물 재활 시설로 보냈다가 가능하다면 이후 야생으로 돌려보낼 수 있을 것이다.[37]

코끼리는 그 자체로 인간에게 위협이 되지는 않는다. 하지만 코끼리는 많은 공간이 필요하고 많은 나무껍질과 식물을 먹는다. 인간도 많은 공간을 차지하며 나무와 식물을 절박하게 필요로 하는 경우가 많다. 이런 유형의 경쟁은 명확한 규칙이 있는 야생동물보호구역을 만들어 완화시킬 수 있다. 보호구역은 생태 관광의 지원을 받는 경우도 많다. 하지만 동물들이 인간 거주 지역에 자유롭게 들어온다면, 진정한 비극적 시나리오는 계속될 것이다.

이런 시나리오는 농촌 빈곤으로 악화되며, 이는 다시 대형 동물과의 자원 경쟁을 더 절박하게 만들어 심지어는 인간이 금전적 이득 때문에 밀렵꾼의 편에 서게 할 수도 있다. 따라서 헤겔식 해법은 더 복잡해질 수밖에 없다. 명확하게 구분되고 고정적인 야생동물보호구역을 설립하는 한편 지역 공동체가 토지를 최대한 활용하도록 도와야 한다.[38] 밀렵을 끝내기 위해서는 아프리카의 법치를 강화하는 개입이 수요 측면의 개입만큼이나 중요하다.

이제 인구 조절에 대해 논해야 한다. 인구 증가가 문제의 일부이기 때문에 분별 있는 통제가 해법의 일부가 되어야 한다.

아마르티아 센이 『출산율과 강제Fertility and Coercion』라는 논문에서 주장했듯이,[39] 고정된 숫자를 강제적으로 부과하는 데에는 심각한 윤리적 문제가 있다. 다행히도 자유와 인구 통제 사이의 명백한 딜레마는 겉보기에 그친다. 인구를 제한하는 가장 효과적인 방법은 산아제한이 아니라 자유를 증진하는 개입인 여성 교육이라는 증거가 있기 때문이다. 그러나 여성과 남성은 공공 위생과 이용 가능한 의료 서비스를 고려해 두 명의 자녀가 성인이 될 때까지 생존할 수 있다고 믿을 만한 이유가 있을 때만 산아를 제한하기로 선택할 것이다.

동물의 수태 제한에 대해서도 논의해야 할까? 코끼리, 코뿔소, 기린, 호랑이, 사자를 비롯한 많은 대형 동물들은 멸종의 위험이 너무 커서 개체 수를 제한하는 것이 불합리하며 오히려 개체 수를 보전하고 늘려야 한다. 하지만 연구가 면밀하게 이루어지고 동물에게 해악이 되지 않는 한에서 동물의 수태 제한을 신중하게 조사해야 할 다른 갈등의 사례들도 있다. 야생동물의 경우 현재로서는 잠재적인 해악에 대해 충분히 알지 못한다. 야생마에게 제안된 피임약이 해로운 부작용을 보이는 것 같다. 하지만 그것이 추가적인 연구를 막아야 한다는 의미는 아니다. 인간의 피임약과 마찬가지로 안전한 선택지가 발견될 때까지 연구가 계속되어야 한다.

나는 인간-동물 갈등의 구체적인 사례들에 집중하면서 가장 큰 갈등은 다루지 않았다. 지금부터는 그 이야기를 해볼까 한다. 인간이 굶주리고 의료 서비스의 부족으로 죽어가는 세상에서 다른 동물을 돌보는 데 상당한 시간과 돈을 쓰는 것을 정당화할 수 있을까? 이것이 내가 이 연구의 일부를 발표했을 때 인간개발및역량협회의 젊은 개발 전문가가 보인 반응이었다. 내 의견에 반대했던 이들은 내가 인간의 이익을 우선하길 바랐겠지만, 나는 우리가 인간의 이익을 절대적으로 우선해서는 안 된다고 굳게 믿고 있다. 나는 모든 생물이 똑같이 중요하다고 생각한다. 또한 나는 딜레마가 잘못 제기되었다고 주장한다. 현재 빈곤과 질병으로 인한 인간 삶의 위협 대부분은 효과적인 정부 제도의 부재로 인한 것이지 지구 역량의 "자연적" 한계로 인한 것이 아니다. 우리는 모든 종이 번영의 기회를 갖는 다종 세계를 구상하고, 그것을 위해 노력할 수 있고 그렇게 해야 한다. 또 거기에서 더 나아가, 동물의 삶에 대한 윤리적 조율과 동물의 복잡성과 존엄성에 대한 경이의 감각은 우리 인간성의 일부이며, 그것이 없다면 인간의 삶 자체가 피폐해진다고 주장해 마땅하다.

건강한 인간 공동체를 보존하기 위해 동물에게 고통을 가해야 한다는 생각이 들 때라면 우리는 한 발 물러서서 우리가 어떻게 그런 나쁜 상황에 처하게 됐는지, 그리고 그런 암울한 선택이 필요치 않은 미래의 세상을 만들기 위해 무엇을 할 수 있는지 질문해야 한다. 해야 할 일이 있는데 울고만 있는 것은 방종이다. 이것은 정말 어려운 딜레마이고, 돌이킬 수 없는 손실이 생기지 않으리란 보장도 없다. 하지만 할 수 있는 것이 없는지 살펴보자. 모든 것이 가차 없이 나쁘다고 생각하는 데에서 재미를 느끼고 인류세가 우리의 죄악으로 인한 종말이라고 믿고 싶어 하는 사람들이라면 헤겔적 낙관주의에 만족하지 못할 것이다. 그러나 나는 그렇게 믿지 않는다. 나는 우리가 숙고를 통해 그럴듯한 다종 세계를 만들 수 있다고 생각한다. 유일한 문제는 우리에게 그럴 의지가 있는가이다.

9장

우리와 함께 사는 동물들

미국 가정의 대부분에 반려동물이 있다. 최근의 추산에 따르면 67%다.[1] 사람들은 반려견이나 반려묘를 애지중지하고 종종 그들과 강한 감정적 유대를 맺는다(말이나 집과 가까이에서 사는 다른 동물들과도). 상호성과 배려의 규범이 늘어나고 있다. 최근의 설문에 따르면, 개나 고양이와 사는 사람의 89~99%는 동물을 가족 구성원이라고 생각한다.[2]

고대에는 인간과 그 곁에서 사는 동물들 사이에 진정한 호혜와 존중이 흔치 않았다. 오디세우스는 20년 만에 이타카에 돌아와 그가 사랑하는 사냥개 아르고스가 거름 더미 위에 방치되어 누워 있고 털에는 진드기가 우글거리는 것을 본다.[3] 나이가 들고 방치되었는데도 아르고스는 이타카에서 거지로 변장한 오디세우스를 알아봤다. 쾌고감수능력이 있는 생물 중 그를 알아본 것은 그의 아내 페넬로페와 친구인 돼지치기 유마이오스 그리고 아르고스뿐이었다. 여기에서 둘 사이의 상호 존중과 배려가 분명히 드러난다. 아르고스는 일어나서 오디세우스에게 가려 하지만 상태가 좋지 않아 그렇게 하지 못하고 꼬리만 흔든다. 변장 때문에 사람들 앞에서 아르고스에게 아는 척을 할 수 없었던 오디세우스는 아르고스를 "고귀한 개"라고 부르고, 그의 눈에는 눈물이 흐른다. 사랑하는 인간을 다시 만나 만족한 아르고스는 누워서 눈을 감는다.[4]

이 이야기는 인간과 반려동물 사이에 존재할 수 있는 충성심과 배려의 깊이를 보여주는 동시에 인간이 반려동물과 갖는 관계의 어두운 면도 보여준다. 방치와 학대(특히 개가 너무 늙어 도구적 쓰임새가 없어지게 된 경우)는 개와 고양이에게 흔히 일어나는 일이며, 아르고스는 페넬로페의 구혼자들에게 수치스런 꼴을 당했다. 오디세우스는 평생 형편없는 대우를 받는 개들이 있다는 사실을 알고 있었다. 그는 아르고스의 고귀한 모습(현재의 불결한 상태에도 불구하고)을 "식탁 주변을 돌며 음식을 구걸하고 단지 보여주기 위해 사육되는" 다른 개들의 상황과 대조한다.[5]

고대 그리스 세계에서 개는 인간 옆에서 일을 했고, 운동을 많이 했으며, 활동성으로 존중받는 것이 보통이었다. 인간과 개가 공동의 목표를 달성하는 파트너인 곳에서라면 오디세우스와 아르고스와 같은 상호 존중적인 공생 관계가 발견됐다. 영국 옥스퍼드 외곽 스티플 애스턴의 시골 저택 루샴 하우스에 방문한 사람은 "비범한 지혜를 지닌 오터 하운드Otter Hound●" 링우드Ringwood의 무덤을 볼 수 있다. 링우드의 비문은 이 저택의 방문객이자 개 애호가로 유명한 시인 알렉산더 포프Alexander Pope가 쓴 것이다(포프는 자신이 가장 좋아하는 그레이트데인 종의 반려견, "바운스Bounce"를 칭송하는 많은 글을 남겼다). 그러나 오늘날의 개들은 많은 일을 하지 않고 비좁은 환경에서 생활하는 경우가 많다. "애완동물pet"이라는 단어에서 알 수 있듯이 관계에 변화가 일어났고, 많은 개가 장난감이나 장식품 취급을 받고 있다. 최근 개에 대한 존중과 배려가 개선되었

● 영국·프랑스 원산의 사냥개

다는 말은 이전의 낮은 수준을 배경으로 한다는 점을 알아야 한다.

여전히 개와 고양이는 인간이 소유한 재산으로 여겨지면서 때때로 보호를 위해서, 정서적 지지를 위해서, 가지고 놀 귀여운 장난감으로, 인간의 지위를 드러내는 귀중한 트로피로, 즉 그 자체로 목적이 아닌 인간의 부속물로 인간의 묵인하에 살아가는 경우가 많다.

오늘날에는 많은 사람이 개와 고양이를 재산이 아닌 반려로, 다른 가족 구성원만큼 소중한 가족의 일원으로 생각하면서 그런 견해에 반대한다. 그들은 공원, 호텔, 비행기 등에 반려동물의 접근권을 확대해달라고 요구한다. 하지만 이런 변화는 변덕스럽고 일관성이 없다. 이것은 상당한 학대나 방치 행동과 공존한다. 비행기에 개와 고양이를 데리고 타고자 하는 사람들이 동시에 운동을 시키지 않고 사회적 한계를 학습하는 데 필요한 일관된 지원을 제공하지 않는 등으로 동물을 방치한다. 동물을 재산으로 보지는 않지만 온전히 존중하고 관심을 주는 것도 아니다. 그들은 학대와 방치로 동물을 키우며, 여러 가지 질병에 감염시키는 강아지 공장에서 개를 사오는 경우가 많다. 건강한 동물을 입양하는 때에도 외모가 마음에 든다거나 영화에서 본 적이 있다는 이유로 동물을 선택하고, 그런 유형의 동물이 운동과 반려 관계에서 구체적으로 어떤 욕구를 가지는지는 전혀 배우지 않는다. 따라서 처음에는 건강했던 동물이 방치된 아이처럼 불안하고 반사회적인 성향을 보이는 경우가 많다. 간단히 말해, 반려동물을 사랑한다고 생각하는 많은 사람이 실은 동물을 학대하고 있는 경우가 많다.[6]

반려동물과의 관계에서의 개선은 아직 진보의 초기 단계로 불완전하다. 문제의 생물이 인간 아이였다면 도덕적으로 극악무도하고 법적으로는 소송을 초래할 만한 유형의 관계로 여겨질 만한 경우가 많다.

이 장에서는 역량 접근법이 우리와 함께 살아가는 동물에 대한 우리의 도덕적/정치적 의무에 대해, 동물과의 파트너십 안에서 동물의 역량을 가장 잘 증진할 수 있는 방법에 대해 어떤 주장을 하는지 알아볼 것이다. 우선 개와 고양이에 초점을 맞추되, 나중에 말과 기타 반려동물 또는 일을 하는 동물에 대한 것으로 분석을 확장할 것이다. 그 과정에서 나는 반려동물을 동료 시민으로 생각해야 한다는 생각, 즉 철학자 수 도 널드슨Sue Donaldson과 윌 킴리카Will Kymlicka가 그들이 공동 저술한 최근의 저서 『동물노동』에서 발전시킨 아이디어를 탐구하고 그에 상당 부분 동의한다고 밝힐 것이다.[7] 나는 5장에서 이미 역량 접근법이 동물을 능동적인 시민으로 취급한다고 밝힌 바 있다. 이 장에서는 이것이 실제로 무엇을 의미하는지 살펴보게 될 것이다.

● 공생적 번영

역량 접근법에 따르자면 우리는 동물 종 특유의 삶의 형태를 존중해야 한다. 쾌고감수능력이 있는 각각의 동물을 하나의 목적으로 취급하되, 종 구성원의 처우에 대한 정치적 지침 마련의 좋은 출발점으로는 종의 삶의 형태—그 안에서 일반적으로 발견되는 개별적인 변이의 범위를 포함한—를 고려하는 것이다. 코끼리와 고래가 특정 상황에서 인간을 포함한 다른 종의 구성원들과 중요한 관계를 맺을 수 있다는 점은 인정하지만, 코끼리나 고래에게는 방해가 없는 그들의 삶의 방식으로의 번영이 존재한다. 다음 장에서도 이야기하겠지만 나는 이것이 "야생"이 야생동물의 번영에 도움이 되는 장소라는 의미라고 생각지 않는다. 인간이 모든 곳을 지배하는 세상에서 야생동물에 대한 올바른 행동 방식이 그들을 내버려두는 것이라고도 생각지 않으며, 그런 행동이 가능하다고 생각지도 않는다. 하지만 최소한 인간이 없는 코끼리의 삶을 상상하는 것, 그 삶이 잘 돌아가는 모습을 상상하는 것은 가능하다.

반려동물은 상황이 다르다. 반려동물은 수천 년 동안 인간의 목적에 유용하게 사육됐다. 그들은 온순하고 빠른 반응을 보이는 등의 심리적 특성을 발전시켰고, 심지어는 인간에게 매력적이고 위협이 되지 않는 것처럼 보이도록 만드는 "유형성숙neoteny"(성체인 동물이 큰 머리와 크고 동그란 눈과 같이 새끼의 특성을 유지하는 것) 등의 신체적 특성까지 발달했다. 무엇보다 그들은 위약성과 의존성을 발전시켰다.

이는 두 가지 의미를 가진다. 첫째, 인간과의 관계를 중심에 두지 않고서는 그들 종의 삶의 형태를 설명할 수 없다. 이 공생적 관계는 비대칭적이다. 다른 동물과 깊이 있는 관계를 갖지 않는 인간을 만나는 것은 가능하다. 사실 우리는 그런 인간을 늘 만난다. 나의 역량 목록은 다른 동물과 유익한 관계를 맺을 수 있는 기회를 인간의 귀중한 역량으로 언급하지만 모든 사람이 그 기회를 사용하고자 하는 것은 아니다.

반면에 반려동물은 비대칭적으로 의존적인 인간과의 관계없이 번영을 누릴 실제적인 가능성이 없다. 들개와 고양이는 잘 살지 못하고 일찍 죽는다. 야생마의 경우처럼 인간과 떨어져 살 수 있는 유형이 진화한다면, 그것은 완전히 다른 종이며 그런 진화에는 대단히 긴 시간이 필요하다. 가축화된 개와 고양이(새로운 유형의 개와 동물이나 고양이과 동물이 아닌)가 번영하려면 우리 인간에 비대칭적으로 의존하는 형태의 삶을 살아야 한다.

가축은 때로 노예에 비유된다. 우리가 저지른 일의 깊이와 부당성을 착각해서 나오는 비유다. 노예는 탄압을 당했지만 자유와 자기 주도의 완벽한 가능성을 갖고 있었고, 자유를 얻으면 민첩하게 그것을 움켜쥐었다. 노예제로 인한 피해는 심각했지만 되돌릴 수 있었다. 노예의 자녀에게는 생물학적인 노예의 표식이 없었다(노예제의 사회적 피해는 현재 진행 중이며 아직 회복되지 않고 있긴 하지만). 그러나 우리가 모든 개, 고양이, 야생이 아닌 말의 해방 선언문에 서명한다고 해도 그것은 그 동물과 그 후손에게 행복을 가져다주지 않는다. 오히려 그 반대다. 불행과 죽음을 가져다주는 것이다. 인간은 아리스토텔레스가 말하는 가상의 "자연 노예", 생물학적 본성 때문에 비대칭적 공생 관계에 묶일 수밖에 없는 생물을 만들었다.

● 노예폐지론?

먼 선사시대에 인간이 야생 개를 집개로, 야생 고양이를 집고양이로 길러낸(의심할 여지없이 수천 년 이상 시행착오를 거쳐) 일의 도덕성에 대해 논의해보자. 그 안에서 좋은 점을 찾는 사람도 있다. 그들은 가축 종들이 야생 조상들에 비해 자연의 위험으로부터 보호를 받았다고 주장한다. 하지만 그 옛 인간들의 목적이 보호가 아니라 사용이었다는 것은 더없이 분명하다. 야생 개들은 오늘날 그렇듯이 사냥, 목축, 반려 관계를 비롯한 다양한 인간의 목적에서 신뢰할 수 있는 수단이 아니었다. 앞서 목축과 사냥에서 드러난 일부 관계들은 상호적이고 애정 어린 것이었다고 말한 바 있지만, 아르고스를 기른 도시인들의 궁극적인 목표는 존중이나 사랑이 아니었다. 그들은 그 일을 위협적이지 않은 생물을 통해 확실하게 처리하기를 원했다. 가축화는 노예제가 아니라 비대칭 의존 관계에서만 살고 번영할 수 있는 "자연 노예"의 종을 의도적으로 만든 것에 가깝다.

우리는 이런 불미스러운 과거에 대해 어떻게 생각해야 할까? 우리는 취약성과 의존성이 그 자체로 나쁜 것이 아니라는 점을 분명히 해야 한다. 비대칭적일지라도 말이다. 인간 생애 주기에서 유년기, 노년기, 일시적 장애 등의 단계에는 모두 비대칭적인 취약성과 의존성이 수반된다. 그 자체로 저열하거나 품위 없는 일이 전혀 아니다. 우리와 함께 살아가는 많은 사람이 일생 동안 비대칭적으로 의존적인 삶을 산다. 심각한 유전적 장애, 특히 인지 장애를 가진 사람들은 말할 것도 없다. 우리는 이들을 사랑하며 사랑해야만 한다. 있는 그대로 소중히 여기고 그들이 나름의 방식으로 번영할 수 있도록 돕는 것에 도덕적인 문제가 있다고 생각지 않는다. 실제로, 오늘날 적어도 우리가 그렇게 하지 않는 것이 끔찍한 잘못이라고 생각한다.[8]

하지만 반려동물의 경우는 그렇지 않다. 장애가 있는 사람들은 비대칭적으로 의존하도록 길러진 것이 아니다. 그것은 유전적 추첨에서 일어난 사고일 뿐이다. 오늘날에는 그런 임신도 중단하지 않고 그렇게 태어난 아기도 번영하도록 돕는 경향이 있지만, 그런 아기를 의도적으로 만들지는 않는다. 다운증후군이나 다른 유전적 장애가 있는 사람들을 옹호하는 사람들도 그 사람이 살면서 겪는 의학적인 문제와 사회적인 어려움을 고려해 의도적으로 다운증후군이 있는 아이를 출산하게 하는 것은 비윤리적이라고 생각할 것이다. 그것이 이미 가정에 있는 다운증후군 아이에게 동반자가 생기는 경우라 할지라도 말이다.

요구가 많지 않고 온순한 일손을 얻기 위해 다른 인간과 유전적으로 구별되는 인지 장애를 가진 인간 유형을 의도적으로 번식시키는 일을 상상해보라. 그야말로 도덕적인 공포가 아닌가. 인지 장애를 가진 대부분의 성인이 신체적으로 건강하지 못하거나 이런 식의 끔찍한 실험을 실패로 만들 다른 신체적 문제를 가지고 있지 않았다면, 혹은 자폐 스펙트럼에 속하는 인간이 신체적으로 튼튼하지만 온순하거나 순종적이지 않다는 사실이 아니었다면 이런 추악한 아이디어를 떠올린 인간이 분명 있었을 것이다.

그렇다면 도덕적인 인간들은 그 실험의 사악한 결과를 보고 그런 유형의 인간을 의도적으로 번식하는 일을 멈추라고 요구할 것이다. 내 사고 실험 속에서는 그런 일이 간단하다. 복종적인 유형의 인간은 별개의 종이 아니라 관련 유전자를 갖고 있는 난자를 주입해 개별적으로 특별히 만든 것이기 때문이다.

자신들을 "폐지론자"라고 부르는 일부 동물 권리 옹호자들은 길들인 개와 고양이에 대해서 바로 그런 과정을 밟아야 한다고 주장한다. 이 운동을 이끄는 게리 프란시오네Gary Francione는 우리 인간이 한때는 야생이었던 이 생물들에게 저지른 끔찍한 잘못을 되돌리는 유일한 방법이 그들이 모두 멸종될 때까지 체계적으로 번식을 금하는 것이라고 말한다.[9]

일리가 있는 주장이긴 하다. 하지만 여기에는 많은 문제가 있다. 첫째, 과거의 악행을 바로잡는 것과 관련된 다른 논거들과 마찬가지로 누구에게 책임이 있는지가 모호하다. 악행을 바로 잡는 일에 대해 생각하는 가장 좋은 방법은 상징적인 사과의 표현이다. 하지만 그것조차 특정적인 것과 거리가 한참 멀다. 누가 누구를 대표해서 무슨 근거로 사과를 할 것인가? 이것은 쓸모없는 행동에 불과하다. 정작 필요한 것은 지금 살아 있는 동물의 삶을 개선하기 위한 미래 지향적이고 대담한 조치다. 왜 개와 고양이를 몹시 사랑하는, 혹은 사랑하지 않더라도 존중하는 오늘날의 인간들이 상상할 수도 없는 먼 옛날의 인간들이 한 일에 대해서

속죄를 해야 할까?

둘째, 프란시오네의 제안은 폐지론자들이 존중한다고 주장하는 바로 그 존재에게 엄청난 트라우마를 강제로 가한다. 마법 지팡이로 한 종을 사라지게 할 수는 없다. 5장에서 이야기했듯이 절멸은 기존 종 구성원에 대한 해악의 방식으로 일어난다. 프란시오네의 경우, 인도 비상사태 동안 산자이 간디Sanjay Gandi가 인구 증가의 문제를 처리하기 위해 낮은 카스트 구성원들을 모아 강제로 불임 시술을 한 것과 비슷한 방식으로 기존의 개와 고양이 모두를 찾아 집에서 데려다가 중성화시키는, 중앙 부처가 관련된 세계적 규모의 막대한 비자발적 중성화 운동을 통해서 절멸을 유도한다. 그렇다면 동물이 재산이라는 생각에 반대하는 사람들조차 동물을 비롯해 그들과 밀접한 관계를 맺고 사는 사람들의 바람에 무관심한 채 이런 침략적인 활동가들에 대항하기 위한 방어벽으로써 재산권을 주장하게 될 수도 있다. 대규모의 강제 불임도 개와 고양이에게 고통스럽지는 않을 것이다. 불임 수술은 허용할 수 있으며 이후에 설명하겠지만 많은 경우 권장되기도 한다. 하지만 프란시오네의 중성화는 지속적인 관계를 깨뜨린다. 내가 허용하는 중성화는 새끼들이 좋은 집을 찾지 못하는 일을 막기 위해서 반려인이 행하거나 대량 아사와 차후의 유기라는 참사를 막기 위해 유기 동물에게 행해지는 경우다.

과거의 잘못을 되돌린다는 생각에 기반한 것이 아닌, 좀 더 그럴듯한 폐지론자의 논거는 인간과 반려동물 사이의 공생 관계가 지속적인 불의라는 것이다. 하지만 이 논거는 '인간과의 공생 관계에 있는 개와 고양이들이 번영하는 삶을 영위할 수 있을까?'라는 번영의 문제를 우선 해결하지 않는 한 성공할 수 없다.

의도적으로 한 종의 절멸을 초래하는 일이 타당한 경우는 개별 구성원이 살 가치가 있는 삶을 누릴 수 없을 때뿐이다. 하지만 개와 고양이는 번영하는 건강한 삶을 누릴 수 있다. 인간이 그들을 마땅히 대해야 하는 방식으로 대한다는 전제에서 말이다. 이것은 이후에 설명할 아주 중요하고 어려운 "전제"이지만 충분히 실행할 수 있는 전제이기도 하다. 공생을 위해 번식되는 경우라면 건강을 목표로 번식되어야 한다(잠시 후 논의하는 경우 외에는). 심각한 장애가 있는 어린이와 마찬가지로 그들은 자신의 종 공동체에서 지탄을 받아서는 안 된다. 그들은 자기 종의 다른 구성원, 다른 종의 동물, 함께 사는 인간 등 다양하게 우정을 쌓을 수 있어야 한다. 그들은 비대칭적으로 의존적이지만 그것은 고립과 질병으로 망쳐진 고통스런 의존이 아니다.

만약 우리가 선사시대로 되돌아갈 수 있다면 동물을 가축화해서는 안 된다는 말이 옳을 수 있다. 이 문제는 선사시대의 가축화에 대해 충분히 알지 못하기 때문에 불명확한 상태로 남을 것이다. 하지만 먼 과거에 대한 죄책감은 현재를 위한 유용한 정책의 근거가 되지 못한다. 개와 고양이는 현재에 있다. 그들은 비대칭적으로 의존적인 공생의 삶이지만 번영하는 즐거운 삶을 누릴 수 있다. 그렇다면 그것을 나쁘게 생각해야 할 까닭이 있을까? 의존도 존엄할 수 있다. 프란시오네의 생각처럼 과거를 붕괴시키고 되돌리려 노력하기보다는 우리는 현재를, 이런 공생적 종들의 존재를 직면하고 함께 미래를 만들어야 한다. 이제 그런 미래의 조건을 상세히 설명하기로 한다.

하지만 개와 고양이의 삶에서 일종의 폐지가 요구되는 곳이 있다. 수의학 윤리의 철학적 전문가인 버너드 롤린Bernard Rollin이 보여주었듯이, 가장 인기 있는 품종의 개가 유전 질환으로 가장 고통을 많이 받는다. 엄격한 교배 표준을 따른 개들은 근친교배의 운명을 겪는다. 건강하지가 못한 것이다. 오늘날 가장 인기 있는 품종인 래브라도 리트리버Labrador retriever는 60가지 이상의 유전 질환에 걸릴 위험이 있다. 저먼 셰퍼드German shepherd, 잉글리시 불독English bulldog, 프렌치 불독French bulldog, 퍼그Pug 등 다른 인기 품종들 역시 마찬가지다. 근친교배는 아메리칸케널클럽American Kennel Club, AKC의 표준을 따르지만 이것은 그릇된 수의학이다. 이런 식으로 교배된 개별 동물에게는 좋지 않다.

롤린의 말처럼 인간이 아이를 그런 식으로, 즉 심미적으로 그들을 만족시키는 형질을 선택하느라 아이가 위험하고 고통스러운 삶을 살게 할 가능성을 높인다면 사람들은 경악할 것이다. 나는 내셔널 도그쇼National Dog Show를 좋아하고 무대에 오른 개들에게 경외감을 느낀다. 하지만 심미적인 목적의 근친교배를 없애야 할 때가 왔다. 그것은 비인도적이다. 그것은 상호 존중의 공생을 위한 것이 아닌 인간의 헛된 자만, 종종 브리더의 이익을 위한 것이다.

개의 교배에는 몇 가지 좋은 이유가 있다. 첫째, 일이다. 특정 종은 다른 종이 할 수 없는 일을 한다(양치기, 맹도견). 나는 인도적인 조건의 일은 옹호할 것이기 때문에 일정한 유형의 교배는 용인할 이유가 있다. 하지만 기존 품종에 유전적 결함이 있는 경우, 아메리칸케널클럽의 엄격한 미학적 기준을 따르지 않는다. 일부 교배는 품종의 유용한 특성을 유지하는 것과 양립할 수 있다. 둘째, 사람들마다 각기 크기와 운동 요건이 다른 개들에게 가정이 되어줄 수 있는 능력이 다르다. 현재 내가 살고 있는 도시의 제도에 따르면 법적으로 구조견과 유기견만을 애견센터에서 구할 수 있다. 이는 끔찍한 강아지 공장에 대한 좋은 대처 방안(12장 참조)이다. 이런 인도적인 관행은 내가 새로운 방식으로 규정했듯이 다양한 생활 방식과 거처에 맞게 동물을 교배하는 합법적인 브리더와는 양립할 수 있지만, 아메리칸케널클럽의 기준을 따르는 극단적인 근친교배와는 양립할 수 없다. 간단히 말해, 개의 행복한 삶이라는 목표를 위해서는 현재 존재하는 대부분의 교배를 폐지해야 한다. 다만 다양한 상황에 맞추기 위한 교배의 지속은 정당화된다. 반려인은 반려견이 어느 정도의 크기가 될지, 얼마나 많은 운동이 필요한지, 어린이에게 적절한 반려견이 될 것인지를 알고 반려견을 선택해야 한다.

아메리칸케널클럽의 기준을 따르는 교배를 단번에 불법화하는 것은 지나치게 침해적이다. 하지만 "순종"을 고집하는 지나친 근친교배에 강력히 반대하는 윤리적 캠페인에 친입양 정책을 결합한다면 꽤 단기간에 효과를 볼 수 있을 것이다. 이미 사람들은 숨을 거의 쉬지 못하는 잉글리시 불독보다 건강한 잡종견을 선호한다.

이런 종류의 폐지는 동물에게 해가 되지 않는다. 오히려 그 반대다. 그리고 개와 고양이가 존재하지 않았던 선사시대로 돌아가는 것과 달리 우리 힘으로 쉽게 할 수 있는 일이다.

● 재산에서 시민의 신분으로

반려동물은 인간과 관계를 맺은 이래 계속 재산으로 여겨져 왔다. 그들은 매매의 대상이었고, 전적으로 "주인"의 통제하에 있는 것으로 간주되었다. 여성과 노예 역시 재산으로 간주되었다. 노예는 항상 매매되었고, 많은 사회에서 여성은 문자 그대로 사고팔렸다. 매매를 구애라는 보다 공손한 허구와 그에 이은 "정조"로 대체해 결혼 이후 여성의 법적 권리를 완전히 빼앗는 사회도 있었다. 노예의 경우, 재산이라는 지위는 진정한 법적 보호가 전혀 없다는 것을 의미했다. 살인에 대해서도 말이다.

여성은 약간 나았다. 아내의 살해는 보통 범죄였으니 말이다. 하지만 아내에 대한 강간과 폭력은 주인의 특전을 정상적으로 행사하는 것으로 여겨졌다.

마찬가지로 개와 고양이는 사고파는 존재로 여겨졌었고 지금도 어느 정도는 그렇다. 일정한 학대에 대해서는 법이 그들을 보호했지만 다른 여러 학대에 대해서는 그러지 못했다. 오늘날에는 "반려동물"이라는 용어가 더 많이 통용되고 있지만 "주인"이라는 용어가 지속되고 있고, 보호소로부터의 입양이 증가하고는 있지만 대부분의 장소에서는 개와 고양이가 합법적으로 매매되고 있다.

재산이라는 지위는 단순히 주인의 이익의 대상으로 취급되는 것을 의미했다. 재산은 목적이 아니다. 재산은 다른 사람의 목적을 위한 수단이다. 칸트 관점의 요점은 재산으로 여겨지는 한, 목적으로서 존중을 받지 못한다는 것이다.[10]

노예와 여성의 경우, 해결 방법은 해방, 완전한 성인으로서의 자율성이었다. 하지만 앞서 논의했던 이유로 인간과의 동반자 관계와 비대칭적인 보살핌이 필요한 개와 고양이의 경우에는 이런 해결책이 적절하지 않다. 하지만 여기에서 고려해봐야 할 유사한 경우가 두 가지 있다. 바로 어린이와 중증 장애를 가진 성인이다. 과거에는 아동 역시 재산으로 간주되었다. 부모가 고된 노동에 이용할 수 있었고, 부모에 의한 신체적 혹은 성적 학대를 막을 법도 없었다. 마찬가지로 장애인 역시 보호가 부족했다. 친절한 대우를 받을지 잔인한 대우를 받을지는 운의 문제였다. 하지만 이제 아동과 장애인은 그 자체로 권리를 가진 시민으로 여겨진다. 비록 그들이 권리를 행사하려면 일시적 혹은 영구적으로 인간 "협력자"와의 동반자 관계가 필요하고, 특정한 경우에는 협력자가 법적 후견인으로서 아동의 선택에 결정권을 갖지만 말이다.[11] 현재 우리가 아동과 인지 장애가 있는 성인을 대하는(대해야 하는) 방식대로 개와 고양이를 대한다면 어떤 모습이 될까?

이는 무엇보다 우선적으로 반려동물이 수단이 아닌 목적으로 취급되어야 하며, 정책과 법이 반려동물의 이익을 인식하고 학대와 방치로부터 보호해야 한다는 것을 의미한다. 인간과의 동반자 관계는 반려인에게 특정 권리와 동시에 많은 의무를 부여하는 법적 지위(일반적으로 입양을 통해 생기는)이며, 의무를 이행하지 않을 경우 그 지위는 무효화된다. 학대하거나 방치하는 가정에서 아이들을 분리해 입양할 수 있는 것처럼, 개와 고양이도 마찬가지다. 교단에 서는 나는 최근 아동 학대와 방치를 알아보는 방법에 대한 온라인 교육을 이수해야 했다. "주의concerning" 또는 "신고 가능reporting"으로 분류된 시나리오가 몇 시간 동안 동반자 없이 혼자 방치되거나, 음식과 물이 너무 적거나 또는 적절치 못하거나, 신선한 공기와 운동이 충분히 제공되지 않는 등 개와 고양이의 경우와 공통되는 부분이 많다는 사실이 상당히 충격적이었다. 하지만 반려동물의 경우라면 법은 극도의 잔인한 경우에만 개입한다.

이 비유는 반려동물 역시 동등한 시민이며, 공적인 결정을 내릴 때 그들의 이익도 고려해야 한다는 것을 시사한다. 그들의 목소리에도 귀를 기울여야 한다. 아동의 경우는 특수하다. 보통 미성숙하다는 이유에서 투표권을 부정했다가 이후 선거권을 부여한다. 그렇다면 중증 인지 장애가 있는 성인을 생각해보자. 이들은 투표권을 포함한 온전한 법적 권리를 지닌다. 다만 이런 권리를 행사하려면 "협력자"에게 의존해야 한다. 권리가 침해되는 경우 "협력자"가 이들을 대신해 법정에 선다.

그에 반해, 반려동물은 현재 미국에서 아무런 법적 지위를 갖고 있지 않다. 이는 소송의 원고로서 변호사를 통해 소송을 제기할 수 없다는 의미다. 결과적으로 정책 결정에서 반려동물의 목소리는 거의 수렴되지 않는다. 나는 12장에서 이런 법적 상황에 이의를 제기할 것이다. 반려동물을 동료 시민으로 여긴다는 것은 어떤 의미일까? 수 도널드슨과 윌 킴리카가 이런 훌륭한 제안을 내놓았지만, 그것이 의미하는 바가 무엇인지에 대해서는 더 자세히 이야기할 필요가 있다. 시민권, 권리 및 의무에 대해서는 많은 이론이 존재한다. 도널드슨과 킴리카는 특히 장애인 권리를 기반으로, 시민은 자신의 선호를 이해하려 노력하는 협력자에게 의존하면서도 정치적 주체성을 행사할 수 있다는 가치 있는 제안을 했다. 하지만 나는 우선 역량 접근법에서 설명하는 시민권의 의미에 대해 자세히 살펴보고자 한다.

역량 접근법에 따르면 반려동물에 대한 시민권은 무엇보다 이들 반려동물이 수단이 아닌 목적인 존재, 일종의 기본법에 명시된 대로 공공정책을 통해 적정 기준치까지 종 특유의 역량을 키워야 마땅한 존재라는 의미다.

또한 시민권은 반려동물의 삶에 영향을 미치는 정책에 대해 반려동물이 결정권을 가져야 한다는 것을 의미한다. 정치적 맥락에서 "실천이성practical reason"이 의미하는 것이 바로 이런 능력이다. 전통적인 형태의 민주적 조치에 의해 행사되든 아니든 이것은 일정 유형의 정치적 주체성이다. 동물의 경우 이런 능력을 충족시키는 형태는 무엇일까?

내 친구 캐스 선스타인Cass Sunstein은 오바마 행정부의 정보 및 규제 사무국Office of Information and Regulatory Affairs의 책임자로서 썼던 글들은 정치적 반대자들에게 읽혔는데, 그중에 "동물의 지위Standing for Animals"라는 훌륭한 글이 포함되어 있다. 동물의 법적 지위 부재로 인한 부조리한 상황을 기록하고 개혁을 주장하는 내용이었다.[12] 보수 논객으로 유명한 글렌 벡Glenn Beck은 선스타인이 "세상에서 가장 위험한 남자"라고 주장하는 글을 종종 썼다.[13] "반려견이 주인을 고소할 수 있어야 한다"고 생각하는 사람이라는 것이 그 이유였다.[14] 그것은 정상이 아닌 시대의 인터넷 음모론이다. 진실을 악용한 것이다.

나는 선스타인과 마찬가지로(12장에서 자세히 설명할 것이다), 개도 소송을 제기할 수 있어야 하고(예를 들어, 잔학 행위를 적절히 막지 못한 법 집행에 대한 소), 인간 대리인을 통해 시민의 기본적 법적 권리를 행사할 수 있어야 한다고 생각한다. 물론 이것은 법정에서 협력자가 중증 장애인을 대리하듯이 인간 "협력자"가 하게 될 것이다. 정신적 장애가 있는 노부모도 인간 "협력자"를 통해 요양원의 부실한 돌봄에 대해 소송을 제기할 수 있다는 것을 생각하면 이 제안은 터무니없는 제안이라고만은 볼 수 없다. (당신이나 나도 법적 권리를 보호하기 위한 소송에서는 변호사를 고용해야 한다는 사실을 잊지 말라.) 그렇다면 투표는 어떨까? 벡이라면 동물이 투표하는 것을 동물이 소송을 제기하는 것보다 훨씬 더 끔찍한 일로 여길 것이 분명하다. 개와 고양이들이 투표소에 모여 견해를 표명하는 모습을 상상해보라. 주인이 자주 방치해서 운동이 부족한 동물들이 바로 그 주인의 면전에서 짖고 물어뜯으며 혼란을 일으킬 것이다. 벡이 상상한 것이 이런 악몽이다.

하지만 개별 동물이 투표소로 가서 선거에 나선 후보들에게 투표를 한다는 아이디어는 개와 고양이의 대표성에 대해 완전히 잘못 생각하는 것이다. 내 아이디어는 도널드슨, 킴리카의 생각과 비슷하게 동물들이 일상생활에서 표현하는 선호와 요구를 동반자 관계, 협력, 대표성을 적절히 사용해 정책으로 전환하는 것이다. 한 가지 방법은 도시와 주마다 가축복지국을 설치해서 인간이 개와 고양이의 복리를 체계적으로 진단하고 행복을 증진하는 책임을 맡는 것이다. 적절하게 기능하는 시나 주의 아동복지 부서가 운영되는 방식과 비슷하게 말이다. 여기에는 다양한 유형의 개와 고양이가 어떻게 살아가는지에 대한 관찰, 반려인과의 대화, 동물이 스스로의 복리에 대해 보내는 신호에 귀를 기울이는 일 등 많은 학습이 수반된다. 장애인의 역량에 대한 진심 어린 관심을 통해 장애인이 건물과 대중교통에 접근권 부족으로 어려움을 겪는다는 점이 드러나고, 그 결과 건물과 버스가 장애인의 역량을 증진하도록 재설계된 것처럼 반려동물의 선호에 대한 진심 어린 관심은 반려동물의 역량을 보호하는 정책으로 이어질 수 있을 것이다(장애인의 경우에서 결정적이라고 입증되었듯이 필요한 경우 연방법의 지원을 통해). 마을과 도시는 현재 버스와 건물에 휠체어가 접근할 수 있게 해야 하는 것과 마찬가지로 반려동물이 이용할 수 있는 적절한 공간을 만들어 그들이 자유롭게 이동하고 운동할 수 있는 역량을 증진시키기 위해 적절한 공간을 제공해야 한다.

시민의 권리라는 아이디어는 반려인에게 그들과 함께 하는 동물의 역량을 증진하기 위한 훨씬 더 구체적인 의무를 부과하게 될 것이다(다음 부분에서 살펴보자). 시민권은 호혜적이기 때문에 동물에게도 사람이나 다른 동물을 물지 않고, 부적절한 장소에서 배변을 하지 않고, 공공장소에서 소란을 피우지 않는 등의 의무를 부과한다. 동물에게 과태료가 부과되면 비용을 부담하는 것은 반려인이 되겠지만 그렇더라도 책임을 지는 것이 존중의 표시이기 때문에 동물을 대상으로 과태료를 부과하는 것이 옳다. 가축화를 초래한 사육 과정은 적절한 교육이 있을 경우 이런 의무들이 안정적으로 충족되리라는 것을 의미한다. 반면에 호랑이(침팬지 역시)에게서는 이런 의무 이행을 기대할 수 없다. 이런 동물을 반려동물로 길러서는 안 되는 이유가 여기에 있다.

당연히 이런 의무는 반려인과 동물의 협력을 통해 이행되어야 한다. 학습 능력을 충분히 존중하고 반려인과 시간을 충분히 함께 보낸 반려동물은 문제 행동을 하지 않는 법을 배울 수 있다. 도시와 마을이 동물이 운동을 할 수 있는 공간을 만든다면 동물이 좁은 공간에서도 적절한 행동을 할 가능성이 더 높아진다.

인간도 반드시 양보를 해야 한다. 예를 들어, 개가 전혀 짖지 않기를 기대해서는 안 된다. 반려인은 개의 언어를 이해하고, 개가 특정한 유형의 행동을 좋아하지 않는다는 신호를 감지하고, 개를 갑자기 안거나 안면에 손을 직접 대서는 안 된다는 것을 배우는 등의 교육을 받아야 한다. 상호작용에 문제가 있을 경우 항상 개에게만 잘못이 있는 것은 아니다!

● 일반적 의무와 특별한 의무

모든 인간은 동물의 역량을 보장하고 보호해야 할 공동의 의무를 진다. 다음 장에서 주장할 것처럼 이 점에 있어서는 야생동물도 반려동물과 다르지 않다. 그러나 반려동물의 경우에는 좀 더 간단하다. 기존 도시나 마을 내에 고정된 거주지가 있고, 그 도시나 마을의 제도는 그들의 복리를 보호하는 법을 만들고 시행할 책임을 지기 때문이다. 즉 반려동물과 함께 살든 그렇지 않든 해당 지역의 모든 사람은 반려동물을 적절히 보호하는 정책과 법을 지지할 책임이 있다.

그러나 반려동물을 집으로 데려오기로 결정한 사람들에게 해당되는 몇 가지 특별한 의무도 있다. 키스 버지스잭슨Keith Burgess-Jackson이 주장했듯이, 이 결정은 아이를 낳기로 한 결정과 유사하다. 함께 살게 될 연약한 존재의 복리를 책임져야 하는 것이다.[15] 자녀를 둔 부모는 아이의 영양과 보건, 잔학 행위 및 학대 예방, 학습과 자극의 기회, 운동과 놀이에 대한 책임을 지게 되며 무엇보다도 애정 어린 보호의 책임이 있다. 반려견이나 반려묘의 입양을 결정할 때도 마찬가지다. 그러나 이런 결정은 종종 오싹할 정도로 무심하게 이루어진다. 보호소(혹은 거리)에 개와 고양이가 많다는 것은 사람들이 동물을 변덕의 대상으로 여기고 이사를 가거나 더 이상 돌보고 싶지 않으면 동물을 버리는 것이 괜찮다고 생각한다는 것을 보여준다. (코로나19 이후 봉쇄가 사라지면서 이런 일의 발생 빈도가 엄청나게 높아졌다.) 인간 자녀를 이런 식으로 대하는 부모는 형사 입건될 것이다. 반려동물을 사랑한다고 생각하면서도 그 특별한 책임에 수반되는 것이 무엇인지 무지한 사람들이 많다. 영양 부족 상태인 동물들이 많다. 대부분의 개는 아니더라도 많은 개가 운동 부족 상태다. 또한 많은 반려인이 반려동물을 마음대로 대해도 되는 존재, 내킬 때는 함께 노는 게 재미있지만 바쁘거나 놀아줄 기분이 아닐 때는 혼자 내버려두어도 괜찮은 존재로 생각한다. (많은 사람이 "애완동물"을 살아 있는 장난감이라고 생각한다.) 고양이는 방치해도 잘 지내곤 하지만 개는 상호작용과 애정을 필요로 한다. 이를 충분히 누리지 못하는 개들이 많다. 또한 많은 사람이 입양할 특정 유형의 개나 고양이에 대한 조사를 충분히 하지 않고, 자신의 생활방식이 동물의 욕구와 적합한지 고려하지 않은 채 그저 보기 좋거나 인기 있는 유형을 선택한다. 도시의 작은 아파트에 키우면 안 되는 개도 있다. 그런 개들은 하루 종일 갇혀 있으면 불안해하고 심지어 공격적으로 변하기도 한다. 다른 개들은 적응력이 뛰어나지만, 대부분의 개는 운동,

감각 자극, 많은 사랑과 애정을 필요로 한다.

마지막으로, 우리가 지향하는 것은 다종 사회이기 때문에 개도 어린 이와 마찬가지로 건전한 시민이 되도록 교육하는 것 역시 반려인의 특 별한 책임이다. 개는 위생적인 생활을 할 수 있지만 배변 훈련은 꼭 필 요하다. 또한 낯선 사람을 물거나 사람에게 달려들지 않는 법을 배워야 한다. 고양이는 새를 쫓지 않는 법을 배워야 하며, 배우지 못한다면 막 아야 한다. 친사회적 행동을 가르칠 때는 아이들과 마찬가지로 긍정적 인 강화를 통한 부드러운 방법을 사용해야 한다. 아이에게 배변 교육을 하지 않거나 씻는 법이나 물지 않는 법을 가르치지 않는 것은 범죄에 해당하는 방치이며, 나는 개의 경우도 마찬가지라고 생각한다. 동물에 대한 양육권은 심각한 방치 또는 반복적인 방치의 경우 취소되어야 하 는 특권이다. 일반적 책임과 특별한 책임은 서로를 보완하고 강화한다. 제도적, 법적 강제력이 없다면 특별한 윤리적 책임은 동물을 실질적으 로 보호할 수 없다. 바로 여기가 공동의 책임이 시작되는 부분이다.

이후 논의하게 되겠지만 반려동물과 야생동물의 가장 큰 차이는 특 별한 의무를 맡는 사람이다. 전자의 경우 입양한 사람이 특별한 의무를 지겠지만, 후자의 경우 제도적 역할을 공식적으로 부여받아 직업으로 그 일을 하는 사람(야생동물보호구역의 공무원과 같은)이 특별한 의무를 이 행하게 될 것이다. 가정에서는 야생동물을 입양해서는 안 된다.

● 공생 역량의 증진

이제 역량 목록의 큰 항목들을 고려하면서 가정에서 사는 동물을 위해 우리가 보호해야 할 역량이 무엇인지 알아보자. 이 과정에서는 이 동물의 모든 역량이 어떤 의미에서는 공생적이라는 점을 기억하는 것이 중요하다.

생명과 건강

현재는 대부분의 관할권에서 반려동물에게 일정한 보호를 제공한다. 반려동물은 광견병 및 기타 질병에 대한 예방접종을 받아야 한다. 강아지 공장에서 강아지를 구입하지 말고 입양을 늘려 다른 많은 질병을 억제해야 한다. 심각한 방치는 동물 학대 혐의의 기소로 이어질 수 있다. 하지만 이런 보호 조치는 형식적이고 불완전하다. 보호소는 입양하는 사람들에게 자격 조건을 요구하지 않는다. 정기적인 수의학적 치료, 규칙적인 운동, 양질의 영양 공급을 강제하는 제도도 없다. 아이들과 반려동물의 차이를 생각하면, 얼마나 더 많은 일이 가능하고 또 필요한지 알 수 있다. 아이들의 경우 현재 다양한 범위의 공무원들이 그들을 주시하는 일을 맡고 있다.

이미 언급했듯이, 내가 몸담은 대학의 교직원들은 아동 학대나 방치에 대한 신고 의무가 있다. 학교 내에 18세 이하 청소년이 참여하는 일부 프로그램이 있기 때문이다. 신고 의무가 있는 방치에 대한 내용이 상세하게 규정되어 있다. 옷을 잘 차려 입고, 분명히 잘 먹인 것으로 보이는 아이더라도 학교 문이 열리기 전인 이른 아침에 문 앞에 혼자 있다면 나는 그것을 부모의 방치로 보고 신고해야만 한다. 학교 문 앞은 안전하지 못한 장소로 여겨지기 때문이다.

반려동물의 경우에는 그렇지가 않다. 관리 상태, 적절한 영양 섭취, 규칙적인 운동은 눈에 잘 띄지 않고, 설령 눈에 띄더라도 신고를 하거나 받을 사람이 없다. 이웃이 체계적인 방치를 발견하는 매우 극단적인 경우에만 신고가 이루어진다. 반려동물과 어린이를 동등하게 대우해야 한다는 것이 내 생각이다. 동물 복지를 감독하는 기관에서 이런 불만 사항을 접수하고 이웃 주민들은 신고 의무에 대한 교육을 받아야 한다. 안타깝게도 이것만으로는 충분치 않다. 어린이와 동물 모두 말이다. 예를 들어, 가정의 영양 상태가 얼마나 좋은지 나쁜지는 아무도 판단할 수가 없다. 아이들은 최소한 영양가 있는 학교 급식을 먹지만 개와 고양이는 항상 매우 열악한 음식을 먹고 있을 수도 있다. 이 경우에는 공공 정보 제공과 설득이 가장 좋은 방법이다. 영양이 풍부한 개 사료는 비싸기 때문에 공공 프로그램을 통한 빈곤 가정 지원이 필요하다.

이번에는 수의학적 치료의 문제를 생각해보자. 안타깝게도 미국에는 건강보험에 가입하지 않은 수백만 명의 어린이가 있다. 때문에 보험에 가입하지 않은 수백만 마리의 반려동물이 있는 것은 놀라운 일도 아니다. 보험이 없으면 치료를 받지 못할 가능성이 높다. 부유한 가정에서는 자녀를 위해 개별적으로 의료보험에 가입하기도 하고, 직장을 통해 고용 보험에 가입하기도 한다. 그리고 반려동물을 위한 보험, 보험료가 비교적 저렴하고 보장이 충실한 민영 의료보험에 가입하는 경우도 많다. 따라서 문제는 부유하지 않은 가정의 반려동물(그리고 부유한 가정에서 방치하는 반려동물)이 필요한 치료를 받을 수 있도록 보장할 방법이다. 나는 자동차 소유자가 의무적으로 자동차보험에 가입해야 하는 것처럼 보호소에서 동물을 입양할 때 동물을 위한 보험을 들어야 한다는 자격 요건을 두는 방법을 지지한다. 요즘의 동물 보험은 비용이 많이 들지 않기 때문에 이런 자격 요건이 입양 건수를 크게 줄이지는 않을 것이다. 만약 이런 자격 요건이 생긴다면, 의료보험이라는 조건으로 아이를 낳을 자유를 제한하는 것은 혐오스러운 일이며 태어난 아기에게 지원되는 포괄 의료보험이 없기 때문에 동물이 일시적으로 어린이보다 더 나은 상황에 처할 가능성도 있다. 이런 심각한 불평등의 문제도 시급히 해결해야 한다. 그리고 어린이와 반려동물 모두에 대해 빈곤층 가정이 보험에 가입할 수 있도록 하는 공적 제도가 마련되어야 한다.

많은 가난한 사람이 고통받고 있는 와중에 반려동물에게 값비싼 의료 서비스를 제공하는 것은 비도덕적이라고 말하는 사람들이 있다. 이는 큰 착각에서 나온 반대다. 모든 어린이가 건강보험에 가입되어 있지 않다고 해서 자기 자녀의 의료적 필요를 돌봐서는 안 된다고 말하는 것과 같다. 그들은 특별한 책임과 일반적인 책임을 혼동하고 있다. 반려동물을 입양한(아이를 갖기로 결정한) 성인에게는 해당 동물에게 적절한 의료 서비스를 제공해야 할 특별한 책임이 있다. 동시에 우리 모두에게는 빈곤한 사람들이 특별한 책임을 충족시킬 수 있도록 하고 그들이 특별한 책임을 게을리할 때는 강제할 일반적인 책임이 있다.

사람들은 정당한 이유 없이 가족 구성원을 차별해서 대우한다. 연로한 친족에게는 광범위하고 공격적인 암 치료를 보장하면서 개가 암에 걸렸을 때는 안락사를 선택하는 것이다. 내겐 이런 비대칭성이 대단히 부도덕하게 보인다. 이는 "애완동물" 사고방식의 흔적이다. 이들 생물을 상황이 어려워지면 버릴 수 있는 선택적인 장난감으로 보는 것이다. 책임감 있는 반려인은 이런 식으로 행동하지 않는다. 물론 개와 고양이에게 안락사가 허용되는 경우가 있다. 나는 인간에게도 의사 조력 자살이 허용되는 경우가 있다고 생각하지만, 전자에 대해서는 동의하면서도 후자는 의심하는 독자가 많을 것이다. 안락사가 허용되는 경우는 참기 힘든 고통 때문이든 수치심이나 모멸감 때문이든 동물이 삶이 더 이상 살 가치가 없다는 신호를 보낼 때다. 내 친구와 살았던 저먼 셰퍼드 베어는 근친교배의 결과로 다른 많은 동물이 그렇듯이 고관절 이형성증을 앓고 있었다. 뒷다리를 지지하는 휠체어 덕분에 베어는 주변을 자유롭게 돌아다니고 반려인 덕분에 아래위층을 오르내리며 삶을 누릴 수 있었다. 하지만 대소변을 가릴 수 없게 되자 그는 심한 수치심과 모멸감을 느꼈고 더 이상의 삶이 가치가 없다는 것을 암시하는 신호를 보냈다. 반려인은 그 신호를 따랐다.

신체적 완전성

구타, 성폭행, 다른 동물과의 싸움에 사용하기 위해 동물을 훈련시키는 것 등 일부 명백한 형태의 동물 학대는 이미 법으로 금지되어 있다. 하지만 여전히 대중적인 몇 가지 형태의 학대가 남아 있다. 고양이 발톱 제거(고양이)와 개 꼬리 자르기(개)의 예를 들어보자. 이 두 가지 예는 공리주의적 접근법은 제공하지 못하지만 역량 접근법이 제공할 수 있는 것이 무엇인지 보여줄 것이다. 역량 접근법은 고통이 없을지라도 편의나 미적 고려만을 이유로 동물 특유의 삶의 형태에서 중심이 되는 요소를 제거하는 모든 신체 변형을 금한다.

사람들은 가구, 커튼 등을 상하지 않게 하기 위해 고양이의 발톱을 제거하려 한다. 훈련의 효과를 의심하고 거기에 시간을 투자하고 싶지 않은 것이다. 치아를 뽑을 때처럼 발톱 제거도 다른 의료 시술과 마찬가지로 통증 없이 할 수 있다. 따라서 공리주의적 근거로는 여기에 반대할 수가 없다. 역량 접근법은 여기에서도 우월성을 보여준다. 발톱 제거의 문제는 기어오르고 견인력을 얻기 위한 발톱 사용을 막아 고양이가 삶의 형태의 중요한 부분을 영위하지 못하게 한다는 데 있다. 발톱을 제거한 고양이는 야외에서 나무에 올라갈 수 없고 스스로를 방어할 수 없다. 실외 고양이의 발톱을 제거하는 것은 잔학 행위다. 실내 고양이라도 발톱을 제거하면 고양이의 발은 견인력, 기어오르기, 긁기에서 사실상 쓸모가 없어진다. 요점은 고양이를 고양이가 아닌 편리한 존재로 만들고 있다는 것이다. 발톱 제거에 대해 묻는 사람에게 할 수 있는 말은 고양이와 함께 살고 싶지 않다면 고양이를 입양하지 말라는 것이다. 고양이 입양을 주선하는 보호소는 입양 희망자에게 발톱 제거를 하지 않기로 약속하는 문서에 서명을 하고, 이를 위반할 경우 엄청난 벌금을 부과해야 마땅하다.[16] 한편, 반려인은 발톱으로 할퀴고 긁을 수 있는 충분한 기회가 있는 집 안 환경을 제공해야 한다. 충분히 매력적인 스크래처*가 있다면 가구는 안전할 확률이 높다.

일부 견종의 꼬리 자르기는 그보다 논의가 적지만 그만큼 중요한 문제다. 다시 말하지만 이 문제는 동물의 삶의 형태를 미감이나 편의와 겨루게 하는 것이다. 꼬리를 자르는 것은 건강에 대한 잘못된 우려에서 시작됐다. 복서나 기타 관련 견종이 꼬리를 자르지 않을 경우 광견병에 더 취약해진다고 생각했던 것이다. F. 바버라 오를란스F. Barbara Orlans에 따르면, 지금의 사람들은 "전통을 깨고 싶지 않아서, 보기 좋게 만들기 위해서, 사격이나 사냥 때 개가 다치는 것을 방지하기 위해서, 위생상, 제한된 생활환경에서 인간과 보다 조화로운 동거를 위해서" 등 다양한 이유를 댄다.[17] 관례적인 꼬리 자르기가 이루어지는 견종은 현재 50종이다.

보통 꼬리 자르기는 갓 태어난 강아지에게 마취 없이 시행되기 때문에 통증이 문제가 된다. 하지만 마취를 할 수 있기 때문에 극복할 수 없

• 양탄자 등을 덮어씌워서 고양이가 발톱으로 할퀼 수 있도록 만들어놓은 나무 기둥

는 문제는 아닐 것이다. 꼬리 자르기를 옹호하는 사람들은 주로 쇼를 위한 개를 판매하고 경제적인 이유로 전통적인 미적 특질을 따라야 한다고 생각하는 브리더들이다. 주요 반대자는 수의사들(영국과 유럽의 수의사 협회에서는 꼬리 자르기를 금지한다)과 반려동물 보호를 위한 다자간 협약Multilateral Convention for the Protection of Pet Animals에 따라 귀 자르기, 이빨 제거, 특히 끔찍한 성대 제거("무성술devocalization"이라 불린다)와 같은 잔혹 행위와 함께 꼬리 자르기를 금지하고 있는 유럽평의회Council of Europe다.

꼬리 자르기에 찬성하는 두 가지 그럴듯한 이유는 꼬리 부상 예방과 위생이다. 첫 번째 이유에 대한 데이터는 결정적이지 않으며, 다칠 수 있는 신체 부위를 절단해서 반려견의 모든 부상을 예방할 수 있다고 말하는 것은 설득력 있는 이유가 되지 못한다. 위생의 문제는 더 나은 관리와 손질을 통해 충족될 수 있는 데다 많은 장모 품종이 꼬리 자르기를 하지 않는 것을 고려하면 허울에 불과한 주장이다. 꼬리 자르기의 이유는 그 첫째가 미적 취향이고, 둘째는 배려가 아닌 편의다. 동물의 구조적, 기능적 완전성을 방해하는 그런 이유가 용납되어서는 안 된다.

꼬리는 균형 감각기관이고 척추와 근육으로 구성된 커다란 지각기관이다. 꼬리는 움직임뿐만 아니라 의사소통(친근감, 장난기, 방어성, 공격성)에도 사용된다. 또한 영역을 표시하는 데 사용되는 후각샘이 있다. 따라서 조기 수술의 고통이 아니더라도 동물의 역량에 근거해 금지되어야 하는 관행이라는 데 의심의 여지가 없다.

이동성과 공공장소
역량 목록은 이동의 자유를 인간의 핵심 역량으로 든다. 인간에게 충분한 이동성이 필요하다는 것은 명확한 사실이다. 하지만 모두가 어디로든 걷거나 운전해 갈 수 있어야 한다고 주장하는 사람은 아무도 없을 것이다. 무단 침입, 부당한 수색 및 압수 등을 금하는 법률이 없다면 재산권이나 개인 사생활 보호는 존재할 수 없다. 이동권은 교통법, 자동차의 소유 및 사용에 관한 법률 등에 의해서는 물론이고 무엇보다 다른 사람의 권리에 의해 제한된다. 구타 및 폭행이 허용되지 않을 뿐 아니라 누군가를 스토킹하거나 괴롭히는 행위도 허용되지 않는다. 이는 보통 개인의 재산이 아니라 해도 무단으로 개인적 공간에 들어가서는 안 된다는 것을 의미한다.

이 모든 것이 반려동물에게도 해당된다. 그들의 이동권이 사람과 비슷한 방식으로 제한되는 것은 정당한 일이다. 하지만 그들의 이동은 더 다양한 방식으로 제한되는 것이 보통이다. 야외로 나가는 것이 전혀 허용되지 않는 고양이가 대단히 많다. 개는 목줄 착용법leash law●과 목줄 없이 자유롭게 다닐 수 있는 공원의 부족으로 제한을 받는다. 공공장소의 표준 디자인 때문에 특별한 의무를 매우 성실하게 이행하는 사람들조차 개를 충분히 운동시키는 데 어려움을 겪는다.

먼저 고양이에 대해 이야기해보자. 도널드슨과 킴리카는 고양이를 실내에만 두는 것은 비윤리적인 행동이라고 주장하는데, 거기에는 강력한 역량 측면의 근거가 있어 보인다. 고양이는 기어오르고 풀밭에서 뛰는 것을 좋아한다. 그러나 도시는 물론이고 교외에서도 야외의 위험 요소들이 고양이의 평균 수명을 수년씩 단축시키고 있는 것도 사실이다. 이 문제에 대해서 대부분의 미국 고양이 애호가들을 설득한 좋은 자료가 있다. (도널드슨과 킴리카는 캐나다에 거주하고 있다.) 자동차, 동물 바이러

● 반려인의 소유지 밖에서는 개를 매어 두어야 한다는 조례

스, 대형견이나 코요테와 같은 사나운 동물 등은 야외에 불가피하게 존재하는 위험이며, 고양이에게는 이를 피하는 훈련을 시킬 수가 없다. 고양이는 인간과 더 비슷해서 개와 달리 실내 생활에 잘 적응하고 운동량이 적은 편이다. 따라서 고양이 애호가들은 사나운 동물이 없는 안전한 시골 환경이 아니라면 고양이를 실내에서 키우지 **않는** 것이 오히려 비윤리적이라고 주장한다. 나는 두 번째 그룹에 속한다. 인간은 실내에서도 살 수 있으며, 도시에서도 모두가 실내에서 생활한다. 고양이도 이와 비슷하게 실내에 잘 적응한다.

개의 경우는 다르다. 품종에 따라 필요한 운동량이 다르지만 모두 상당히 많은 운동이 필요하며, 충분한 운동을 하는 경우가 드물다. 울타리가 있는 마당이 가장 이상적이지만 모두가 가질 수 있는 환경은 아니다. 마당이 있는 개에게도 환경의 변화가 필요하다. 안타깝게도 도시에서는 목줄을 한 반려견과 달릴 마땅한 장소를 찾기 힘들며, 목줄이 없는 자유로운 환경에서 놀고, 탐험하고, 다른 개들과 사귈 수 있는 환경은 훨씬 더 적다. 장애인의 접근성을 높이기 위해 공공장소 설계에 혁명이 일어난 것처럼, 반려견의 접근성을 고려한 공간 재설계도 필요하다. 한편으로 주의를 기울여야 한다. 많은 개가 적절한 훈련을 받지 못해 어린이, 성인, 다른 개를 물 수 있기 때문이다. 목줄 규정이 있는 것도 이 때문이다. 또 개 알레르기가 있어 아무리 착한 개라도 가까이 다가오는 것을 꺼리는 사람들이 있다는 것도 유념해야 한다.

도널드슨이나 킴리카와 달리 나는 목줄 착용법에 강하게 반대하지 않는다. 목줄 착용법에도 나름의 효용이 있다. 하지만 개(그리고 사람)가 마음껏 뛰어놀 수 있는 공간을 더 많이 만들어야 한다는(특히 도시에) 데에는 전적으로 동의한다. (인간 아이들을 위한 놀이터도 많이 필요하다.) 반려견 공원은 접근이 쉬워야 하고, 더 커야 하며, 기어오르고 점프할 수 있는 매력적인 기회가 더 많아야 한다. 장애인의 접근을 위해서는 기존 공간을 개선해야 하듯이, 이 경우에도 마찬가지다. 여기에서도 기존 공원 환경을 바꾸어야 하며, 이는 소수만이 역설하는 틈새 문제가 아닌 도시 계획의 일부가 되어야 한다.

성과 번식

인간과 달리 개와 고양이는 사전 계획과 합의로 자신의 성생활을 통제할 수가 없다. 여러 차례의 출산으로 부담이 되더라도 피임을 선택할 수 없다. 반려인은 동물이 가임기에 실내에서 지내도록 해서 그들이 성적 대상에게 접근하는 것을 제한해야 하며, 출산을 제한하는 것이 동물이나 태어날 새끼에게 이익이 된다고 생각될 경우 난소 적출이나 거세 등의 중성화 수술을 고려해야 한다.

역량 접근법은 수컷이든 암컷이든 각 동물이 적어도 한두 번의 성관계와 번식 기회를 가지는 것이 적절하다고 제안한다. 이는 적기는 하지만 역량과 그에 따르는 삶의 경험의 중요성을 고려할 때 합리적인 한계치라고 할 수 있다. 첫 성관계/임신/출산의 경험 이후 중성화 수술을 해야 하는 데에는 암컷 동물이 반복되는 임신으로 기진맥진하는 것을 막고, 중성화 수술을 하지 않은 수컷 고양이를 반려묘로 키우는 데 따르는 어려움(공격성, 영역 행동)을 제거하고, 무엇보다도 적절한 가정을 찾지 못하거나 파양되는 새끼 강아지와 새끼 고양이가 증가해 이미 과중한 보호소에 부담을 더 늘리는 피해를 막는 등 여러 가지가 이유가 있다. 어미 동물의 가상 동의에 대해서 생각하자면, 암컷 동물의 새끼에게 가지는 강한 애착을 고려할 때 새끼가 비참한 삶을 살기를 원하지 않으므로 수술에 동의하리라는 것을 쉽게 상상할 수 있다.

안타깝게도, 우리가 사는 세상은 완벽한 세상과 거리가 멀다. 비참한 삶을 사는(그 와중에 계속 번식하는) 길고양이는 물론 원치 않은 강아지가 너무 많기 때문에 이상적인 해결책은 현재의 상황에서 지나치게 방임적이다. 이런 시대에는 모든 길고양이의 중성화를 강제하고(이미 많은 국가에서 공공 정책으로 중성화 수술을 시행한다), 최소한 반려인이 새끼를 키우거나 적절한 가정을 찾아주겠다고 약속하지 않는 한, 번식 전에 반려동물을 중성화하도록 강력히 권고하는 정책을 마련하는 것이 좋다. 중성화를 입양 조건으로 하는 것도 가능하며 실제로 이렇게 하기도 한다. 프렌즈오브애니멀즈와 같은 동물 보호 비정부기구는 중성화 프로그램을 동물 복리에 기여하는 중요한 활동으로 적극 운영하고 있다. 보호소에 있는 동물의 수가 줄어들수록 그곳에 있는 동물들이 적합한 가정을 찾을 가능성은 높아진다.[18]

일부 국가의 경우, 길고양이가 토종 조류와 포유류에게 입히는 피해가 중성화 수술의 추가적인 이유가 되고 있다. 오스트레일리아는 무시무시한 고양이 근절 프로그램에 착수했다.[19] 많은 곳에서 사용하는 보다 건전한 정책은 길고양이의 중성화이며, 이 정책은 현명하게 추진했을 때 좋은 결과를 기대할 수 있다. 나는 정당방위 원칙에 따라 인간과 다른 동물의 생명과 안전을 위협하는 동물(예를 들어, 쥐)을 죽이는 것이 허용된다고 보지만, 죽이는 것(이 역시 인도적이어야 한다. 오스트레일리아의 프로그램은 그렇지 못하다)은 중성화를 시도한 이후 최후의 수단이 되어야 한다.

교육과 훈련

앞서 언급했듯이 다종 사회의 모든 구성원은 다른 구성원의 복리를 위한 책임을 받아들여야 하며, 이는 책임감 있는 반려인이라면 반려동물에게 물지 않기, 배변 훈련 등 적절한 사회적 행동을 교육해야 한다는 것을 의미한다. 그러나 교육은 단순한 통제가 아니라 동물의 사회적 성숙을 발전시키는 것이다. 개는 아이들과 마찬가지로 배우고자 하는 열망이 강하고, 사회적 습관을 익히는 일로부터 즐거움을 얻으므로 교육은 그들에게 지루한 일이 아니다. 인간이 교육을 음울하고 따분한 일로 만들지만 않는다면 말이다.

일

인간의 역량 목록에는 일이 별개의 범주로 포함되어 있지 않다. 차별이 없어야 하고 소속감을 키울 수 있는 영역으로서만 등장할 뿐이다. 이는 일이 중요치 않다는 것이 아니라 어디에나 존재한다는 것을 반영한다. 일을 좋아하지 않는 사람도 있다. 부유하거나 은퇴해서 일을 하지 않는 사람들도 있다. 하지만 일을 하지 않는 경우는 드물다. 반면에 반려동물이 일을 하는 경우는 흔치 않다. 고양이는 거의 일을 하지 않는다. 개는 목축, 사냥, 구조, 안내 및 다양한 후각 탐지 직업(폭발물, 약물, 심지어는 코로나 바이러스)을 갖도록 훈련시킬 수 있는 종인 경우 일을 한다. 도널드슨과 킴리카는 동물에게 일을 시키는 것을 강하게 비판하는 입장이며, 동물은 원할 때만, 그리고 원하는 만큼만 일을 해야 한다는 결론을 내리고 있다.

일을 하는 개는 부정적 강화negative reinforcement*를 이용해 훈련시키는 것이 보통이다. 놀거나 애정을 누릴 기회가 거의 주어지지 않는 경우가 많다. 여우 사냥과 같은 특별한 목적을 위한 일부 번식은 그 자체가 비인도적이다. 그러나 일과 관련된 이런 관행을 개혁하는 것이 곧 이를 폐지하는 것은 아니다. 그리고 인간과 마찬가지로 개에게도 일을 잘 해냈다는 것은 큰 만족감의 원천이 될 수 있다. 아르고스를 다시 생각해보라. 그는 무기력하게 거름 더미 위에 누워 있었다. 일을 하기에 너무 늙었고, 쓸모가 없어졌다는 느낌을 받았기 때문이다.

은퇴를 강요받는다면 나도 그런 감정을 느낄 것 같다. 그리고 관련 품종의 많은 개들은 누군가의 집에서 할 일 없이 앉아 있는 것보다 일을 하면서 더 풍요롭고 만족스러운 삶을 살 수 있다는 것이 내 생각이다. 헌터/점퍼hunter/jumper**로 키워지는 말의 경우도 마찬가지다. 점프를 잘하는 데에서 기쁨을 느끼는 말들을 나이가 들기 전에 목초지로 내보내는 것은 큰 의미의 원천을 없애는 것이다. 간단히 말해, 노동이 동물의 삶에 의미와 풍요로움을 더하는 경우라면 우리 인간과 마찬가지로 동물도 적절한 직장(즉 놀이와 교감을 위한 충분한 시간을 제공하는)에서 요구하는 일정 시간 동안 일을 하는 것은 수용해야 한다. 이는 때로 동물이 일하고 싶지 않을 때에도 일을 한다는 의미지만, 우리 역시 다르지 않다.

인간을 포함한 모든 일을 하는 동물은 어떤 의미에서 직장이 가진 목적을 위한 수단으로 사용된다. 그러나 건전한 사회가 달성하고자 하는 바는 유용한 여러 기능을 제공하는 배경에서도 노동자를 다른 무엇

- 특정 행동에 대해 바람직하지 않은 결과를 회피시켜줌으로써 바람직한 행동의 빈도를 늘리는 것
- •• 승마의 한 분야로 마장마술이 기수와의 조화에 치중한다면 헌터/점퍼는 빠르게 깔끔하게 장애물을 넘는 데 집중한다.

보다 중요한 목적으로 대우하는 것이다.

자극과 놀이

모든 반려동물은 감각, 상상력, 사고의 역량과 놀이의 역량에 상응해 그들의 감각과 호기심을 자극하고 다른 동물, 그리고 사람과 함께 놀이를 즐길 수 있는 환경을 필요로 한다. 특히 반려견의 경우 지루함을 느끼는 비율이 높다. 한두 번의 짧은 산책 외에 내내 집 안에 혼자 둔(바쁜 인간이 흔히 하는 행동) 반려견은 무기력해지고, 살이 찌고 당뇨병과 같은 질병에 걸리는 경우가 많으며, 전반적으로 삶을 즐기지 못한다. 개를 입양한다는 것은 다양한 환경에서의 적절한 운동, 다양하고 맛있는 음식, 다른 동물과 함께 놀 수 있는 기회는 물론 애정 어린 관심을 보이는 사람과의 지루하지 않은 놀이 시간 등 개에게 인지적으로 다양하고 흥미로운 삶을 제공할 책임을 진다는 것을 의미한다. 11장에서도 이야기하게 될 동물 행동 전문가 바버라 스머츠는 더 중요한 지적을 한다. 개가 최소한 어느 정도는 결정권을 가질 수 있어야 한다는 것이다. 따라서 그는 반려견인 사피와 산책할 때 절반 정도는 사피가 흥미로운 냄새나 흔적을 따라 경로를 결정하게 한다. 대부분의 사람은 이렇게 하지 않는다. 사람들에게는 정해진 달리기 또는 산책 경로가 있고 개는 사람을 따라야 한다. 호기심은 사라지고 개는 지루한 삶을 살게 된다. 많은 사람이 자녀도 비슷한 방식으로 데리고 다닌다. 이것은 좋지 못한 육아이며, 좋은 육아는 종종 아이를 그가 가고자 하는 곳으로 데려가는 것이다.

소속감과 실천이성

소속감과 실천이성은 다른 모든 역량을 조직하고 거기에 스며들어

그 밖의 모든 것들에 색을 입힌다는 점에서 인간의 역량 목록의 핵심 항목이다. 개와 고양이의 경우, 실천이성은 목적으로 대우받는 것과 밀접한 관련이 있다. 반려인의 멋대로 사는 것은 공생하는 동물을 위한 실천이성적 삶을 사는 것이 아니다. 그것은 개와 고양이에게 좋은 삶일 수 없다. 동물을 위한 실천이성적 삶은 인간과의 더 큰 관계 속에서 동물의 이익이 존중받고, 그들의 모든 역량에 걸쳐 충분한 선택권을 가지며, 오로지 인간의 이익에만 좌우되는 삶이 아닌 동물 자신에게 좋은 삶을 살 수 있는 것을 의미한다. 그리고 이 좋은 삶은 절대 고독한 삶이 아니라 항상 인간(그리고 종종 다른 동물과도)과 얽혀 있는 삶이다. 따라서 인간과 서로 애정을 갖고 상호 존중하는 관계를 맺는 것이 중요하다. 애정과 존중이 존재한다면, 그리고 인간이 반려동물을 단순한 장난감이나 도구가 아닌 그 자신의 목적을 가진 독립적인 존재로 생각하는 법을 배운다면 다른 모든 것은 저절로 따라올 것이다.

● 집 밖의 반려동물: 말, 소, 양, 닭

나는 고양이와 개에만 집중했지만, 그 이야기들은 관련 동물에게도 좋은 본보기가 된다. 나는 말(야생이 아닌)도 비슷한 경우라고 생각한다. 집 안에 살지는 않지만 말이다. 말은 상호작용을 즐기고, 인간과의 좋은 관계에서 기쁨과 의미를 얻으며, 자신의 탁월함과 그에 수반되는 파트너십에서 만족감을 얻는다. 말들의 경우, 혼자서 세상을 헤쳐 나가도록 내버려두면 잘 살 수가 없다. 승마의 세계가 잔인함과 부패로 가득 차 있다는 것을 외면하려는 것은 아니다. 지금까지의 이야기를 고려하면 문제를 인식하고 이에 맞서 싸우는 일이 꼭 필요해 보인다는 이야기를 하려는 것이다.

질병과 연관된 개의 교배를 폐지해야 한다는 내 주장과 관련해 덧붙일 것이 있다. 순종 경마 산업 전체의 폐지가 필요하다는 것이다. 가는 다리를 만들기 위한 교배 때문에 사소한 원인에도 다리가 쉽게 부러져 조기 사망에 이르는 경우가 많다. 심장이 비정상적으로 작은 것을 비롯해 다른 여러 가지 건강 문제도 있다. 모두 동물이 아니라 돈 때문에 생긴 일이다. 나는 그런 동물을 만드는 교배는 빠른 시일 안에 불법화되어야 한다고 생각한다. 장애물 경주에도 비슷한 건강의 문제가 있다. 트랙에서 경주하는 순혈종보다 힘과 체력이 더 필요한 장애물 경주마들의 건강 문제는 순혈종에 못지않게 심각해 보인다.[20] 이에 비해 헌터/점퍼는 마장마술을 하는 말들과 마찬가지로 반려인과 건강하고 공생하는 삶을 산다.

소의 경우, 일을 하는 황소는 적절한 대우를 받는다면 일을 하면서도 번영을 누릴 수 있다. 그렇다면 젖소는 어떨까? 도널드슨과 킴리카의 말대로, 현재의 낙농업은 도덕적 참상의 현장이다.[21] 우유를 많이 생산하는 젖소는 칼슘 고갈로 뼈가 약해진다. 또한, 젖소는 출산 직후 송아지와 분리되며(인간에게 공급되는 우유의 양을 최대화하기 위해) 계속 임신을 이어가므로 여러 가지 건강상의 문제가 발생한다. 나는 낙농업의 개혁이 가능하다는 도널드슨과 킴리카의 주장에 동의한다. 그렇게 될 경우, 송아지가 어미의 젖을 많이 사용하고 어미가 계속 임신하지 않기 때문에 상업성이 떨어질 것이다. 그들은 이런 시나리오에서 우유가 사치품이 되면서 결과적으로 "제한적이지만 안정적인 젖소 공동체"가 가능해질 것이라고 상상한다.[22]

양의 경우에는 상황이 훨씬 낫다. 실제로는 그다지 좋은 대우를 받지 못하는 경우가 많지만, 나는 도널드슨이나 킴리카와 같은 일부 비건과 달리, 원칙적으로 동물이 동물 특유의 삶을 이어갈 수 있는 한 인간이 동물성 제품을 사용하는 것에 반대하지 않는다. 동물성 제품 사용이 꼭 착취적일 필요는 없다. 사실 길들인 양은 야생 양과 달리 스스로 털갈이를 하지 못하기 때문에 털을 깎아주어야 한다. 무겁고 답답한 털을 깎아주는 것은 그들에게 좋은 일이고, 오히려 털을 깎지 않는 것이 학대가 될 수 있다. 따라서 인간이 윤리적으로 양의 털을 깎아 사용할 수 있는 조건을 쉽게 상상해볼 수 있다. 또한 인간은 윤리적으로 양 배설물을 모아 비료로 사용할 수 있다. 도널드슨과 킴리카의 말대로, "이런 사용에는 전혀 해가 없어 보인다. 양은 양이 하는 일을 하고, 인간은 이 강압적이지 않은 활동에서 이득을 얻는다."[23] 그들은 양을 시민으로 생각할 때 이것이 양이 시민으로서 공익에 기여할 수 있는 중요한 기회일 수 있다는 말을 덧붙인다.[24]

그렇다면 닭(고기가 아닌 알을 위해서 키우는 닭)은 어떨까? 현재의 상업적 달걀 생산 시스템에는 학대라고 해석할 수밖에 없는 감금, 수컷 병아리의 살처분, 생산력이 없어진 암탉 도살 등이 포함된다. 하지만 이 부분에서도 우리는 지속 가능한 윤리적 개혁을 쉽게 상상할 수 있으며, 일부 농장에서는 이미 현실화되고 있다. 방목하는 암탉은 많은 수의 알을 낳는다. 암탉들이 알의 일부를 품어서 병아리로 키우는 데도 많은 알이 남는다. 닭이 자유롭게 돌아다니고, 관계를 형성하고, 탐색과 놀이 시간을 충분히 갖는 등 좋은 삶을 살 수 있는 여지가 충분하다면, 남는 알을 인간이 사용하는 것은 부당한 일로 보이지 않는다.[25]

폐지론자와 같은 비건들은 상호 이득이 되는 공생의 가능성을 인정하지 않는다. 우리는 각각의 주장을 주의 깊게 살펴야 할 것이다. 다만,

나는 집 안에 사는 동물과 집 밖에 사는 동물 모두 공생이 가능하다고 믿는다.

고기를 위해 키우는 다른 가축들도 있지만 이 문제는 법에 관한 장으로 미뤄둘 것이다. 반려동물에 준하는 다른 동물도 있다. 집에서 키우는 동물로 이 표현에 해당하는 동물들(햄스터, 게르빌루스쥐, 잉꼬, 금붕어, 거북이, 카나리아)은 사실 공생하는 동물이 아니다. 그들은 포획된 야생동물이다. 동물원이 아니라 가정에 있더라도 말이다. 이 주제는 다음 장에서 다루어질 것이다.

요약하면, 수많은 동물 종이 선사시대부터 이어진 의도적인 교배를 통해 인간과 완전히 공생하고 있다. 그들은 우리 집 안에 혹은 그 곁에 산다. 동물이 "애완동물"이나 소유물이 아니라 자기 나름의 삶을 살아가는 능동적인 의존적 시민으로 대우를 받는다면 문제가 없다. 단순히 놓아두기만 한다면 그들은 잘 살 수 없다. 재산이라는 인식 체계에 기반을 둔 낡은 방식을 바꾸는 것은 쉽지 않은 일이다. 하지만 개, 고양이, 말에 있어서는 이미 이런 혁명이 진행 중이며, 닭, 양, 젖소에 있어서도 인간 행동 개혁의 사례들이 있다. 폐지론은 인간과의 동반 관계에서만 번영할 수 있는 이들 동물에게 도움이 되지 않는다. 비건 채식주의자의 비사용 아이디어도 윤리적 행동에 대한 적절한 지침은 아니다. 동물 특유의 삶의 방식을 기준으로 삼는 역량 접근법이 훨씬 더 나은 지침이다.

10장

"야생" 그리고 인간의 책임

JUSTICE
FOR
ANIMALS

너 내가 되어라, 맹렬한 자여!

내 꺼져가는 사상을 온 우주에 실어다오

새 생명을 재촉하는 시든 잎사귀처럼!

_ 퍼시 비시 셸리Percy Bysshe Shelley, 〈서풍에 부치는 노래Ode to the West Wind〉

자연은, 인간의 법이 인정하는 가장 큰 범죄인 살해를 살아 있는 모든 존재에게 한 번씩 저지른다. 그것도 대개의 경우 가장 잔인한 괴물만이 살아 있는 동료 생물에게 의도적으로 가할 법한 장기에 걸친 고문 끝에 말이다.

_ 존 스튜어트 밀, 『자연Nature』

가축이 아닌 동물은 그들의 진화적 서식지이자 잔혹함, 결핍, 우발적 죽음으로 가득한 "야생"에 내버려둬야 할까, 아니면 적극적으로 개입해 야생동물을 보호해야 할까? 보호한다면 어떤 방식으로? 그런데 "야생"이란 무엇일까? 그런 게 존재하기는 하는 것일까? 이 개념은 누구의 이익에 이바지하는 것일까?

이 장에서는 "야생동물"과 "야생"이라는 아이디어에서 제기되는 어려운 질문을 다룬다. 우리에게는 "야생"동물을 결핍과 질병으로부터 보호해야 할 책임이 있을까? 동물의 삶의 형태를 훼손하지 않으면서 이들을 보호할 수 있을까? 그러기 위해서는 어떻게 해야 할까? 동물원이 역사 내내 야생동물에게 잔인했고, 가둬둔 동물의 이익보다는 인간의 이익을 꾀해온 상황에서도, 일정 유형의 동물원이 일부 야생동물을 합법적으로 보호할 수 있을까? 그렇다면 어떤 유형의 동물원에서 어떤 동물을 보호할 수 있을까? "야생"동물과 관련된 협력적 다종 사회와 같은 것을 상상할 수 있을까? 약한 동물이 다른 동물에 먹히는 문제는 어떻게 다뤄야 할까? 이를 제한하는 것도 우리의 책임일까?

이런 질문들에 대한 내 대답 중에는 논쟁의 여지가 있는 것도 있을 것이다. 역량 접근법의 일반적 개요는 수용하지만 이런 응용에는 의견을 달리하는 사람도 있을 것이다. 동물 애호가 커뮤니티의 관점에서 이 장은 가장 논란의 여지가 클 것이다.[1] 하지만 내가 내린 결론은 도발적이긴 하지만 한편으로 잠정적이다. 우리는 인간의 힘과 활동이 지배하고 있는 세상에서 생각하고 행동하는 새로운 방식을 계속 탐색하고 있기 때문이다.

나는 "야생"이나 "자연"이라는 서구에서 흔한 낭만주의적 기준을 회의적인 입장에서 진단하는 것을 시작으로, 이런 생각이 인간의 목적을 위해 인간이 만든 것이지 다른 동물의 이익에 부합하는 것이 아니며 다른 동물의 이익을 그다지 고려조차 하지 않은 것이라고 주장할 것이다. 더구나 현재는 "야생"이라고 하는 것, 인간이 통제하지 않는 곳이 존재하지도 않는다. "야생"이 존재한다는 가식은 책임을 피하는 핑계일 뿐이다.

나는 앞서 인간과 일상을 함께 하며, 인간과 공생하도록 진화해온 동물의 상황을 논의하고, "다종 사회"와 동물을 우리의 동료 시민으로 보는 사상을 옹호했다. 이를 기반으로 나는 이 사상을 "야생동물"들에게 확장할 수 있을지 혹은 확장해야 할지, "야생"동물의 삶을 보호하는 사실상의 후견인으로서 우리가 지는 책임은 어떤 것인지 질문할 것이다.

● "야생", 낭만주의적 환상

"야생"의 자연이라는 환상은 현재 환경 운동의 사상 속 깊숙이 자리하고 있다. 그 아이디어는 황홀하지만 몹시 혼란스럽다는 것이 내 생각이다. 논의를 이어가기 전에 그 문화적 근원을 이해하고 그 아이디어를 채용하는 사람들이 하려 했던 일이 무엇인지 파악해야 할 필요가 있다.

낭만주의적 자연관은 이렇게 요약할 수 있다. 인간 사회는 진부하고, 예측 가능하며, 무기력하다. 에너지와 재생의 강력한 원천이 결여되어 있다. 사람들은 서로, 그리고 자신과도 소원해져 있다. 산업혁명으로 인해 도시는 블레이크William Blake가 말하는 "어두운 악마의 맷돌들"에서처럼 인간의 정신이 뭉개지는 역겨운 곳이 되었다. 이와는 대조적으로 산과 바다, 서부의 거친 바람 속 어딘가에는 더 진실하고, 더 깊고, 타락하지 않고 숭고한 무언가, 우리 자신의 가장 깊은 곳과 유사하기 때문에 우리를 회복시킬 수 있는 일종의 생명 에너지가 있다. 다른 동물들은 이 "야생"의 큰 부분이다. 자연의 신비하고 활기 넘치는 에너지의 일부다. (블레이크의 "호랑이여! 밤의 숲속에서 빛나게 불타고 있는 호랑이여!"를 생각해보라.) 낭만주의의 전형적인 시나리오는 야생의 자연 속을 홀로 걷는 것이다. 샤토브리앙Francois-Rene de Chateaubriand의 나이아가라 폭포(작가는 실제로 가보지 않았지만), 루소Jean Jacques Rousseau의 『고독한 산책자의 몽상 Reveries of a Solitary Walker』, 바람의 품에 몸을 던지는 괴테Johann Wolfgang von Goethe의 베르테르, 심지어 자신을 바람이라고 느끼는 셸리. 황금빛 수선화라는 고요한 통찰로 끝나는 워즈워스William Wordsworth의 고독한 방황. 월든 호숫가로 가는 헨리 데이비드 소로Henry David Thoreau. "야생"의 자연은 우리에게 경이와 경외라는 깊은 감정으로 불러일으키고, 그런 감정을 통해 우리는 되살아난다.

이런 일단의 감정들이 다른 동물에게 어떻게 접근해야 할지를 생각하는 데 유용할까? 나는 그렇게 생각지 않는다. "야생"이라는 낭만주의적 개념은 인간의 불안, 특히 도시 생활과 산업에 대한 불안에서 탄생했다. 이 개념 속에서는 자연이 우리에게 뭔가를 해야 한다. 이런 아이디어는 우리가 자연과 다른 동물을 위해서 무엇을 해야 하는가의 문제와는 아무런 관련이 없다. 셸리가 끊임없이 "나"를 부르짖는 것이나, 워즈워스의 마지막 연, "무연히 홀로 생각에 잠겨/ 내 자리에 누우면/ 고독의 축복인 내면의 눈으로/ 홀로 번뜩이는 수선화"에서 알 수 있듯이 이 개념에서는 자아도취가 명시적으로 드러난다. 마찬가지로 블레이크의 "호랑이" 역시 인간 정신 속 어떤 것의 상징이며, 그 시는 우리가 진짜 호랑이를 어떻게 대우해야 하는지에 대해서 아무것도 이야기해주지 않는다.

19세기 낭만주의자들은 농민과 가난한 사람들을 자연의 일부, 혹은 자연에 더 가까운 존재로 보았고, 그 사람들이 도시로 나가서 교육을 받기보다는 시골의 가난 속에 머물러야 한다고 생각했다. 톨스토이의 레빈은 세련된 도시의 삶을 버리고 노동을 하는 농민들의 자연스러운 삶을 함께하면서 평화를 찾는다. (실제 농민들은 그런 가식에 대해 어떻게 생각했을까?) 토머스 하디Thomas Hardy는 소설 『비운의 주드Jude the Obscure』에서 지성과 야망을 가진 실제 가난한 사람들이 어떤 끔찍한 결과에 처하는지 보여주면서 그런 허구를 꼬집었지만, 허구는 계속 되었다. E. M. 포스터E. M. Forster는 여전히 그런 허구를 믿었다. 영화 〈하워즈 엔드Howards Ends〉에서 레너드 바스트가 런던으로 이주해 공부를 한 것이 실수였다면서 그를 시골에서 더 잘 살 수 있는 사람이라고 표현한 것이다. 농민의 자리에 다른 동물을 대입하면 내가 무슨 말을 하려는 것인지 알 수 있다. 동물들! 우리보다 한참 못한 그들은 얼마나 생기 넘치고 튼튼한가! 5일간의 짧은 사파리 동안만이라도 폭력과 결핍의 세계를 (안전한 거리에서) 공유할 수 있다면 좋을 텐데! 물론 그런 삶을 사는 것은 꿈에서도 못할 일이지만, 우리는 잠깐의 접촉에서 전율을, 더 많은 활력을 느낀다. (생태 사파리에 참여하는 많은 사람이 정확히 이런 식으로 생각하고 이야기한다.)

이런 낭만주의의 허구는 막 산업화된 유럽과 북미만의 특성이 아니다. 다른 사회에서도 "자연"의 순수, 에너지, 미덕에 대한 다양한 생각들이 존재한다. 농사와 농업을 재생의 원천으로 보고 거기에 집착했던 고대 로마인들이나, 인도인들의 미덕은 직접 천을 짜는 등 농촌의 가난을 통해 회복될 것이라는 간디의 생각에서도 이를 찾아볼 수 있다. 다양한 곳의 사람들이 도시의 세련미가 나쁘고 "야생"의 자연과 어떻게든 섞임으로써 더 행복하고 좋아질 것이란 믿음을 갖고 있는 듯하다. 이런 "섞임"은 방문하지도 않은 장소에 대한 샤토브리앙의 묘사나, 낭만주의 시인들이 시골의 단순함을 엄청나게 세련되게 주장하는 것에서 알 수 있듯이 꽤나 엉터리다. 좋은 시들이라는 것은 분명하다. 내가 하려는 말은 이것이 자연이나 동물 또는 그들이 우리에게 요구하는 바가 아닌, 인간에 의한 그리고 인간을 위한 생각이라는 것이다. 그리고 낭만적 숭고함 속의 경이 역시 자기중심적이다. 그것은 내가 1장부터 이야기했던 경이, 즉 우리를 진정 밖으로 향하게 하는 경이가 아니다.

자연에 대한 낭만주의적 사상이 낳은 장점도 있다. 특정한 유형의 경험을 원한 사람들이 그런 경험을 제공하는 것으로 보이는 장소를 보존한 것이다. 시에라 클럽Sierra Club을 비롯한 미국의 환경운동단체 대다수가 그 사상에 뿌리를 두고 있다. 다른 지역의 환경보호운동도 마찬가지다. 지금의 사람들은 종종 "야생"의 장소에서 신체적, 영적인 활력을 되찾으며 "야생"의 장소를 보존해온 국가들은 다른 곳에서는 사라진 진정한 선을 제공한다. 하지만 그런 선은 우발적인 경우가 대부분이다. 그것은 우리에 대한 것이지 동물에 대한 것이 아니다. 사냥, 포경, 낚시에 대한 미화, 오래전 검투사 게임의 포로 노예나 사자처럼 동물이 다른 동물의 사지를 찢는 모습을 보기 위해 많은 돈을 지불하는 일, 가학적 관광 sado-tourism이라 불러도 좋을 끔찍한 극장 등 나쁜 것들이 너무나 많다.

● "야생"은 선한 것이 아니다. 그리고 존재조차 하지 않는다

자연이나 "야생"이라는 말로 우리가 의미하는 것이 인간이 개입하지 않을 때 일이 돌아가는 방식이라면, 그 방식은 비인간동물에게 그리 선한 것이 아니다.[2] 수천 년 동안 자연은 굶주림, 극심한 고통, 종종 집단 전체의 절멸을 의미했다. 공장식 축산업이나 윤리적 민감성이 낮은 형태의 동물원 감금과 비교하면 "야생"은 다소 무해해 보인다. 하지만 그 자체를 규범적 사고의 원천으로 사용하기에는 무리가 있다. 존 스튜어트 밀이 정확히 지적했듯이, 자연은 무심하고 잔인하다.

지금에 와서는 "자연의 균형"이라는 오랜 관념조차 현대의 생태학적 사고에 의해 반박당하고 있다. 인간이 개입하지 않은 자연은 안정적이거나 균형 잡힌 상태에 도달하지 않는다. 다른 생물이나 환경에 최적인 상태에 도달하지도 않는다.[3] 실제로 자연 생태계가 안정적으로 유지되는 것은 다양한 형태의 인간 개입이 있을 때뿐이다. "자연의 균형"이라는 개념은 일견 낭만주의 사상과 달라 보이지만 실제로는 그 한 형태다. 우리의 (도시) 생활은 경쟁적인 불안과 시기로 인해 손상되었지만 자연은 평화롭고 균형 잡혀 있다고 생각하는 것이다. 이런 생각은 인간의 욕구와 환상에 뿌리를 두고 있으며, 이를 뒷받침하는 증거는 없다.

"야생"동물의 삶에 개입하지 말아야 할 몇 가지 이유가 분명히 존재한다. 첫째, 우리가 무지해서 많은 실수를 저지르리라는 것과 둘째, 동물이 선택하는 삶의 방식을 존중해야 하는 입장에 있는 우리의 개입이 이의의 여지가 있는 가부장적인 개입이라는 이유들 때문이다. 하지만 이런 것들은 표면적인 이유일 뿐이다. 아이들과 우리와 함께 사는 반려동물에게 좋은 것이 무엇인지에 대한 우리의 무지가 지식에 의해 많이 대체되었듯이, 무지는 지식으로 대체될 수 있다. 우리가 여전히 무지한 문제에 있어, 사회는 그런 부분에 무지로 항변할 수 없다고 믿는다. 따라서 자녀(또는 반려동물)의 예방접종을 거부하는 부모는 (대부분의 경우) 그런 선택의 기반이 되는 무지에 대해 비난받는다. 자주성에 있어서라면 우리는 포괄적인 사회보장 혹은 의료보험 정책을 채택하거나 살인, 강간, 절도를 범죄로 규정하고 집행하는 법을 채택하는 정부를 이의 제기가 가능한 가부장주의로 행동한다고 비난하지 않는 것이 보통이다. 삶의 기본적 수단과 관련해서는 사람들에게 보호받을 권리가 있다고 생각한다(물론 가부장주의에 반대하는 사람들은 성인이라면 건강에 대한 선택이 최소한 어느 정도 개인의 몫으로 남아야 한다고 주장하겠지만). 동물이 굶주리고 있는데도 대수롭지 않게 여기고 못 본 척하는 것은 동물은 중요하지 않다고 말하는 것이 아닐까? 그리고 동물의 선에 대해 알지 못한다고 항변함으로써 불간섭주의 정책을 옹호한다면, 기본적인 생존 문제에 대해 이야기할 때 그 항변은 얼마나 타당할까?

이런 논의는 흥미롭기는 하지만 "야생", 즉 인간의 통제와 감독을 받지 않는 공간이 세상에 존재한다는 것을 전제로 한다. 인간이 동물을 내버려둘 수 있다는 것을 전제로 한다. 그 전제는 틀렸다. 아무리 넓은 땅이라도 지구상의 모든 땅은 철저하게 인간의 통제하에 있다. 따라서 아프리카의 "야생동물"은 여러 나라의 정부가 관리하는 동물 보호소에 살고 있다. 이들 정부는 입장을 통제하고, 밀렵꾼으로부터 동물을 보호하며(성공하는 경우는 얼마 되지 않지만), 다양한 전략으로 보호소 내 동물의 삶을 지원한다(체체파리 살충제 살포 및 기타 여러 문제를 포함한). 인간이 개입하지 않았다면 코뿔소나 코끼리는 세상에 남아 있지 않았을 것이다. 미국의 경우, "야생마"와 기타 "야생" 생물들이 연방과 주의 관할하에 살고 있다. 그들이 비간섭, 자유로운 이동에 대한 제한적 권리, 심지어는 일종의 재산권까지 갖고 있는 것은 인간의 법이 그들에게 이런 권리를 부여하는 것이 적합하다고 판단했기 때문이다.[4] 인간이 모든 곳을 장악하고 있다. 인간은 동물을 위해 어떤 서식지를 보호할지 결정하며, 사용하지 않기로 결정한 서식지만 동물에게 남겨준다.

대기와 바다는 좀 더 진짜 "야생"인 것처럼 보이지만, 그 안에서 일어날 수 있는 일들은 국내법과 국제법에 의해 여러 가지 방식으로 통제되며, 광범위한 인간의 활동에 의해 형성된다. 서론에 나오는 헬의 이야기나 5장의 미 해군 음파 탐지 프로그램에 대한 논의가 보여주듯이, 고래와 다른 해양 종들의 삶은 음파 교란, 상업적 포경, 플라스틱 오염 등 인간의 다양한 이용으로 인해 끊임없이 방해받고 있다. 12장에서는 지금까지 법이 해양 생물을 보호하기 위해 어떤 노력을 기울여왔는지, 그리고 인간의 탐욕을 억제하는 데 법이 실제로 할 수 있는 일이 얼마나 적었는지에 대해 논의한다. 대기의 경우, 도입 부분의 장피에르 이야기가 상기시켜주듯이 인간은 새들의 삶을 크게 방해하는 방식으로 대기를 오염시키고 있다. 인간의 건축물과 도시 조명은 매년 수많은 새의 죽음을 초래한다. 빛은 새를 끌어들이고, 일주기 리듬을 방해하며, 이주 패턴을 변화시킨다.[5] 또한 인간의 활동은 새의 서식지를 변화시키고 종종 파괴한다.

이런 종류의 책은 인간이 모든 곳을 지배하는 현재의 상황을 인정하면서도 인간이 물러나 모든 "야생"동물이 자신의 공간 안에서 스스로 최선을 다할 수 있도록 내버려두어야 한다는 권고를 할 수도 있을 것이다. 그러나 그런 제안조차도 밀렵, 사냥, 포경 등 동물의 삶을 방해하는 인간의 관행을 막는 인간의 적극적인 개입을 필요로 한다. 우리가 모든 문제를 야기한 뒤에 "너희는 야생동물이니 최선을 다해 살아가라"고 말하며 등을 돌리는 것은 아주 역겨운 책임 회피일 수 있다. 이런 가식적인 정책으로 무엇을 얻을 수 있을지는 분명치가 않다. 이것은 진정한 불간섭주의가 아니다. 도처에 편재하는 우리의 활동이 동물에게 야기한 문제를 외면하는 결정일 뿐이다. 종 보호 문제(5장에서 일부 남겨두었던)와는 완전히 별개로, 매우 냉담한 정책처럼 보인다.

우리가 문제를 일으키지 않은 경우에도 방관이 윤리적인지는 확실치 않다. 우리가 동물 서식지를 통제하고 감시하면서도 대량 기아, 질병, 기타 지극히 "자연스러운" 유형의 고통과 괴로움을 지켜보고만 있는 냉담한 관리자가 되어야 하는 것일까? 이런 재앙을 지켜보면서도 막지 않는 것이 옳을까? 이후 다룰 포식이란 사안도 대단히 어려운 문제다. 기아와 예방 가능한 질병, 보통의 야생동물 보호소가 예방하려고 노력하는 것들, 그리고 인간이 유발에 일조했을 가능성이 매우 높은 일들에 대해서는 어떻게 해야 할까?

유익한 사례가 하나 있다. 키르기스스탄의 알라아르차 국립공원Ala-Archa national park은 야생동물이 통제하는 공간을 만들었다. 따라서 이 공원은 세 구역, 즉 사람이 하이킹과 피크닉을 할 수 있는 구역, 동물이 사람의 간섭 없이 사는 구역, 같은 동물이 역시 간섭 없이(이를테면) 번식하고 새끼를 키우는 구역으로 나뉘어 있다. 눈표범과 같은 희귀종이 생명을 유지하고 번식하기 위해서는 보호가 필요하며, 번식 활동이 다른 생명 활동과 어느 정도 분리되어야 모든 종이 다종 세계에서 최선의 기능을 한다는 것이 그 이유다. 최근 이곳을 방문한 내가 볼 수 있었던 것은 다람쥐와 까치뿐이었다. 물론 이 모든 것은 전적으로 인공적인 것이며 지속적인 개입을 필요로 한다. 각 서식지는 동물들이 종 특유의 번영하는 삶을 누릴 수 있도록 만들어지고 유지된다. 다른 두 구역에는 가까이 가보지 못했지만 그곳에는 성공적인 영양 공급과 번식을 촉진하기 위한 엄청난 관리가 이루어지고 있을 것이 분명했다. 이런 방식은 모든 생물이 충돌하는 경우보다 동물에게 훨씬 낫다. 동물이 말을 할 수 있다면 선택할 만한 방식이 아닐까 하는 가설을 세워볼 수도 있을 것이다. 건강과 번영을 최대한 증진하는 방식이기 때문이다. 하지만 우리는 이 경우 역시 인간과 마찬가지로 동물이 보호자 없이 버려지는 것을 선택하지 않는다고 말하고 있다. 우리의 상상 속에서 그들이 하는 선택은 적절한 관리가 그들의 번영을 촉진하는 세상이다. "야생"이 아닌 세상인 것이다.

아직도 하늘이 진정한 동물의 자유가 있는 마지막 변경이라고 주장하는 사람에게 소개할 또 다른 예가 있다. 호주와 달리 뉴질랜드에는 가축화되지 않은 중형 포유류가 없다. 하지만 토끼, 다람쥐, 생쥐, 쥐 등 주로 백인 정착민이 들여온 다양한 설치류가 서식하고 있다. 물론 개와 고양이 등 길들여진 동물들도 많이 살고 있으며, 이들 중 많은 수가 이리저리 돌아다닌다. 하지만 이 섬에는 놀랍도록 다양한 조류가 서식한다. 설치류와의 경쟁에서 우위를 점할 수 있는 포식성 조류가 아닌 여러 종의 작은 명금과 여러 종류의 앵무새다. 쉽게 상상할 수 있듯이 작은 새와 일정 범위의 앵무새는 설치류와 고양이의 공격을 받을 수 있다. 만약 "자연의 섭리"가 우세했다면 지금쯤 많은 조류 종이 멸종했을 것이다. 내 주장과 밀접한 관련이 있는 많은 작은 새들이 몸이 찢겨져 고통 속에 죽었을 것이다. 나는 뉴질랜드 웰링턴 외곽에 있는 조류보호구역에 방문한 적이 있다. 이곳은 사실상 규모가 큰 조류 동물원에 가깝다. 사람이 입장할 수 있고 하이킹도 할 수 있다. 새에게 줄 먹이를 휴대하거나, 설치류, 개, 고양이를 데리고 들어가지 않는지 검사를 통과해야 하지만 말이다. 이곳은 크고 대단히 높은 그물망이 설치류, 개, 고양이의 출입을 차단한다. 그물망은 3면으로 되어 있어 새들이 원할 경우 먹이를 찾아 밖으로 나갈 수 있다. 신중하게 계산된 높은 장벽이기 때문에 의심이 가는 설치류 용의자들은 넘을 수가 없다. 입구에는 토끼가 얼마나 높이 뛰어오를 수 있는지, 고양이가 얼마나 높이 뛰어오를 수 있는지, 어떤 방법으로 각 동물의 등반을 좌절시키는지 보여주는 시연이 이루어진다. 새들은 자유롭다. 철저히 기획된 공간이기 때문이다.

이 두 사례는 동물의 자유와 자율성이 지적인 인간의 관리와 양립할 수 없는 것이 아님을 보여준다. 오히려 자연은 관리를 필요로 한다. 자연은 눈부시게 자유로운 장소가 아니기 때문이다.

인간이 어디에나 존재하며 모든 동물이 살아가는 모든 서식지에 영향을 주는 세상에서 관리자의 의무를 포기하려 하는 것은 윤리적으로 옹호할 수 있는 선택도, 동물의 행복한 삶을 증진하는 선택도 아니다. 이런 세상에서 우리가 할 수 있는 유일한 선택은 책임 있는 관리자의 유형과 정도에 대한 선택뿐이다. 우리는 이 사실을 정면으로 직시해야 한다. 그러지 않으면 우리가 가진 힘을 행사할 방법에 대한 적절한 논의를 이어갈 수 없을 것이기 때문이다.

● 윤리적 관리자의 원칙: 야생동물과 서식지

우선, 좋은 방향으로든 나쁜 방향으로든(지금으로서는 주로 나쁜 쪽으로 진행하고 있는) 우리가 지배하고 있는 세상에서 우리의 경로를 안내할 몇 가지 일반 원칙을 소개하기로 한다.

원칙 1. 모든 야생동물 서식지는 인간이 지배하는 공간이다.

동물들은 번영하는 삶을 살기 위해 좋은 서식지를 필요로 한다. 하지만 인간은 땅, 바다, 공중의 모든 서식지를 통제한다. 이런 "통제"는 종종 널리 퍼져 있고, 혼란스러우며, 권한이 없는 권력이 존재한다. 이런 상황은 밀렵부터 오염으로 인한 질식에 이르기까지 "야생"동물의 수많은 부상으로 이어진다. 원칙 1을 출발점으로 받아들이는 것이야말로 동물의 역량이 보호되어야 할 방법에 대한 책임과 진정한 숙고의 시작이다.

원칙 2. 좋지 못한 서식지를 만든 인간의 인과적 책임은 종종 은폐되며, 문제로 판정되는 경우가 거의 없다.

밀렵, 사냥, 포경과 같이 명백한 피해, 그보다는 좀 덜 드러나는, 하지만 인간이 근원인 것이 분명한 피해(대양의 플라스틱, 수중 음파 탐지기의 방해, 선박 운행, 원유 유출)에 대해서만 인간에게 책임이 있다고 생각하기 쉽다.[6] 가뭄, 기근, 전형적으로 먹이를 찾는 공간의 상실(북극곰이 생계를 위해 바다를 이동할 때 사용해야 하는 부빙 같은)과 같이 "자연"에서 비롯된 것으로 보이는 다른 피해에 대해서는 책임을 느끼지 않는 것이다. 그러나 조금만 생각해보면 이 선을 명확하게 그릴 수 없다는 것을, 어쩌면 선 자체를 그릴 수 없다는 것을 알 수 있다. 인간의 활동은 기후변화, 가뭄, 기근, 홍수, 화재를 유발해 많은 생물 종의 서식지를 파괴하는 기후변화의 주원인이다. 인간의 활동은 대기를 오염시킨다. 인간이 이전에는 동물의 공간이었던 곳으로 퍼져나가면서 동물의 공간과 먹이는 줄어든다. "자연"이 결코 동물의 삶을 촉진하는 환경이 아니라는 밀의 말이 옳았다. 그러나 오늘날 동물이 직면한 가장 큰 "자연의" 문제는 인간에 기인한다. 우리는 그 어떤 것도 "그저 자연"만이 아니라는, 모든 크고 나쁜 일은 주로 우리 때문이라는 생각으로 나아가야 한다. 스스로의 행동에 절대 눈을 감아서는 안 된다.

원칙 3. 관리자의 책임은 동반 관계와 다르다. 야생동물은 반려동물이 아니다.

내 접근법에서 "야생"이라는 개념이 등장하는 것은 야생동물을 마치 반려동물처럼 대하지 말라는 경고를 할 때뿐이다. 야생동물은 인간과 공생하도록 진화하지 않았으며, 그들의 삶의 형태는 부수적으로 인간과 얽혀 있을 뿐이다. 인간과 야생동물 사이에 우정이 형성되는 경우가 가끔 있을 수 있지만(11장 참조), 그런 가능성을 위해서는 야생동물의 삶의 형태에 대해 겸허함과 존중의 마음을 가져야만 한다.

부상당한 동물에게 치료를 제공해야 하는 경우가 언제인지, 대응을 피해야 하는 부분이 어디까지인지 등 세심한 선을 그어야 할 것이다. 다음 부분에서는 이 선과 관련된 몇 가지 문제를 알아볼 것이다. 그 기준은 항상 해당 유형의 생물이 이상적으로 번영하는 그림이어야 하며, 우리는 일반적으로 서식지를 유지하고, 위험을 제거하고, 때로는 질병을 다루는 등 액자의 가장자리에서만 간섭을 하고 어린 새든 고아가 된 새끼 코끼리이든 야생의 생물을 마치 집에서 키우는 애완동물처럼 취급해서는 안 된다. 그들이 처한 곤경에 대해 우리가 아무런 책임이 없는 것처럼 동물을 내버려두라는 의미가 절대 아니다. 동물이 동물답게 살아가기 위해 필요한 것을 존중하는 해법을 찾아야 한다는 뜻이다.

● 선량한 관리자 그리고 역량

이번에는 9장에서처럼 인간이 동물의 역량을 보호하기 위해 사용할 수 있는, 때로는 윤리적으로 반드시 사용해야 할 방법의 예를 들면서 역량 목록의 큰 항목들에 대해 생각해보자. 고려해야 할 종이 너무나 많기 때문에 역량 접근법이 추천하는 것의 개요만을 소개할 수 있을 것이다.

생명, 건강, 신체적 완전성

첫 번째, 무엇보다 먼저 야생동물의 생명, 건강, 신체적 완전성을 직접적으로 침해하는 관행을 근절해야 한다. 가장 명백한 사례는 밀렵이다. 이런 불법적인 거래를 중단시키기 위해서는 밀렵을 원천적으로 차단하고 전 세계 모든 상아 판매를 금지하는 두 측면 모두에서 전 세계의 효과적인 협력이 시급하다. 상업적 포경과 영리와 오락을 위한 다른 형태의 야생 동물 사냥도 금지하고 엄중하게 단속해야 한다. 살육이 발생한 국가로 부터 동물의 일부(사냥의 전리품)가 수출되고 사냥한 자의 국가로 수입 되는 것을 금지해야 한다. 일부 국가와 주에서는 이런 조치가 시작됐다. 다음 부분에서 설명하는 스와질란드 18Swaziland 18이나 해양 테마파크에 서 관람객을 즐겁게 하기 위해 새끼 오르카를 어미로부터 떼어낸 사례 와 같이 야생동물의 새끼를 부유한 국가의 동물원으로 수입하는 것을 중단시키는 일도 중요하다. 이런 관행은 동물을 죽이지는 않지만, 동물 을 집단에서 분리해 신체적, 정신적 건강을 지탱할 수 없는 상황에 처하 게 함으로써 동물의 건강과 신체적 완전성을 침해하는 행위다.

두 번째, 동물에게 피해를 끼칠 의도가 없더라도 피해를 내다볼 정 도로 충분히 생각해보지 않고 경솔하게 동물의 죽음이나 고통을 유발하는 관행 을 반드시 멈춰야 한다. 일회용 플라스틱 제품의 사용이나 대양에 폐기하 는 것이 그런 관행이다. 이를 중단해야 할 뿐만 아니라 이미 버려진 것 들도 최선을 다해 치워야 한다. 플라스틱은 그 수명이 영원에 가깝기 때 문이다. 그런 또 다른 관행으로 도시 건물의 밝은 조명이 있다. 이는 수 천 마리의 철새를 유인해 죽음에 이르게 한다. 미국에서만 해도 연간 수 백만 마리의 새가 이런 방식으로 죽음을 맞는다.[7] 새의 이주가 많은 시 기에 조도를 낮추고, 조류 충돌 방지 필름을 사용하는 등 인간 활동에 피해를 주지 않고도 이런 문제를 해결할 수 있다. 내가 사는 곳과 같이 이주 패턴에서 핵심적인 도시들은 이런 죽음에 대한 무거운 책임을 지 고 있다(결론 참조). 나는 음파 교란으로 해양 포유류에게 큰 피해를 주는 해양 수중 음파 탐지기 사용이나 대양저 지형 탐사를 위한 석유시추선의 에어건 사용도 이것과 같은 범주에 둔다(12장 참조).

이 첫 두 단계는 지금 당장 실행할 수 있고 실행해야만 한다. 세 번째 단계는 훨씬 더 어렵다. 인간은 기후변화와 인간이 원인일 가능성이 높은 환경적 요인에 따른 피해로부터 야생동물 서식지를 보호해야 한다. 나는 앞서 쉽게 책임을 회피해서는 안 된다는 원칙을 이야기했고 가뭄, 기근, 홍수, 빙하 얼음 감소 등 야생동물의 생명을 위협하는 수많은 환경적 요인이 궁극적으로 인간에게서 기인한다고 가정하는 것이 우리의 윤리적 책임이라고 말했다. 우리는 스스로의 책임을 인정하고 적극적으로 대책을 강구해야 한다. 하지만 정확히 무엇을 해야 할지는 파악하기가 대단히 어렵다. 기후변화를 막으려면 전 세계적인 의지가 필요하지만 이 부분은 아직 확고하게 자리를 잡지 못했다. 또 의지가 있다고 해도 이미 일어난 변화를 되돌릴 수는 없다. 그렇다면 지금 당장 고통받고 있는 동물들에 대해서는 어떻게 해야 할까? 기근과 가뭄에 대해서는 이미 인간에게 효과적인 것으로 입증된 조치를 취해야 한다. 이것은 인간과 동물 모두에게 유용할 것이다. 가장 어려운 경우는 기후변화로 인해 미래에 삶의 형태가 위협받게 될 경우다. 북극곰이 먹이를 찾기 위해 이용하던 얼음을 대체할 방법은 없다. 따라서 우리는 더 이상의 손실을 막는 데 집중해야 한다.

네 번째는 당연하게 따라오는 것이다. 동물에게 여지를 남겨주기 위해 서식지의 부족한 자원을 인간이 사용하는 데 한계를 두어야 한다. 8장에서 이런 갈등에 대해 논의했다. 이런 갈등은 인구 증가를 제한하고 많은 장소에 인간이 거주할 수 없도록 보호하는 일을 수반한다.

다섯 번째, 나는 야생동물의 생명을 보호하기 위해서 우리의 지식을 현명하고 신중하게 사용할 것을 주장한다. 거대한 야생동물보호구역에서는 체체파리 살충제를 뿌리고 기타 치명적인 위협을 제거함으로써 동물을 보호한다. 이런 부분의 인간 활동은 인간의 피해 복구와 사전 예방적 보호 사이의 경계를 넘나든다. 인간이 보호구역을 관리하는 것은 관광객과 그들이 가져오는 돈만을 위해서가 아니라 보호구역 안의 동물들을 위해서이기도 하기 때문에 그 선을 넘지 않는 것은 상상할 수 없는 일이다. 그렇다면 **수의학적 치료**는 어떨까? 그런 개입이 지나치게 잦고 방해가 된다면 동물의 삶의 형태를 혼란에 빠뜨릴 위험이 있다. 그렇지만 야생동물의 삶 주변 어디에나 우리의 영향이 편재해 있다는 것을 고려할 때 의학적 개입 역시 존중과 이해를 바탕으로 충족될 수 있는 도덕적 의무라는 인식이 커지고 있다. 사람이 사는 지역의 경우, 지역 당국이 버려진 작은 새나 토끼, 사슴을 발견한 주민들에게 해야 할 일과 하지 말아야 할 일을 알려주어야 한다.[8] 이런 식으로 응급치료를 받은 후 가족에게 돌려보냄으로써 야생동물을 가정에서 키우는 애완동물로 만들지 않고 많은 동물의 생명을 구할 수 있다. 제대로 된 동물원에서는 동물들에게 정기적으로 수의과 수술을 시행해 생명을 위협하는 문제를 해결한다. 최근의 예로, 시카고 브룩필드 동물원은 호랑이에게 고관절 치환술을 시행했다.[9] 야생동물보호구역, 즉 폐쇄되지 않은 사실상의 대규모 동물원에서도 역량 보전을 위한 이런 종류의 개입을 시도해야 할까? 이 부분은 수의학 전문 분야로 진화하고 있으며, 이들 전문가는 동물의 서식지와 삶의 형태에 대한 철저한 훈련을 받게 될 것이다. 시간이 지나면서 이 분야는 많은 어려운 결정을 내려야 하는 상황을 만나게 될 것이다.[10] 우연히 시카고의 동물원에 있게 된 호랑이는 다시 걸을 수 있게 되는 반면, 아시아의 대규모 동물보호구역에 있는 호랑이는 동물원보다 보호구역이 더 크다는 이유만으로(보호구역이 더 좋은 서식지라는 것 말고 다른 어떤 의미 있는 차이가 있을까?) 같은 치료를 받지 못하는 것은 용인할 수 없는 일이다!

시간이 흐르고 인간과 동물의 삶 사이의 상호침투가 늘어남에 따라 인간 전문가들이 탐구해야 할 어려운 질문들도 늘어날 것이다. 역량 접근법은 공리주의적 접근법이 제공하지 못하는 좋은 지침을 제공한다. 즉 모든 해법의 목표는 동물이 종 특유의 삶의 형태를 온전히 누릴 수 있는 역량을 보호하는 것이어야 한다. 한 종의 선과 다른 종의 선 사이에는 갈등이 존재하기 마련이다. 포식 행위가 그 대표적인 사례다. 하지만 동물 서식지를 보호하는 대개의 조치는 서식지의 모든 동물에게 좋은 영향을 미친다.

감각/상상력/사고, 감정, 실천이성, 소속감,
다른 종, 놀이, 환경에 대한 통제

목록의 다른 역량들은 생명, 건강, 신체적 완전성이 보호되면 저절로 해결된다. (앞서와 같은 포식의 문제는 이후에 특별히 다룰 것이다.) 동물의 서식지에 심각한 침입과 위험이 없고, 건강한 움직임과 집단 활동을 위한 충분한 공간, 질 좋은 영양이 제공된다면, 같은 종 그리고 좋은 관계에 있는 다른 종과 함께하는 동물의 삶에서 (나쁜 동물원처럼) 단조로움으로 인해 죽거나, 두려움에 억눌리거나, 놀이와 소속감 등 자기주도적 기회가 부족해지는 일이 없을 것이다.

● 동물원의 윤리적 허용 가능성

"야생"이라는 개념이 우리에게 가져온 한 가지 유용한 일은 동물원과 해양 테마파크의 윤리적 허용 가능성에 의구심을 갖게 한 것이다. 나는 "야생"이라는 개념은 늘 그렇듯이 조악하고 부정확한 지침을 제공한다고 주장하고 싶다.

이 논의에서의 "동물원"은 상대적인 용어다. 동물원은 동물이 사는 장소로, "야생"이라는 개념에 남아 있는 것들이 존재하는 대규모 동물 보호구역보다 훨씬 작고, 상당히 좁은 곳을 의미한다. 물론 이런 보호 영역 밖에도 야생동물이 존재하지만, 그들은 점차 인간이나 인간 거주지와 자주 접촉하는 비야생적인 방식으로 살아가고 있다. 우리는 거대한 동물보호구역 역시 어느 정도는 제한적이라는 것을 기억해야 한다. 사실상 사육사들이 모든 동물의 움직임을 추적하며, 필요한 경우(환경이나 건강상의 이유로)에는 동물들을 이동시킬 수 있다. 동물원 역시 그 안의 동물을 먹이고 보살핀다(종종 좋지 못한 방법이기는 하지만). 동물보호구역의 사육사들은 그런 일을 훨씬 덜 하면서 기근이나 가뭄과 같은 극단적인 경우에만 대처한다. 하지만 느린 변화가 있다. 연구 시설인 아른험 유인원 거주지(11장 참조)는 그리 좁지 않다. 섬 전체에 유인원이 산다. 따라서 동물원으로 간주되지만 더 큰 규모의 보호구역 쪽으로 몇 걸음 가까워져 있다고 볼 수 있다. 또한 육로로는 관광객의 입장을 허용하지 않는다. "동물원"의 크기는 관광객의 규모에 의해 결정된다. 영역이 커지면 사람들이 동물을 볼 수 있는 더 많은 복잡한 설비를 만들어야 하기 때문이다. 샌디에이고의 경우 주로 위쪽의 전차에서 동물을 본다. 큰 보호구역 역시 관광객이 있는데(그런 보호구역을 유지하는 국가들에게 경제적으로 중요한 의미를 갖는다) 이들은 보통 지프로 관광객을 이동시키며 동물을 볼 수 있게 해준다.

50년 전의 전형적인 동물원은 서커스보다 조금 나은 동물 고문의 장소였다. 동물들은 전형적인 서식지의 식물군은 전혀 찾아볼 수 없는 비좁고 칙칙한 우리 안에 살았다. 코끼리 한 마리가 나무도 풀도 없는 콘크리트 바닥(발에 좋지 않은) 위에 서 있는 모습을 종종 볼 수 있었다. 동물원 동물들은 부적절한 먹이를 먹었고, 더 심각하게는 대중들에게 먹이를 주거나 만지도록 장려하는 경우가 많았다. 같은 종 동물들과의 사회생활은 거의, 혹은 전혀 존재하지 않았다. 때로는 긍정적인 강화가 아닌 신체적 잔학 행위를 사용해 이동시키는 경우도 있었다. 특히 해양 테마파크에서는 인간은 좋아하지만 해당 동물의 정상적인 레퍼토리가 아닌 묘기를 강요당하는 경우가 잦았다. 동물원과 서커스는 상당한 유사성을 갖는다. 동물원이 동물에게 어떤 혜택을 제공하기 위한 장소가 아니라 인간 대중을 위한 오락으로 여겨졌기 때문이다. (다시 한번 강조하지만, 관광산업으로 유지되는 대규모 동물보호구역을 미화해서는 안 된다.)

오늘날에는 진전이 좀 있으나 고르지는 않다. 동물원에 대한 규제가 들쭉날쭉한 것이 그 이유 중 하나다. (예를 들어, 비영리 동물원은 영리 동물원보다 더 엄격한 규제를 받는다.) 일부 국가에는 규제가 많지만, 규제가 거의 혹은 전혀 없는 국가들도 있다. 인도는 서커스 동물에게 헌법상 권리를 부여했지만(12장 참조), 대부분 국가의 동물은 법적 지위를 갖고 있지 않다. 또한 영리 동물원과 비영리 동물원(기부자로부터 돈을 받아야 하는) 모두에서, 특히 대중을 끌어들이는 코끼리와 같은 동물에 대한 착취 및 학대의 위험이 항상 존재한다. 돈이 오간다고 해서 동물원이 나쁘다는 의미는 아니다. 대학, 예술 단체, 기타 많은 단체가 기부자, 입법기관,

대중으로부터 자금을 모금한다. 그들이 성실하게 사명을 추구한다면 그것은 나쁜 일이 아니라 좋은 일이다. 그렇다면, 동물원도 성실하게 동물 친화적인 사명을 추구할 수 있을까?

서커스는 사자나 코끼리 같은 대형 포유류에 대한 착취를 중단하고 완벽한 인간 곡예로, 혹은 인간과 말과 같이 공생하는 반려동물만 참여하는 쇼로 빠르게 전환하고 있다. 동물원도 그런 밝은 미래를 가질 수 있지 않을까? 그것이 관광객의 출입이 금지된 연구 시설 이외에는 동물원이 더 이상 존재하지 않는 것을 의미하더라도 말이다. 동물의 번영을 추구하는 사람들의 관점에서 동물원을 지지하는 주장을 펼 수 있을까?

동물원과 대규모 보호구역의 정도 차이는 역량의 관점에서 매우 중요하다. 케냐와 보츠와나의 넓은 공간은 동물들을 구속할 필요가 없으며, 서식지에 대한 세심한 관리가 있더라도 동물들이 어느 정도 정상적인 생활을 영위하고 정상적인 사회적 관계를 구축할 수 있다는 것을 의미한다. 이 정도면 좋은 목표다. 이보다 좁은 공간을 다루고 있다면 이를 목표로 추구해야 할 것이다.

동물원을 옹호할 때 자주 지적되는 점은 동물원이 대중, 특히 어린이를 교육한다는 것이다. 아이들이 "야생"동물을 보지 못하고 자란다면 그들에게 관심을 갖지 않고, 동물 복리 향상을 위한 정책을 지지하지 않을 것이라고 말이다. 생태 관광은 훌륭한 기회를 제공하지만 대부분의 경우 부유한 사람들만이 혜택을 본다. 교육이 중요한 것은 사실이지만, 동물에게 비참하고 고독한(대개의 경우) 삶을 제공하는 동물원을 통해 교육적 목표가 원활하게 달성될 것 같지는 않다. 아이들을 교육하려면 동물의 전형적인 서식지에서 동물의 전형적인 삶의 형태를 보여주어야 한다. 이 부분에서 공리주의적 접근법은 고통이 없는 것이 가장 중요하다는 그릇된 지침을 제공한다. 역량 접근법은 집단 특유의 공간에서 이루어지는 사회생활과 자유로운 이동 등 훨씬 더 많은 것을 요구한다.

지금의 세상에는 각종 다큐멘터리를 비롯해 인간의 편재성과 통제가 이미 왜곡한 범위 이상으로 동물의 일상적인 삶을 더 왜곡할 필요 없이 학습에 이용할 수 있는 새로운 자료가 대단히 많다. 남녀노소에게 경이감을 선사할 다양한 유형의 영화들이 있다. 〈블랙피시Blackfish〉와 〈소닉 시Sonic Sea〉는 위험한 소음과 쓰레기가 해양 포유류의 서식지를 오염시키고 그들을 서식지에서 밀어내면서 해양 포유류들이 입은 피해를 보여준다. 〈아이보리 게임: 상아 전쟁The Ivory Game〉은 시청자들에게 상아 밀렵과 상아 판매라는 국제적인 범죄 음모가 코끼리를 어떻게 살육하는지를 가감 없이 보여준다. 하지만 이런 종류의 인기 있는 영화 중 일부는 수준이 낮다는 것이 내 생각이다. 예를 들어, 아카데미상을 수상한 〈나의 문어 선생님My Octopus Teacher〉에는 경탄을 자아내는 아름다운 순간들이 많이 담겨 있지만 (암컷) 문어와의 로맨틱한 관계가 영화의 주인공인 인간에게 무엇을 제공했는지에 지나치게 집중하고 있다. 그렇더라도 그 과정에서 시청자는 경이를 느끼고 배움을 얻는다. 간단히 말해, 이런 새로운 자료의 범위와 질을 고려할 때 교육은 동물원의 존재 이유가 되지 못한다. 시간이 흐르면서 가상현실 경험이나 쌍방향 영상 참여와 같은 새로운 자료도 개발될 것이다.

그렇지만 동물원은 동물의 역량에 대한 우리의 지식을 늘리고 동물의 건강을 증진하는 귀중한 과학 연구가 이루어지는 곳이기도 하다. 이런 연구의 일부는 개방된 공간에서 하기가 대단히 어렵다. (종에 따라 큰 차이가 있다.) 실험 대상 동물을 감금한 상태에서 진행된 연구 덕분에 영장류의 지능과 감정에 대한 우리의 지식은 크게 향상되었다. 새들이 얼마나 다재다능하고 총명한지도 알게 되었다. 아시아 암컷 코끼리가 거울에 비친 자신의 모습을 알아볼 수 있다는 것도 입증됐다. (코끼리에 대한 많은 정밀 연구가 "야생"에서 이루어졌지만, 수백 마일을 이동하면서 풀을 뜯는 코끼리 무리를 대상으로 이런 특별한 실험을 실시하기는 어려웠을 것이다.) 동물의 인지에 대한 연구는 동물의 실제 삶의 형태에 대한 이해를 넓히고 그들을 더욱 존중하게 만들어 동물에 대한 대우의 개선으로 이어지면서 동물에게 혜택을 준다. 동물의 역량과 삶의 형태에 대해 더 많이 배우지 않고서는 역량 접근법을 제대로 적용할 수 없다. 또한 동물원 연구를 통해 일부 치명적인 동물 질병을 치료하거나 통제할 수 있었다. 작은 코끼리를 죽음에 이르게 하는 헤르페스 감염이 그 한 예다. 대부분의 동물원은 중요한 연구를 수행하지 않지만, 그런 연구를 하는 일부 동물원이 존재한다.

정말 가치 있는 일부 목표는 그것을 추구하기 위해 어느 정도의 공간 통제를 요하기도 한다. 그렇지만 건강에 좋지 않거나, 정서적으로 거리를 만들거나, 감각과 관련된 결손이 있는 감금을 요하지는 않는다. 프란스 드 발은 정상적인 신체적, 사회적 조건에 살지 않는 동물 대상의 연구는 오해의 소지가 있는 결과를 얻을 가능성이 높다고 주장한다.[11] 그는 영장류 연구에서는 동물을 사회 공동체로부터 분리해야 할 이유가 없다고 지적한다.

마지막으로, 동물원은 동물들을 다양한 위협으로부터 보호할 수 있다. 멸종 위기에 있는 종에게는 동물원 환경에서의 통제된 번식이 일시적으로나마 생명줄이 될 수 있다. 큰 공간에서 밀렵을 성공적으로 통제할 수 없는 경우에는 동물원이 약한 동물을 보호할 수 있다.

이는 동물원, 즉 아프리카의 대규모 동물보호구역보다 인간이 더 세심하게 모니터링하고 통제하는 비교적 작고 사방이 막힌 공간이 계속 존재해야 한다는 주장의 근거가 된다. 그렇다면 어떤 동물에 이런 논거가 적용될까?

내가 주장했던 근본 규범적 질문은 종 특유의 삶을 영위하는 동물의 역량을 지원할 방법은 무엇인가 하는 것이었다. 이 질문의 관점에서 관련되는 사안은 공간의 양과 유형, 식물군, 기타 우리가 "촉진적 환경 facilitating environment"이라 부를 만한 측면이 될 것이다. 촉진적 환경이라는 용어는 어린 시절의 인간은 다양한 유형의 다른 인간이나 환경의 지원에 있을 때라야만 제대로 발달한다는 도널드 위니콧Donald Winnicott의 설명에서 빌려온 것으로, 여기에는 사회적 상호작용의 이용 가능성, 감각 자극의 이용 가능성, 적절한 특유의 식단 제공, 심각한 손상을 일으키는 정서적 스트레스의 부재, 놀이와 발달의 역량이 포함될 것이다. 앞서 논의했듯이 "야생"은 극심한 굶주림, 질병, 공포, 고통의 장소인 경우가 너무나 많기 때문에 이런 역량이 크게 손상되는 경우가 많다는 데 주목해야 한다. "야생"에는 기근, 가뭄, 밀렵꾼이 존재하기 때문에 이런 것들을 도입해야 제한된 공간을 적절하게 만들 수 있다고 주장하는 것은 우스꽝스러운 일일 것이다. "야생"에서는 작은 동물은 큰 동물의 먹이가 되기 때문에 그런 종류의 포식 상황을 마련해야 제한된 공간을 적절하게 만들 수 있다고 주장하는 것 역시 터무니없을 것이다. 이 점은 다음 부분에서 더 상세히 다룰 것이다. 어쨌든 우리가 추구해야 할 것은 동물의 역량을 발휘할 수 있는 "촉진적 환경"이다. 대규모 보호구역이 그런 환경인 경우가 많지만, 밀렵의 위험을 고려하면 안정적이지 못하다. 동물이 "동물원"에서 사회 활동을 포함한 동물 특유의 활동을 모두 수행할 수 있는 경우라면, 동물에게 이익이 된다고 할 수 있을 것이다.

그렇지만 낭만주의자들의 주장을 반박하고 관리된 환경을 지지할 필요는 없다. 다시 말하지만 아프리카의 대규모 자연보호구역은 샌디에이고 동물원과 정도만 다를 뿐 종류는 같다. 둘 다 고도로 관리된 공간이며 실제로는 관객 친화적인 공간이다. (앞서 언급한 키르기스스탄의 보호구역은 특이하게도 관객이 없는, 현명하게 선택된 공간이기는 하지만 그 역시 고도의 관리가 이루어지는 곳이다.) 감금 자체를 도덕적으로 절대 용납할 수 없다고 생각한다면 현대 세계 전체를 거부해야 한다. 때로는 공간이 너무 넓어서 감금이 눈에 띄지 않을 수는 있지만 동물이 사는 모든 공간은 막혀 있고 관리되는 공간이기 때문이다.

나는 이런 통찰을 바탕으로 동물들이 공간, 감각, 영양, 사회, 정서적 측면에서 특유의 삶의 형태에 접근할 수 있는 경우라면 작은 규모의 밀폐 공간도 정당화된다는 일반적인 결론에 도달했다. 동물원을 현명하게 관리한다면 원숭이, 유인원, 일부 조류 등 많은 동물을 대상으로 이런 목표를 달성할 수 있다. 해양 동물의 경우, 수조가 충분히 크다면 대부분의 물고기는 해양 테마파크에 포함시킬 수 있다. 또한 대부분의 파충류 및 양서류는 물론 거의 모든 소형 포유류도 적절한 종류의 제한된 공간에서 잘 지낼 수 있다.

이제 범위를 좁혀 가장 어려운 사례인 코끼리에 대해 이야기해보자. 코끼리는 넓은 지역을 이동해야 하고, 엄청난 양의 먹이(주로 나무에서 벗겨낸 껍질)가 필요하며, 네 마리 이상의 어미가 새끼를 키우는 반면 수컷 성체는 단독으로 다니다가 번식기에만 집단과 만나는 사회적 특성 때문에 샌디에이고 동물원과 같은 최고의 동물원이라도 윤리적 감금이 사실상 불가능하다. 샌디에이고 동물원은 공간에 대한 욕구를 이해하고 관람객이 멀리 공중에서만 동물을 볼 수 있게 하는 데도 말이다.

야생 코끼리 무리는 단 하루 만에 50마일(약 80.5킬로미터)을 이동할 수 있다. 따라서 코끼리는 큰 규모의 동물원이 제공할 수 있는 것보다도 훨씬 큰 공간을 필요로 하며 제한된 공간에서는 건강과 번식 기록이 좋지 못하다(사산과 출산 합병증의 발병률이 놀랄 만큼 높다).[12] 더욱이 대부분의 동물원은 샌디에이고 동물원의 수준에 크게 못 미친다. 1990년대 초부터 20개 이상의 미국 동물원이 윤리적인 근거에서 코끼리 전시를 중단하거나 그런 계획을 발표했다. 2011년, 동물원및수족관협회Association of Zoos and Aquariums는 면적 및 기타 조건에 대한 지침을 발표했다. 하지만 이것조차 충분치 않다. 2004년 코끼리 전시를 중단한 디트로이트 동물원의 책임자는 이렇게 말했다.

> 우리가 아무리 노력해도, 현실적으로 우리가 할 수 있는 어떤 일로도 그들에게 번영의 기회를 주지 못하리란 것을 깨달았습니다. [그는 물리적, 사회적 환경 모두에서의 결핍을 언급했다.] 코끼리들이 크게 양보해야 했던 부분이 너무나 많았다는 것도 깨달았습니다. 때문에 우리는 코끼리를 너무나 사랑하고 코끼리를 곁에 두고 보고 싶지만 그렇게 하는 것이 근본적으로 잘못된 일이라는 판단을 내렸습니다.[13]

불행히도, 윤리 의식이 없는 동물원들이 많다. 그들은 코끼리가 사람들에게 인기가 많다는 것을 알고 있다. 직접 수익을 올려야 하는 영리 동물원이든 기부를 받아야 하는 비영리 동물원이든 코끼리는 큰돈이 된다. 이 사실이 동물원의 코끼리 사육의 문제와 결합해 아프리카에서 미국의 동물원으로 코끼리를 데려오는 비도덕적인 계획으로 이어진다. 기아와 가뭄이라는 거짓 변명을 대며 코끼리들을 보다 넓은 환경에서 좁고 부적절한 동물원으로 옮기는 부정한 프로젝트로 만들어지는 것이다.

스와질란드 18의 이야기를 생각해보자. 『뉴욕타임스 매거진New York Times Magazine』에 실린 찰스 지버트Charles Siebert의 글 "스와지 17The Swazi 17"에 자세한 사연이 담겨 있다.[14] 스와질란드 18은 가뭄이 코뿔소와 코끼리 무리를 위협하고 있으므로 코뿔소를 보호하는 유일한 방법은 코끼리를 죽이거나 미국으로 이주시켜야 된다는 구실(거짓으로 판명된)하에 미국으로 보내진 코끼리들이다. 실제로 운송된 것은 17마리뿐이었다. 18번째 코끼리는 소화기 질환으로 여행 전에 죽은 것으로 알려졌다. 프렌즈오브애니멀즈는 연방법원으로부터 임시 중지 명령을 받았다. 연방법원 판사는 당일 밤 긴급 청문회 일정을 잡았다. 하지만 그때 이미 코끼리들은 밤을 틈타 비행기에 태워져 진정제가 주입된 상태였기 때문에 판사는 비행기를 보내주었다. 판사와 옹호자들에게 고지하지 않고 코끼리를 비행기에 태운 것은 기술적으로는 불법이 아니었다. 체류는 중지 명령의 대상이 아니었기 때문이다. 음흉하게 법의 손을 벗어난 것이다. 코끼리는 댈러스와 위치토를 비롯한 여러 동물원에 분산되었다. 코끼리는 영리 동물원의 경우에는 직접적으로, 비영리 동물원의 경우에는 후원자와 대중의 지원의 측면에서 큰돈을 가져다준다. 프렌즈오브애니멀즈는 현재 그런 동물 운송을 "상업적 목적"으로 분류해 국제조약법상의 불법행위에 해당하도록 만들기 위한 활동을 펼치고 있다.

대부분의 동물원은 어떤 형태를 취하든(영리를 추구하든 기부를 받든) 상업적 조직이라는 점을 명확히 알고 있어야 한다. 대형동물보호구역도 일부 동물 보호라는 역할을 하기는 하지만 상업적인 측면이 있다.

코뿔소, 기린, 곰, 북극곰, 치타, 하이에나, 사자, 호랑이 등 다른 모든 대형 포유류의 경우, 각각에게 "번영하는 환경"이 무엇인지, 그리고 상대적으로 좁고 밀폐된 공간이 그런 환경을 제공할 수 있는지를 따져봐야 한다. 작은 공간을 허용하기 위해서는 동물이 더 큰 세상에서 직면하는 특별한 위험(북극곰의 경우 빙하가 녹는 위험, 코뿔소의 경우 공격적인 밀렵의 위험)과 야생에서는 불가능한 연구를 통해 동물이 얻을 수 있는 이익을 고려해야 한다. 항상 우리는 동물들에게 좋은 결과, 위니콧이 표현했듯이, "충분히 좋은 결과"를 요구해야 한다. 인간 방문객에게 부수적인 이익이 있을 수 있다 해도 말이다. 11장에서 설명할 북극곰 크누트 이야기에서처럼 동물을 인간 방문객의 애완동물처럼 취급하는 해결책은 단호히 거부해야 한다. 그러나 철저히 관리되지 않은 공간을 무조건 선호하는 것은 비현실적일 뿐만 아니라(그런 공간은 존재하지 않는다) 일부 동물에게는 좋지 않다(그들은 밀렵, 굶주림 등을 원치 않을 것이다). 하지만 가뭄을 가장했던 스와질란드 18의 경우처럼 사기가 아닌지도 주의해야 한다. 나는 내 목록에 있는 대부분의 대형 육상 포유류가 동물원에서 번영하는 것이 불가능하다고 생각하지만, 사회적, 물리적 조건이 충분히 좋다면(아른험 유인원 거주지처럼) 곰과 유인원의 경우는 가능할 수 있다. 문화적 학습을 통해 발달하는 모든 종의 경우, 충분히 큰 전형적 사회집단의 존재가 필수적이다. "이제 침팬지가 다섯 마리가 있습니다"라는 정도로는 충분하지 않다. 침팬지들은 모든 특유 유형과 역할을 지닌 적절한 종류의 문화 집단을 형성시켜왔다.

이번에는 바다와 하늘로 눈을 돌려보자. 오르카나 고래와 같은 초대형 해양 포유류는 해양 테마파크 내의 윤리적 사육이 불가능하다. 2013년 발표된 다큐멘터리 영화 〈블랙피시〉는 오르카의 감금 생활(보통 아주 어린 나이에 무리에서 떨어져 나이든 오르카들로부터 삶의 적절한 행동을 배울 수 없게 되는)이 얼마나 비참한지 보여주었다.[15] 틸리쿰Tilikum의 사례는 이런 잔인한 박탈이 얼마나 파괴적인 사태를 불러오는지 잘 보여준다. 이 영화를 본 대중의 항의가 쇄도했고, 결국 시월드SeaWorld는 더 이상 오르카를 사육하거나 쇼를 하지 않겠다는 결정을 내렸다.[16] 최근 캘리포니아는 모든 오르카 감금을 단계적으로 폐지하고 감금 상태로 남아 있는 오르카의 인도적 처우를 보장하는 것을 목표로 하는 오르카복지및안전법Orca Welfare and Safety Act(2016)을 통과시켰다. 이 법은 감금 상태에서 오르카를 사육하는 것과 감금된 오르카를 공연에 사용하는 것을 불법으로 규정한다. 2020년부터 시월드는 남은 오르카를 이용해 과학을 기반으로 현장 설명이 함께하는 교육용 쇼를 시작했지만, 전형적인 대규모 무리가 없는 상황에서 오르카가 "자연스러운" 행동을 보여줄 수 있을지는 의심스럽다.[17] 오르카는 대단히 문화적이며, 대개의 행동을 집단으로부터 매우 특정한 방식을 통해 학습한다. 예를 들어, 오르카는 폐경기를 겪는 몇 안 되는 비인간 종 중 하나로, 40세에 출산을 멈추고 80대까지 사는 암컷이 새끼를 가르치고 규범을 전달하는 데 중요한 역할을 한다.[18] 이런 체계가 없다면 새끼 오르카는 인간의 문화적 학습을 접하지 못한 아베롱의 야생 소년처럼 겉돌 수밖에 없다.

돌고래는 경우가 다르다. 돌고래는 대단히 사교적이고 상호작용이 활발해 감금 상태에서도 어느 정도는 번영할 수 있기 때문에 문제가 더 까다롭다. 심지어 돌고래는 "야생"으로 돌아갔을 때 감금 상태에서 배운 기술을 새끼에게 가르치는 것으로 알려져 있다.[19] 한편으로는 이 놀라울 정도로 총명한 포유류가 오락용으로 이용되는 것이 불쾌하게 느껴질 수 있다. 다른 한편으로, 많은 동물이 숙련된 기량에 대한 즐거움을 느낀다. 이런 즐거움이 양치기 개, 리트리버, 헌터/점퍼 말의 번영에 한몫을 하는 것이 분명한 이상, "야생"인 동물이 인간으로부터 배움을 얻었다는 것만으로 그 즐거움이 진짜가 아니라거나 금지된 영역이라고 생각해서는 안 된다. 사실, "야생"동물에게 인간-동물의 모든 협력과 호혜가 부적절하다는 생각은 거부해야 한다. 그렇다면 적절한 선은 무엇일까?

토머스 화이트는 특유의 균형감과 섬세함으로 이 문제를 탐구한다.[20] 그는 그의 책에서 이미 다룬 돌고래 삶의 특징, 즉 돌고래의 극도로 높은 사회성과 다른 돌고래들과 함께 매우 넓은 공간을 돌아다녀야 하는 욕구에 초점을 맞춘다. 그는 돌고래를 잘 대우하는 의식 있는 동물원조차 돌고래에게 충분히 큰 공간과 무리를 제공하지 못한다고 주장한다. 물론 동물원은 돌고래를 여러 가지 위험으로부터 보호한다. 하지만 화이트는 그것이 양날의 검이라고 말한다. 그렇게 보호받은 돌고래는 야생에서 생존할 수 있는 능력을 잃기 때문이다. 결국 그는 감금이 윤리적으로 허용되어서는 안 된다는 결론을 내린다.

이는 적절한 주장이며 나 역시 대체로 지지한다. 돌고래는 적응력이 뛰어나고 다양한 환경에서 번영하기는 하지만, 분명히 넓은 공간과 전형적인 사회집단을 필요로 한다. 돌고래가 드나들면서 원하는 만큼 인간과 어울릴 수 있는 훨씬 더 넓고 부분적으로 개방된 공간이라면 중간적인 해법이 될 수 있을 것이다. 이스라엘 에일랏의 돌핀 리프Dolphin Reef가 그런 장소에 가깝지만 아직 논란의 여지는 남아 있다.[21]

무엇보다 돌고래는 자신이 하고 싶은 일에 대해 자신만의 생각을 가진, 지능이 높은 생물로 존중받아야 한다. 이는 돌고래의 상호작용, 독창성, 유머 감각 등을 존중해야 한다는 의미다. 돌고래는 이런 특성을 다른 돌고래는 물론 인간과 다른 종에게도 보여준다.

새는 그 종류가 무척 다양하다. 앵무새, 까치, 까마귀처럼 일반적으로 넓은 지역이 필요치 않은 새들이 있는가 하면, 새장이 지나치게 좁게 보이는 새들도 있다. 일부는 매우 사교적인 반면 일부는 혼자 있기를 즐긴다. 조류 관찰자들은 각종 특유의 장소에서 새를 찾아보는 것을 좋아하며 그런 방법으로 새를 관찰하는 것이 선호되어야 마땅하다. 하지만 뉴질랜드의 보호구역처럼 측면은 보호되고 지붕은 개방된, 새들이 관리를 받되 자유를 누릴 수 있는 공간도 나쁘지 않다. 다양한 조류 종에 대해 지금보다 잘 이해하게 되면 종 특유의 권장 사항을 제시할 수 있게 될 것이다.

하나같이 까다로운 문제들이다. 의식 있는 동물원들은 매일 이런 문제들과 씨름하고 있다. 더 나은 규제를 통해 의식 있는 동물원들이 예시하고 있는 사고의 혁명이 모든 동물원에 강제되어야 할 것이다. 또한 우리 모두가 생명 형태에 대한 존중이라는 생각을 기반으로 계속 질문을 던져야 할 것이다.

요약하자면, 역량 접근법은 동물원의 윤리에 대해 생각할 때 좋은 지침이 된다. 동물 특유의 삶의 형태가 기준이 되어야 하는 것이다. 동물원이 여기에 적합한 기회를 제공할 수 있을까? 그것이 가능하다면 동물원을 허용할 수 있을 것이다. 다만, 모든 동물원에서 인간의 지배(그리고 종종 인간의 탐욕)가 담당하는 역할을 고려해 항상 주의를 기울여야 한다. 그런 기회를 제공할 수 없다면 대규모 야생동물보호구역에서 동물을 보호하는 다른 방식으로 선량한 관리자의 의무를 다해야 할 것이다.

● 포식과 고통

앞서 언급했듯이 "야생"은 결핍과 폭력이 존재하는 곳이다. 오늘날 동물을 아끼는 많은 사람이 동물에 대한 인간의 폭력(밀렵, 사냥, 포경)은 억제해야 하지만 "자연"의 폭력(굶주림, 가뭄, 포식)에는 간섭하지 말아야 한다고 생각한다. 이런 일반적인 태도가 정당할까?

이 책이 발전시켜온 접근법은 개별 생물의 삶의 기회에 초점을 맞춘다. 즉 번영하는 삶을 살 수 있는 기회를 가져야 한다는 것이다. 다양한 형태의 주체성을 행사할 수 있는 기회와 고통, 모두가 중요한 요소다. "자연"의 폭력에 희생되는 생물의 관점에서, 그 모든 것이 "자연스러운" 일이라는 사실은 아무런 위로가 되지 않는다. 밀의 말처럼, 동물들은 종종 더 끔찍한 고통을 겪는다. 굶주림은 들개 무리에게 사지가 찢기는 것만큼이나 고통스러운 죽음의 형태다. 전자의 죽음은 "자연스러운" 것이고 후자의 죽음이 인위적인 것이지만, 굶주림보다는 뇌에 총알이 박히는 편이 분명 더 나을 것이다.

우리 자신의 통제력과 관리자로서의 책임을 인식할 때라면 손을 놓는 방식만을 생각할 수는 없을 것이다. 홍수, 기근, 가뭄에 대해 동물을 보호하는 인간의 조치를 옹호하는 내 주장은 급진적인 제안이 아니다. 나는 일반적인 생각과 관행을 말하는 것이다. 동물보호구역을 둔 국가들은 밀렵을 금지하는 것과 마찬가지로 "자연"재해—어쨌든 그 대부분의 **배경에는 인간이 있다**—의 영향을 막아야 한다. 할 수 있는 일이라면 해야 하는 것이 맞는 것 같다.

포식은 다른 문제다. 대형동물보호구역의 관리자들은 포식 행위를 억제하지 않을 뿐 아니라 강력하게 장려하는 경우가 많다. 즉 반려동물

보호자들과는 매우 다르게 행동한다. 일부 종의 개와 고양이에게 작은 새를 잡아먹거나 여우를 사냥하는 것은 일반적인 행동이지만 보통 반려인들은 반려견과 고양이가 작은 새를 잡아먹거나 여우를 사냥하도록 권장하지 않는다. 반려인은 반려동물을 아이처럼 대하는 것이 보통이다. 본능이 좌절되지 않되 다른 사람에게 해를 끼치지 않도록 자연스러운 공격성을 다른 형태의 대체 활동으로 유도한다. 어린아이를 인간의 살육이 아닌 경쟁적인 스포츠 쪽으로 유도하듯이, 고양이를 새가 아닌 스크래처로 유도하는 것이다. 이것이 동물 특유 삶의 형태를 영위하는 역량을 좌절시키는 것일까? 답은 예스이기도, 노이기도 하다. 역량은 여러 가지 방식으로 설명할 수 있다. 작은 새를 죽이는 것이야말로 고양이의 전형적인 역량이라고 설명할 수도 있고, 포식 역량을 발휘하고 좌절의 고통을 피할 수 있는 것이 중요한 역량이라고 할 수도 있다. 유전되는 것은 일반적인 경향이며, 하나 이상의 다양한 방식으로 표현될 수 있다. 다종 세상, 함께 평화롭게 살기 위해 모두가 일부 행동을 억제해야 하는 세상에서라면, 역량을 후자와 같이 보다 일반적으로 설명하는 데 초점을 맞추는 것이 합리적이다. 이런 접근법이 효과가 없다는, 즉 새를 죽이지 못하는 고양이가 우울하고 비참해진다는 압도적인 증거가 없는 한 말이다. 그런 증거는 존재하지 않는다. 인간이 그렇듯, 고양이도 포식 본능을 표출할 수 있는 출구가 필요하지만 그 출구가 희생자에게 끔찍한 고통을 가하는 것이어야만 할 이유는 없다.

"야생"에서의 포식 문제를 다룰 때는 왜 이런 식으로 생각하지 않을까? 이런 비대칭에는 그럴 만한 이유가 있다. 우리는 대단히 무지하다. 포식에 대한 대규모의 방해 시도는 대규모 재앙을 초래할 가능성이 매우 높다. 종의 수가 어떻게 변할지, 어떤 부족함이 생길지 전혀 알지 못하며, 그런 개입으로 발생할 수 있는 결과에 대처할 준비가 전혀 되어 있지 않다. 약한 생물을 포식으로부터 보호할 수 있는 유일한 방법은 대규모 동물보호구역을 각 생물이나 무리를 감금하는 옛날식의 좋지 못한 동물원으로 바꾸는 것이다. 이는 잘못된 방향이다. 그런데도 그 방향 외에 반려견과 반려묘의 경우에서와 같은 역할을 할 만한 실현 가능한 대체 행동을 아직 생각해내지 못하고 있다. 일반적인 동물원 환경에서는 호랑이에게 포식 역량을 발휘할 수 있도록 무게감이 있는 공을 주고 인도적으로 도살한 고기를 먹이는 식의 대체 방안을 마련하려는 노력을 할 수 있다.[22] 샌디에이고 동물원은 표범의 식단에 대해 이렇게 이야기한다. "샌디에이고 동물원의 표범은 일반적으로 동물원 육식동물을 위해 만들어진 상업용 분쇄육을 먹으며, 때때로 큰 뼈, 토끼 또는 양의 사체를 제공받습니다. 야생동물 관리 전문가들은 고양이과 동물이 사냥 기술을 잃지 않게 하기 위해 때때로 먹이의 일부를 공 모양으로 만들어서 서식지 전체에 숨김으로써 미트볼 "사냥"의 기회를 마련합니다."[23] 이는 사냥을 통한 고문을 방문객들이 보지 못하는 공장식 축산으로 대체하는 것이다. 이것은 개선이 아니다. 하지만 실험실에서 합성한 고기나 식물성 고기라면 훨씬 우월한 방법이 될 것이다(포식으로 인한 죽음은 보통 대단히 고통스럽기 때문에). 그러나 별도의 폐쇄된 장소 없이는 이런 대체가 불가능하다.

철학자 제프 맥머핸은 논평 기사를 통해 포식 행위를 없애야 한다고 주장했다.[24] 이 아이디어는 분리 감금의 문제는 해결하겠지만, 동물에 대한 존중을 보여주지는 않는다. 동물은 포식 성향 때문에 비난을 받아서는 안 된다. (그들은 개나 고양이처럼 교육이 가능하게 진화하지 않았다. 많은 동물이 사회적 학습 능력을 보여주기는 하지만 이는 포식자 종의 공동체에서 이루어진다). 또한 포식의 제거는 분명 개체 과도過度 증식의 혼란을 낳을 것이 분명하다. 우리는 이런 문제를 다룰 준비가 되어 있지 않다.

따라서 포식을 막는 문제에 대해서는 매우 조심스럽게 움직여야 한다. 반면에 연약한 생물의 고통과 조기 사망은 매우 중요한 문제이며 현명한 조치가 필요해 보인다. 포식자에게 잡아먹히는 것은 이들 생물의 삶의 형태에 포함되지 않는다. 그들의 삶의 형태는 그들의 소관이다. 우리도 공격에 희생되지만 방해받지 않고 살려고 노력하는 것처럼 그들 역시 그렇다. 이런 종들은 탈출에 능숙하지 않았다면 살아남지 못했을 것이다. 포식자에게 찢기는 것이 영양의 운명이라고 말하는 것은 강간당하는 것이 여성의 운명이라고 말하는 것과 같다. 둘 다 철저하게 부당한 말이며 피해자의 고통을 비하하는 말이다. 평화로운 삶에 대한 동물의 욕구가 "야생"에서 좌절과 고통에 자주 직면하는 것은 안타까운 현실이다. 이 상황은 8장에서 논의한 비극적 딜레마 중 하나처럼 보이지만, 세상은 헤겔적 해결책을 쉽게 내주지 않는다.

포식을 막는 조치를 취하지 않는 데에는 몇 가지 매우 유감스러운 이유도 있다. "야생"을 낭만적으로 보는 것은 부분적으로 폭력에 대한 동경 때문이다. 블레이크의 호랑이와 셸리의 서풍은 일부 인간이 지나치게 문명화되면서 잃어버렸다고 느끼는 것을 상징한다. 많은 사람이 대형 포식 동물 그리고 포식 장면 그 자체에 매료되는 이면에는 잃어버렸다고 추정되는 공격성에 대한 갈망이 자리 잡고 있다. 동물 보호소를 관리하는 사람들은 포식 동물이 관광객 유치에 꼭 필요한 요소라는 것을 알고 있다. 보츠와나의 한 보호구역을 방문했던 나는 관광객들이 가장 고대하는 것이 희귀종 야생 개가 무리를 지어 영양을 덮친 뒤 영양이 죽기도 전에 사지를 찢는 장면이라는 것을 발견했다. 새벽 4시에 지프를 타고 숙소를 떠난 부유한 관광객들은 눈에 불을 켜고 사냥이 시작되는 순간부터 끔찍한 죽음의 장면, 전리품을 나누는 장면, 독수리들이 사체를 청소하는 마지막 장면까지를 모두 지켜봤고, 공포와 혐오감을 느낀 사람은 한두 명 정도로 드물었다. 사람들은 고약한 가학적 성향을 갖고 있으며, 이를 만족시키기 위해 오락을 만들어낸다. 로마인들이 동물이 관련된 폭력(키케로와 플리니우스는 코끼리가 포함된 이 오락에 반대했지만 인간 고문에는 반대하지 않았다)을 통해 피의 욕구를 충족시켰던 것처럼, 오늘날의 수준 높은 보츠와나의 관광시설도 대리 가학으로 돈을 벌고 있었다. 게다가 이 동물보호구역 전체의 중심이 이 활동에 있다. 야생 개는 절멸에 대단히 가까운 종이며 사람들은 야생 개를 보존하기 위해 많은 노력을 기울이고 있다. 이 종의 보존은 좋고 나쁨을 가릴 수 없는 문제지만, 여기서 보존을 촉구하는 핵심적인 이유는 좋지 못한 것, 즉 가학 관광에서 나오는 돈에 있다는 것이 내 생각이다.

더 큰 사안을 미루어두는 동안, 생각해봐야 할 포식에 대한 몇 가지 소극적인 개입이 있다. 첫째, 가학 관광으로 돈을 벌지 않는 것이다. 인간의 가학성을 충족시키기 위해 동물을 고문하는 또 다른 스포츠인 여우 사냥을 불법화한 것처럼, 나는 포식을 인간이 없는 공간으로 제한해야 한다고 주장한다. 이 문제에서 키르기스스탄의 현명한 대처가 좋은 본보기가 될 것이다. 인간 관객을 위한, 거의 연출에 가까운 장면들을 없앤다면 학살은 훨씬 줄어들 것이다. 대규모 보호구역에서는 포식자로부터 인간을 완전히 차단하는 것이 불가능할 수도 있지만, 대부분 해 질 녘과 밤에 일어나는 포식 장면을 보기 위해 굳이 그 시간에 관광객을 데려갈 필요는 없다.

둘째, 인간의 관리하에서 동물 간 잔학 행위가 발생하는 경우, 약자를 위해 조심스럽게 개입할 수 있는 방법을 찾을 수 있을 것이다. 종종 무리나 둥지에서 벗어나는 구성원이나 약한 동물을 보호하는 것이다. 뉴질랜드의 조류보호구역은 그 좋은 본보기다. 적응력이 매우 강해 먹이를 구하는 데 문제가 없는 토끼, 쥐, 생쥐, 고양이가 접근하지 못하도록 하는 것이다. 물론 그 때문에 보호구역 밖의 다른 작은 동물들이 이 동물들의 포식 대상이 되기 때문에 찬성에는 재론의 여지가 있다. 하지만 포식 종은 대부분 뉴질랜드 토착종이 아니며 뉴질랜드의 새들은 이런 유형의 포식자를 피할 수 있게 진화하지 않았기 때문에 매우 취약하다. 또한 다른 동물들을 위해 포식이 관여하지 않은 대체 먹이를 제공할 수 있으며 실제로 그런 조치가 이루어지고 있다. 고양이에게 인도적으로 도살한 고기나 생선을 먹일 수도 있고(조금이라도 나은), 식물성 고기나 실험실에서 만든 인공 고기를 먹일 수도 있다. 따라서 모든 것을 감안하면 새를 보호하는 국가의 결정은 정당화될 수 있다는 것이 내 생각이다.

우리는 항상 "이 방향으로의 진전이 더 가능하진 않을까?"라는 질문을 던져야 한다. 희귀종인 파이핑플러버 한 쌍이 시카고 몬트로스 해변에 둥지를 틀었다. 안타깝게도 부화를 앞둔 이들의 알 두 개를 스컹크가 먹어 치웠다. 파이핑플러버는 이후 알을 더 낳았고, 공원 관리국은 둥지를 보호하기 위해 주변에 더 튼튼한 새 울타리를 만들었다. "부자연스럽다"는 이유로 이를 반대할 사람이 있을까? 2021년 7월 말, 네 마리의 새끼가 부화했고 두 마리는 성공적으로 어린 성체로 자랐다. 부화한 새끼들은 울타리 밖으로 나갔고, 두 마리는 날기를 배우기 전 취약한 시기에 포식당한 것으로 보인다. 어린 새끼들을 더 보호했어야 했을까? 그건 아니었을 것이다. 그랬다면 새끼들은 성체가 되는 법을 배우지 못했을 것이기 때문이다.

셋째, 내 이론에는 어떤 경우든 허용되는 포식 사례가 몇 가지 있다. 곤충 포식은 역량 접근법이 인지하는 해를 가하지 않는다. 쥐와 다른 성가신 동물에 대한 포식에는 정당방위 원칙을 적용할 수도 있다. 이는 많은 생물에게 먹이의 공급원을 열어주는 효과가 있다.

요약하면, 포식 문제와 그 대책에 대해서는 진지하고 지속적인 논의가 필요하며, 동물의 대체 행동과 같은 헤겔적 해결책을 계속 모색해야 한다. (키르기스스탄의 토끼와 고양이는 새를 죽이지 않고 먹이를 찾는 대체 행동을 하고 있다.) 사람들에게 포식이 문제라는 것을 납득시키는 일이 무엇보다 중요하다. 너무 많은 사람이 포식에 매력을 느끼게 만드는 교육을 받으며, 이는 우리 문화 전체에 나쁜 영향을 미치고 있다. 영양은 먹이가 되기 위해 존재하는 것이 아니라 영양의 삶을 살기 위해 존재한다는 점을 계속 지적하는 것이 중요하다. 그들이 그 특유의 삶을 살지 못하는 경우가 너무 많다. 모든 면에 우리의 책임이 있기 때문에 우리는 할 수 있는 일과 해야 할 일이 무엇인지 반드시 파악해야 한다.

● "경계 동물"

인간과 멀리 떨어져 살던 일부 동물들이 지금은 인간 거주 지역으로 이주해왔다. 이들은 도시 생태계의 친숙한 구성원이 되었다. 쥐, 생쥐, 다람쥐, 너구리, 비둘기나 캐나다 거위 같은 야생 조류는 오랫동안 인간과 함께 살아왔다. 최근에는 코요테, 원숭이, 사슴, 퓨마, 심지어 개코원숭이와 곰까지 합류했다. 이 동물들과 관련해서는 특별한 문제가 있다. 종종 인간과 경쟁하며 반려동물, 심지어 어린이에게 공격을 가할 수 있다는 점이다. 이는 동물 윤리학에서 새롭고 대단히 흥미로운 연구 분야다. 방어를 위한 근절과 같은 접근법을 피하기 위해서는 이들 동물에 대해 더 많은 것을 알아야 한다. 7장에서 언급했듯이 나는 해로운 생물에 대해서는 자기방어의 원칙을 적용하는 것이 정당하다고 생각한다. 하지만 우리는 겁을 먹게 만든다는 이유만으로 그것을 해로운 생물이라고 생각하는 실수를 종종 저지른다. 예를 들어, 코요테는 매우 겁이 많아서 사람에게 접근하지 않는 것이 보통이다. 이에 대한 인식이 늘어난다면 도시들은 코요테에 보이는 접근 방식이 더 부드럽고 조심스러워질 것이다. 인간이 코요테에게 먹이를 주면 코요테가 인간 거주지 주변을 돌아다니는 데 익숙해져 포식자가 될 수 있다. 이런 사례는 흥미롭지만, 다른 사안에서 논의한 것 이외에 특별한 이론적 문제를 제기하지는 않는다. 이런 사례는 역량 접근법을 주장하는 기존 문헌에서 이미 논의되고 있다.[25] 따라서 여기서는 아주 간략하게 다루어지겠지만, 한편으로는 이들 경계 동물의 문제가 새로운 범주이자 계속 커지고 있는 범주라는 점을 인식하는 것이 중요하다.

● 개체 수와 통제 방법

"야생" 공간에서는 개체 수 불균형의 문제가 종종 발생한다. 북미 일부 지역의 엘크를 예로 들어보자. 개체 수가 너무 많아지면 충분한 먹이가 없어 고통을 겪는다. 이에 사람들은 사냥을 도입하는 것과 "자연적" 포식자인 늑대를 도입하는 것, 두 가지 방법을 제안한다. 물론 늑대의 도입은 전혀 "자연적"이지 않다. 다른 수단을 통한 사냥일 뿐이며, 사냥꾼이 사격에 능숙한 경우와 비교하면 늑대를 통한 사냥은 엘크에게 훨씬 더 고통스럽다.

　이런 경우에 대해서는 어떻게 생각해야 할까? 첫째, 우리는 이 문제가 "자연"이 아닌 선택과 관리의 문제라는 것을 빨리 인식해야 한다. 둘째, 왜 이 문제가 존재하는지를 파악해야 한다. 와이오밍주 야생마들이 먹이가 부족한 것은 목장주들이 상업적인 이유로 소가 풀을 뜯을 수 있는 목초지를 독점하려고 하기 때문이다. 따라서 관련된 동물의 권리와 인간의 재산권을 합리적으로 배분하는 측면에서 기준선을 마련해야 한다. 탐욕이 방향을 좌우하도록 놔둬서는 안 된다. 이를 위해서는 많은 반대 활동과 법적 투쟁이 필요하다. 그러나 엘크의 경우처럼 합리적인 기준선이 마련되어 있더라도 개체 수 문제는 발생할 것이다. 나는 8장에서 인간의 탐욕을 억제하는 것뿐 아니라 개체 수 조절도 필수적이라고 이야기했다. 반려동물에게 중성화를 일상적으로 적용하는 것처럼 "야생"에서 사는 동물의 개체 수 불균형에 대해서도 이런 헤겔적 해결책을 신중하고 점진적으로 고려해야 한다는 잠정적 제안도 했다. 하지만 우리는 아직 아는 것이 너무 적고 연구는 초기 단계에 불과하다. 인간 피임의 경우, 불쾌한 부작용이 없는 방법을 찾는 연구가 진행 중이다. 동물 피임법을 찾는 데에도 수십 년이 필요할 것으로 예상된다. 각 종에 맞는 방법을 고안해야 하고, 사전 동의가 가능한 인간의 경우보다 연구 접근 방식이 더 신중해야 하기 때문이다. 그럼에도 불구하고, 이런 대안은 그런 특정 사례(굶주림, 인간의 사냥, 늑대에게 찢겨 죽는 일 등)에 대해 제시된 다른 대안보다는 나아 보인다. 적어도 "신처럼 행동한다"는 비난 때문에 그 길을 가는 것을 두려워하는 일은 없어야 할 것이다.

　현재 이 세계에서 인간의 위치를 고려하면, 모든 힘이 우리에게 있다고 하지 않을 수 없다. 사실을 외면해서는 안 된다. 외면하려는 시도 자체가 결과가 따르는 하나의 선택이다. 관리자로서의 의무를 잔인하고 어리석게 행사할지, 동물의 번영을 고려해 똑똑하게 행사할지 선택하는 것은 우리의 몫이다.

이제 우리는 역량 접근법이 반려동물과 야생동물 모두에 대한 처우를 발전시키는 데 좋은 지침이라는 것을 알게 되었다. 야생동물의 경우, 역량 접근법이 공리주의적 접근법에 비해 우월하다는 것이 더 명확하다. 고통을 주지 않는 경우라도 동물원을 거부할 명확한 이유를 제공하기 때문이다. 동물의 온전한 삶의 형태를 염두에 둔다면 동물의 사회성과 동물의 목적 추구를 존중하는 더 건전한 정책이 나올 수 있을 것이다.

11장

우정의 역량[1]

어느 날 오후, 동굴을 들여다보고는 처음으로 그가 완전한 암흑 속에 숨어 있지 않고 내가 무릎을 꿇은 곳에서 불과 한두 발자국 떨어진 곳에 웅크리고 있는 것을 발견했다. "안녕?" 나는 그를 놀라게 하지 않으려고 애쓰며 조용히 말했다. 숨도 크게 쉴 수 없었다. 손을 뻗어 그를 만지고 싶었지만 위험을 감수할 수 없었다. 그는 고개를 돌려 나를 외면했다. 동굴 뒤쪽으로 기어갈 거라고 생각했지만, 그는 그 자리를 지켰다. 순간, 그가 아주 천천히 꼬리를 흔들기 시작했다. 꼬리가 동굴의 옆면에 쿵쿵 부딪혔다. 그 부드러운 움직임에 나는 순식간에 무방비한 상태가 되었다. 그를 보고 있는 시야가 갑자기 흐려졌다. 나는 혼자 중얼거렸다. "난 이제부터 영원히 네 거야!"[2]

_조지 피처,『정착하게 된 개들』

알렉스와 다프네, 나는 나무 그늘에서 얼룩말과 임팔라 무리가 여기저기 흩어진 풍경을 느긋하게 바라보며 휴식을 취하고 있었다. 산들바람이 불어와 다프네의 머리털을 부풀렸다. 내가 밝은색의 돌을 만지작거리자 알렉스가 몸을 굽혀 내가 발견한 돌을 응시했다. 이내 그는 나무에 머리를 기대고 잠에 빠졌다. 알렉스의 뒤로 다프네를 바라보다가 시선이 마주쳤다. 다프네는 친근한 표정을 짓고 조금 더 가까이 다가왔다. 다프네도 낮잠을 자기 시작했고, 다프네의 부드러운 숨소리와 나무 위를 날아다니는 새소리에 나도 곧 잠이 들었다. 반려동물들이 옆에 있다는 사실에 안정감을 느낀 내 몸은 완전히 이완됐다.[3]

_ 영장류 학자 바버라 스머츠가 묘사한 개코원숭이 알렉스, 다프네와의 낮잠

인간과 다른 동물 사이에 우정이 존재할 수 있을까? 역량 목록은 소속감을 핵심적인 것으로 언급하며, 호혜적인 관계를 맺을 수 있는 역량을 보호하기 위해서는 이런 역량을 키우고 유지하는 제도를 보호해야 한다고 주장한다. 인간에 관한 한, 우리는 소중한 형태의 사랑과 우정에 관련된 역량을 보호하는 많은 방법을 가지고 있다. 법은 다양한 방식으로 가족을 보호하고 가족 내 폭력이나 학대를 금지하고 있다. 직장 내 성희롱을 금하는 법률은 단순한 지배가 아닌 진정한 우정이 존재할 수 있는 직장을 만드는 열쇠다. 직장 내 보건 및 안전에 관한 관련 법률, 특히 근무 시간을 제한해 가족이나 친구들과 시간을 보낼 수 있게 하는 법도 큰 몫을 한다. 좋은 학교는 아이들이 호혜와 소속감의 역량을 발전시키는 동시에 만족감을 주는 돈독한 우정을 키우는 기술을 갖추게 돕는다. 언론, 종교, 결사의 자유와 개인의 사생활을 보호하는 법률은 우정이 형성되는 공간을 만든다. 소속감이라는 목적에 따라 그 외 다양한 방식으로 법과 제도가 만들어진다.

그렇다면 다른 동물들은 어떨까? 나는 이미 동물들 사이의 소속감과 그것을 지탱하는 사회구조에 대해 많이 이야기했다. 그렇다면 인간

과 다른 동물 사이의 우정은 어떨까? 이것이 가치 있는 이상일까? 가능한 것일까? 반려동물에게만 가능한 일일까, 아니면 야생동물과도 가능할까? 그리고 이들이 가능하고 가치 있는 일이라면 이를 촉진하기 위해 우리가 할 수 있는 일은 무엇일까? 물론 이 책은 끔찍한 학대를 예방하는 일만을 제한적으로 다룰 수도 있다. 하지만 역량 접근법은 번영하는 삶에 관한 것이다. 잘 먹고 적절한 교육을 받고 정치적 자유를 누리는 인간 공동체라고 해도 우정과 사랑의 여지가 없다면 공허하고 불완전하다. 우리가 조성해야 할 대규모 다종 공동체도 마찬가지다.

이 장에서 나는 그런 우정의 가능성과 가치에 대해 이야기할 것이다. 그리고 대부분의 사람이 반려동물과 맺고 있는 관계를 재고하고, 야생동물과의 관계를 더욱 근본적으로 재고할 것이다. 그래서 현재 우리가 맺고 있는 가장 흔한 관계, 즉 트로피 헌팅, 밀렵, 포경과 같은 끔찍한 행위는 물론이고 야생동물을 자신의 삶을 살아가는 주체가 아닌 인간의 재미를 위한 대상으로 취급하는 더 은근한 형태의 지배까지 아우르는 착취 형태의 관계를 종식시키지 않고서는 그런 우정을 얻을 수 없다는 점도 이야기할 것이다.

이 장은 한 가지 역량에 대한 심층적인 연구인 동시에 우리가 모든 역량을 추구할 때 갖추어야 할 정신의 표현이 될 것이다. 이런 이야기는 1장에서 논의한 경이, 연민, 분노와 같은 감정과 연결될 것이다. 이제 우리는 거기에 우정과 사랑이라는 감정을 덧붙인다.

● 우정이란 무엇인가?

인간 경험의 특성을 일반적인 특성의 본보기로 삼는 것은 위험한 일이다. 같은 인간이라도 다른 곳의 사람에게 접근할 때 그에게 자신의 관습을 투영하는 것은 실수일 수 있다. 특히 다른 종에 접근할 때는 이런 투영의 문제가 불가피하기 마련이다. 의미 있는 성찰을 위해서는 그 생물의 삶의 형태에 대한 연구가 필수적인 전제 조건이다.

예를 들어, 동물의 지각에 대해 생각할 때라면 시각, 청각, 후각의 형태가 우리와 매우 다르다는 것, 자기장을 통한 지각이나 반향 위치 인식과 같이 우리에게 없는 감각이 있다는 것도 생각해야 한다. 우정에 있어서도 마찬가지다. 우리가 선호하는 것을 다른 종도 선호하란 법은 없다. 우리는 다양한 유형의 동물들이 상당히 많은 수의 같은 종 구성원들과 함께 사는 것을 보아왔다. 코끼리의 우정은 암컷이 주도하는 무리라는 배경에서의 우정이 될 것이다, 각 코끼리는 별개의 개체이지만, 친구들은 큰 무리로부터 스스로를 고립시키지 않는다(수컷 성체가 상대적으로 고립된 생활을 위해 떠날 때는 제외하고). 돌고래의 경우에도 마찬가지로 대규모 무리가 모든 소속감의 필수적인 기준점이며, 돌고래와의 우정이 가능하다면 이런 배경에서 형성될 것이다.

그럼에도 불구하고 처음부터 인간의 관습을 기준으로 삼지 않고 배울 준비를 갖추며, 겸손하고 개방적인 방식으로 우정을 정의하는 데 주의를 기울인다면, 인간의 우정에 대한 이상ideal에서도 배움을 얻을 수 있을 것이다.

아리스토텔레스와 키케로 이래로 이 주제에 대한 논의에서 강조되어온 우정의 필수 조건은 친구를 서로 단순히 이득이나 즐거움을 얻기 위한 수단이 아닌 목적으로 대하는 것이다. 이것은 나와 코스가드가 동물에 대한 접근 방식에 통합시키는 인간에 대한 칸트적 접근 방식의 특징이며, 대부분의 인간이 동물을 대하는 방식에서 한심할 정도로 부족한 부분이다.

더구나 우정은 역동적이다. 친구는 서로 자신이 아닌 상대에게 혜택을 가져다주기 위해 능동적으로 노력한다. 다른 사람에게 이익을 가져다주는 것이 모두 상대방을 목적으로 대하는 것은 아니다. 예를 들어, 수천 년 동안 남성은 아내를 전리품처럼 여기며 돌봤지만, 그 주된 목적은 남성 자신의 지위를 미화하는 것이었다. 이런 도구화는 인간과 동물의 관계에서 어디에나 존재한다. 동물을 잘 돌볼 때도 말이다. "애완동물"에 지나친 관심을 보이고 호화로운 음식을 먹이고 잘 꾸미면서도 동물을 인간이 가지고 노는 장난감 이상으로 보지 않을 수 있는 것이다.

다른 사람을 목적으로 대하는 데에는 그 사람의 삶의 형태에 대한 존중이 항상 수반된다. 인간 우정에 대한 이야기에서는 이 점이 거의 언급되지 않는다. 인간은 당연히 기본적인 삶의 형태를 공유한다고 생각하기 때문이다. 이것이 중요한 이유는 각기 다른 가치관과 삶의 계획을 가지고 있는 인간이 자신의 모든 계획을 포기하고 상대의 가치관과 선택을 받아들인다는 조건으로 그 사람과 친구가 되는 것은 진정한 우정과 거리가 멀기 때문이다. (이 점을 생각하지 않는 것이 수천 년의 인류 역사에서 대부분은 아닐지라도 많은 남녀 관계를 망쳤다.)

인간과 다른 동물 사이에 우정이 존재하기 위해서는 다른 형태의 삶과 활동에 대한 존중이 필수적이다. 대부분의 인간-동물 관계에는 이런 존중이 결핍되어 있다. 반려동물의 경우에도 인간의 편의를 위해서 움직이는 것과 동물 자신의 삶의 형태를 진심으로 존중하는 것 사이에는 큰 차이가 있다.

"야생"동물과 인간의 관계에서는 이런 존중이 특히 부족했다. 선한 의도를 가진 사람에게도 진정한 존중이 부족할 수 있다. 자연 속에 들어간 인간은 마치 외국에 간 전형적인 질 나쁜 미국인 관광객처럼 자동 조종 모드가 되는 경우가 많다. 이런 관광객은 주민들과 그들의 문화에 대한 진정한 호기심이 거의 없으며, 그들에 대해 공부하거나 배우지도 않고 심지어 그들의 언어를 사용하려 하지도 않는다. 영어만 사용하고 익숙한 미국 음식만 먹는다. 그 와중에 이 낯선 사람들이 만들어놓은 놀라운 기념물을 보며 감탄사를 연발한다. 안타깝지만 이것은 여전히 미국 관광객의 전형적인 행동이며 "야생"동물 사파리에서도 전형적으로 나타나는 행동이다. 낯선 생물을 보고 "붉게 물든 이빨과 발톱"에 감탄할 뿐, 동물의 삶의 형태에 대한 진정한 호기심은 전혀 보이지 않으며 동물의 관점에 공감하려는 어떤 시도도 하지 않는다. 이런 메마른 땅에는 우정이 뿌리를 내릴 수 없다.

물론 이런 관광객의 행동에도 문제가 있기는 하지만, 우리 모두가 더 자주 보는 행동보다는 훨씬 낫다. 적어도 사파리 관광객은 있는 그대로의 배경에 있는 자연을 보러 간다. 인간이 동물에게 하는 일반적인 행동은 그와는 거리가 멀다. 사람들은 동물원이나 테마파크에서 "야생"동물을 본다. 동물들은 감옥과 다를 바가 없는 동물원이나 테마파크에서 인간이 만들어놓은 일과를 따르며 사실상 모든 면에서 종 특유의 생활방식대로 살지 못한다. 종 특유의 삶의 형태를 존중하려면 겸손한 태도와 많은 학습이 필요하다.

존중은 외부에서 보이는 그대로를 학습하고 유사점과 차이점을 이해하는 데에서 비롯된다. 우정이 시작되려면 그보다 더 많은 것이 필요하다. 공감 또는 적어도 공감을 위한 진지한 시도, 즉 그 동물의 관점에서 세상을 보고, 그 종류의 동물 특유의 소통 방식과 선택 방식이 어떤지 이해하고, 그 동물이 보는 방식에 적응하기 위해 노력하는 일이 필요한 것이다. 같은 인간이라도, 또 아무리 가까운 사이라도 상대의 시각을 완전히 정확하게 파악할 수는 없다. 완벽하게 인간이 아닌 동물의 관점에서 세상을 바라볼 수 있을 것이라고 기대해서는 안 된다. 하지만 노력을 하는 것이 중요하며 그 과정에서 부분적인 성공을 거둘 수 있다.

우정의 이 모든 전제 조건이 있더라도 우정이 존재하지 않을 수 있다. 여기까지는 서로 존중하는 관계에 있을 뿐이다. 우정에는 더 많은 것이 수반된다. 활동과 즐거움을 공유하고, 서로의 곁에서 즐거움을 느낀다. 보통 우정은 같은 공간에서 오랫동안 함께 있는 일을 필요로 한다.

또한 우정에는 신뢰가 필요하며, 신뢰에는 시간이 필요하다. 따라서 공존은 일시적인 것이 아니라 오래 지속되는 것이어야 한다. 흥미롭게도 인간 사이의 사랑은 신뢰, 상대방을 위한 헌신, 공유하는 활동의 패턴을 통해 우정보다 먼 거리에서 단기간 안에도 번영할 가능성이 높다. 이런 조건이라면 인간과 고래의 우정은 불가능해 보인다. 장기간의 공존은 테마파크라는 도덕적으로 용납할 수 없는 한계 안에서만 가능하기 때문이다. 적절히 대응하는 인간과 친구가 될 수 있는 조류 종도 있긴 하지만 대부분의 조류의 경우도 장기적인 공존은 어렵다.

종 특유의 삶의 형태를 존중한다는 것은 **개별성에 대한 관심**을 부정하는 것이 아니며, 우리가 추구하는 것이 우정이라면 그것을 부정해서는 안 된다. 인간 사이에서도 다르지 않다. 사람을 서로 교환 가능한 존재로 취급하는 사람은 우정을 쌓을 가능성이 낮다. 이는 인간과 동물 간의 우정에서도 마찬가지다.

다른 동물의 삶의 형태를 존중하는 인간 친구는 인간 종과 동물 종 안에서 핵심 역량이 어떻게 다르게 실현되는지 이해해야 한다. 예를 들어, 우정에 대해 생각할 때 우리는 특히 놀이를 떠올린다. 모든 동물이 놀이에 참여하지만, 무엇이 놀이로 간주되는지에 대해서는 주의 깊은 연구가 필요하다. 따라서 어린 늑대가 하는 '물기 놀이'는 인간 어린이 집에서는 허용되지 않는다! 우정의 가능성은 유사성이라는 매우 일반적인 배경을 바탕으로 이런 차이를 조사하는 데에서 시작되어야 한다. 소속감이라는 핵심 역량의 세부 사항에도 분명히 차이가 있다. 인간 가족의 구조는 문화와 시대에 따라 다양하게 나타나지만, 그렇더라도 암컷 무리가 힘을 합해 새끼를 키우고 사춘기 이후 수컷은 짝짓기 시기를 제외하고는 무리를 떠나 홀로 다니는 코끼리 가족과는 전혀 다르다.

인간의 우정은 언어를 비롯한 여러 형태의 의사소통(음악, 미술, 제스처)에 크게 영향을 받는다. 대부분 유형의 동물은 자신의 경험, 선호도, 두려움, 욕구 등을 서로에게 전달하는 다양한 방법을 가진 적응력이 있고 고도로 숙련된 커뮤니케이터다. 문제는 인간과 동물의 의사소통 시스템 사이에 합류점을 만드는 것이다. 때때로 이것은 이해의 문제에 불과하며 이는 학습을 통해 극복할 수 있다. 물론 물리적으로 심각한 장애가 있는 경우도 있다. 예를 들어, 인간은 고래와 코끼리가 내는 소리의 대부분을 들을 수 없다. 하지만 낮은 데시벨 소리에 맞춰 조정된 녹음 장비를 이용하며 그들의 소통을 포착해 인간이 들을 수 있는 소리로 변환할 수 있다.

우정과 사랑에 대해 말해둘 것이 있다. 때로 사람들은 사랑보다 감정적으로 약한 관계를 의미할 때 "우정"이라는 단어를 사용한다. 그러나 그리스와 로마인들이 사용하던 **필리아**philia와 **아미키티아**amicitia의 개념에는 그런 제한이 없었다. 내가 논의할 관계 중 일부는 매우 강렬한 감정을 아우른다. 내가 사랑이 아닌 우정을 이야기하는 주된 이유는 첫째, 우정이 **에로스**eros가 아닌 필리아이기 때문이다. 즉 성적 욕망과 성행위는 내가 이야기하는 관계에 필수적인 요소가 아니다(이종 관계의 경우 존재하지 않는다). 둘째, **필리아**와 마찬가지로 우정에는 바람, 감정, 행동의 호혜성이 포함되지만, 사랑(에로틱하든 아니든)은 일방적일 수 있으며 심지어 사랑의 대상을 만나지 않은 상태에서도 존재할 수 있기 때문이다. 특정 동물과 우정을 형성할 만큼 잘 알지 못하면서도 동물을 깊이 사랑하는 사람들이 많다. 내 딸처럼 고래를 사랑하는 사람은 보답 없이 멀리서 보내기만 하는 사랑에 만족해야 한다. 나 역시 동물을 사랑하지만 동물과 우정을 쌓지는 못했다. 여행을 많이 해야 하는 나는 개를 돌보는 책임을 감당할 수 없고, 코끼리 무리와 우정을 쌓기를 바라더라도 코끼리와 함께 살 수는 없다. 그런 의미에서 우정은 사랑보다 더 강렬한 것이다(물론 상호적인 사랑을 포함할 수도 있겠지만).

● 인간-동물 우정의 패러다임: 반려동물

"애완동물"로 취급받지 않고 존엄성과 주체성을 인정받는 반려동물은 종종 함께 사는 인간의 친구가 될 수 있다. 이런 우정을 가져본 경험이 있는 독자들도 있을 것이고, 다양한 경로를 통해 이런 우정에 대해 알고 있는 독자도 많을 것이다. 그렇더라도 이런 우정의 전형적 사례를 살펴보는 것은 여전히 유용할 것이다. 철학자 조지 피처(1925~2018)와 작곡가이자 교수인 그의 파트너 에드 콘(1917~2004)이 뉴저지 프린스턴의 집에서 1977년부터 1988년까지 루파와 1977년부터 1991년까지 레무스와 키웠던 우정에 대해 자세히 살펴보기로 하자.[4] 우리는 도입에서 이미 이 두 마리 개를 만나봤다. 피처는 이 두 동물 친구의 이야기를 뛰어난 공감력으로 놀랍도록 상세하게 전달한다. 피처는 연구할 가치가 없는 주제라고 여겨지던 감정이라는 주제를 최근 철학에 다시 불러들인 철학자 중 한 명이다. 또한 이 이야기는 내가 개인적인 경험을 통해 보증할 수 있다는 추가적인 장점도 갖고 있다. 두 사람과 친구인 나는 프린스턴을 자주 방문했고, 골프장 안에 있는 두 사람의 집에 머물면서 조지, 그의 개들과 산책을 하곤 했다. 레무스는 내게 매우 사교적이었지만 루파는 책에 묘사된 것처럼 항상 낯선 사람을 무서워했고 내가 주위에 있을 때는 주로 그랜드 피아노 아래에 앉아 있었다.

루파는 한동안 야생에서 살았고, 새끼들은 야생견 무리에 있는 수컷들과의 사이에서 태어난 것으로 짐작된다. 그 이전에 루파는 학대를 경험했던 것 같다. 루파는 특정한 몸짓, 특히 손을 올리는 것에 두려움을 느꼈고(도입 참조), 아래층에서 누군가 전화기를 사용할 때면 움츠러들었다. 조지가 처음 루파를 발견한 것은 뒷마당 공구 창고 아래의 어두운 공간이었다. 루파는 그 안에서 막 태어난 새끼들과 함께 떨고 있었다. 처음에 루파는 낯선 사람에 대한 두려움 때문에 모든 접촉 시도에 몸을 움츠렸고 그가 있던 "동굴" 입구에 놓아둔 음식을 먹기까지는 며칠이, 음식을 얻기 위해 "동굴" 밖으로 조금 나오는 시도를 하기까지는 몇 주가 걸렸다.

그동안 조지는 루파가 무엇을 견디느라 그런 두려움을 얻게 되었는지 상상해보려 애쓰면서 안심이 되도록 최대한 부드럽게 말을 건넸고 "루파가 상처에 대단히 취약한 상태라는 것을 … 감지했다."[5] 책에서 분명히 드러나듯이, 피처는 루파의 취약성을 발견함과 동시에 힘든 어린 시절을 보낸 후 많은 감정에 벽을 세워왔던 자신의 취약성을 다시 돌아보게 되었다. 이 장의 시작 부분에 묘사된 에피소드는 루파가 그의 접근에 처음으로 긍정적인 반응을 보인 순간이다. 그 순간 이후 조지는 루파에게 전적으로 헌신했다. 원래 에드는 개를 키우는 것을 반대했지만 오래지 않아 설득당했다. 처음에는 루파와 강아지 한 마리를 밖에서 키우다가 나중에는 루파를 집으로 받아들였고 다른 강아지들에게도 좋은 집을 찾아주었다. 피처는 두 마리의 개에게 이름을 지어주었을 때(로마의 두 시조에게 젖을 물렸던 늑대와 그 두 인간 "자식" 중 한 명의 이름을 따)를 이렇게 묘사한다. "이 행위는 그들이 우리에게 사람과 다름없는 존재이며, 더 나아가 이제 우리의 책임임을 인정하는 일이었다. 우리는 서약을 하는 수도사처럼 진지한 약속을 하고 있었다."⁶ (피처는 에드가 직설적으로 바른 소리를 하고 대단히 진지한 것으로 유명하다는 것을 강조했다. 음악에 관한 내 글에 대해 비판적인 의견을 제시했을 때 나도 경험한 특성이었다. 감사하면서도 불편함을 느끼지 않을 수 없었다.)

피처는 개들이 그들에게 자식이나 마찬가지였다고 말한다. (동성애에 폐쇄적이었던 당시의 상황 때문에 두 사람은 결혼이나 입양의 기회를 갖지 못했다.⁷) 그러나 그는 개들이 다른 정서적 역할도 했다고 강조한다. 루파는 어머니 같은 존재가 되었고, 레무스는 대담한 동반자였다. 개를 아이로 생각하는 것이 아기 옷을 입히는 등 개들의 삶을 존중하지 않는 부적절한 대우로 이어지는 경우도 많다. 그들에게서는 그런 나쁜 행동의 흔적조차 볼 수 없었다. 그들은 개 특유의 욕구와 표현 방식, 그들의 특수성, 서로의 그리고 다른 개와의 차이에 끊임없이 맞춰나갔다. 인간 자녀가 없다는 것은 다른 책임에 정신을 빼앗기지 않고 루파와 레무스에게 온 신경을 집중할 수 있다는 것을 의미했다.

피처는 처음부터 아리스토텔레스적인 친구였다. 루파와 레무스를 목적으로 대하고 자신이 아닌 그들에게 득이 되는 일을 하는 친구였던 것이다. 그는 항상 루파와 레무스, 각자의 특정한 표현 방식을 고도로 민감하게 받아들이고 각자가 원하는 바에 맞춰주었다. 레무스는 자신이 원하는 물건 근처에 "의미심장하게 앉아 있는" 습관이 있었고, 루파는 "우리 무릎에 부드럽게 발을 올리고 기대에 찬 눈으로 우리의 눈을 바라보거나 조심스럽게 낑낑거리는" 다른 방식으로 욕구를 표현했다.[8] 레무스는 강하게 자기주장을 펴기도 했다. 피처와 콘이 돌봐주던 친구의 암컷 개가 조지 방에서 자게 되었을 때, 레무스는 이 무단 침입을 꾹 참아냈다. 하지만 같은 개가 두 번째 찾아오자, 레무스는 피처의 의자에 다가와 카펫 곳곳에 오줌을 싸서 피처를 놀라게 했다. 처음에 짜증이 났지만 피처는 "레무스는 자신의 불만이 정당하다고 생각했고 당연히 그것을 표현할 권리가 있었다 … 나는 그의 불만 표현이 설득력 있고 대담하며 독창적이라는 것을 인정할 수밖에 없었다."[9] 피처는 레무스가 원하는 것을 얻기 위해 구사하는 연기와 속임수를 파악하고 기록으로 남겼다.

개들도 거기에 화답했다. 루파와 레무스는 두 사람에게 무조건적으로 헌신했다. 그리고 피처에게 사랑을 표현한다는 것이 어떤 것인지 알려주었다. (루파를 발견했을 당시, 피처는 사랑을 표현하는 데 대한 어려움으로 일주일에 세 번씩 뉴욕의 정신과 의사를 만나고 있었다. 얼마 후 정신과 의사는 개들이 자신보다 더 좋은 치료를 제공했다고 말했다.) 사람들이 개들의 소통에 귀를 기울인 것처럼, 개들도 그들의 "말과 행동, 심지어 마음 상태까지 알아듣게 되었다."[10] 피처가 선천성 심장 결함을 가진 아이가 수술 중 죽어가는 TV 다큐멘터리를 보며 눈물을 흘리자 "두 마리가 다 달려드는 바람에 거의 뒤로 넘어질 뻔했다. 그들은 애처로운 소리를 내고 내 눈과 뺨을 열심히 핥으면서 나를 달래기 위해 애를 썼다—완벽한 성공이었다."[11] 아마도 개들은 TV가 전달한 것보다 더 많은 것을 이해했을 것이다. 피처는 책에서 자신의 어린 시절을 간략하게 언급했을 뿐이지만, 나는 그 때문에 그가 사랑받을 자격이 없다는, 위로로부터 고립된 느낌을 받고 있었음을 알 수 있었다. 그는 그 병에 걸린 외로운 소년을 자신과 동일시했고, 때문에 그런 강렬한 반응을 보였던 것이다. 개들의 조건 없는 사랑과 위로는 그가 평생에 걸쳐 느낀 자신의 무가치함에 대한 최고의 반응이었다.

양쪽 모두에 공감과 조율이 존재했고, 풍부한 상호 의사소통, 공동 활동에 대한 큰 기쁨이 있었다. 자유에 관해서는 어떨까? 대부분의 반려인은 개에게 야생으로 가 사는 선택지를 주지 않으며, 대부분의 경우 이는 잔인하고 위험한 선택이다. 하지만 루파는 야생견으로 성공적으로 살아왔기 때문에 피처는 루파에게 야생의 삶으로 돌아갈 수 있는 기회를 주는 것이 공정하다고 생각했다. 어느 날 골프장에 나간 루파는 토끼 냄새를 따라 숲으로 뛰어들었다. 조지와 에드는 루파를 쫓아가지 않고 루파가 어떤 선택을 할지 기다렸다. 그들이 비관적인 마음으로 집에 다가가고 있을 때, 추격에 지친 루파가 그들 뒤를 천천히 따라왔다. "조금 벌어진 턱을 따라 뒤로 끌어당겨진 입술 때문에 루파가 웃고 있는 것처럼 보였다. 나는 처음으로 루파가 아름답다고 생각했다. 루파는 '재미있었어!'라고 말하는 것처럼 나를 올려다봤다. 나는 그 순간, 그리고 영원히 루파가 우리 개라는 것을 알 수 있었다."[12]

많은 개 주인에게 "우리 개"라는 말은 비대칭적인 의미를 가진다. 개는 아끼는 물건일 뿐이며, 개 주인들은 자신이 개에게 속해 있다고 생각지 않는다. 조지와 에드에게는 개가 그들에게 속한 것이 사실이듯이 자신들이 개에게 속한 것도 엄연한 사실이었다. 루파는 자기 목걸이를 특히 좋아했다. 루파는 이 목걸이를 "자신과 반려인들을 한데 묶는 유대감의 상징으로 여겼다 … 루파는 자부심과 어떤 차분한 기쁨의 감정으로 목걸이를 착용하는 것 같았다."[13] 하지만 미용을 위해 목걸이를 벗어야 할 때면 내키지 않아 하고 불안해했다. "목걸이를 다시 걸어주어야만 자신감을 되찾게 할 수 있었다."[14] 두 사람은 비대칭성을, 개는 자신들에게 전적으로 의존하는 반면 자신들은 개에게 전적으로 의존하지 않는다는 것을 인식하고 있었다. 그러나 그들은 이런 비대칭성을 자부심을 가져야 할 이유가 아닌 막중한 책임감을 가져야 할 이유로 이해했다.

인간과 개의 우정에는 수명의 차이라는 피할 수 없는 안타까운 비대칭성이 존재한다. 에드는 87세까지, 조지는 93세까지 살았다. 극진한 보살핌을 받은(그들은 최고 수준의 의료 서비스를 받았다) 이 개들은 레무스의 경우 17세까지, 출생일을 알 수 없는 루파의 경우 그 비슷한 정도까지 살았다. 이런 대형 견종으로서는 상당히 오래 산 것이다. 이들의 이야기는 두 개가 나이가 들고 결국은 죽음을 맞는 것으로 끝난다. 그리고 피처는 또 다른 배움을 얻는다. 슬퍼하는 법을 말이다.

많은 독자가 반려견과의 사연을 갖고 있을 것이다. 하지만 정말 노련하게 서술된 이 이야기는 종의 벽을 넘는 우정이 어떤 것일 수 있는지에 대한 전형적인 예를 보여준다.

● 동물–인간 우정의 패러다임: 야생동물

야생동물과의 우정에서 첫 번째 장애물은 장소다. 야생동물은 반려동물처럼 인간과 주거지를 공유하지 않기 때문이다. 둘은 어디에서 만나야 할까? 어느 쪽의 근거지여야 할까? 인간과 감금된 동물 사이에 우정이 존재할 수 있는가 하는 어려운 질문은 잠시 접어두고, 야생동물이 큰 의미에서는 인간이 지배하는 공간이기는 하지만 같은 종 무리와 이동하면서 살아갈 여지가 충분한 곳에서 특유의 삶의 형태를 추구하는 경우를 다루기로 하자. 이 경우 우정은 어떻게 시작될 수 있을까? 우정에는 함께 생활하는 것이 필요하다. 인간은 때때로 온라인에서 우정을 쌓기도 하지만 이종 간 관계에는 물리적으로 함께 사는 것이 꼭 필요하다. 따라서 인간은 해당 야생동물이 사는 곳으로 가서 장기간 머물면서 그곳에서 환영받는 존재가 되는 데 성공해야 하고, 처음에는 낯설고 위협적인 존재로 여겨지더라도 종국에는 관계에 초대를 받아야 한다. 고래와 같은 일부 종의 경우, 이런 공유 공간을 찾을 수 없다. 과거에는 불가능했던 다양한 수중 근접 연구가 가능해졌다고는 하지만, 인간이 그런 환경에서 활동하는 데에는 여러 가지 제약이 있기 때문에 활동과 즐거움을 공유하는 것이 불가능하다. 이런 상황은 바뀔 수도 있을 것이다. 은둔하는 문어를 찾는 피터 고프리스미스의 잠수 이야기는 큰 열정과 즐거움을 보여준다. 언젠가는 대담한 고래 과학자들이 고래와 장기간 살 수 있게 될지도 모르겠다. 다른 많은 종의 경우에도 투지, 전문 지식, 연구 보조금, 동물 종에 대한 깊은 애정이 있다면 연구자들이 진정으로 함께 창조하는 삶의 형태를 찾아나가게 될 것이다.

전형적인 사례로 들 수 있는 것은 동아프리카에 오랫동안 살면서 개코원숭이와 맺은 관계를 기록한 생태학자 바버라 스머츠의 이야기다.[15] 스머츠는 깊은 호기심이 연구로 이어졌다고 적고 있다. 그는 다른 동물에 대한 호기심이 인류의 조상으로부터 물려받은 진화적 유산이지만 현대 생활에서는 보통 짓밟히고 있다고 생각한다. "우리 모두가 다른 동물의 삶에 스며들 수 있는 역량을 물려받았지만, 빠르게 변화하는 도시의 생활 방식은 이런 역량의 발휘를 권장하지 않는다."[16] 스머츠는 개코원숭이 서식지로 가서 다른 인간 동반자 없이 그들과 살았다. 그는 오랫동안 다른 사람을 보거나 대화를 나누지 않았다고 강조한다. 그것이 개코원숭이 삶에 "스며드는" 방법을 배우는 데 큰 도움이 된 것으로 밝혀졌다.[17] (여기에서도 관광의 비유가 유용하다. 영어를 사용할 기회가 없는 완벽한 몰입 환경은 프랑스어를 유창하게 구사하는 법을 훨씬 쉽게 배울 수 있게 만든다.)

그가 처음으로 부딪힌 문제는 자신이 위협적 존재가 아니라고 원숭이들을 설득하는 일이었다. 이런 문제에 대해 미리 생각해두었던 그는 그가 너무 빨리 움직이거나 너무 가까이 다가갈 때 원숭이들이 서로에게 미묘한 공포의 신호를 보내는 것을 보고 이런 원숭이들의 반응에 "맞추어" 매우 조심스럽게 서서히 다가갔다. 처음에는 어미들이 새끼를 불러서 엄한 경고의 표정을 지어 보였다. 하지만 시간이 지나고 스머츠가 자신들의 신호에 반응하는 것을 보자 행동이 바뀌었다. 스머츠가 너무 가까이 다가온다고 느끼면 그에게 "쏘아보는" 눈길을 보냈다. 스머츠의 표현대로, 그를 대상으로 대하던 태도가 소통이 가능한 주체로 대하는 태도로 바뀐 것이다. 스머츠는 신뢰를 얻는 과정에서 걷고 앉는 방식, "몸을 가누는 방식, 눈과 목소리를 사용하는 방식 등 거의 모든 것"을 바꾸었다. 그는 "세상에 존재하는 완전히 새로운 방식, 즉 개코원숭이의 방식"을 배우고 있었던 것이다.[18] 스머츠는 분명 개코원숭이가 아니다. 그는 인간의 몸을 가지고 인간의 방식으로 움직인다. 하지만 그는 원숭이들이 그를 무리의 일원으로 대할 수 있는 사회적 존재로 받아들일 때까지 원숭이들의 신호에 세심하게 반응하는 방식으로 그들의 세계에 들어갔다. 개코원숭이 세계에서 매우 중요한 개인 공간에 대한 존중은 원숭이 무리와 스머츠가 궁극적인 친밀감과 신뢰를 함께 만들어내는 데 필수적이었다. 일례로, 과학자들은 보통 개코원숭이가 다가올 때 무시하라고 배우지만 그는 개코원숭이의 방식으로 잠깐 눈을 마주치고 그렁거리는 소리를 내는 존중의 표현법을 배웠다. 결국 이 장의 시작 부분에 인용한 알렉스와 다프네와의 낮잠에서처럼, 이 원숭이 무리와 그는 서로의 곁에서 편안하게 지낼 수 있게 되었다. 이 동거가 끝날 무렵, 스머츠는 자신의 정체성에 대한 감각이 모두 바뀌고, 지적인 면보다 육체적인 면이 강해진 것을 알아차렸다.

스머츠는 한두 마리가 아닌 무리 전체와 우정의 관계를 맺었다. 스머츠는 모든 원숭이를 별개의 개체, 심지어 "우리 인간만큼이나 각자가 뚜렷이 구별되는 고유한 개체"로 인식하게 되었다.[19] 그는 개별 원숭이와 더 친밀한 관계를 형성할 수도 있었고, 때로는 원숭이들로부터 그런 권유를 받기도 했지만, 연구 목적상 개코원숭이들의 행동을 그 정도까지 바꾸고 싶지는 않았다고 강조한다. 따라서 명백한 일방적 우정, 즉 그가 일방적으로 그들의 방식을 배우고, 그들은 자신들의 삶의 방식에 그를 받아들이는 것을 선택했다. 아마 그 때문에 더 특별한 친밀감으로 이어진 것일 수도 있다. 그런 친밀감이 밖으로 드러나는 경우도 더러 있었다. 그가 심한 감기에 걸려 잠이 든 사이 원숭이 무리가 이동을 했던 적이 있었다. 깨어나 보니 플라톤이라는 이름의 원숭이 한 마리가 곁에 있었다. 다른 원숭이들이 어디로 갔느냐고 묻자 플라톤은 그를 옆에 두고 확신에 찬 걸음을 옮겼다. 그는 원숭이와 자신이 "오후에 함께 산책을 나온 친구들처럼 느껴졌다"라고 표현했다.[20] 하지만 이런 관계는 그가 무리의 적절한 구성원이라는 것을 전제로 한다. 원숭이 무리 전체가 그에게 도움을 준 경우도 있었다. 폭풍우가 몰아치자 원숭이들은 몸을 피할 곳을 찾았고, 그곳에서 모두가 몸을 움직여 그가 앉을 자리를 마련한 것이다.

친구가 되기까지는 그들이 그의 규칙을 따른 것이 아니고 그가 그들의 규칙을 따랐다. 하지만 그를 포함시키는 행위를 하면서 그들도 변화했다. 그들이 그의 세계에 들어간 것이 아니고 그가 그들에 세계에 들어갔다. 그리고 그는 외국에 온, 그곳 문화를 존중하는 좋은 손님처럼 그곳의 관습을 따랐다. 이를 바탕으로 원숭이들은 그를 주체로, 무리의 구성원으로 대했고, 보호가 필요할 때면 그를 보호했다. 스머츠는 이렇게 결론짓는다. "민감하고 겸손한 태도를 취하기만 한다면, 새나 다른 동물의 공간에 들어가 그들과 관계를 발전시키는 것은 놀라울 정도로 쉬운 일이다"[21]

무리와 친밀감을 발전시키고 결국은 무리의 구성원으로 받아들여진 또 다른 사례는 조이스 풀의 이야기다. 그의 자서전 『코끼리와 성장하다』에는 케냐 암보셀리 국립공원에서 코끼리와 함께한 생활이 담겨 있다.[22] 풀은 스머츠만큼 연구의 관계 형성적 측면에 대해 의식하지는 않는다. 하지만 무리를 이끄는 암컷 성체 모계 집단뿐 아니라 보통 혼자 지내는 것을 좋아하고 관계를 맺는 것을 꺼리는 수컷 코끼리들(그의 연구의 주요 대상)로부터도 신뢰를 얻었다는 것이 분명하게 드러난다. 그는 코끼리들과 함께 하나의 세상을 만들었고, 코끼리들은 그가 무리의 우두머리인 버지니아와 암컷 무리에게 〈어메이징 그레이스〉를 불러준 순간(도입부에서 설명한), 그 지극히 인간적인 표현에 반응하는 법도 배웠다. "그것은 우리만의 의식이었다. 버지니아는 조용히 서서 호박색 눈을 천천히 떴다 감았다 하면서 코끝을 움직였다. 나는 5분, 10분, 그들이 귀를 기울이는 내내 노래를 불렀다."[23] (인간의 노래에서 새로운 즐거움을 배우는 코끼리를 통해 양쪽 모두가 노력하는 모습을 볼 수 있다.)

풀은 스머츠와 달리 인간으로부터 그리 멀리 떨어져 있지 않았다.

그는 일단의 연구자들과 함께 살았고, 여러 유형의 많은 케냐인들과 교류했다. 이 책은 인간 세상에서 애정 어린 관계를 만들고 유지하는 것이 풀에게 대단히 어려운 일이었다는 것을 분명히 보여준다. 그는 만연한 성차별에 직면했고 충격적인 성폭행 사건을 겪었다. 백인 연구원 공동체에서 타인종과의 관계를 용인하지 않았기 때문에 케냐 남성과의 친밀한 애정 관계는 단절되고 말았다. 결국 그는 인간 편에서는 지독히 외로웠고, 코끼리 편에서는 관계를 맺으며 행복하게 지냈다. 이는 인간이 우정을 쌓기도 하지만 코끼리 세계에서는 알려지지 않은 악의로 인해 우정을 망치는 일도 꽤 자주 있다는 것을 상기시킨다. 인간의 둔감함과 가혹함을 경험한 풀은 코끼리의 정신세계에 빠져들 강한 동인을 갖고 있었다.

결국 애정 관계를 통해 평범한 방법으로 아이를 가지지 못할 것임을 깨달은 풀은 그곳을 떠나서 아이를 가졌다(아마도 인공수정을 통해. 그는 이 점에 대해서 언급하지 않는다). 이 과정에서 그는 자신을 코끼리와 동일시한 게 분명하다. "나는 여자 동료들에 둘러싸여 그들의 도움을 받으며 산통을 겪고 아이를 낳았다 … 마침내 내 아이가 태어났다. 아기는 아기 코끼리처럼 요란한 의식儀式 속에서 세상에 나왔다."[24] 풀이 보기에 인간 사회의 일반적인 특성은 구분, 성차별, 이기심이고, 코끼리의 특성은 상호 지원과 공동체다. 2년 동안 자리를 비운 끝에 그는 암보셀리의 코끼리들에게 되돌아갔다. 코끼리들은 그의 차를 에워쌌다. "코끼리들이 코를 쭉 뻗은 채 내는 우렁찬 울음소리, 나팔 소리, 비명 소리에 귀가 먹먹하고 몸이 진동할 정도였다. 그들은 가까이 붙어 서서 소변과 대변을 보았고, 얼굴에는 신선한 측두선 분비물의 새까만 얼룩이 흘러내리고 있었다."[25] 풀은 이것이 코끼리들이 오랫동안 헤어져 있던 가족이나 무리 구성원을 위해서만 벌이는 의식이라는 것을 알고 있었다. 새로운 아기 코끼리의 탄생과 관련이 있는 의식이기도 하다. 풀은 코끼리들이 자신을 알아보고 있으며, 자신의 귀환을 축하할 뿐만 아니라 그가 데려온 "품 안의 어린 딸"을 환영하고 있다는 것을 깨달았다.[26]

　암컷 코끼리들은 아이가 없는 풀이 불행하다고 생각했던 것일까? 그가 책에서 묘사하는 몇 년 동안에 걸친 그의 정신 상태, 즉 깊은 우울감과 외로움에 코끼리들이 본능적으로 반응했을 가능성이 높다. 스머츠는 자신이 깨닫기 전에 반려견 사피가 그의 우울증을 본능적으로 인식했다고 이야기한다. 코끼리는 개의 수준 이상으로 감성 지능이 높으며 공감 지각에 있어서 대단히 예민한 것으로 유명하다. 따라서 그들이 풀의 기분이 우울에서 즐거움으로 변화한 것을 알아차렸다는 것은 공상이 아니다. 그들은 무리의 일원인 그를 환영하고 새로운 생명의 탄생을 축하하고 있었다. 현명하고 이해심 있는 그들은 마음 깊은 곳에서부터 풀이 외로운 여성에서 충만한 엄마로 전환하는 과정을 응원하고 있었는지도 모를 일이다. 그의 자서전 제목이 『코끼리와 성장하다』인 것은 우연이 아니다. 인간은 그를 이해하지도 그의 "성장"을 돕지도 않았다. 오히려 그들은 너무나 다양한 방법으로 여성으로서 번영하고자 하는 그의 바람을 방해했다.

　이런 사례들은 장기간 동물의 세계로 들어가는 것을 전제로 한다. 대부분의 사람에게는 가능하지 않은 일이다. 하지만 스머츠는 우리가 노력만 한다면 그런 관계가 주변에 항상 존재한다고 주장한다. 그는 쥐와의 관계(단기적이긴 하지만)를 예로 든다. 신시아 타운리Cynthia Townley는 야생 새와 친구가 되는 것에 대해 이야기한다.[27] 그러나 이런 사례 중에는 스머츠와 풀의 경험에서 드러나듯 장기에 걸쳐 신뢰를 기반으로 공유하는 세계를 함께 창조하는 경우가 없다. 스머츠는 개코원숭이 이야기와 반려견 사피와의 오랜 관계에 대한 감동적인 이야기를 나란히 배치해 이 점을 부각시킨다. 개는 인간과 거주지를 공유할 수 있기 때문에 아프리카의 연구소에 갈 기회가 없이 일반적인 인간 세계에 사는 인간과 깊고 의미 있는 방식으로 친구가 될 수 있다. (스머츠는 사피가 자신이 아는 어떤 인간보다 자신을 잘 알았고, 자기 기분의 미묘한 차이를 예리하게 알아차렸다고 결론지었다.) 대부분의 사람에게 야생동물 집단의 삶의 방식을 존중하고 비교적 사람이 없는 넓은 거주지에 대한 필요를 존중하는 가운데 그들과 삶을 공유하는 경험을 하는 것이 불가능하다. 하지만 이 연구자들의 글은 그런 우정이 어떤 모습일 수 있는지에 대한 상상의 패러다임을 제시한다. 누구나 이런 연구원들이 배웠던 유형의 동물의 삶의 형태에 대한 호기심, 공감, 반응성을 키울 수 있다. 우정까지 이를 수는 없더라도 우리에게는 여전히 짝사랑의 기회가 남아 있다.

● 감금된 동물들과의 우정이 가능할까?

우리가 직면해야 할 어려운 문제가 남아 있다. 감금된 상태로 살고 있는 야생동물과 인간 사이에 우정이 존재할 수 있을까? 우리는 모든 "야생"이 어떤 의미에서는 인간의 지배하에 있고 넓은 의미에서는 감금 상태라고 이야기했다. 그렇다면 이번에는 "감금"이 보통 어떤 의미인지 생각해볼 필요가 있다. 그것은 거대한 동물보호구역이 아니라 사람과 다른 동물이 가까운 거리에서 만나는 동물원을 의미한다. 거기에는 지배의 맥락에 대한 회의의 여지가 항상 존재한다. 인간 친구 후보가 지배의 당사자인 동물원 직원이든 지배에 깊이 연루되지 않은 것처럼 보이는 단순한 방문객이든 말이다. 이런 우려가 어느 정도까지 해소될 수 있는지 생각해보자.

우정은 종의 삶의 방식에 대한 존중을 전제로 한다고 이야기했다. 그렇다면 우정은 그런 삶의 방식에 폭력을 가하는 관행과 양립할 수 없다. 가장 명백한 사례는 10장에서 논의했듯이 새끼 코끼리나 오르카를 무리에서 떼어내 동물원이나 테마파크에서 인간의 오락을 위해 착취하는 관행이다. 대중은 삶의 형태가 파괴된 포획 동물과의 우정이라는 눈가림에 속아 돈을 지불하곤 한다. 영화 〈블랙피시〉는 조련사와 포획된 범고래 사이의 애정 어린 관계를 꾸며내서 관객들이 돈을 지불하고 오르카가 고통스럽게 배운 묘기를 보도록 하는 시월드의 눈속임을 폭로했다. 조련사들 역시 상황에 대해 무지했던 것으로 보인다. 인터뷰를 한 조련사들 일부는 함께 일하는 동물들을 사랑하는 것이 분명했다. 그들은 오르카의 삶의 방식에 가해지는 폭력에 대해 정말로 무지했거나 못 본 척하도록 조종당했을 것이다.

관중과 조련사 모두에게 해당되는 문제는 나르시시즘과 진정한 호기심의 부재다. 우리는 동물을 우리와 같다고 생각하거나, 동물의 반응과 다를 가능성이 높은 인간의 감정을 동물에게 투영하곤 한다. 그렇게 인간은 스스로를 역량 침해의 조력자가 아닌 우정의 당사자 혹은 그런 우정을 지켜보는 사람이라고 착각해버린다. 진정한 공감은 지식을 바탕으로 해야 한다. 그러나 동물원과 테마파크는 관람객과 조련사 모두를 동물의 온전한 삶의 형태에 무지하게 만드는 데 열중한다. 따라서 관객과 조련사는 동물원 환경이 얼마나 피폐하고 불우한지 알아보지 못한 채 우정이라는 환상에 빠져든다.

이와 관련된 함정은 동물에게 그 특유의 활동이 아닌 것을 억지로 시키는 일이다. 인간 방문객을 즐겁게 하기 위해서란 이유로, 혹은 우정이라는 환상에 부합한다는 이유로 말이다. 다시 말하지만, 이런 일은 이익만을 생각하는 착취를 통해서도, 나쁜 의도가 없는 둔감함을 통해서도 일어난다. 유인원이 수화를 배우는 것에 대해서는 이미 논의했다. 침팬지에게 가르치는 다른 재주는 더 나쁘다. 최근까지도 영화와 TV에서 침팬지가 인간의 옷을 입고 세발자전거를 타거나 아기처럼 기저귀를 차고 있는 모습을 흔히 볼 수 있었다.[28] 이런 공연은 침팬지가 인간 아기와 비슷하다는 환상을 채워 줌으로써 인간들을 즐겁게 했다. 이것은 우정이 아니다. 진정한 겸손과 호기심이 결여된 인간들이 우정을 패러디한 것에 불과하다.

10장에서 논의했듯이 돌고래는 더 복잡한 경우다. 돌고래는 인간에 대한 호기심이 많으며 인간과의 상호작용을 즐긴다. 그들은 갇혀 있지 않은 상태에서도 종종 인간을 찾고 인간과 함께 협력적인 활동을 한다.

헬 화이트헤드와 루크 렌델은 연안 돌고래 무리가 연안 어부들과 협력해 조개류를 그물로 유인하는 방법을 설명한다.[29] 이런 협력은 우정의 전조다. 화이트헤드와 렌델은 또한 테마파크에서 기술을 배운 후 바다 서식지로 돌아간 돌고래가 그 기술을 새끼에게 가르치기도 한다는 것을 보여주었다. 그렇다면 재주를 가르치는 것이 부적절한가에 대해서 다시 생각해볼 수 있을 것이다, 긍정적 강화를 사용한다면 재주를 가르치는 것은 즐거운 협력적 상호작용이 될 수 있으며 가끔은 지능이 높은 포유류에게 자극이 될 수도 있을 것이다. 호주의 샤크 베이와 같은 반밀폐 공간이라면 스머츠나 폴이 실현한 것과 같은 종류의 우정이 시작될 수도 있을지 모른다.

좁은 서식지에서 잘 적응하는 것처럼 보이는 동물의 경우는 어떨

394

까? 감금 상태에서도 우정을 쌓을 수 있을까? 논란의 여지가 있는 베를린 동물원의 고아 북극곰 크누트(2006~2011)의 이야기에 대해 생각해보자. 크누트는 팬들의 사랑을 독차지했고 여러 사육사들과 우정을 쌓은 것으로 전해진다.[30] 이 경우가 특히 까다로운 것은 크누트가 어미에게 버림받았고, 친절한 사육사들, 특히 아기 곰을 사랑해서 곁에서 자며 분유를 먹여준 토머스 되르플라인Thomas Dörflein이 없었다면 죽었을지도 모르기 때문이다. 어미 코끼리들은 새끼를 공동으로 양육하기 때문에 어미가 죽은 새끼도 버리지 않는다. 북극곰은 그렇지 않은 것으로 보인다. 일반적인 북극곰 서식지에서라면 이 새끼 곰이 종 특유의 삶의 형태를 이어갈 기회는 없었을 것이다. 일부 동물 운동가들은 동물원이 어린 곰을 죽게 내버려둘 용기를 냈어야 한다고 말하기도 했다.[31] 하지만 이미 크누트와 사랑에 빠진 대중은 동물원 밖에서 시위를 했다. 나는 사육사들의 초기 행동이 정당하고 심지어 칭찬받을 일이라고 생각한다. 그리고 그들이 크누트에게 동물원의 다른 북극곰들과 함께 정상적인 삶을 살게 할 수 있는 선택권이 있었는지는 불분명하다. 따라서 사육사들의 처우에 북극곰 특유의 삶의 형태에 대한 존중이 부족했는지, 당시 상황에서 가능한 최선의 선택이었는지는 확실치 않다.

하지만 이 사례가 확실히 보여주는 것은 대중들에게 북극곰 특유의 삶의 형태에 대한 지식과 호기심이 부족했다는 점이다. 그들은 크누트가 복슬복슬한 장난감처럼 행동하길 원했고, 북극곰 특유의 행동을 좋아하지 않았다. 크누트가 물고기를 잡아먹자 논란이 일어났고 사람들은 독일의 동물 학대 금지법을 들먹였다. 동물원은 대중에게 북극곰이 정말 어떤 존재이고 어떤 행동을 하는지 교육하려는 시도를 거의 하지 않았다. 크누트가 귀엽고 "무해한" 존재여야 했기 때문이다. 북극곰은 그런 존재가 절대 아니다. 크누트는 동물원에게 노다지나 다름없었다. 동물원은 크누트의 이름을 상표로 등록하고 각종 크누트 제품을 판매했으며, 심지어 크누트의 유해도 전시했다. 동물원은 항상 돈이 필요하기 때문에 항상 그들의 동기가 무엇인지 면밀히 조사해야 한다.

"감금" 상태의 우정의 가능성을 진단하는 데 더 좋은 후보가 있다. 일부 연구에서는 감금된 동물에게 종 특유의 형태와 유사한 삶과 함께 인간과의 상호작용을 제공한다. 유인원들은 이런 우정 형성의 후보로 적합하다. 연구시설 내에서 종의 요구를 충족시킬 수 있는 경우가 많기 때문이다. 동물원은 유인원의 사회생활에 관심을 두지 않거나, 유인원들이 "우리와 비슷하게" 행동하는 것을 보려는 욕심에서 이들을 인간 중심적인 방식으로만 관리하는 경우가 많다. 하지만 오늘날에는 동물을 보다 존중하는 연구 지향적 태도를 가진 동물원들도 있다. 이런 시설에서 일하는 과학자들은 스머츠 유형의 우정을 형성할 수 있다. 프란스 드 발의 『동물의 감정에 관한 생각』의 주인공인 침팬지 "마마"와 생물학자 얀 판호프Jan van Hooff의 관계가 그 예다.[32] 이 교수와 침팬지는 40년 동안 알고 지냈다. (판호프는 드 발의 논문 지도교수였기 때문에 드 발 역시 마마를 오랫동안 알았고 우정을 키웠다.) 연구의 주된 목적은 침팬지들 사이의 사회구조와 상호작용을 연구하는 것이었기 때문에, 마마는 감금 상태가 아닌 침팬지 무리처럼 상당한 규모의 친족 집단과 평생 함께 살았고, 결국 무리의 우두머리가 되었다. 판호프는 젊은 시절 NASA에서 침팬지를 우주로 보낼 준비를 하는 일을 하면서 유인원 무리를 수용하려는 시도가 실패하는 것을 목격했다. 주거, 먹이, 사회적 기회 측면에서 NASA 시설의 결함을 경험했던 그는 아른험 거주지를 만들게 되었다. 약 25마리의 침팬지가 있는 2에이커(2,448평) 규모의 이 섬에서는 "야생"의 침팬지들이 선호하는 대규모 집단 형성과 보다 친밀한 가족생활이 가능했다. "따라서 마마는 감금되어 있었지만 탄생, 죽음, 성, 권력의 드라마, 우정, 가족의 유대, 기타 영장류 사회의 다른 모든 측면이 풍부한 나름의 사회적 세상에서 긴 삶을 누렸다."[33] 이곳은 최초의 대규모 침팬지 거주지로, 전 세계 많은 침팬지 거주지의 모델이 되었다.

"마마가 쉰아홉 살이 되기 한 달 전, 그리고 얀 판호프가 여든 살이 되기 두 달 전, 둘은 감격적인 재회를 했다."[34] 드 발은 임종 전 마마가 교수를 끌어안는 모습을 둘 사이의 깊은 유대감을 분명히 드러내는 방법으로 묘사했다. 마마는 활짝 웃으며 얀을 맞았고, 그의 목을 두드렸다. 목을 두드리는 것은 안심을 시킬 때 유인원(인간 역시)에게서 공통적으로 나타나는 몸짓이다. 마마는 얀의 머리로 손을 뻗어 부드럽게 머리카락을 쓰다듬고 긴 팔로 얀을 안아 더 가까이 끌어당기려 했다. 침팬지가 새끼를 달래는 방식으로 리듬감 있게 머리와 목을 계속 쓰다듬었다. 수척하고 쇠약해진 마마가 자신의 상태가 약해지고 있다는 것은 물론 얀의 두려움과 슬픔도 알고 있다는 것을 의심할 여지가 없어 보였다. 이런 작별의 모습을 통해 이전의 오랜 우정이 어떤 것이었는지 조금이나마 엿볼 수 있다. 그리고 드 발은 전체 침팬지 집단에서 마마가 맡은 역할이라는 배경에서 자신과 마마와의 우정을 기록한다.

이런 관계는 분명 우정이다. 동물이 감금 상태라는 한계를 지적하고 싶다면, 침팬지에게 "야생" 역시 일종의 감금 구역이며 더구나 인간(특히 밀렵꾼)이 훨씬 더 지독한 폭정을 자주 행사하는 곳이라는 사실을 기억해야 한다. 나는 이런 존중의 환경(드 발은 침팬지 집단과 그들의 상호 관계 및 활동에 대해 자세히 설명한다)에서 우정을 맺지 못할 이유가 없다고 생각한다. 하지만 이 거주지가 대중에게 공개되었다면 아마 불가능했을 것이다.

심리학자 아이린 페퍼버그가 30년 동안 아프리카 회색앵무새 알렉스(1976~2007)와 맺은 우정에서도 연구 동물과의 이례적인 관계를 확인할 수 있다. 서로를 존중하는 애정이 넘치는 둘의 관계는 페퍼버그의 책 『알렉스와 나』에 자세히 설명되어 있다.[35] 책의 제목에서조차 알렉스가 먼저 등장한다. 페퍼버그와 알렉스의 관계는 판호프와 마마의 관계처럼 연구라는 배경에서 이루어졌다. 페퍼버그의 연구는 일견 인간 중심적인 연구로 보일 수 있다. 인간의 언어를 습득하고 언어를 매개로 추론하는 앵무새의 능력을 시험하는 것이기 때문이다. 하지만 이 연구는 대부분의 과학자는 염두에 두지 않는 생물에 대한 존중을 바탕으로 추진되었다. 연구의 목표는 새는 복잡한 추론이 불가능하다고 생각했던 과학계에 앵무새가 지능이 높다는 점을, 그리고 (침팬지와는 달리) 무엇이 되었든 의사를 소통시키는 소리를 모방하는 것이 앵무새의 생활 형태에서 중심적인 역할을 한다는 점을 납득시키는 것이었다. 따라서 이 경우 언어는 이질적인 부담이 아니라 앵무새 특유의 능력을 드러내 보이기 위한 매개체처럼 보인다. 알렉스가 실험실에 들어가기를 선택한 것은 아니었다(페퍼버그는 애완동물 상점에서 알렉스를 데려왔다). 그러나 일단 실험실에 들어가면 그는 거의 익살에 가까울 정도의 통제권을 행사했다. 그는 자신이 자유롭게 작업을 수행하거나 거부할 수 있다고 생각했고, 지루함은 물론 심지어 경멸을 표현하는 다양한 방법을 찾았다. 이렇듯 둘의 관계는 가벼운 희롱이라고 부르기 어려운 것으로 가득 차 있었다. 과학자들은 일반적으로 앵무새가 동물 중 가장 총명한 종이라는 데 동의한다.[36] 알렉스는 마마가 판호프를 안아주듯이 페퍼버그를 안아줄 수 없었지만 둘의 상호 애정에는 의심의 여지가 없어 보인다. 그의 죽음은 어느 날 밤 갑작스럽게 찾아왔기 때문에 페퍼버그는 그와 작별 인사를 나눌 기회가 없었다. 그는 알렉스의 죽음에 큰 충격을 받았다고 회상한다. 알렉스가 그에게 남긴 마지막 말은 "잘 있어. 사랑해. 내일 봐"였다. 그가 매일 밤 집에 갈 때 남긴 말을 반복한 것이긴 했지만 이렇게 작별 인사를 나누는 것은 수년에 걸쳐 진정으로 상호적인 소통이 되었다.

알렉스와 아이린 페퍼버그의 관계가 우정인지를 생각할 때 한 가지 고려해야 할 문제는 알렉스가 실험실에서 잠깐씩, 때로는 다소 경멸적인 태도로 상호작용을 하는 것 외에는 다른 앵무새들과 아무런 관계가 없었다는 점이다. 하지만 아프리카 회색앵무는 침팬지, 코끼리, 돌고래와 달리 사회성이 높지 않고 무리지어 살지 않는다. 야생에서 앵무새의 행동에 대해서는 알려진 바가 거의 없긴 하지만, 많은 종이 포식자의 손쉬운 먹잇감이기 때문에 무리를 짓지 않고 숨어 살도록 진화한 것은 분명하다. 그들의 모방은 핵심적인 생존 기술이다. 앵무새는 정글에서 다른 동물이나 새의 소리를 흉내 내는 법을 배워 발각되는 것을 피한다. 알렉스는 다채로운 공동체 생활을 빼앗긴 것이 아니었다. 다만 그에게는 짝이 없었다. 앵무새는 다른 새들과 마찬가지로 일부일처제이며 암수가 새끼를 함께 키운다. 따라서 그의 세상에는 마마의 삶처럼 "탄생과 성"이 풍부하게 존재하지 않았다. 그러나 앵무새는 침팬지가 아니며 번영에 집단이 꼭 필요하지 않다. 짝이 있는지 아니면 혼자 사는 앵무새가 있는 것인지는 알려지지 않았다. 확실히 그는 우울하거나 외로워 보이지 않았으며 인간의 경우와 마찬가지로 앵무새의 경우 번영하는 삶은 반려 관계나 독신을 비롯한 다양한 형태로 나타날 수 있다.

이처럼 상호작용과 애정의 필수 기반인 동물의 삶의 형태에 대한 존중, 그 삶의 형태 내에서의 중심 역량에 대한 존중이 존재한다면, 감금 상태에서도 종을 초월한 우정이 가능하다. 전문적인 교육과 기회가 없는 사람들의 경우 이런 우정이 항상 가능한 것은 아니지만, 스머츠의 말처럼 우리 주변에는 호기심과 겸손함을 가지고 더 조사해봐야 할 사례들이 있다. 앵무새는 물론이고, 까마귀와 다른 조류, 어쩌면 다양한 종류의 설치류도 거기에 포함된다.

● 이상으로서의 우정: 인간 역량의 확장

"야생"동물과 우정을 쌓을 수 있는 운이 좋은 사람들이 있다. 개, 고양이, 말과 우정을 키우는 사람은 좀 더 많을 것이다. 멀리 떨어져 있는 동물을 짝사랑하는 사람도 많을 것이다. 모든 인간은 종을 초월한 이런 우정의 패러다임에서 배움을 얻을 수 있다. 동물은 우리의 의식을 확장시켜 다른 인간을 포함한 생물에게 다가갈 때 필요한 겸손과 호기심이라는 새로운 습관을 가르쳐준다.

우정이 사람과 반려동물에게 중요한 것처럼 "야생"동물에게도 중요할까? 중요성은 각기 다르다. 우리는 모든 동물의 삶을 지배하고 있으며 현재는 그들의 삶에 해를 끼치고 있다. 따라서 우리의 착취적인 방식을 바로잡기 위해서는 우정이 꼭 필요하다. 반려동물의 경우에는 이종 간 우정이 번영에 필수적이다. "야생"동물의 경우 번영하기 위해 직접 대면하는 우정이 필요한 것은 아니지만, 착취적이지 않고 친근한 태도로 힘을 발휘해줄 인간, "친구"와 같은 존재가 필요하다. 우리의 삶에는 필수적이지는 않더라도 삶을 풍요롭게 해주는 많은 좋은 것들이 있고, 내가 여기서 논의한 사례들의 경우, 인간과의 우정은 "야생"동물의 삶에서 그런 좋은 것이었다.

인간-동물의 우정이 가능하며 좋은 목표라고 생각한다면, 이는 우리의 정치적, 법적 노력에 지침이 되고 우리의 역량을 확장할 것이다. 우정을 이상으로 삼는다면 우리 모두는 사냥, 공장식 축산, 트로피 헌팅, 밀렵, 포경 등 인간이 야생동물에게 가하는 가장 착취적인 형태의 활동이나 실험 연구를 위한 동물 고문뿐 아니라, 야생동물을 특유의 삶의 형태를 가진 주체가 아닌 인간의 오락을 위한 대상으로 취급하는 조용한 형태의 지배를 종식시키는 데 헌신하게 될 것이고 이로써 양쪽 모두가 혜택을 보게 될 것이다. 역량 접근법, 다른 종과 그들의 삶의 형태에 대한 지식을 통해 가능한 이 접근법은 우리가 이 어려운 목표를 추구하는 데 좋은 지침이다.

12장

법의 역할

● 꼭 필요하지만 너무나 어려운

동물에게 권리가 있다는 것은 이를 시행하기 위한 법적 메커니즘이 존재하거나 만들어져야 한다는 의미다. 내가 5장에서 주장했듯이 권리와 법은 개념상 독립적이다. 그리고 권리가 있되 그런 구조가 아직 존재하지 않는다면 이 세상에서 입법을 독점한 모든 인간에게 최선을 다해 그런 구조를 만들어야 할 집단적 의무가 있다는 것을 의미한다. 하지만 그 과정에는 큰 어려움이 있다.

권리를 집행할 수 있는 기관이 없는 상황에서라면 가상 헌법이란 개념은 은유에 불과하다. 첫 번째 문제는 지금의 세상에 집행력이 있는 실체적 권리 문서 같은 것이 전혀 존재하지 않는다는 점이다. 인간에 관한 것조차 국제법과 국제 인권 문서는 그 힘이 극히 약하다. 기본적으로 문서의 내용을 지지하는 국가를 통해서만 법적 집행이 가능하다. 추상적으로 본다면 큰 문제가 아니다. 국가가 개인을 책임지는 가장 중요한 단위이자 사람들의 목소리와 자율성(문자 그대로의 자기 입법)을 위한 통로라는 도덕적 의미를 갖고 있기 때문이다. 이런 배경에서 인권 문서는 표현과 설득의 힘을 가지고 있어 각국의 민주적 유권자들이 법 집행을 위한 조치를 취하는 데 도움을 준다.

동물 권리의 상황은 인간 권리의 상황보다 훨씬 불확실하다. 여기에는 매우 다른 두 가지 이유가 있다. 첫째, 이런 문제에 대한 전 세계적인 합의가 존재하지 않는다. 동물의 복지가 세계적인 관심의 대상이 되어야 하는지에 대한 합의조차 존재하지 않는다. 여성에 대한 문제도 이와 같았을 때가 있었다. 시간이 흐르면서 국제인권법(특히 여성차별철폐협약 Convention on the Elimination of All Forms of Discrimination Against Women, CEDAW)하에서 여성의 지위는 어느 정도 진전을 이뤘다. 이 사안의 경우 인종차별, 장애인과 LGBTQ의 권리 등 일부 진전이 있었던 다른 사안과 마찬가지로 현상 유지 편향status quo bias*이 진전을 더디게 하고 있다. 동물의 경우 현상 유지 편향은 훨씬 더 강하다. 이후에 국제조약법으로 전 세계의 포경을 종식시키려는 노력이 진전을 보지 못하는 이유를 설명할 것이다. 이 모든 문제에서 탐욕과 변화의 비용을 피하려는 욕구가 진전을 더욱 불확실하게 만들고 있다.

국가 기반의 이행을 명시하는 국제 권리 조약으로 문제를 해결하는 데에는 또 다른 문제가 있다. 동물과 동물의 서식지는 어디에 있는가? 동물을 시민으로 생각해야 한다면, 어느 나라의 시민인가? 반려동물은 거주지가 정해져 있다. 따라서 아동복지와 유사한 방향으로 이런 문제들 일부에 대해 내가 제안한 해법을 적용할 수 있다. 하지만 대부분의

• 현재의 환경이나 계획을 바꾸면 이득이라는 것을 알면서도 변화가 두려워 현상 유지를 선택하는 사고의 편향

야생동물은 거주지가 정해져 있지 않다. 그들은 국경을 넘나든다. 더구나 하늘과 바다에는 명확한 국경이 없지만, 국가의 관할권이 존재한다. 내가 이 책에서 다룬 많은 생물의 경우, 표현과 설득의 힘을 갖추면서도 국제적인 범위를 아우르는 문서가 필요하다. 이런 문제에도 불구하고 여러 나라가 일부 조류와 연안 해역의 해양 포유류의 욕구를 해결하는 데 성공했다. 하지만 모든 국가의 학대 관행을 중단하는 일은 현재로서는 힘이 약하고 협박에 취약한 국제기구에 의존할 수밖에 없는 대단히 힘든 과제다.

국가 내에서도 문서상의 법과 실행되는 법 사이에는 큰 격차가 있다. 동물은 원고적격(소송의 원고로 법정에 설 수 있는 법적 권리)이 없고, 보통은 동물을 돌보는 사람도 동물 대신 소송을 제기해 기존 법의 집행을 요구하는 것이 불가능하기 때문이다. 미국에는 역량 접근법을 구체화하는 전망이 대단히 밝은 다양한 수준의 법이 존재한다. 하지만 집행은 이따금 실현되는 데 그치고 있다. 입법 과정은 교착상태, 당파적 분열, 재정적 이익을 위한 로비(그중 가장 강력한 것은 육류 산업)로 얼룩져 있다. 정치에서 돈의 역할에 의미 있는 제한이 없는 지금의 세상에서 그렇게 단단히 자리 잡은 이해관계에 맞서 진전을 이루기란 쉽지 않은 일이다.

또 다른 문제는 경계를 넘나들며 사는 동물에 있어서는 연방, 주, 시, 군 등 다양한 수준의 관할권이 엉망으로 중복되어 있다는 점이다. 이런 문제의 한 예가 이후 다룰 "강아지 공장"이다. 영리 목적의 번식 업자들이 끔찍한 환경에서 강아지들을 키운 뒤 애완동물 상점에 판매한다. 사람들은, 보통 형편없는 대우의 결과로 동물들이 직면한 건강상의 문제나 출처에 대한 인식 없이 귀엽게만 보이는 그곳의 동물들을 구입한다.

● 현실적인 이상

법은 이상적인 동시에 전략적이다. 최선책이 무엇인지 혼란스러운 경우가 많다. 이상적인 상황을 계획해야 할까, 아니면 결함이 있는 데에서 시작해서 개선을 위해 노력해야 할까? 일부 철학자들은 "이상적인 이론"과 현실에 뿌리를 두고 상대적인 진보를 목표로 하는 이론은 매우 다른 것이고, 이상적인 이론은 대단히 비현실적이라고 생각한다.[1] 하지만 내게는 두 가지가 상호보완적이라는 것이 분명해 보인다. 현재의 자리에서 출발해서 목적지에 이르고자 한다면, 여기에서 명확한 목적지까지의 경로를 계획하는 것이 당연하다. 출발해서 어떻게든 "더 나은" 곳으로 가고자 한다면, 경로가 명확하지 않을 것이다. 이상적인 이론은 실제적인 노력의 길을 안내한다. 이상은 달성 가능하고 현실적이어야만 한다. 나는 역량 접근법에 구현된 이상을 묘사하면서 그런 요구를 충족시킨다는 것을 보여줄 수 있는 방식을 취하기 위해 노력했다.

반이상 이론을 주장하는 사람은 내 제안이 현대사회에서 달성하기에는 너무 많은 비용이 든다고 반대할 것이다. 그렇지만 8장에서 보여주었듯이, 비용은 대안 개발의 내생적 요인이다. 육류 대체 식품과 인공 고기의 발전이 함께한다면 육류가 배제된 식단으로의 진행이 더 쉬워질 것이다. 9장에서 추천한 도시 공간의 변화(더 많은 반려견 공원을 비롯한)는 미국 장애인법Americans with Disabilities Act에서 요구되는 변화보다 그 비용이 훨씬 적을 것이다. 장애인법은 도덕적 의무에서 추진되었고, 그 비용은 대개 법 준수를 위해 구조변경이 필요한 시설(대부분이 민간 시설)이 부담해야 했다. 더구나 반려견 공원이나 장애인 시설 모두 그 비용은 주로 구조변경의 일회적 비용이다. 처음부터 장애인 접근이 가능한 건물을 설계하는 것은 그렇지 않은 건물을 설계하는 것보다 그리 많은 비용이 필요하지 않을 것이다. 마찬가지로 반려동물의 욕구를 고려한 도시계획의 비용은 과거의 도시계획이 그렇지 못한 경우에만 큰 부담이 된다.

내 제안에서 가장 비용이 많이 드는 부분은 서식지 상실을 막고 기존 서식지를 정화하는 것이다. 다른 대담한 환경 제안이 그렇듯이, 이런 일에는 비용이 많이 필요하다. 하지만 이런 비용의 대부분은 모두 인간 복지에 연결된다. 장피에르가 마시는 공기는 인간이 마시는 공기와 다르지 않고 대기오염방지법을 통해 깨끗해진다. 빙하가 녹는 것을 막아 북극곰의 피해를 방지하는 조치는 미래 인류의 지구 온난화 문제를 해결하는 프로그램의 일부다. 바다를 오염시키는 플라스틱 이용을 중단하는 데에는 전환 비용이 필요하지만 새로운 해법이 빠르게 낡은 방법을 대체하고 있다. 해묵은 해법을 적용하는 경우들도 있다. 많은 작업장과 휴양 시설이 일회용 플라스틱을 지난날의 재활용 가능한 캔으로 대체하거나, 사람들이 리필 가능한 물병을 가져오도록 요구하는 모델로 전환하고 있는 것이다. 코끼리와 기타 대형 포유류 서식지의 경우, 코끼리가 풀을 뜯는 넓은 면적의 땅을 보호하는 큰 비용도 국제적인 협력을 통해 인간의 인구 과잉 문제를 해결하거나 잘 보존된 서식지에서 생태 관광 수익을 올리는 등의 방법으로 실현 가능하게 만들 수 있다.

● 기존 자원

법이 현재 제공하고 있는 것이 무엇인지 살펴보자. 서류상으로는 많은 것을 제공하지만 현실적으로는 그렇지가 못하다. 국제법과 국가 간 비교도 중요하겠지만 우선은 미국의 경우를 살펴보기로 한다.

미국(대부분의 다른 국가와 마찬가지로)의 동물들은 이미 여러 주법과 연방법하에서 다양한 법적 권리를 보유하고 있다.[2] 대중은 "동물의 권리"라는 사안에 대단히 논란이 많을 것이라고 생각하지만, 사실 최근의 입법들은 동물들에게 거의 "권리 장전(공백과 누락이 많긴 하지만)"에 이르는 상당히 많은 권리를 부여했다. (식용으로 사육되는 동물과 실험에 사용되는 동물은 제외되는 것이 보통이다.)

여러 주가 법을 통해 잔학 행위로부터 동물을 보호한다. 잔학 행위의 범위는 광범위하게 해석된다. 법은 적극적인 학대(구타, 살해 등)에 대한 보호를 넘어 동물을 돌보는 사람(보통, 소유주)에게 적절한 음식과 쉼터를 제공하고 동물의 과로를 피하는 등 광범위한 적극적 의무를 부과하는 것이 보통이다. 대표적으로 뉴욕주의 경우, 동물을 감금하고 있는 사람은 누구나 동물에게 좋은 공기, 물, 쉼터, 먹이를 제공해야 한다.[3] 잔인하거나 비인도적인 방식으로 동물을 운송하는 사람은 형사처벌을 받는다. 철도로 운송되는 동물은 먹이, 물, 휴식을 위해 5시간마다 밖으로 나올 수 있어야 한다. 동물에게 과도한 노동을 시키거나 불필요한 고통을 주는 것을 금하는 법도 있다. 캘리포니아의 동물 "고문"에 대한 법은 훨씬 더 광범위해서 부주의하게 불필요한 고통을 가하는 것까지 "고문"으로 규정한다. 앞서 언급했듯이 이런 법들은 식용으로 사육되는 동물과 의료 또는 과학적 목적으로 사용되는 동물에게는 적용되지 않는다.

이들 법에는 또 다른 두 가지 결함이 있다. 첫째, 인간의 직접적 통제하에 있지 않은 동물에 대해서는 아무런 일도 하지 않는다. 그들은 소유권과 통제 관계만을 추적한다. 둘째, 주가 법을 집행할 책임을 맡고 있지만 매우 끔찍한 경우에만 적용할 뿐 시행하는 경우가 드물다. 법의 대부분이 서류 위에서만 존재한다.

현재 미국은 연방 차원에서도 다양한 동물보호법을 통과시킨 상태다. 그 대부분이 "동물 권리"가 대중의 대의가 되기 훨씬 이전부터 존재한 것으로, "정치적 정당성political correctness●"의 사례로 간주하기는 어렵다. 존슨 행정부 시절인 1966년, 의회가 대부분의 주법보다 훨씬 더 포괄적인 동물복지법Animal Welfare Act, AWA을 통과시켰다. 이 법은 제정 당시 과학 실험에 사용된 동물을 포함시켰다는 점에서 놀라움을 자아낸다. 사실 연구시설의 동물 처우에 대한 대중의 분노가 이 법의 원동력이었다.[4] 이 법의 초기 형태는 연구나 전시 또는 반려동물로 사용되는 모든 온혈동물을 보호하는 것이었다. 여기에는 학대에 대한 광범위한 민형사상 처벌이 포함되어 있으며, 농무부 장관에게는 각 종에 대해 "취급, 거주, 먹이, 급수, 위생, 환기, 극심한 날씨와 온도로부터의 보호, 적절한 수의학적 치료"에 관련한 "인도적 대우"가 무엇인지 자세한 설명을 발표할 의무가 있었다.[5] 특정 부분에서는 개에 대한 최소한의 운동량과 영장류의 "심리적 안녕"을 보호하는 데 적합한 환경까지 요구한다.[6] 영장류는 사회집단을 형성하고 "손상이 없는 종 특유의 활동"을 표출할 수 있는 "환경적 풍요"를 누릴 기회를 가져야 한다.[7] 동물이 싸우도록 만드는 관행은 전면적으로 금지되었다. 이 법은 종의 특수성과 자유로운 이동 및 심리적 건강 보호의 측면에서는 공리주의적 접근법을 넘어 역량 접근법에서 권장하는 바에 접근하고 있다.

그러나 앞서 언급했듯이 이 법에는 눈에 띄는 결함이 있다. 하나는

● 인종과 성별, 종교, 성적 지향, 장애, 직업 등과 관련해 소수 약자에 대한 편견이 섞인 표현을 쓰지 말자는 정치적, 사회적 운동

냉혈동물을 완전히 누락시킨 것이다. 이는 메릴랜드의 블루크랩레이싱 National Hard Crab Derby을 규제 대상에서 제외하려는 입법자의 의도가 확연히 드러나는 누락이다. 또 하나는 도살 자체의 누락이다. 이 법은 실험자가 실험동물에게 친절해야 한다고만 규정할 뿐 실험동물을 죽음에 이르게 할 수 없다고는 명시하지 않는다. 셋째, 이 법은 실험, 전시, 반려동물이라는 세 가지 범주에 집중함으로써 공장식 축산업을 규제에서 제외시키고 있다. 더구나 2002년의 개정에서는 조류와 연구용으로 사육되는 모든 쥐가 제외되어 법의 본래 취지가 무색해졌다. 2002년 미국 농무부는 연구에 사용되지 않는 조류를 보호하고 이들에 대한 관리 기준을 마련하기로 합의했지만 계속 미뤄왔고, 현재는 이런 부당한 지연 문제에 대한 소송이 진행되고 있다.[8]

절멸위기종보호법ESA은 분명 개별 동물의 복리가 아닌 종의 보전을 목표로 하지만, 서식지 보호와 교란으로부터의 보호를 비롯한 메커니즘은 개별 동물에게도 도움이 되며, 종이 절멸하는 것은 개별 구성원이 다양한 방식으로 고통을 겪을 때뿐이다.[9] 따라서 개별 동물의 복리에 초점을 맞추고 있으며 서식지 보호를 위해서는 종이 절멸 위기에 있다는 점을 입증해야 하는 아쉬움이 있지만, 그 처리 방안은 많은 개별 동물에게 도움이 되리라고 본다. 서식지는 종의 행동 특성을 수용해야 한다는 역량 접근법에 부합하는 방식으로 정의되어 있다. 또한 이용 가능한 최선의 과학적 증거를 이용해서 결정이 내려져야 한다. 정책 입안자들이 동물 행동과 인지에 대한 기존 연구를 참조하는 이런 요구 조건 역시 역량 접근법에 부합한다.

특정 유형의 생물을 보호하는 주목할 만한 세 가지 법이 있다. 야생마및버로우법Wild Free-Roaming Horses and Burros Act, WFHBA은 "서부의 역사와 개척자 정신의 살아 있는 상징"으로 여겨지는 야생마와 버로우의 문제를 다룬다.[10] 시작은 이처럼 대단히 인간 중심적이었지만, 이 법은 이 종들이 "미국 내 생명 형태의 다양성에 기여하고 미국인의 삶을 풍요롭게 한다"고 명시함으로써 이 생물들에게 고유의 가치를 부여한다.[11] 이 법은 사실 "야생마 애니Wild Horse Annie"라고 알려진 동물 보호 운동가 벨마 브론 존스턴Velma Bronn Johnston이 추진한 프로젝트로, 본래의 목표는 이 동물들을 보호하는 것이었다.

하지만 보다 최근에 야생마및버로우법WFHBA 시행의 책임을 맡은 연방 기관 국토관리청Bureau of Land Management, BLM이 야생마의 개체 수가 폭발적으로 증가하면서 미국의 공공 토지를 위협한다는 잘못된 소문을 퍼뜨렸다. 대부분 근거가 없는 이야기지만, 국토관리청의 이런 주장은 일부 고위 관리, 대중, 심지어 야생마 옹호자들 사이에서도 반향을 일으켰다. 그 결과 공공 토지에서 수만 마리의 야생마가 제거되었다. 국토관리청이 법적 책임을 완전히 포기한 것처럼 보인다. 말의 개체 수가 너무 많다는 주장은 과학적 근거가 없으며, 이런 토지에서 소를 방목하는 목장주들의 로비에서 비롯된 것이다. 2013년 미국 국립 과학 아카데미 National Academy of Sciences가 보고했듯이, 국토관리청의 야생마 관리에는 말과 버로우의 개체 수를 예측하거나 관리 조치가 동물에 미치는 영향을 모델링하거나 목초지의 사용 가능성을 평가하는 엄정한 과학적 방법이 결여되어 있다. 이 연구를 의뢰한 국토관리청은 이런 문제들을 해결하기 위해 노력한 적이 없다.

해양포유류보호법MMPA은 절멸위기종보호법ESA, 야생마및버로우법 WFHBA과 동시대에 만들어진 법으로 해군의 수중 음파 탐지 프로그램과 관련해 이미 5장에서 언급된 바 있다.[12] 이 법은 미국 영해에서, 혹은 공해에서 미국인에 의해 이루어지는 모든 해양 포유류 "포획"을 금한다. 또한 미국 내의 모든 해양 포유류나 해양 포유류 부속물 또는 제품의 수입/수출을 금한다. "포획"은 "해양 포유류를 공격하거나, 사냥하거나, 잡거나, 수집하거나, 그런 시도를 하는 것"으로 정의된다.[13] 이 법은 괴롭힘을 "이동, 호흡, 수유, 번식, 영양, 거주 등 (a) 야생의 해양 포유류를 다치게 하거나, (b) 행동 패턴의 방해를 유발할 가능성이 있는 모든 추격, 학대, 성가심을 주는 행위"로 정의한다.[14] 이것은 단순히 살육과 고통을 가하는 것만이 아니라 동물의 삶의 형태 전체에 초점을 맞춘 적절한 법이라 할 수 있다.

천연자원보호협의회 대 프리츠커 사건의 판결은 현명한 판단일 뿐 아니라 명시적인 법문을 따른 것이다. 이는 역량 접근법을 연방 차원에서 법적으로 이행하는 데 가장 근접한 판결이다. 집행은 미국어류및야생동물관리국US Fish and Wildlife Service(내무부)과 미국국립해양대기국National Oceanic and Atmospheric Administration(상무부)이 분담하며, 각 기관에는 특정 어종에 대한 책임이 부여된다. (고래는 상무부 소관으로, 당시 상무부 장관이었던 페니 프리츠커가 이 획기적인 사건의 피고가 된 것도 그 때문이다.) 이 법의 집행을 위해서는 소송이 필요하지만, 이 사건의 경우 천연자원보호협의회에 소송 적격이 있다는 판단이 내려졌다(아래 참조).

이 법은 비교적 잘 만들어진 것으로 보이며 실제로 고래를 "괴롭힘" 으로부터 보호해왔고, 매우 강력한 이해관계에 맞선 적도 있었다. 하지만 미국에는 포경 산업이 존재하지 않았기 때문에 환경 단체가 강력한 상업적 이해관계에 맞설 필요가 없다는 사실을 기억해야 한다.

그보다 훨씬 앞서 만들어진, 특정 동물 집단을 보호하는 세 번째 주요 법령은 철새보호조약법MBTA이다.[15] 이름에서 알 수 있듯이 이 법은 미국과 캐나다 간의 양자 조약에서 비롯되었다. 현재는 멕시코, 일본, 구 소련과 맺은 다른 양자 간 협정을 구체화하고 있다. 이 법에 따르면 조 류 또는 조류의 일부를 "추적, 사냥, 포획, 살해, 포획 시도 또는 살해 시 도, 소유, 판매 제안, 판매, 물물교환 제안, 물물교환, 구매 제안, 구매, 배 송을 위한 운반, 배송, 수출, 수입, 배송/수출/수입을 위한 인도, 운송을 위한 운반, 운송, 운송을 위한 인도, 소지, 소지를 위한 인도, 배송/운송, 소지, 수출의 수령"을 불법으로 규정한다.[16] 처벌은 엄격하다. 최대 1만 5,000달러의 벌금과 2년 이하의 징역형에 처해질 수 있다. 내무부 장관 은 이 법의 적용 범위에 해당하는 새를 결정하는 규정을 만들어야 한다.

다른 법률의 공백과 관련해 첫 번째로 눈에 띄는 점은 이 법이 "철 새"에 제한되며 따라서 닭, 오리 등 흔히 사냥감으로 삼거나, 식용으로 기르는 조류들이 제외된다는 것이다. 더구나 이 법은 "미국과 그 영토에 서식하는 조류"로 범위를 제한하고 있다.[17] 이 문구는 거의 의미가 없다. 선사시대 때 북미의 조류 개체에 대한 정보가 거의 없고, 당시에는 미국 조차 존재하지 않았기 때문이다. 이로써 내무부가 보호 범위에 조류를 포함시키거나 제외시킬 여지가 많이 남게 된다.

다른 약점도 있다. 이 법은 주로 사냥과 밀렵을 금지하는 법이다. 그 것을 넘어서는 새들의 삶과 역량의 보호에 대해서는 명확히 언급하지 않는다. 장피에르의 사례가 상기시켜주듯이 서식지 파괴와 환경 파괴 는 많은 새를 죽이는 것이 분명하다. 실제로 법원은 이 법이 환경에 해 를 끼치는 활동을 금지하는 것으로 해석하기도 했다. 1980년, 미국연방 순회법원은 "모든 수단과 방법"으로 조류를 죽이는 일을 금지한다는 것 은 서식지 파괴로 조류를 죽이는 일이 이 법에 의해 금지된다는 것을 의 미한다고 판시했다.[18] 1999년 연방지방법원은 감전으로 인한 송전선에

414

새들의 죽음을 막기 위한 저렴한 장비를 설치하지 않은 전기 회사의 사건에서 같은 결론을 내렸다. 법원은 조류를 죽이는 행위가 사냥과 밀렵에만 국한되지 않는다고 말했다. 또한 회사가 새에 대한 악의적 의도가 없었다는 사실과도 무관하다. 철새보호조약법MBPA은 엄격한 책임을 규정한다.[19] 그러나 다른 법원은 여기에 동의하지 않았다. 1997년 미국 제8 순회항소법원은 목재 벌채와 그로 인한 서식지 파괴가 원인이 된 조류 사망 사건에서 이 법이 서식지 파괴를 금한다고 해석하는 것은 "이 1918년 법령의 합리적 한계를 훨씬 뛰어넘는 것"이라고 말했다.[20] 관련 사건에서 제9 순회항소법원도 비슷한 결론을 내렸다.[21]

내무부 장관에게 권한을 부여하는 특징 때문에 이 법은 행정부에 따라 극적인 확장과 축소를 오가는 모습을 보여주었다. 트럼프 행정부가 들어서기 전, 내무부는 독성 폐기물 유출로 인한 조류의 부수적인 죽음이 이 법에 따라 불법이라고 주장했다.[22] 트럼프 행정부는 방향을 바꿔 이 법의 적용 대상을 사냥과 밀렵으로 제한했다.[23]

각 법에는 심각한 공백과 결함이 있다. 하지만 이런 결함에도 불구하고 미국의 기존 연방법과 주법들은 적어도 일부 동물에 대해 놀라울 정도로 많은 보호를 제공한다.

● 두 가지 주요 법적 문제:
동물의 원고적격과 선량한 관리자의 의무

하지만 모든 기존 법에는 큰 문제가 있다. 집행이 거의 이루어지지 않으며, 관심이 있는 시민이 참여해서 집행을 요구할 수 있는 메커니즘이 존재하지 않는다는 점이다. 이제 우리는 동물 보호에 관심을 가진 모든 사람에게 가장 중요한 법적 문제에 이르렀다. 원고적격의 문제다.

"원고적격"이란 소송의 원고로서 법정에 설 수 있는 자격을 의미한다. 일반적으로 원고적격은 특정한 피해를 입은 사람에게만 부여된다. 관련 제3자는 원고적격이 없는 것이 보통이다. 전체적 시각에서 본다면 이것은 현명한 요건으로, 많은 소모적인 소송을 방지한다. 최근 몇 년간 원고적격이 부정된 두 가지 대표적인 사례를 생각해보자. 캘리포니아에서 동성 결혼을 둘러싸고 벌어진 소송, **홀링스워스**Hollingsworth 대 페리Perry 사건의 경우 항소법원에서 동성 결혼 금지가 위헌으로 판명되고 캘리포니아주가 이 법에 대한 방어를 거부하자 미국 대법원은 원래 캘리포니아 주민 발의안 8을 통해 동성 결혼 금지를 요구했던 시민에게 항소할 자격이 없다고 판결했다.[24] 법원은 이들 민간인은 원고적격을 주장할 만한 직접적인 유형의 피해를 받지 않았다고 판시한 것이다. 2000년 **엘크그로브통합교육구**Elk Grove Unified School District 대 뉴도Newdow 사건에서 마이클 뉴도 Michael Newdow는 그의 미성년 자녀를 대신해 학교의 국기에 대한 맹세 Pledge of Allegiance에서 "하나님 보호하심 아래"라는 단어를 사용하는 것이 국교 금지 조항 위반이라고 이의를 제기했다.[25] 그는 매우 강력한 주장을 펼쳤지만 논란이 많은 이 사건에 대한 결정을 주저한 대법원은 이혼 후 양육권을 포기한 뉴도가 이 사건을 다툴 자격이 없다고 판결했다. 즉 부모로서의 관심과 강력한 논거에도 불구하고 법정에 설 자격이 없다고 판시한 것이다. 대단히 까다로운 기준이 아닐 수 없다.

동물은 법정에 설 수 없으며 **루잔**Lujan 대 **야생동물보호협회**Defenders of Wildlife 소송에서의 환경보호론자나 곧 논의될 다른 유사 사건에서처럼 동물과 가장 밀접한 관계에 있는 사람들의 노력도 원고적격이 없어 실패하는 경우가 많기 때문에, 이익을 보호받지 못하는 동물들이 법원에 갈 수 있

는 길을 만들어야 한다.[26]

이 문제에 대한 유일한 해결책은 동물에게 정식으로 선임된 관리인을 통해 법정에 설 수 있는 원고 자격을 부여하는 것이다. 부상당한 사람은 직접 법정에 출석할 필요가 없다. 미성년자는 부모가, 인지 장애가 있는 사람은 정식으로 선임된 후견인(장애인 권익 운동에서 선호하는 용어를 사용하자면 "협력자")이 소송을 대리할 수 있다. 뉴도가 양육권을 가진 부모였다면 딸의 권리 침해에 대해 변론할 수 있는 자격이 있었을 것이다.

그러나 문제는 미국 법에 따라 동물이 원고적격을 인정받은 적이 없다는 것이다. 인도의 한 법원은 적법한 절차 없이 생명이나 자유를 박탈하는 것을 금지하는 인도 헌법 제21조의 의미 내에서 서커스 동물이 사람에 해당한다고 판단해 서커스 동물의 원고적격을 인정한 바 있다. 법원은 이렇게 판결했다.

> 호모사피엔스는 아니지만 그들도 잔인함과 고문이 없는 인도적인 대우를 받을 권리가 있는 존엄한 존재이다 … 따라서 우리의 동물 친구들에게 연민을 보이는 것은 물론 그들의 권리를 인정하고 보호하는 것은 우리의 기본적인 의무다 … 인간에게 기본권이 있다면 왜 동물에게는 기본권을 인정할 수 없는 것인가?[27]

결론에서도 논의되는 것처럼 콜롬비아도 동물에게 법적 지위를 허용했다. 마찬가지로 이 분야의 전문가인 캐스 선스타인 역시 미국 의회는 연방헌법 제3조에 따라 동물에게 원고적격을 부여할 수 있고, 그런 조치를 막는 어떤 헌법적 장애도 없다고 주장하며, 내가 아는 한 어떤 학자도 여기에 반대하지 않는다.[28] 그러나 지금까지 미국은 다른 경로를 택해왔다. 동물의 직접적인 원고적격성을 부정하고 매우 좁은 범위에서만 인간이 동물 대신 법정에 서는 원고적격을 부여한 것이다.

동물을 대신해 인간이 소송을 제기할 수 있는 한 가지 경로는 필수 정보를 얻을 수 있는 권리, "정보적격"이다. 동물에 대한 우려를 가진 사람이 동물 처우에 관한 정보를 얻을 권리가 있다는 것은 매우 타당해 보인다. 그러나 동물복지법AWA이나 해양포유류보호법MMPA 모두 인간에게 정보적격을 명시적으로 부여하지 않으며, 명시적인 규정이 없는 경우 인간은 행정절차법Administrative Procedure Act을 따라야 한다. 하지만 **동물법률보호기금**Animal Legal Defense Fund, Inc. 대 에스피Espy 사건에서 이 법은 동물 복지에 대한 정보를 요청하는 인간 단체에게 이런 종류의 적격성을 인정하지 않는 것으로 해석되었다.[29] 실제로, 언론의 자유를 이유로 공장식 축산업의 동물 처우에 대한 정보를 얻는 것을 명시적으로 막는 이른바 "어그개그" 법을 무효화하려는 시도에 대한 기록들은(나중에 살펴볼 것이다) 이런 측면에서 상당히 엇갈리고 있다.

인간이 원고적격을 획득할 수 있는 또 다른 경로는 학대를 우려하는 관찰자의 경로다.[30] 그리고 이것은 인간이 반복해서 시도해온 것이다. 그러나 현행법에서는 원고적격을 확보하려면 두 가지 조건을 충족시켜야 한다. 원고의 피해가 윤리나 인정의 측면이 아닌 "미학적" 측면에서의 피해여야 하며, 매우 직접적이어야 한다. 원고가 동물 복지에 대한 원론적인 관심만 가지고 있다면, **루잔 사건**이 명확히 보여주었듯이 그들은 원고적격이 없는 것이 분명하다.[31] 위협을 받는 종을 연구할 명확한 계획이 있고, 그들이 이의를 제기하는 행위가 연구하는 생물의 유효한 공급을 감소시킨다는 것을 보여줄 수 있다면, 그들은 원고적격을 확보할 가능성이 매우 높다.[32] 그러나 해당 종이 절멸 위기에 처하지 않았고 그들이 단지 우려하는 관찰자일 뿐이라면 "심미적" 우려를 보여주어야 하며, 이는 매우 직접적이고 즉각적이어야 한다. 동물 복지 단체의 직원이자 자원봉사자인 마크 주노브Mark Jurnove는 롱 아일랜드 게임 팜 야생동물 공원 및 어린이 동물원Long Island Game Farm Wildlife Park and Children's Zoo의 비인도적인 동물 처우에 대해 소송을 제기했다.[33] (이런 처우는 뉴욕주 법에 따라 불법일 가능성이 매우 높지만, 아무도 법을 집행하지 않았다.) 주노브는 승소하기 위해 자신이 동물원을 정기적으로 방문했으며, "인도적인 환경에서 살아가는 동물을 관찰하는 심미적 이익"에 피해를 입었다는 점을 입증해야 했다.[34] 동물 복지를 위해 일하는 그의 윤리적 우려는 전혀 도움이 되지 않았다. 그가 원고적격을 얻은 것은 피해가 대단히 특정되어 있고, 방문이 잦았으며, 피해가 심미적이라는 이유 때문이었다. 심지어 부당한 대우가 정부(피고)가 아닌 동물원에 의해 발생했다며 배심원단의 의견이 나뉘었다.

일은 완전히 잘못된 방향으로 흘러가고 있었다. 우려의 근거는 윤리적, 심미적 측면에서의 이익이 아닌 동물에 대한 피해여야 한다. 인간의 이익은 계속 변하는 것이고 실제로는 무관하다. 중요한 것은 동물의 피해다. 만약 형법이 실제 피해자에게 가해진 피해가 아니라 구경꾼의 심미적, 심지어 윤리적 반응에 근거를 둔다고 상상해보라. 법은 다수의 선호에 좌우되어 전혀 예측할 수 없게 될 것이다. 주노브의 방문 빈도는 증거의 중대성을 제외하면 실질적인 의미가 없다. 그는 나쁜 행동을 자주 목격했다. 인간 관찰자는 범죄의 목격자다. 피해자가 아니다. 동물이 법의 보호를 받는 것은 우리가 미적 황홀감이나 도덕적 만족감을 느낄 수 있게 하기 위해서가 아니다. 법은 동물 그 자체를 보호하는 것이다. 이런 법이 집행되지 않는다면, 동물은 분명 정부의 나쁜 행동의 피해자가 될 것이며, 따라서 주노브와 같은 관심 있는 인간 관리자를 통해 법 집행을 요구하는 소송을 제기할 수 있는 자격을 부여받아야 할 것이다.

현행법의 이런 변화는 이미 1972년 시에라 클럽Sierra Club 대 모턴Morton 사건에서 더글라스 대법관의 반대 의견을 통해 옹호된 바 있다.[35] 그의 의견서에는 자신의 이익을 옹호할 수 없는 "생태 그룹의 구성원"에 대한 보호를 포함하도록 원고적격을 확장해야 한다고 적혀 있다.[36] (그는 언급하지 않았지만 우리는 이미 미성년자와 심각한 인지 장애가 있는 인간에게 이런 식의 원고적격을 인정한다.) 그는 이런 확대 해석을 막는 것이 주로 "강력한 이해관계자들의 통제하에서 조종을 당하는 연방 기관들"이라고 지적했다.[37] 또한 그는 "환경이 대변하는 모든 형태의 생명체, 즉 딱따구리뿐만 아니라 코요테와 곰, 나그네쥐와 개울의 송어가 법정에 서는 것을 전적으로 확신하는" 새로운 날을 내다보았다.[38] "모든 형태의 생명체"라는 말이 쾌고감수능력이 있는 동물 너머까지 원고적격을 확장하려는 뜻이라면, 나는 거기에 동의하지 않지만 그가 든 예는 모두 동물의 영역에서 나온 것이다.

어제의 반대자들이 때로는 내일의 다수가 된다는 점을 고려하면, 이 의견도 진전의 전조일 수 있다. 이와 유사하게, 천연자원보호협의회NRDC 대 프리츠커의 성공에 앞서 해군의 수중 음파 탐지 프로그램에 이의를 제기하다 실패한 고래목 공동체Cetacean Community 대 부시Bush 사건에서,[39] 제9 순회항소법원은 원고 단체의 원고적격을 인정하지는 않았지만 "연방헌법 제3조 본문 어디에도 연방법원에 소송을 제기할 수 있는 능력을 인간으로만 명시적으로 제한하는 규정은 없다"고 언급했다.[40] 또한 하와이 팔릴라 새가 "법적 지위를 가지고 있으며 그 자체로 원고로서 연방법원에 소송을 제기할 수 있다"고 명시한 이전 제9 순회항소법원 판례를 인용했다.[41] 그들은 이 진술이 "방론obiter dictum"으로, 즉 강제 집행이 가능한 판시의 일부가 아니라고 주장했다. 하지만 이런 방론은 추후 판시의 길을 열어줄 수 있다. 실제로 **천연자원보호협의회**[NRDC] 대 **프리츠커** 사건에서 제9 순회항소법원은 장시간에 걸쳐 원고적격을 논의했다. 그들은 고래 자체의 원고적격은 인정하지 않았지만, **고래목 공동체**에서와 달리 천연자원보호협의회NRDC의 이익과 피해를 광범위하고 관대하게 해석했다.

의회가 행동에 나선다면 동물의 원고적격은 쉽고 간단한 문제가 될 것이다. 헌법 제3조에 따라 동물의 원고적격을 부여하는 데에는 헌법적 장벽이 없다. 의회가 행동하지 않는 경우라면, 법원이 점차 그 방향으로 나아가는 것도 불가능하지는 않다.

동물에게 원고적격이 있어야 한다면 누가 그것을 대신 행사해야 할까? 나는 이 책 전반에 걸쳐 모든 인간이 동물의 권리를 보호해야 할 집단적 의무를 갖는다고 주장했다. 그러나 자원봉사 단체나 개인이 동물을 대신해 법정에 서기 위해 애를 쓰는 현재의 접근법은 체계가 없고 우연에 좌우되기 때문에 보다 정연한 시스템으로 대체되어야 한다고도 주장했다. 반려동물의 경우, 나는 현재 학대 및 방치로부터 아동을 보호하는 기관과 유사한 지방 정부 기관을 제안했다. 다른 많은 경우에는 법에 따라 농무부나 내무부 등 특정 정부 기관에 법 집행이 위임되어 있다. 하지만 이런 접근 방식법은 많은 부당한 행동을 막기에 충분치 못했다. 비영리 단체가 법 집행을 요구하는 소송 제기의 자격을 확보하기 위해 다양한 방법으로 그렇게 열심히 노력해온 이유가 바로 여기에 있다.

더 나은 방법이 없을까? 좀 더 익숙한 법률 영역인 **수탁법**fiduciary law(신인관계법)에서 아이디어를 빌릴 수 있다.[42] 수탁자는 수혜자의 이익을 증진할 법적 의무를 지는 사람이다. (일반적인 예로는 후견인, 신탁관리자가 있다.) 보통 수탁자가 수혜자에 비해 강력한 지위에 있고 수혜자가 수탁자의 활동을 감시하기 힘든 취약한 입장이기 때문에 법적 규제의 필요성이 제기된다.[43] 수탁자의 임무는 단순히 수혜자의 이익에 손해를 끼치지 않는 것이 아니라 수혜자의 희망과 선호에 따라 그의 이익을 적극적으로 증진하는 것이다. 그러나 수탁자가 자신의 이익을 도모할 위험이 항상 존재한다.

이런 이유로 법은 수탁자에게 **주의의무**와 **충실의무**라는 두 가지 의무를 부과한다. 주의의무는 "수탁자의 자율성 증진을 염두에 두고 수혜자의 돌봄, 교육, 건강, 재정, 복리를 가장 잘 증진할 수 있는 결정을 내리는 것"을 포함한다. 이는 "수탁자가 의사 결정 과정에 가능한 한 수혜자를 포함시키고, 수혜자의 가치와 관심사를 숙지하기 위해 노력해야 한다"는 의미다.[44] 충실의무에는 자기 거래self-dealing에 대한 경계가 포함되며, 각 주에서는 수탁자가 이 의무를 이행하는지 확인하기 위해 다양한 감시 요건을 채택하고 있다.

바로 이것이 각 유형의 동물에게 필요한 것이다. 이런 접근법은 역량 접근법과 대단히 잘 맞는다. 수탁법은 수혜자의 고통이나 피해를 피하는 것만이 아니라 수혜자의 광범위한 이익을 적극적으로 증진하는 데 관심을 둔다. 나는 반려동물의 경우, 반려인이 1차 수탁자가 되지만 방임을 염두에 두고 정부가 이 제도를 면밀히 감시해야 한다고 제안했다. 다른 경우에는 정부가 특정 유형의 동물에 대해 적합한 동물 복지 기관을 수탁자로 지정해야 한다. 수탁기관은 동물의 이익을 위해 적극적으로 활동해야 한다. 따라서 미국 농무부의 방임으로 피해가 진행 중이라면 지정된 기관이 그 사안을 추적해야 한다. 야생동물의 경우, 수탁자는 다양한 피해(서식지 훼손, 밀렵, 질병)를 겪는 동물을 방치해서는 안

되며, 동물의 이익을 위해 적극적으로 개입해야 한다.

원고적격을 규정하는 법의 개정이 없다면 이런 제도는 효력이 없다. 그러나 일단 동물이 원고적격을 얻게 되면, 수탁 제도가 수탁자에게 동물 또는 동물들을 대신해 법정에 설 수 있는 원고적격을 부여할 수 있다.

인간의 이해관계와 관련될 때, 법은 대단히 수완이 좋다. 오래전부터 취약한 인간을 보호하기 위한 좋은 아이디어들이 작동해왔다. 적절한 변경을 가하면 동물에게 적용되지 못할 이유가 없다.

이제 현재 법 적용 범위의 공백을 생생하게 보여주는 세 가지 문제를 살펴보자. 첫째, 강아지 공장의 문제는 미국 농무부의 열의가 없는 상황에서 동물 복지법을 집행하는 것이 얼마나 어려운지, 다른 한편으로는 이 문제를 해결하기 위해 노력하는 지역 관할 기관의 수완이 얼마나 대단한지를 보여준다. 둘째, 공장식 축산 규제는 연방의 규제가 전혀 없을 때 할 수 있는 일이 무엇인지, 그리고 그런 모든 노력이 얼마나 격렬한 저항에 직면하는지를 보여준다. 또한 보다 포괄적인 접근 방식을 통해 더 많은 진전을 이룬 다른 국가의 모습도 보여준다. 셋째, 고래 및 기타 해양 포유류에 가해지는 다양한 피해는 국제 규제가 가진 현재의 취약성과 향후의 가능성을 보여준다.

● 강아지 공장

강아지 공장puppy mill은 질보다는 양을 위주로 번식시킨 후 강아지를 애완동물 상점에 판매하는 영리 목적의 상업적 브리더breeder를 말한다. 소비자들은 우수한 브리더로부터 개를 구매한다고 믿곤 한다. 미국 휴메인 소사이어티Humane Society는 수년 동안 이런 브리더들을 면밀히 감시해왔고, 문제의 성격과 규모를 기록하기 위해 매년 "가장 끔찍한 강아지 공장 100horrible hundred"을 발표한다.[45] 공급되는 음식의 질이 낮고, 물도 지나치게 적게 공급되는 경우가 많다. 많은 개가 수의학적 치료를 전혀 받지 못하거나 불충분하게 받고 있으며, 질병, 기생충, 기타 문제를 가지고 있는 경우가 많다. 강아지 공장의 개들은 움직일 공간이 거의 없고 질병을 옮길 수 있는 비위생적인 환경에서 우리에 갇혀 지내는 것이 보통이다. 더위와 추위를 피할 수 있는 피난처도 몹시 부족하다.

이런 조건은 대부분 동물복지법에 저촉된다. 미국 농무부는 2017년부터 2020년까지 3년 동안 동물복지법 집행에 대한 보고서 발표를 중단했다. 특정 브리더들에 대한 단속 활동은 90% 감소했다. 조사관들은 업무 수행에 대한 적극적인 만류가 있었다고 전했다.[46] 2020년 2월, 의회는 농무부에 단속 활동에 대한 온라인 데이터를 복원할 것을 지시했다. 휴메인 소사이어티는 2019년에 요청이 있을 시 농무부가 포괄적인 데이터를 대중에게 공개할 것을 요구하는 소송에서 승소했다. 휴메인 소사이어티의 2020년 보고서에는 미국 내 모든 주에 있는 브리더에 대한 포괄적인 정보가 담겨 있다.

강아지 공장의 문제는 구매 시점부터 전국적인 문제가 된다. 모든 주의 애완동물 상점이 이런 문제가 있는 브리더들의 강아지를 취급하거나 최근까지도 취급했다. 하지만 발생 시점에는 전국적인 문제가 아니다. 미주리주는 문제가 있는 30개 브리더가 있는 강아지 공장의 본산이다. 그다음으로는 오하이오주에 9곳, 캔자스주와 위스콘신주에 8곳, 조지아주에 7곳이 있다. (이것들은 신뢰할 수 있는 수치가 아니다. 일부 주는 지역 조사를 장려하지 않기 때문이다.) 8년 동안 "가장 끔찍한 강아지 공장

100" 목록에서 1위를 차지한 미주리주의 경우, 인도주의 단체들이 수년 동안 악덕 브리더를 규제하기 위한 법적 투쟁을 벌여왔지만 주정부 차원의 규제에는 매번 실패했다. 2010년 휴메인 소사이어티, 동물학대 방지협회ASPCA와 기타 단체의 지지를 받아 주민투표를 통과한 강아지 공장잔혹행위방지법A Puppy Mill Cruelty Prevention Act은 농업 단체와 브리더 단체, 전미총기협회National Rifle Association, NRA, 그리고 이상하게도 미주리 수의사협회Missouri Veterinary Medical Association 등의 격렬한 반대에 부딪혔다. 기존 규정에 따르면, 개는 체구보다 고작 6인치 정도 긴 우리에 집어넣고 영구적으로 가두어 수의학적 치료 없이 비바람에 노출시킬 수 있었다. 새로운 법은 적절한 먹이, 위생적이고 좀 더 큰 우리, 수의학적 치료, 극한 기온으로부터의 보호를 의무화했다. 법안이 통과된 지 두 달 만에 법안의 폐지 혹은 수정을 요구하는 다섯 개의 법안이 발의되었다. 제이 닉슨Jay Nixon 주지사는 2011년 대폭 축소된 법안에 서명했다. 수정된 법안은 야외 운동 요건을 삭제하고 우리의 크기를 농무부가 정할 수 있도록 허용했다.[47]

하지만 미주리주는 일부 주에는 없는 단속 시스템을 갖추고 있으며 때로 심각한 위반 업체의 폐쇄를 명령한다.[48]

발생 시점의 규제를 신뢰할 수 없기 때문에 많은 주, 도시, 국가는 판매 시점에 규제를 시행한다. 가장 선호되는 전략은 애완동물 상점에 허가된 보호소가 공급하는 구조견만을 판매할 수 있도록 하는 것이다. 내가 살고 있는 시카고에서 이 전략을 어떻게 적용하고 있는지 살펴보자. 시카고는 2014년 모든 애완동물 상점이 유기 동물 센터, 정부가 운영하는 개 사육장이나 훈련 시설, 혹은 "민간, 자선, 비영리 인도주의 단체나 동물 구조 단체"에서 반려동물을 얻어야 한다는 조례를 통과시켰다.[49] 이 법의 추가적인 목적은 보호소의 안락사 비율을 낮추는 것이었다. 실제로 살아서 보호소를 나가는 동물의 비율은 2016년 62%에서 2019년 92%로 증가했다. 수익성 좋은 사업을 중단하게 된 애완동물 상점들은 즉시 이 법에 반대하는 캠페인을 시작했다. 일부 비평가들은 이 법이 미국 및 일리노이주 헌법에 저촉된다고 주장했지만, 제7 순회항소 법원은 법적으로 근거가 없는 주장이라고 일축했다.[50]

한편, 이 법에 허점이 있어서 애완동물 상점 업주들이 법의 요건을 회피할 수 있다는 사실이 드러났다. 강아지 공장 브리더들이 "명목상" 비영리 법인을 설립하고 이를 통해 시카고 애완동물 상점에 개를 공급하면 법망을 피할 수 있었던 것이다. 『시카고트리뷴Chicago Tribune』의 폭로 기사는 두 개의 강아지 공장 J. A. K. 퍼피즈J.A.K.'s Puppies(아이오와 소재)와 론울프 케널즈Lonewolf Kennels(미주리 소재)가 강아지 공장의 간판 노릇을 하는 비영리 법인 호보 K-9 레스큐Hobo K-9 Rescue와 도그 마더 레스큐 소사이어티Dog Mother Rescue Society를 설립했다는 것을 보여주었다. 시카고 내에서 이 단체를 통해 판매된 강아지가 천 마리가 넘었다. 흥미롭게도 이 폭로에 대해 공급처인 미주리주와 아이오와주는 정반대의 반응을 보였다. 미주리주는 아무 조치도 취하지 않았고, 아이오와주는 해당 공장과 주 내 다른 강아지 공장에 60만 달러에 달하는 벌금을 부과했다.[51]

한편, 시카고에서는 브라이언 홉킨스Brian Hopkins 시의원이 애완동물 상점이 영리 목적의 브리더나 조직과 관련이 없는 구조 단체로부터만 반려동물을 제공받도록 하는 법 개정안을 발의했다. 또한, 애완동물 상점은 소액의 입양 수수료만 청구할 수 있도록 해서 순종이라고 주장하는 고가의 개를 판매할 유인을 제거했다. 이 개정안은 많은 논쟁 끝에

2021년 4월 12일에 통과되었다.[52] 이 과정에서 강아지 공장-애완동물 상점 연계의 지속적인 힘을 보여주는 특이한 일이 있었다. 과거 이 조례를 지지하다가 반대로 입장을 전환했던 레이먼드 로페즈Raymond Lopez 시의원이 애완동물 상점 업주로부터 선거 기부금을 받은 것으로 밝혀진 것이다. 그러나 개정안에서 미국애견협회의 양보로 "뒷마당 번식 backyard breeding"을 제외시키는 것에 반대했던 로페즈 의원의 주장은 적절했다. 홉킨스는 자신이 키우는 품종에 애정이 있는 사람이라면 잔인한 환경에서 개를 키우지 않을 것이라고 주장했지만 로페즈는 보호소에 입소하는 개 중 상당수가 그런 브리더들이 과잉으로 번식시킨 순종 개라고 반박했다. 그는 내가 9장에서 주장한 것처럼 개들이 강아지 공장의 명백한 학대뿐 아니라 근친교배로 인한 질병에 노출되는 학대를 경험하고 있다고 주장했다. 아마추어 "뒷마당 번식"은 유전 질병의 발견이나 예방에도 소홀할 가능성이 높다.[53]

이 긴 드라마는 국가가 생산 시점에 주의 적절한 관리가 없을 경우 판매 시점에 이 문제를 진전시키는 것이 얼마나 어려운지 보여준다. 판매 시점 규제는 어려울 뿐만 아니라 관할권이 좁을 수밖에 없다. 강아지 공장의 개를 원하는 시카고 거주자는(열악한 환경에 대해 알지 못하는 상태에서 보호소의 성견이 아닌 귀여운 강아지를 원하는 경우) 일관성 없는 시와 군 규정이 뒤섞여 있어 규제가 불규칙한 교외 지역으로 차를 몰고 갈 것이다.

이 모든 문제는 연방 정부가 동물복지법을 적극적으로 집행하거나 이 특정 문제에 대한 새로운 연방 법령을 제정함으로써 해결할 수 있다. 공급을 하는 주가 하나 이상 있고 영리를 추구하는 애완동물 상점이 많은 한, 주정부가 할 수 있는 일은 상대적으로 적다. 그 사이 수많은 강아지들이 역량을 발전시키고 발휘할 기회를 잃게 된다.

● 공장식 축산(어그개그 법)

1장, 7장, 9장에서는 공장식 축산업의 학대에 대해 일부 언급했다. 농장 동물은 동물학대방지법AWA, 절멸위기종보호법ESA, 철새보호조약법MBTA과 같은 연방법하의 보호를 받지 못한다. 또한 37개 주의 잔학 행위 방지법하의 보호 대상에서도 제외된다. 여기에서 끝이 아니다. 비난에서 벗어나기 위한 공장식 축산업의 노력이 너무 성공적인 나머지 많은 주가 이런 학대에 대중의 관심을 끌어들이기 위한 내부 고발 활동을 불법화하는 소위 "어그개그" 법을 통과시켰다.[54] (비밀리에 촬영한 사진과 영상은 학대를 폭로하고 대중의 분노를 불러일으키는 데 매우 효과적이었다.)

전형적인 어그개그 법은 농업 시설에서의 비밀 녹음 및 녹화를 범죄로 규정한다. 일부 주에서는 다른 유형의 사업까지 그 범위를 넓혔다. 현재 앨라배마, 아칸소, 아이오와, 미주리, 몬태나, 노스다코타, 이렇게 6개 주에 "어그개그" 법이 존재한다. (아이오와와 아칸소에서는 소송이 진행 중이며, 아이오와주의 이전 두 어그개그 법은 법원에서 위헌 판결을 받았다.) 노스캐롤라이나, 캔자스, 유타, 와이오밍, 아이다호의 5개 주에서는 수정헌법 제1조에 위배된다는 근거로 어그개그 법이 무효화되었다. 메인, 뉴햄프셔, 버몬트, 뉴욕, 뉴저지, 펜실베이니아, 플로리다 테네시, 켄터키, 인디애나, 일리노이, 미네소타, 네브래스카, 콜로라도, 뉴멕시코, 애리조나, 캘리포니아, 워싱턴의 18개 주에서 어그개그 법안이 발의되었으나 부결되었다. 나머지 주에서는 아직 싸움이 구체화되지 않았다.

이 투쟁은 미국 전역에서 법적 싸움을 벌이는 비영리 법률 조직의 역할이 얼마나 중요한지 보여준다. 한편, 이런 단체의 웹사이트와 티머시 패키릿Timothy Pachirat의 인상적인 폭로, 『12초마다 한 마리씩: 미국

도축 현장 잠입 보고서 *Every Twelve Seconds: Industrial Slaughter and the Politics of Sight*』와 같은 책을 통해 정보를 쉽게 얻을 수 있다.[55] 이 책은 숨겨진 도살장 안으로 독자를 데려가 노동자의 관점에서 그 안에서 벌어지는 일상의 활동을 보여준다. (패키릿은 이름을 밝히지 않은 소 도축 시설에 위장 취업해 취재를 했다.) 용기 있는 내부 고발자들의 노력 덕분에 누구든 관심이 있는 사람이라면 도축업계가 감추고 싶어 하는 학대 행위가 어떤 것인지에 대한 정보를 얻을 수 있다.

연방법은 학대에 맞선 싸움에 그다지 도움이 되지 않는다. 모든 농장 동물들이 동물복지법의 보호 대상에서 제외될 뿐 아니라, 미국에서 식용으로 사육되는 동물의 95%가 가금류임에도 불구하고 인도적 도축법 Humane Methods of Slaughter Act과 운송 도중 동물을 어떻게 다루어야 하는지 규정하는 28시간 법 Twenty-Eight Hour Law에서 가금류는 제외된다.

주들의 상황은 어떨까? 강아지 공장에서와 거의 비슷한 문제가 발견된다. 대부분의 학대가 발생하는 주에서는 아무것도 하지 않고 있으며, 좋은 법을 통과시킨 주들은 대체로 학대가 거의 발생하지 않는 주이다(닭의 경우 돼지나 소만큼 사육 장소가 지리적으로 집중되어 있지 않지만). 일부 주에서 불법으로 규정된 학대 행위에는 임신 상자 사용(10개 주), 송아지 감금 상자 사용(9개 주), 암탉 감금 상자 사용(8개 주) 등이 있다. 캘리포니아와 매사추세츠주는 특히 적극적으로 규제에 나서고 있다. 그러나 규제를 시행하는 주들은 대규모 생산자가 아니기 때문에 생산 시점의 규제에 큰 의미가 없다.

이 때문에 강아지 공장에서와 같이 각 주에서는 오리와 거위에게 강제로 먹이를 주어 만든 푸아그라 판매 금지(캘리포니아와 뉴욕시), 감금 상자에서 사육된 송아지 고기 및 돼지고기 판매 금지(캘리포니아와 매사

추세츠), 주법이 불법으로 규정한 방식으로 감금한 닭의 달걀 판매 금지 (7개 주) 등의 판매 시점 전략을 채택하고 있다. 그 이외의 주들은 다른 방향으로 움직였다. 달걀 생산량과 돼지고기 생산량에서 미국 최대인 아이오와주는 농장 동물과 관련된 관행에 대해 반잔학행위 법들에 대한 특정 용도 면제를 적용한다. 기소되는 학대 행위가 있지만, 매우 극단적이어야 한다(예를 들어, 양돈 농장 노동자들이 금속 막대로 돼지를 구타하거나 얼굴에 핀을 꽂는 행위). 아이오와주에서는 우리 없이 키운 닭의 달걀을 판매하는 식료품점에 보조금을 지급하는 연방 프로그램에 참여하는 식료품점에 상자에 가둔 암탉이 낳은 달걀도 판매하도록 하는 법을 통과시켰다.

판매 시점 전략은 애완동물 상점에 대한 규제와 달리 소비자에게 금전적 부담을 주기 때문에 빠르게 발전할 가능성이 낮다. 그리고 현재 육류 생산이 많은 주의 경우 생산 시점 전략의 전망은 암울하다.

한편, 입법자들이 미국만큼 공장식 축산업에 휘둘리지 않는 유럽은 훨씬 더 많은 진전을 이룰 수 있었다. 1976년에 제정된 유럽 농업용 사육동물보호협약European Convention for the Protection of Animals Kept for Farming Purposes은 농장 동물에 대한 광범위한 보호 조항과 모니터링 시스템을 마련해두고 있다.[56] 이 협약은 돼지가 일어서고 눕고 다른 돼지와 어울릴 수 있을 만큼 충분히 넓은 우리 등 구체적인 규정들에 의해 보완된다. 또한 건초, 짚 기타 재료를 충분히 제공해 돼지들이 특유의 "탐색과 조작 활동"을 할 수 있도록 해야 한다고 규정한다.[57] 식용 닭과 알을 낳는 산란계도 상당히 강력한 보호를 받는다. 송아지에 대한 지침에서는 송아지의 사회적 성향을 인정해 8주 이상의 송아지는 반드시 집단으로 사육해야 한다고 명시하고 있다. 요컨대, 유럽은 동물의 역량을 존중하는 방향으로 나아가고 있다.

EU 법도 보호의 강도가 상당히 높지만, 오스트리아나 스웨덴과 같은 일부 국가의 경우 돼지와 닭의 보호에 있어 훨씬 더 발전한 상태다.[58]

우려를 갖고 있는 미국 독자들은 이 부분에서 낙담했을지도 모르겠다. 이 책의 관점에서 볼 때, 이 고도로 지능적이고 복잡한 동물들은 애초에 식용으로 사육되어서는 안 된다. 인도적인 대우를 향한 이런 점진적인 개혁조차 그렇게 어렵다면 어떻게 이 책의 목표 실현을 기대할 수 있을까? 육류 산업이 정치에 막강한 영향력을 행사하는 미국은 희망을 갖기 어려운 조건에 있는 것이 사실이다. 그럼에도 불구하고 법과 법 실무, 특히 어그개그 법에 맞서 인상적인 진전이 있었다. 그리고 점점 많은 정보가 공개되면서 대중의 정서도 변화하고 있다. 또한 식물성 인조 고기의 인기와 인공 육류의 전망은 전 세계의 판도를 바꾸는 게임 체인저가 될 수 있을 것이다.

● 고래의 미래: 국제법의 한계[59]

수 세기 동안 고래를 보는 시선은 매우 모순적이었다. 경외심을 불러일으키는 아름다운 동물이면서 인간에게 큰 이익을 안겨주는 동물로 본 것이다. 위대한 문학 작품에는 두 가지 관점 모두가 담겨 있다. 여러 측면에서 산업 자본주의를 비판했던 D. H. 로렌스D.H.Lawrence는 그의 시 〈고래는 울지 않는다!*Whales Weep Not!*〉(1909)에서 첫 번째 접근법을 택했다.

바다는 춥다고들 말한다. 하지만 바다는
가장 뜨거운 피, 그리고 가장 사납고 가장 끈질긴 피를 담고 있다.

더 넓은 깊은 곳에 있는 모든 고래들은 뜨겁다. 그들은 뜨거운 열정으로
빙산 밑으로 몇 번이고 잠수한다.
참고래, 향유고래, 망치머리, 범고래
그들은 그곳 바다로부터
뜨거운 야생의 하얀 숨결을 내뿜는다!

다음으로, 오베드 메시이Obed Macy의 『낸터컷의 역사*The History of Nantucket*』(1835)에서 발췌한 다음의 글에 대해서도 생각해보자.

1690년에 몇몇 사람들은 높은 언덕에서 고래들이 서로 물을 내뿜으며 어
울려 노는 양을 지켜보고 있었다. 한 사람이 말했다. 저기(바다를 가리키며)
가 우리 후손들이 빵을 구하러 갈 푸른 목초지다.

허먼 멜빌Herman Melville은 메이시의 글로 『모비딕』을 시작하면서 포
경 산업을 비판 없이 받아들이는 동시에 거기에서 희생되는 고래의 경
외심을 불러일으키는 속성을 강조하는 양쪽 방향 모두에 이끌리고 있
다. 곧 보게 될 것처럼, 현대 국제법도 이렇게 양방향으로 이끌리고 있
다. 하나는 고래에 대한 치명적인 잔학 행위를 종식시키려는 쪽이고, 다
른 하나는 미래의 착취를 위해 고래라는 "자원"을 보존하려는 쪽이다.
　현재까지 국제적인 노력이 존재하는 유일한 부분은 포경이지만 이
는 국제 수역에서 고래에게 가해지는 피해의 일부에 불과하다. 소리는
고래가 다른 고래와 소통하는 가장 중요한 형태다. 천연자원보호협의회
NRDC 대 프리츠커 소송이 결론지었듯이 음향 환경의 파괴는 여러 가지 방
식으로 고래의 생활 형태에 지장을 초래한다. 그러나 음향 환경의 파괴

는 미 해군이 유발한 것 이외에도 많이 존재한다. 다른 국가들도 수중 음파 탐지기를 사용한다. 해운 산업은 전 세계에서 엄청난 소음을 만든다. 그리고 석유와 가스 산업은 해저 석유를 시추하는 석유 굴착기뿐 아니라 원유를 찾는 지도 제작 작업을 통해서도 소음을 발생시킨다. 이 회사들은 해저의 윤곽을 도면화하기 위해 고출력 에어건을 사용한다. 심해를 향해 높은 압력의 공기를 내뿜는 것이다. 이런 작업이 일정한 간격으로 거의 전 세계에서 이루어진다. 다니엘 하이너펠드Daniel Hinerfeld와 미셸 도허티Michelle Dougherty가 감독한 2016년의 다큐멘터리 영화 〈소닉 시〉는 이 같은 음향 환경 파괴의 실상을 잘 담아내고 있다.[60] 이런 식의 음파 파열은 경우에 따라 고래의 뇌 손상과 사망을 유발할 수 있다. 음파 방해 규제의 논의조차 힘들어 보이는 지금의 상황은 국제법이 얼마나 소극적이고 그것이 달성하려는 목표가 얼마나 보잘것없는지를 보여준다.

포경이 왜 잘못인가? 이 책의 관점에서 보면 답은 분명하다. 포경은 쾌고감수능력을 지닌 이 복잡한 동물의 삶을 조기에 끝내 인간이 고기, 기름 및 기타 유용한 제품을 추출할 수 있는 대상으로 사용한다. 7장에서 주장했듯이 대부분 동물의 경우 식용을 위해 죽이는 것은 부당한 일이다. 거기에 포경 산업의 잔인함까지 추가된다. 작살은 길고 느린 죽음을 초래한다. 곤봉으로 더 고통을 주기도 한다. 새로운 기술로 상황이 다소 바뀌기는 했다. 고래 체내에서 폭발하는 촉이 달린 작살을 사용해 죽어가는 시간을 단축하는 것이다. 그렇더라도 여전히 끔찍한 죽음이다. 하지만 식용으로 살해되는 대부분의 동물은 나쁜 삶의 끝에 나쁜 죽음을 맞이한다. 고래는 적어도 그 전에는 자유로웠기 때문에 대부분의 소, 돼지, 닭보다 훨씬 낫다. 기존 관행에 대한 비판을 시작하기 전에, 포경이 일반적 동물 살육 관행과 다르지 않다는, 그와 다른 추가적인 악행이 포함되지 않는다는 점을 분명히 해두어야 할 것이다. 때문에 포경을 거의 하지 않는 미국과 같은 나라가 다른 국가의 포경에 대해 불평하면서 매일 자신들이 자행하는 가혹한 관행은 간과하는 것은 위선이다. 안타깝게도 이런 위선을 지적하며 종종 국제법하에서 고래를 보호하려는 시도를 지연시키는 일들이 일어나고 있다.

또 하나 분명히 해두어야 할 사항이 있다. 법이 맞서야 할 악의 본질이 무엇인가의 문제다. 여기에는 두 가지 파벌이 있다. 한 파벌(기본적으로 고래를 인간의 목적을 위한 수단으로 사용고자 하는 파벌)의 경우, 막아야 할 유일한 악은 하나 이상의 고래 종이 멸종하는 것, 즉 수익성 있는 산업(일부)이 종말을 맞는 것이다. 이 파벌은 대개 "고래의 개체군"에 대해 이야기한다. 개개의 고래에는 의미가 없는 것처럼 말이다. 나를 비롯한 다른 사람들이 악으로 보는 것은 고래 개체의 불필요하고 잔인한 죽음이다. 종이 중요한 것은 종의 지속적인 번식과 종의 다양성이 개체의 건강과 사회적 상호작용을 비롯한 번영에 필수적이기 때문이다.

미국 관할권 내의 고래는 비교적 잘 살고 있다. 해양포유류보호법 MMPA은 고래에 대한 살해뿐 아니라 "괴롭힘"까지 막는다. 프리츠커 사건은 강력한 군사적 이해관계 앞에서도 법원이 고래를 보호할 수 있다는 것을 보여준다. 〈블랙피시〉에 등장하는 악랄한 행위에서 알 수 있듯이 오르카가 항상 "괴롭힘"으로부터 보호받은 것은 아니었지만, 적어도 캘리포니아의 경우, 오르카복지및안전법 덕분에 상황이 바뀌었다. 오르카는 미국 연안 해역, 특히 워싱턴 산후안 제도 앞바다에서 야생으로 번영하고 있다.

미국이 고래 사냥을 하지 않는 것은 아니다. 벨루가 고래 사냥을 감시하는 알래스카 벨루가 고래 위원회Alaska Beluga Whale Committee에 따르면 사냥으로 연간 약 300마리의 고래가 죽는다. 두 원주민 그룹이 동물 권리 단체의 반대에 맞서 절멸 위기 종을 사냥하고 있다. 알래스카의 9개 원주민 공동체가 "생계"를 위해 북극고래를 사냥하며, 워싱턴주의 마카족은 쇠고래 사냥을 재개했다. 두 사냥 모두 8장에서 설명한 유형의 문화적 권리를 이유로 내세운다.

이번에는 국제 수역에서 일어나는 일에 대해 알아보자. 미국인에 의한 사냥을 포함한 모든 고래 사냥은 1946년에 조인된 국제포경규제협약ICRW의 규제를 받는다. 이 협약을 통해 모니터링 그룹, 국제포경위원회IWC가 설립되었다.[61]

국제포경규제협약ICRW의 목표는 고래 살해의 종식이 아니라 지속 가능한 이용에 있다. "고래 자원"의 고갈 증거가 동기를 부여한 것이다. 당시 미국 국무부 장관이었던 딘 애치슨Dean Acheson은 협약 서문에 고래를 "전 세계의 피보호자"이자 "공동의 자원"이라고 묘사했다. "자원"이라는 용어는 고래를 인간이 사용하는 대상으로 본다는 것을 암시한다. 실제로 협약 초안 작성 당시에는 상업적 포경을 완전히 금지할 생각은 없었고 회원국별 쿼터제가 목표였다. 발표된 쿼터 이외에 원주민 포경과 "과학적 목적"의 포경이라는 두 가지 형태의 포경이 명시적으로 허용되었다. 당시나 지금이나 특정 조항에 동의하지 않는 국가는 해당 조항에 대해서는 자체적인 운영에 맡기는 옵트아웃opt-out을 택하면서도 국제포경규제협약ICRW의 회원국으로 남을 수 있다. 또한 모든 변경에는 회원국 4분의 3의 동의가 필요하다.

"인류에게 더 평화롭고 행복한 미래"를 가져다줄 것(고래의 미래 행복은 언급되지 않았다!)이란 미국 내무부 장관 C. 지라드 데이비슨C. Girard

Davidson의 예고가 무색하게 이런 규정들이 자리를 잡으면서 상황은 이미 정체 단계에 접어들었다. 하지만 옵트아웃이 없었다면 러시아, 일본, 노르웨이 등 포경에 적극적인 많은 국가는 애초에 국제포경위원회IWC에 가입하지도 않았을 것이다.

처음에는 쿼터제와 신중한 모니터링 절차가 함께하는 상업 포경이 허용되었다. 그러나 1982년 상업 포경에 대한 전면적인 모라토리엄moratorium(활동 중단)이 시작되었다. 당초 모라토리엄은 자원이 회복될 때까지 한시적으로 시행될 예정이었으나, 포경 재개를 정당화하는 상황에 대해 합의가 이루어지지 않아 모라토리엄이 지속되었다. 국제포경규제협약ICRW의 일부 회원국들은 윤리적 차원에서 포경 일반에 반대하는 동물의 권리 관점으로 점차 전환하고 있는 반면, 다른 회원국들은 상업적 포경 재개를 열망하고 있어 의견 차이는 더 심화되고 있다. 국제포경규제협약ICRW의 집행력은 항상 미약했다. 징계의 의무를 각 회원국에게 맡기기 때문이다. 노르웨이와 아이슬란드는 모라토리엄의 옵트아웃을 택하고 합법적인 상업 포경 활동을 하고 있다.

조약하에 허용되는 예외를 악용하는 국가들도 있다. 각각의 사례를 차례로 살펴보기로 하자. 예외가 되는 과학적 목적은 고래 생물학의 이해다. 의대생들이 해부를 통해 지식을 얻는 것처럼 고래에 대한 지식을 얻기 위해 고래 사체가 필요하다고 생각한 것이다. 인간은 의학의 목적으로 살해되지 않고 자연사로 사체가 충분히 공급되는 반면, 고래 사체는 심해에서 유실되는 것이 보통이고 가끔 해변에서 발견되는 고래는 종을 대표하지 않을 수 있다고 판단됐다. 따라서 일부 국가에서는 연구를 위한 고래 살해가 필요하다고 주장했다.

과학적 목적에 대한 이런 주장이 전적으로 선의라고 해도 세상은 변했다. 새로운 기술 덕분에 핼 화이트헤드와 루크 렌델이 하듯이 심해 하강 장비, 특히 심해 사진을 이용해 고래를 죽이지 않고도 심해의 고래에 대한 근접 연구가 가능해졌다. 물론 새로운 장비가 고래의 내부를 탐사하는 것은 아니다. 하지만 의사가 인체 해부학에 대해 이미 알고 있는 지식에 환자의 임상 검진과 결합시켜 정확한 결과를 얻는 것처럼 고래를 연구하는 과학자들도 그렇게 할 수 있다. 알기 위해 죽여야 한다는 것은 어떤 다른 동물 종에서도 수용된 적이 없는 아이디어이며, 지금은 다른 방법으로의 진전이 얼마든지 가능하다.

과학적 목적을 이유로 드는 것, 특히 일본의 그런 시도는 실패로 돌아갔다. 2014년 3월 국제사법재판소International Court of Justice, ICJ는 일본의 남극 과학 포경 프로그램 JARPA II가 과학 프로그램으로서 가치가 없기 때문에 국제법상 정당화될 수 없다고 판결했다. 호주가 제기한 이 소송에는 뉴질랜드도 개입했다.[62] 법원은 이 프로그램의 과학적 연구 결과와 상호 심사 연구가 부족하다는 점을 지적했다. 많은 환경 단체는 이 활동 전체를 상업적 포경으로 간주했다. 동의하지 않기가 어려운 의견이다.

그러나 일본은 포기하지 않았다. 그들은 프로그램의 "재설계"를 발표했으며, 고래 해부의 "부산물"을 상업적으로 식용으로 판매하고 있는데도 독립적인 연구 기관이라고 주장하는 일본 비정부기구NGO인 고래 연구소 Institute of Cetacean Research, ICR를 통해 권리를 주장하고 있다. (의미심장한 점은, 곧 설명할 시셰퍼드보존협회Sea Shepherd Conservation Society 사건에서 제9 순회항소법원이 고래 연구소를 "남극해에서 치명적인 포경을 수행하는 일본 연구자들"이라고 논란의 여지가 없는 직설적인 문구로 묘사했다는 것이다.)

법원은 신중한 태도를 취했다. 고래가 생명권을 가지고 있다는 주장은 다루지 않았으며, 국제포경규제협약ICRW의 목적을 보존과 지속 가능한 개발의 균형으로 정의했다. 과학 연구를 위한 예외적 허용 자체에도 반대하지 않았다. 다만 일본의 프로그램이 자격이 없다고 판시했을 뿐이다. 2014년 이후, 일본은 남극해에서 포획하는 고래의 수를 줄였지만 포경 활동은 계속했다. 2015년에 일본은 새로운 "과학적" 포경 계획서를 제출했고, 국제사법재판소 관할권에 대한 선택 신고를 수정해 살아 있는 해양 동물과 관련된 모든 분쟁을 국제사법재판소의 관할권에서 제외함으로써 반복적인 소송을 막았다.

이 문제는 이제 고려의 가치가 없다. 점차 환경보호주의적 입장이 강해지고 있는 국제포경위원회IWC 내에서 반대에 부딪힌 일본이 2018년 12월 위원회를 탈퇴하고 남극은 아니지만 2019년에 상업 포경을 재개했기 때문이다. 2020년, 고래 연구소는 현재 비살상 방법만을 사용한다고 밝혔다.[63] 진정한 과학적 연구에 고래의 살상이 필요하지 않다는 점을 분명히 인정한 것이다. 상업 포경이 공개된 이상 더 이상은 베일이 필요치 않다는 의미다.

우리가 할 수 있는 일은 무엇이고 해야 할 일은 무엇일까? 현재로서는 강대국들이 마음대로 무시하는 기구, 힘없이 갈등에 시달리고만 있는 국제포경위원회IWC에 기대할 수 있는 것이 거의 없다. 환경운동단체의 극단적인 저항도 실패했다. 특히 많이 알려진 것은 고래에게 고유한 생명권이 있다고 믿는 시셰퍼드보존협회의 활동이다. 고래라는 대의를 위해 싸우는 이 단체는 일본의 남극 포경 활동을 계속 방해해왔다. 시셰퍼드의 방해는 매우 공격적인 방식을 취하고 있으며, 많은 환경 단체가 이를 개탄하고 있다(나 역시 반대한다). 예를 들어, 시야를 차단하려는 시도로 부티르산이 담긴 병을 포경선에 던진다. 이 조직과 그 창립자 폴 왓슨Paul Watson은 단순한 항의나 국제법은 효과가 없었기 때문에 이 방법이 포경을 방해할 수 있는 유일한 효과적 방법이라고 주장한다. 하지만 이 전략은 법적으로 역효과를 낳았다. 고래 연구소ICR는 외국인불법행위법Alien Tort Statute(원래 미국 법원에 해적을 고소할 수 있도록 고안된 법)에 따라 시셰퍼드를 고소하고, 이 조직의 행위가 해적 행위에 해당한다며 금지 명령을 요청했다. 연방지방법원은 시셰퍼드의 전술에 대해 불만을 표하면서도, 고래 연구소가 이 단체의 행위가 해적 행위에 해당한다는 것을 입증하지 못했다며 시셰퍼드의 손을 들어주었다. 항소심에서 제9순회항소법원은[64] 알렉스 코진스키Alex Kozinski 판사의 대표 의견으로 판결을 뒤집었다. 그 직후 코진스키 판사는 갑작스럽게 은퇴하고 공개적으로 망신을 당했다.[65] 시셰퍼드의 리더인 폴 왓슨은 2017년에 일본이 통과시킨 새로운 테러 방지법을 이유로 공격적인 활동을 중단했다.

간단히 요약하면, "과학적" 포경은 법적 수단으로도 법외적인 수단으로 중단되지 않았으며, 각국이 공개적인 상업 포경으로 복귀한 현재로서는 과학이라는 변명조차 필요치 않다. 국제포경위원회IWC는 희망을 갖기 힘들 만큼 무력한 것으로 드러났으며, 이는 국제 인권법의 역사에서도 익히 보아왔던 문제다.

협약의 또 다른 예외 사항인 원주민 생계 포경의 문제는 어떨까? 8장에서 나는 포경이 문화적 생존에 필요하다는 마카족과 이누이트족의 주장에 의문을 제기했었다. 이제는 여기에 모든 원주민이 이런 논거에 동의하는 것은 아니라는 점을 덧붙일 수 있다. 마오리족은 국제포경위원회IWC에 고래에 대한 존중의 마음과 치명적인 포경 관행으로부터 거리를 두고자 하는 그들의 열망을 표명했다.[66]

영양학적 필요를 충족시키기 위해 고래 고기가 필요하다는 주장 역시 철저한 검토에는 맞서지 못한다. 국제포경위원회IWC는 "생계형 어획의 부산물인 품목의 거래"를 이야기하고 있다.[67] 고래를 상품으로 거래한다는 것은 분명 직접적인 영양학적 필요를 넘어서는 잉여가 있음을 의미한다. 그리고 이런 잉여에는 고기가 포함되는 것이 보통이다. 고래고기는 그린란드의 관광객 대상 레스토랑에서 주로 판매된다. 고래 고기가 식당에서 판매된다는 것은 이누이트족의 생존에 필수적이지 않다는 뜻이라는 반대에 대해 그린란드의 답변은 이렇다. "레스토랑과 관련해, 그린란드는 그린란드 내에서 누가 특정 산물을 먹을 수 있는지 통제하지 않았으며 관광객이 레스토랑에서 고래 고기를 먹는 것에 아무런 문제가 없는 것으로 보았다. 현지 식품의 영양학적 가치는 서구에서 수입되는 식품과 그것이 가져올 수 있는 건강상의 문제보다 더 낫고 환경적으로도 더 건전하다."[68] 건강을 이유로 현지 식품을 선호하는 것은(고래 고기 섭취와 관련된 심각한 건강 문제가 있다는 사실과는 별개로) 생존을 위한 식량 욕구와는 완전히 다른 문제다. 극심한 기아가 문제라면, 그 문제는 건전한 공공 정책을 통해 전반적으로 해결되어야 한다. 실제로 덴마크는 그렇게 했다. 더구나 그린란드의 이누이트족(그린란드 인구의 거의 90%)은 덴마크 정부가 지급하는 충분한 보조금 덕분에 실제로 사실상 상당히 부유하다.

국제포경위원회IWC는 논쟁거리도 되지 않는 이런 주장에 끌려다니면서 약점을 내보이고 있다. 하지만 지금의 암울한 상황에도 불구하고 나는 해양 포유류에게 앞으로 더 나은 미래가 있다고 믿는다. 많은 국내외 조직들이 대의를 옹호하고 있으며 국가적, 국제적 차원에서 많은 진전이 있었다. 〈블랙피시〉와 〈소닉 시〉와 같은 훌륭한 영화들이 고래와 돌고래가 처한 곤경을 사람들에게 알렸다. 많은 뛰어난 서적들이 고래의 아름다움과 고래의 역경을 전하고 있다.[69] 수많은 고래 관찰자들이 고래에 대해 느낀 경이로움을 법정과 입법부에 전했다. 달성해야 할 많은 과제에 영감을 받은 많은 노련한 변호사와 법학도들이 이 분야에 뛰어들고 있다. 주변에서 경이, 연민, 분노의 감정이 나타나고 있다. 하지만 아직 해야 할 일이 많이 남아 있다. 국제법은 약하다. 현재로서는 국내법을 통해(인권 문제와 마찬가지로) 그리고 국제적인 항의 운동을 통해 접근할 수밖에 없다. 나는 인류가 전열을 가다듬고 있다는 확신을 갖고 있다.

● 법은 우리 모두의 것

이 장에서 살펴본 바와 같이, 동물의 생명과 관련된 부분에서 세계의 법체계는 원시적인 상태다. 앞서 말했듯이 권리는 그것을 현실화하기 위한 법을 수반한다. 실제 법은 아니더라도 미래에 그런 법이 만들어질 수 있는 가능성을 수반하는 것이다. 여러 지역, 주, 심지어 일부 국가의 경우 국가 차원에서 많은 진전이 이루어졌다. 미국의 경우 그 진전이 고르지 않아서 육류 산업에서 식육으로 키우는 동물은 보호받지 못하고 있다. 더욱이 모든 동물에 있어 원고적격의 문제가 실제적인 진전을 막고 있다. 미국의 법률은 아직 동물을 적절한 대리인을 통해 법정에 설 수 있는 온전한 사법의 주체로 취급하지 않기 때문이다. 의회의 투표를 통해 동물에게 원고적격이 부여될 수 있지만, 그 투표가 이루어지는 날이 먼 미래라는 것을 우리 모두 알고 있다. 한편, 국제적인 영역에서는 동물이라는 대의가 매우 불확실해 보인다. 기존 기관조차도 분쟁에 시달리고 있으며 탈주자를 통제할 능력이 없기 때문이다.

이 상황에서 할 수 있는 일은 무엇일까? 이 모든 경우의 처리 방안에는 인류의 진화하는 의식이 필요하다. 여성의 진보를 생각해보면 이것이 얼마든지 가능한 일임을 알 수 있다. 한때 법은 전 세계 모든 여성을 남성이 사용하고 통제하는 물건이나 소유물로 취급했다. 기혼 여성은 소송을 제기하거나 자신의 재산을 관리하는 등의 독립적인 법적 주체성을 갖지 못했다. 무엇보다도 여성들은 투표를 할 수 없었기 때문에 법의 미래에 대한 발언권이 없었다. 1893년 뉴질랜드는 여성에게 참정권을 부여한 최초의 나라가 되었다.[70] 2015년에는 사우디아라비아가 여성 참정권을 인정하는 마지막 나라가 되었다. 많은 여성과 남성의 용기 있는 노력의 결과, 여성은 성폭행과 성희롱에 관한 법률을 점진적으로 개선하고 대학, 의회, 직업 세계에 진출할 수 있게 되었다. 아직 한참 미완성이지만, 수천 년의 침체를 끝내고 전 세계에서 에너지를 폭발시키고 있다.

동물의 권리에 대해서도 똑같은 일이 일어날 수 있고, 일어나고 있다는 것이 내 생각이다. 실제로 그런 일이 일어나기 시작했다. 제러미 벤담이 자신 있게 예측했던 미래가 도달하기까지 정말 긴 시간이 걸렸다. 이제 그 미래가 다가오고 있다. 우리의 노력이 있다면 충분히 달성할 수 있을 것이다. 장애물은 여성의 경우와 동일하다. 탐욕과 교만이다. 교만이란, 자신들이 모든 것 위에 있고 종속 집단은 전혀 실재하지 않는다는 지배 집단의 믿음을 의미한다.[71] 단테는 교만한 자들을 고리처럼 허리를 굽히고 있어 자신만 볼 수 있고 세상이나 다른 사람의 얼굴은 바라보지 못하는 것으로 묘사한다. 수천 년 동안 인류의 대부분은 꼭 그런 모습으로 인류만을 바라보았을 뿐, 눈을 돌려 이 작고 약한 행성을 함께 공유하는 다른 쾌고감수능력이 있는 존재들을 바라본 적이 없다. 이제는 부분적이고 불균등하지만 상황이 꽤 바뀌었다. 더 많은 시선, 더 많은 경이, 그리고 그와 관련해 우리가 해왔고 하고 있는 일에 대한 더 많은 분노와 연민이 존재한다.

미래는 바로 우리다. 우리가 정말 볼 수 있을까? 우리는 동료 생물에게 우정의 손길을 내밀게 될까? 그리고 우리의 삶의 방식을 바꾸고 법과 제도를 바꾸는 어려운 일을 하게 될까? 알 수 없다. 하지만 우리 모두의 손에 달려 있다는 것만은 분명하다. 그런 일에는 여러 가지 유형의 사람들이 필요하다. 동물의 역량과 그들의 복잡한 삶의 형태를 설명하는 데 헌신하는 과학자, 대부분의 사람이 이해하려 하지 않는(심지어 "멍청한 짐승"이라고 부르는) 종을 위해 사심 없이 삶을 바치는 활동가, 좋은, 그러나 종종 인기 없는 결정을 내리는 입법자와 판사들, 학대자를 상대로 소송을 제기하는 변호사들, 세상을 줄어들지 않는 경이로 바라보는 아이들을 길러내는 교사와 부모 등이 필요하다. 그런 노력에는 시장도 한몫을 한다. 인공육에 수익의 가능성이 없다면 사람들은 인공육을 만들고 판매하기 위해 그렇게 열심히 노력하지 않을 것이다.

나는 철학자 역시 이 일에서 한몫을 한다고 생각한다. 그것이 내가 이 책을 쓴 이유다.

결론

"우리와 너무 비슷해서" 접근법이 아닌 '차이에 대한 경이로움과 존중'을 포용할 것

"전 세계 곳곳의 동물들이 곤경에 처해 있다. 이 세상은 육지, 바다, 공중 할 것 없이 모든 곳이 인간의 지배를 받고 있다. 어떤 비인간동물도 인간의 지배에서 벗어날 수 없다. 공장식 육류 산업의 야만적인 잔혹 행위, 밀렵과 사냥, 서식지 파괴, 대기와 해양 오염, 사랑한다고 주장하는 반려동물에 대한 방치 등을 통한 지배는 그 대부분이 동물에게 부당한 상처를 준다."

그것이 내가 이 책을 쓰기 시작한 이유이며 우리의 현실이다. 이 책만으로는 동물, 우리 모두가 공동의 책임을 갖고 있는 동물들의 끔찍한 상황을 바꾸지 못한다. 하지만 이 책에 담긴 글들이 내가 첫 장에서 언급한 세 가지 감정, 즉 동물 삶의 복잡성과 다양성에 대한 경이, 인간이 지배하는 세상에서 동물의 삶에 너무 자주 닥치는 일에 대한 연민, 상황을 바로잡기 위한 미래지향적이고 생산적인 격분(내 용어로는 "전환적 분노")을 일깨우거나 강화하는 데 도움이 되었기를 바란다.

하지만 이것은 그런 감정을 불러일으키고 생산적인 행동을 촉구하는 데 대한 책만은 아니다. 이 책은 이런 노력의 방향을 지시할 수 있는 관점을 설명하고 그것이 현재 사용되는 다른 이론들보다 나음을 보여주는 것을 목표로 하는 철학 이론서이기도 하다. 많은 동물의 상황을 개선하고 학대를 바로잡기 위한 투쟁에는 용기 있는 행동주의, 헌신적이고 지모가 풍부한 법률 작업, 동물의 삶을 위해 헌신하는 단체와 헌신적인 구성원, 이런 단체에 대한 기부, 창의적이고 엄정한 과학 연구, 저널리즘, 영화, 시각 예술을 통해 동물의 아름다움과 놀라운 능력, 현재의 곤경을 대중에게 전달하려는 노력 등 많은 것들이 필요하다. 이 책을 읽는 모든 독자가 각자의 상황과 역량에 따라 이런 노력에서 자신의 역할을 찾을 수 있다. 철학 내에서도 정신의 본질, 지각과 쾌고감수능력, 감정의 구조에 대한 통찰 등 다양한 프로젝트가 동물의 삶을 이해하는 데 큰 기여를 한다.

하지만 투쟁에는 철학-정치 이론도 필요하다. 이론은 노력의 방향을 정하고, 어떤 것이 중요한지 어떤 것이 그렇지 않은지 정해 법이 노력해나가야 할 방법을 제시한다. 결함이 있는 이론이 대단히 중요한 문제를 무시하고, 좁거나 왜곡된 범위의 관심사에만 집중해 일의 방향을 잘못 잡는 경우가 대단히 많다. 이론은 법률가와 정치인들에게 세상을 바라보는 렌즈를 제공하고, 종종 일상생활에서 사람들의 눈에 아주 잘 보이는 중요한 것들을 무시하도록 부추긴다. 그런 일이 발생하면 이론의 필요성은 전보다 훨씬 더 커진다. 이제는 하나의 이론만 필요한 것이 아니라, 설득력 있는 논증을 통해 잘못된 이론의 결함을 보여주고 대체 이론을 제안해 사람들의 일상적 인식을 방치와 무력감으로부터 구출할 수 있는 반대 이론이 필요하기 때문이다.

지금까지 동물의 삶을 다루는 측면에서 인류를 이끌어온 이론들은 어떤 면에서는 유망했지만, 어떤 면에서는 불완전하거나 왜곡되어 있었다. 내가 언급한 세 가지 이론은 모두 역량 접근법에 기반한 정치 원리를 수용해 주장의 결함들을 수정할 수 있을 것이다. 코스가드의 칸트주의적 관점은, 동물은 그 자체로 목적이라는 그의 깊은 통찰을 강조하되 원칙적인 정치적 합의에 방해가 되는 인간의 도덕적 특수성에 대한 주장으로부터는 벗어날 수 있다. 공리주의자들은 벤담의 보다 환원적인 관점보다는 밀 이론의 미묘한 통찰력을 택할 수 있다. 인간 중심적인 "우리와 너무 비슷해서" 접근법에서도 인간과의 유사성을 법적, 정치적 원칙의 원천으로 보지 않고 차이에 대한 경이로움과 존중을 포용한다면 "중첩적 합의"의 일부가 될 수 있다. 이런 견해가 본래 모든 자연을 하나님의 창조물로, 인간을 오만한 지배자가 아닌 책임감 있는 청지기로 보는 기독교적 관점에서 영감을 얻었다는 점을 고려하면 그런 방향으로 나아갈 수 있다는 기대를 가질 만하다. 그리고 최근 "우리와 너무 비슷해서" 접근법의 가장 주도적인 대표자인 토머스 화이트는 돌고래 전문 과학자 단체를 대상으로 윤리에 관한 에세이를 써달라는 요청을 받자 이전의 인간 중심 이론이 아닌 역량 접근법을 최선의 지도 이론으로 추천했다![1]

역량 접근법은 동물의 역량과 활동의 놀라운 다양성, 그들의 가치 평가 역량, 사회관계망의 형성 역량, 문화 학습의 역량, 우정과 사랑 등 현재 우리가 동물의 삶에 대해 알고 있는 사실에 다른 어떤 이론들보다 적절히 대응할 수 있다. 제러미 벤담이 고래 핼이나 개 루파, 블랜딩의 여제(벤담은 놓아 키우던 돼지 한 마리를 무척 좋아해서 산책에 동행하곤 했다)를 직접 대면한다면,[2] 그는 폭넓은 감수성과 지성을 지닌 사람으로서 이런 동물 삶의 모든 측면을 볼 수 있을 것이다. 그러나 그의 공식 이론에는 동물을 염려하는 친구들이 의지할 수 있는 여지가 많지 않다. 역량 접근법은 각 동물의 삶에 어떤 것이 담겨 있고 어떤 것에 가치를 두는지 반드시 살피고, 그 모든 다양한 노력에서 가장 중요한 요소들을 환원적이지 않은 방식으로 보호해야 한다는 생각을 중심으로 만들어졌다. 나는 동물원이 허용 가능한지 질문하고, 반려동물과 야생동물에 대한 법과 정책을 구성하고, 해양 포유류를 학대로부터 보호하는 국제법의 약점과 맞서고, 공장식 축산업의 참상을 명확히 설명하려 노력하고, 강아지 공장의 해악을 상술하는 과정에서 역량 접근법이 우리의 실질적인 사고를 이끄는 데 유용하다는 것을 입증했다. 하지만 이런 사례는 예시에 불과하며, 삶의 형태를 지향하는 종 특유의 접근법이 더 정의로운 세상을 상상하는 데 도움을 줄 수 있는 수많은 다른 문제들이 있다.

정치인과 학자들은 우리가 추구해야 할 목표로 "글로벌 정의"를 이야기하곤 한다. 하지만 그들의 노력과 프로젝트는 진정한 글로벌이 아닌 때가 너무나 많다. 그들은 "글로벌"이라는 단어로 어디에 사는지와 관계없는 모든 인간을 뜻한다. 물론 그것도 우리가 열망해야 할 고귀한 목표다. 그러나 우리는 그 과정에서 진정한 "글로벌"의 정의가 육지, 바다, 공중 그 어디에 사는지를 막론하고 모든 쾌고감수능력이 있는 생물의 권리를 보호하는 책임을 지는 정의라는 점을 잊지 말아야 한다. 그것은 앞서 이야기했듯, 각자의 목적을 달성하기 위해 노력하는 쾌고감수능력이 있는 생물들을 가로막는 장벽을 제거하는 데 관련된 진정한 정의여야만 한다.

우리가 살고 있는 시대는 놀라운 지적 생명체들의 세계와 우리의 친족 관계를, 그들을 대하는 일에 대한 우리의 진정한 책임을 깨닫는 위대한 각성의 시대다. 역량 접근법은 그런 각성과 책임을 위해 노력하는 모든 인간에게 최고의 이론적 동지다. 우리에게는 동물의 권리를 소명할 집단적 책임이 있으며, 마침내 우리는 그 책임에 직면하기 시작했다. 하지만 우리를 이끌어줄 적절한 이론이 필요하다. 그리고 나는 우리에게 그런 이론이 있다고 믿는다. 분명 많은 결함이 있을 테지만 그런 결함들은 또 앞으로의 작업을 통해 개선될 것이다.

이 일은 무척이나 벅차 보인다. 자유로운 이동, 건강, 사회생활을 위해 노력하는 동물들에게 너무 많은 나쁜 일들이, 너무 많은 고통이, 좌절이 닥치고 있다. 그 좌절과 고통은 많은 사람에게 많은 돈을 벌어다 준다. 이 세상에서 동물은 너무나도 약하다. 육류 산업의 힘, 밀렵꾼의 간교한 속임수, 끝없이 나오는 플라스틱 쓰레기, 석유 산업이 해저에서 사용하는 "공기 폭탄"의 소음 공해에 맞서는 동물의 협력자들이 너무 약해 보일 때가 많다. 하지만 나는 우리 시대가 동물의 미래에 큰 희망이 될 시대라고 믿고 있다.

희망에 대해 잠시 생각해보자.[3] 희망은 가능성에 좌우되지 않는다. 가족이 아플 때라면, 전망이 매우 좋지 않아도 희망을 가질 수 있고, 반대로 전망이 좋아 보여도 두려움을 가질 수 있다. 이 두 가지 감정은 우리가 통제할 수 없는 불확실한 미래를 바라보는 서로 다른 시각, 서로 다른 방식이다. 그리고 이 두 감정은 서로 다른 일에 영감을 준다. 두려움은 사람들을 무력화시키고 종종 그들의 의지를 흔든다. 희망은 사람들을 고양시키고 날개를 달아준다. 이는 마치 유리잔이 반쯤 비어 있다고 보기보다는 반이나 차 있다고 보는 것과 같다. 보는 각도에 따라 실질적으로 큰 차이가 난다. 이런 이유로 이마누엘 칸트는 우리 모두에게 우리 안에 희망을 키우고 실천적인 노력을 지속할 의무가 있다고 말했다. 나는 칸트의 말이 옳다고 생각한다. 우리의 노력이 중요하며 그런 노력이 우리 공동의 책임이라고 생각한다면 우리 모두는 희망을 갖는 사람이 되어야 한다.

물론 경이와 사랑의 감정에서 희망을 얻을 수도 있다. 하지만 이 특별한 시기에는 희망을 가져야 하는 특별한 이유가 존재한다. 지금의 많은 사람은 동물에 대해 과거보다 훨씬 더 많이 알고 있고, 실제로 혹은 영상을 통해 그들을 보고, 자기애적 환상에서 비롯된 관심이 아닌 올바른 관심을 갖고 있다. 이런 인식의 혁명은 이미 정치적 측면의 구체적인 발전으로 이어졌다.

- 일례로, 1918년 철새보호조약법하의 조류 보호 조항들이 이전 행정부에서 삭제되었다가 최근 다시 복원되었다.[4] 다시 한번 강조하지만, 산업 활동 과정에서 우발적으로 새를 죽이는 행위는 철새보호조약법 위반이다.
- 최근 영국 하원에 발의된 동물복지법Animal Welfare (Sentience) Bill 개정안도 예로 들 수 있다. 이것은 동물의 쾌고감수능력과 감정에 대한 최근의 과학적 연구를 바탕으로 정부가 동물을 직접 다루는 정책뿐만 아니라 모든 정책이 쾌고감수능력이 있는 동물의 복지에 어떤 영향을 주는지 고려하도록 의무화하는 등의 전면 수정안이다.[5] 광범위한 지지를 받고 있는 것으로 보이는 이 법안은 향후 보다 구체적인 일련의 법률로 시행될 것이다.
- 2021년 10월 20일, 미국 오하이오주 남부 지방법원이 내린 놀라운 결정도 그 한 예다. 해외 소송의 "이해관계인interested person"이 미국 내 진

술 녹취를 요구하는 것을 허용하는 미국 법에 따라 하마를 법적인격체 legal person로 인정한 것이다. 이는 미국 법원이 동물을 법인으로 인정한 첫 번째 사례다. 파블로 에스코바르Pablo Escobar가 콜롬비아의 개인 동물원에 들여온 하마의 개체 수가 너무 많아지자 콜롬비아 정부는 하마 대량 살처분을 계획하기에 이르렀다. 콜롬비아 법은 동물의 법적 지위를 인정하기 때문에 하마는 살처분을 막기 위한 콜롬비아 소송의 원고가 되었고, 미국 전문가들을 이 소송의 증인으로 채택하고자 했다. 따라서 미국 법원은 원고적격에 대한 미국의 보다 제한적인 생각을 바꾸지 않은 채 대단히 이상한 경로로 중대한 결론을 내리게 됐다.[6] (하마에게 법적 지위를 부여하는 콜롬비아 법의 결정에 근거한 것이기 때문에 선례가 될 수는 없겠지만, 시사하는 바가 크다. 원고적격에 대한 콜롬비아 법의 보다 포괄적인 생각도 미래를 낙관하는 이유 중 하나다.)[7]

- 또 다른 사례는 2021년 7월 일리노이주 의회가 통과시킨 조류 안전 건물법Bird Safe Buildings Act이다. 프리츠커 주지사가 서명한 이 법에 따라 일리노이주 소유 건물의 모든 신축 또는 리노베이션에는 조류 친화적인 건축 기법을 사용해야 한다. 새로운 주 건물 노출외벽 재료의 90% 이상이 조류 충돌을 막는 데 도움이 되는 유리로 만들어져야 한다. 또한 야생동물을 보호하기 위해 가능한 건물 외부 조명을 적절히 가려야 한다.[8] 내가 몸담은 대학과 같은 민간 건축물도 이 법의 지침을 따르기 시작했다.

이런 사례를 비롯한 정치적인 측면의 많은 구체적인 발전들은 변화가 가능하다는 것을, 또 변화가 우리 모두에게 달려 있다는 것을 보여준다. 이런 변화는 정치적이고 취약하며, 정치 과정에 관심 있는 시민들의 참여에 좌우된다. 이는 우리 모두가 공동의 책임을 행사할 수 있고, 행사해야 하는 방법 중 하나다.

그러나 우리 정치 과정의 불안정성을 고려하면 그와 똑같은 이유로 이런 사례들이 매우 취약하고 희망을 가질 만한 명확한 이유가 아닌 것처럼 보이기도 한다. 이미 말했듯이 희망에 이유가 필요치 않다고는 하나 희망 안에서 용기를 얻고자 한다면 퇴보보다는(최근 캘리포니아 해안에서의 기름 유출 사고로 이미 수많은 해양 생물이 사망했다는 끔찍한 소식도[9] 분노와 정치적 행동을 불러일으킬 수 있지만) 진보의 사례에 시선을 고정하는 것이 도움이 된다. 다시 과거로 돌아갈 가능성이 거의 없는 좋은 변화의 확실한 예로, 소비자가 식물 기반 육류 제품을 얻게 되었다는 것을 생각해보라. 곧 동물을 죽이지 않은 "진짜 고기"가 그 뒤를 따를 것이다. 미국 기업 잇 저스트Eat Just가 시장에 내놓은, 실험실에서 키운 인공육이 싱가포르에서 판매 승인을 받았으며 곧 다른 곳에서도 판매될 예정이다.[10] 사람들이 동물을 착취하여 벌어들이는 돈이 변화의 발걸음을 더디게 만들고 있다. 하지만 이제는 선한 일을 하는 기업들도 돈을 벌 수 있다. 이런 발전은 사람들이 더 건강한 식단을 추구하고 선택의 여지가 주어진 점점 더 많은 사람이 정의를 위한 선택을 함에 따라 동물 친구들이 고통스러운 희생과 투쟁 없이도 승리를 얻을 가능성이 높아지고 있음을 보여준다.

모든 독자가 비슷한 사례들을 떠올릴 수 있을 것이다. 이 책에서 언급된 것을 비롯한 많은 일들이 성공을 거두거나 지금 진행 중에 있다. 이런 것들을 생각하면 희망을 갖는 것이 더 쉬워지고, 노력하는 우리의 영혼은 새 힘을 얻는다. 결국, 우리는 모두 자기 특유의 방식으로 우리가 가치를 두는 목표를 향해 노력하고 종종 좌절하기도 하는 동물이기 때문이다. 하지만 항상 좌절하는 것은 아니다. 한데 뭉쳐서 공동의 목표를 추구하기 위해 노력할 때라면 좌절은 없다.

이 책을 읽은 독자들이 경이, 연민, 격분, 희망 등 다양한 방식으로 마음이 움직이게 되길, 그래서 정의를 위한 선택을 하고 동물을 사랑하는 사람이 되기를 희망한다.

◆

감사의 말

◆

이 책은 수년에 걸쳐 만들어졌습니다. 때문에 감사해야 할 많은 사람이 있습니다. 우선 가장 깊은 감사의 마음을 전하고 싶은 것은 유명을 달리한 내 딸 레이철 너스바움 위처트Rachel Nussbaum Wichert(1972~2019)입니다. 그는 프렌즈오브애니멀즈라는 동물보호단체의 정부 업무 담당 변호사로 특히 해양 포유류에 초점을 맞추고 있는 덴버의 야생동물 분과에서 일했습니다. 도입 부분에서 언급했듯이 그의 기여는 이 책 전체에서 찾아볼 수 있습니다. 저는 레이철을 통해 프렌즈오브애니멀즈의 스태프들을 알게 되었고 그들과, 영감을 불러일으키는 그들의 법 관련 업무로부터 많은 것을 배웠습니다. 따라서 그분들, 특히 야생동물 분과의 책임자인 마이클 해리스, 전체 조직을 책임지고 있는 프리실라 페럴Priscilla Feral께 많은 신세를 졌습니다. 오르카를 비롯한 다른 고래에 대한 레이철의 애정을 이어가고 있는 그의 남편 게르트에게, 이 프로젝트에 대한 그의 따뜻한 지원에 감사를 표합니다.

이 책을 준비하는 동안 저는 매우 재능 있고 세심한 연구 조교들로부터 큰 도움을 받는 행운을 누렸습니다. 이 책은 많은 조사와 학습이 필요했기 때문에 보통의 책보다 그들의 기여가 컸습니다. 시간순으로 매슈 길로드Matthew Guillod, 재러드 메이어Jared Mayer, 토니 레이Tony Leyh, 클라우디아 호그블레이크Claudia Hogg-Blake, 캐머런 스텍벡Cameron Steckbeck이 도움을 주었습니다. 작업 마지막 단계에서는 법학에서 철학에 이르는 전공 분야의 뛰어난 12명 학생들과 이 책의 초고를 세미나에서 발표했습니다. 그들의 논평이 너무나 귀중했기 때문에 여기에서 언급하지 않을 수 없습니다. 프란체스카 알라모Franchesca Alamo, 마이클 뷰캐넌Michael Buchanan, 스펜서 카로Spencer Caro, 벤 콘로이Ben Conroy, 크리스틴 드 맨Kristen De Man, 벤저민 엘모어Benjamin Elmore, 미카 깁슨Micah Gibson, 잭 조하닝Jack Johanning, 프시 사이먼Psi Simon, 캐머런 스텍벡, 니코 톰슨예라스Nico Thompson-Lleras, 안드레스 보다노비치Andres Vodanovic.

늘 그렇듯, 시카고 대학교 로스쿨의 동료 교수님들이 워크인프로그레스 워크숍Work-In-Progress Workshops과 각 장에 대한 서면 논평을 통해 주신 날카로운 비판이 이 책에 큰 도움이 되었습니다. 특히 리 페넬Lee Fennell, 브라이언 레이터Brian Leiter, 사울 레브모어Saul Levmore, 리처드 맥아담스Richard McAdams께 감사를 전합니다. 저는 뉴욕 대학교 로스쿨과 예일 대학교 로스쿨에서 열린 워크숍과 하버드 대학교 정치학 대학원 컨퍼런스에서의 관련 강의를 통해 이 책 개발 초기의 초안을 발표했고, 그때마다 많은 것을 배웠습니다. 특히 샘 셰플러Sam Scheffler, 제러미 월드론Jeremy Waldron, 토머스 나겔Thomas Nagel, 프리야 메논Priya Menon, 더글러스 카이사르Douglas Kysar께 감사드립니다.

454

사이먼 앤 슈스터Simon & Schuster의 편집자 스튜어트 로버츠Stuart Roberts는 정말 훌륭한 편집자였으며, 작업 내내 제게 무엇보다 유용한 논평을 보내주셨습니다.

Ackerman, Jennifer. 2016. *The Genius of Birds*. New York: Penguin Books. (제니퍼 애커먼, 『새들의 천재성』, 김소정 옮김, 까치, 2017)

_____. 2020. *The Bird Way: A New Look at How Birds Talk, Work, Play, Parent, and Think*. New York: Penguin Press. (제니퍼 애커먼, 『새들의 방식』, 조은영 옮김, 까치, 2022)

Aguirre, Jessica Camille. 2019. "Australia Is Deadly Serious About Killing Millions of Cats." *New York Times*, April 25.

Akhtar, Aysha. 2015. "The Flaws and Human Harms of Animal Experimentation." *Cambridge Quarterly of Healthcare Ethics* 24, no. 4: 407–19.

Alter, Robert. 2004. *The Five Books of Moses: A Translation with Commentary*. New York: W. W. Norton.

American Anti-Vivisection Society v. United States Department of Agriculture, 946 F.3d 615 (D.C. Cir. 2020).

Amos, Jonathan. 2015. "Knut Polar Bear Death Riddle Solved." BBC News, August 27.

Angier, Natalie. 2021. "What Has Four Legs, a Trunk and a Behavioral Database?" *New York Times*, June 4.

Animal Legal Defense Fund. 2021. "Animals Recognized as Legal Persons for the First Time in U.S. Court." October 20. https://aldf.org/article/animals-recognized-as-legal-persons-for-the-first-time-in-u-s-court/.

Animal Legal Defense Fund v. Espy, 23 F.3d 496 (D.C. Cir. 1994).

Animal Legal Defense Fund v. Glickman, 154 F.3d 426 (D.C. Cir. 1998).

Animal Welfare Act (AWA), 7 U.S.C. § 2131 et seq (1966).

Associated Press. 2020. "Iowa AG: Groups Involved in Puppy-Laundering Ring to Disband." March 25. https://apnews.com/article/8f5dada41cb7a4afc25403d4c93365f5.

Balcombe, Jonathan. 2016. What a Fish Knows: The Inner Lives of Our Underwater Cousins. New York: Scientific American/Farrar, Straus and Giroux.

Batson, C. Daniel. 2011. Altruism in Humans. New York: Oxford University Press.

Beam, Christopher. 2009. "Get This Rat a Lawyer!" Slate, September 14.

Beauchamp, Tom L., and David DeGrazia. 2020. Principles of Animal Research Ethics. New York: Oxford University Press.

Bekoff, Marc. 2008. The Emotional Lives of Animals: A Leading Scientist Explores Animal Joy, Sorrow, and Empathy—and Why They Matter. San Francisco: New World Library.

Bendik-Keymer, Jeremy. 2017. "The Reasonableness of Wonder." Journal of Human Development and Capabilities 18, no. 3: 337–55.

_____. 2021a. "Beneficial Relations Between Species and the Moral Responsibility of Wondering." Environmental Politics 30. https://doi.org/10.1080/09644016.202 0.1868818.

_____. 2021b. "The Other Species Capability and the Power of Wonder." Journal of Human Development and Capabilities 22, no. 1: 154–79. https://doi.org/10.1080/19452829.2020.1869191.

Benhabib, Seyla. 1995. "Cultural Complexity, Moral Independence, and the Global Dialogical Community." In Women, Culture and Development, edited by Martha C. Nussbaum and Jonathan Glover. Oxford, UK: Oxford University Press.

Bentham, Jeremy. (1780) 1948. An Introduction to the Principles of Morals and Legislation. Reprint, New York: Hafner. (제러미 벤담, 『도덕과 입법의 원칙에 대한 서론』, 강준호 옮김, 아카넷, 2013)

_____. 2013. Not Paul, but Jesus. Project Gutenberg. https://www.gutenberg.org/ebooks/42984.

Berger, Karen. 2020. "Snorkeling and Diving with Dolphins in Eilat,

Israel." *BucketTripper*. February 25. https://www.buckettripper.com/snorkeling-and-diving-with-dolphins-in-eilat-israel/.

Bever, Lindsey. 2019. "A Trail Runner Survived a Life-or-Death 'Wrestling Match' with a Mountain Lion. Here's His Story." *Washington Post*, February 15.

BirdLife International. 2017. "10 Amazing Birds That Have Gone Extinct." January 24. https://www.birdlife.org/news/2017/01/24/10-amazing-birds-have-gone-extinct/.

Botkin, Daniel B. 1996. "Adjusting Law to Nature's Discordant Harmonies." *Duke Environmental Law & Policy Forum* 7: 25–38.

Bradshaw, Karen. 2020. *Wildlife as Property Owners: A New Conception of Animal Rights*. Chicago: University of Chicago Press.

Braithwaite, Victoria. 2010. *Do Fish Feel Pain?* New York: Oxford University Press.

Brink, David O. 2013. *Mill's Progressive Principles*. Oxford, UK: Clarendon Press.

Brulliard, Karin. 2018. "A Judge Just Raised Deep Questions About Chimpanzees' Legal Rights." *Washington Post*, May 9.

Brulliard, Karin, and William Wan. 2019. "Caged Raccoons Drooled in 100-Degree Heat. But Federal Enforcement Has Faded." *Washington Post*, August 22.

Burgess-Jackson, Keith. 1998. "Doing Right by Our Animal Companions." *The Journal of Ethics* 2: 159–85.

Burkert, Walter. 1966. "Greek Tragedy and Sacrificial Ritual." *Greek, Roman and Byzantine Studies* 7: 87–121.

Campos Boralevi, Lea. 1984. *Bentham and the Oppressed*. Berlin: Walter de Gruyter.

Carrington, Damian. 2020. "No-Kill, Lab-Grown Meat to Go on Sale for First Time." *Guardian*, December 1.

Cetacean Community v. Bush, 386 F.3d. 1169 (9th Cir. 2004).

Chicago Zoological Society. 2021. "Media Statement: Update on Amur Tiger's Second Surgery at Brookfield Zoo." February 1. https://www.czs.org/Chicago-Zoo logical-Society/About/Press-room/2021-Press-Releases/Update-on-Amur-Tiger's-Second-Surgery-at-Brookfield.

Colb, Sherry F. 2013. *Mind If I Order the Cheeseburger?: And Other*

Questions People Ask Vegans. New York: Lantern Books.

Cole, David. 2014. "Our Nudge in Chief." *The Atlantic*, May.

Comay del Junco, Elena. 2020. "Aristotle's Cosmological Ethics," PhD diss. Chicago: University of Chicago.

Community of Hippopotamuses Living in the Magdalena River v. Ministerio de Ambiente y Desarrollo Sostenible, 1:21MC00023 (S.D. Ohio 2021).

Connor, Michael. 2021. "Progress, Change and Opportunity: Managing Wild Horses on the Public Lands." The Hill, March 12.

Cowperthwaite, Gabriela, dir. 2013. *Blackfish*. CNN Films.

Crawley, William. 2006. "Peter Singer Defends Animal Experimentation." BBC, November 26.

Damasio, Antonio. 1994. *Descartes' Error: Emotion, Reason and the Human Brain*. New York: G. P. Putnam's Sons.

D'Amato, Anthony, and Sudhir K. Chopra. 1991. "Whales: Their Emerging Right to Life." *The American Journal of International Law* 85, no. 1: 21–62.

Dawkins, Marian Stamp. 2012. *Why Animals Matter: Animal Consciousness, Animal Welfare, and Human Well-Being*. New York: Oxford University Press.

de Lazari-Radek, Katarzyna and Peter Singer. 2014. *The Point of View of the Universe: Sidgwick and Contemporary Ethics*. New York: Oxford University Press.

Delon, Nicolas. 2021. "Animal Capabilities and Freedom in the City." *Journal of Human Development and Capabilities* 22, no. 1: 131–53. https://doi.org/10.1080/19452829.2020.1869190.

Devlin, Patrick. 1959. *The Enforcement of Morals*. Oxford, UK: Oxford University Press.

de Waal, Frans. 1989. *Peacemaking Among Primates*. Cambridge, MA: Harvard University Press. (프란스 드 발, 『영장류의 평화 만들기』, 김희정 옮김, 새물결, 2007)

____. 1996. *Good Natured: The Origins of Right and Wrong in Humans and Other Animals*. Cambridge, MA: Harvard University Press.

____. 2006. *Primates and Philosophers: How Morality Evolved*. Princeton, NJ: Princeton University Press.

_____. 2019. *Mama's Last Hug: Animal Emotions and What They Tell Us About Ourselves*. New York: W. W. Norton. (프란스 드 발, 『동물의 감정에 관한 생각』, 이충호 옮김, 세종서적, 2019)

Dickens, Charles. (1854) 2021. *Hard Times*. Project Gutenberg. https://www.guten berg.org/ebooks/786. (찰스 디킨스, 『어려운 시절』, 장남수 옮김, 창비, 2009)

Donaldson, Sue, and Will Kymlicka. 2011. *Zoopolis: A Political Theory of Animal Rights*. Oxford, UK: Oxford University Press. (수 도널드슨 외, 『동물노동』, 류수민 외 옮김, 책공장더불어, 2023)

Dorsey, Kurkpatrick. 2014. *Whales and Nations: Environmental Diplomacy on the High Seas*. Seattle: University of Washington Press.

Dworkin, Gerald. 1988. *The Theory and Practice of Autonomy*. Cambridge, UK: Cambridge University Press.

Elk Grove Unified School District v. Newdow, 542 U.S.1 (2004).

Elster, Jon. 1983. *Sour Grapes: Studies in the Subversion of Rationality*. Cambridge, UK: Cambridge University Press.

Emery, Nathan. 2016. *Bird Brain: An Exploration of Avian Intelligence*. Princeton, NJ: Princeton University Press. (나단 애머리, 『버드 브레인』, 이충환 옮김, 이정모 감수, 동아엠앤비, 2017)

Endangered Species Act (ESA), 16 U.S.C. § 1531 et seq (1973).

European Parliament and Council, Regulation No. 2008/20/EC, L47/5 (2018).

Favre, David. 2000. "Equitable Self-Ownership for Animals." *Duke Law Journal* 50: 473–502.

_____. 2010. "Living Property: A New Status for Animals Within the Legal System." *Marquette Law Review* 93: 1021–70.

Feingold, Lindsey. 2019. "Big Cities, Bright Lights and up to 1 Billion Bird Collisions." NPR, April 7.

Fischer, John Martin. 1993. *The Metaphysics of Death*. Palo Alto, CA: Stanford University Press.

_____. 2019. *Death, Immortality, and Meaning in Life*. New York: Oxford University Press.

Fitzmaurice, Malgosia. 2015. *Whaling and International Law*. Cambridge, UK: Cambridge University Press.

_____. 2017. "International Convention for the Regulation of Whaling." United Nations Audiovisual Library of International Law. https://legal.

un.org/avl/pdf/ha/icrw/icrw_e.pdf.

Francione, Gary L. 2008. *Animals as Persons: Essays on the Abolition of Animal Exploitation*. New York: Columbia University Press.

Francione, Gary L., and Anna Charlton. 2015. *Animal Rights: The Abolitionist Approach*. New York: Exempla Press.

Friedman, Lisa. 2021. "Trump Administration, in Parting Gift to Industry, Reverses Bird Protections," *New York Times*, January 5.

Friedman, Lisa, and Catrin Einhorn. 2021. "Biden Administration Restores Bird Protections, Repealing Trump Rule." *New York Times*, September 29.

Fujise, Dr. Yoshihiro. 2020. "Foreword." In *Technical Reports of the Institute of Cetacean Research* (TERPEP-ICR), no. 4, December. Tokyo: Institute of Cetacean Research (ICR).

Furley, David. 1986. "Nothing to Us?" In *The Norms of Nature*, edited by Malcom Schofield and Gisela Striker. Cambridge, UK: Cambridge University Press.

Giggs, Rebecca. 2020. *Fathoms: The World in the Whale*. New York: Simon & Schuster. (리베카 긱스, 『고래가 가는 곳』, 배동근 옮김, 바다출판사, 2021)

Gillespie, Alexander. 2005. *Whaling Diplomacy: Defining Issues in International Environmental Law*. Northampton, MA: Edward Elgar.

Godfrey-Smith, Peter. 2016. *Other Minds: The Octopus, the Sea, and the Deep Origins of Consciousness*. New York: Farrar, Straus and Giroux. (피터 고프리스미스, 『아더 마인즈』, 김수빈 옮김, 이김, 2019)

Gordon, Yvonne. 2020. "A Fun-Loving Dolphin Disappears into the Deep, and Ireland Fears the Worst." *Washington Post*, October 23. (바바라 가우디, 『코끼리』, 이나경 옮김, 홍익, 2005)

Gowdy, Barbara. 1999. *The White Bone*. New York: HarperCollins.

Hare, Richard M. 1999. "Why I Am Only a Demi-Vegetarian." In *Singer and His Critics*, edited by Dale Jamieson. Hoboken, NJ: Wiley-Blackwell.

Harris, Michael Ray. 2021. "What Happy Deserves: Elephants Have Rights Too, at Least They Should." New York *Daily News*, August 30.

Harvey, Fiona. 2021. "Animals to Be Formally Recognised as Sentient Beings in UK Law." *Guardian*, May 12.

Hasan, Zoya, Aziz Z. Huq, Martha C. Nussbaum, and Vidhu Verma, eds. 2018. *The Empire of Disgust: Prejudice, Discrimination, and Policy in India and the U.S.* New York: Oxford University Press.

Hegedus, Chris, and D. A. Pennebaker, dirs. 2016. *Unlocking the Cage*. Pennebaker Hegedus Films and HBO Documentary Films.

Hinerfeld, Daniel, and Michelle Dougherty, dirs. 2016. *Sonic Sea*. Imaginary Forces.

Holland, Breena, and Amy Linch. 2017. "Cultural Killing and Human-Animal Capability Conflict." *Journal of Human Development and Capabilities* 18, no. 3 (June): 322–36.

Hollingsworth v. Perry, 570 U.S. 693 (2013).

Holman, Gregory J. 2020. "Missouri Tops 'Horrible Hundred' Puppy Mill Report Again, but Has More Enforcement Than Some States." *Springfield News-Leader*, May 11.

Horwitz, Joshua. 2015. *War of the Whales: A True Story*. Reprint edition. New York: Simon & Schuster.

Humane Society of the United States v. Babbitt, 46 F.3d 93 (D.C. Cir. 1995).

Institute of Cetacean Research v. Sea Shepherd Conservation Society, 725 F.3d 940 (9th Cir. 2013).

James, Henry. (1897) 2021. *What Maisie Knew*. Project Gutenberg. https://www.gutenberg.org/ebooks/7118.

Japan Whaling Association v. American Cetacean Society, 478 U.S. 221 (1986).

Kahan, Dan M., and Tracey L. Meares. 2014. "When Rights Are Wrong." *Boston Review*, August 5.

Kant, Immanuel. (1788) 1955. *Critique of Practical Reason*. Translated by Mary Gregor. 2nd ed. Cambridge, UK: Cambridge University Press.

———. (1798) 1974. *Anthropology from a Pragmatic Point of View*. Translated by Mary Gregor. The Hague: Martinus Nijhoff.

———. (1785) 2012. *Groundwork of the Metaphysics of Morals*. Translated by Mary Gregor and Jens Timmermann. 2nd ed. Cambridge, UK: Cambridge University Press.

Karpinski, Stanislaw, et al. 1999. "Systemic Signaling and Acclimation in Response to Excess Excitation Energy in Arabidopsis." *Science* 284, no. 5414 (April 23): 654–57.

Katz, Jon. 2004. *The New Work of Dogs: Tending to Life, Love, and Family*. New York: Random House.

462

Kitcher, Philip. 2015. "Experimental Animals." *Philosophy & Public Affairs* 43, no. 4 (Fall): 287–311.

Kittay, Eva. 1999. *Love's Labor: Essays on Women, Equality, and Dependency.* New York: Routledge.

Korsgaard, Christine. 1981. "The Standpoint of Practical Reason," PhD diss. Cambridge, MA: Harvard University.

_____. 1996a. *Creating the Kingdom of Ends.* New York: Cambridge University Press.

_____. 1996b. *The Sources of Normativity.* Cambridge, UK: Cambridge University Press. (크리스틴 코스가드, 『규범성의 원천』, 김양현, 강현정 옮김, 철학과 현실사, 2011)

_____. 2004. "Fellow Creatures: Kantian Ethics and Our Duties to Animals." In *Tanner Lectures on Human Values*, vols. 25/26, edited by Grethe B Peterson. Salt Lake City: University of Utah Press.

_____. 2006. "Morality and the Distinctiveness of Human Action." In de Waal, *Primates and Philosophers: How Morality Evolved*, edited by Stephen Macedo and Josiah Ober. Princeton, NJ: Princeton University Press.

_____. 2013. "Kantian Ethics, Animals, and the Law." *Oxford Journal of Legal Studies* 33, no. 4 (Winter): 629–48.

_____. 2018a. "The Claims of Animals and the Needs of Strangers: Two Cases of Imperfect Right." *Journal of Practical Ethics* 6, no. 1 (July): 19–51.

_____. 2018b. *Fellow Creatures: Our Obligations to the Other Animals.* New York: Oxford University Press.

Kraut, Richard H. 2010. "What Is Intrinsic Goodness?" *Classical Philology* 105, no. 4 (October 1): 450–62.

Lazarus, Richard. 1991. *Emotion and Adaptation.* New York: Oxford University Press.

Lear, Jonathan. 2008. *Radical Hope: Ethics in the Face of Cultural Devastation.* Cambridge, MA: Harvard University Press.

Lee, Ascha. 2021. "UChicago Animal Rights Philosopher Fights for Bronx Zoo Elephant's Freedom." WBBM, August 30.

Lee, Jadran. 2003. "Bentham on Animals," PhD diss. Chicago: University of Chicago.

Leonard, Pat. 2020. "Study: Air Pollution Laws Aimed at Human Health Also

Help Birds." *Cornell Chronicle*, November 24.

Levenson, Eric. 2021. "What We Know So Far About the California Oil Spill." CNN, October 5.

Linch, Amy. 2021. "Friendship in Captivity? Plato's Lysis as a Guide to Interspecies Justice." *Journal of Human Development and Capabilities* 22, no. 1: 108 – 30. https://doi.org/10.1080/19452829.2020.1865289.

"List of Migratory Birds." 50 C.F.R. 10.13 (2000). https://www.govinfo.gov/app/de tails/CFR-2000-title50-vol1/CFR-2000-title50-vol1-sec10-13.

Lujan v. Defenders of Wildlife, 504 U.S. 555 (1992).

Lupo, Lisa. 2019. "Rodent Fertility Control: What It Is and Why It's Important." Pest Control Technology, April 12.

Maestripieri, Dario, and Jill M. Mateo, eds. 2009. *Maternal Effects in Mammals*. Chicago: University of Chicago Press.

Marine Mammal Protection Act (MMPA), 16 U.S.C. § 1361 et seq (1972).

Maritain, Jacques. 1951. *Man and the State*. Chicago: University of Chicago Press.

Mayer, Jared B. 2020. "Memorandum to Martha C. Nussbaum." November 17.

McMahan, Jeff. 2002. *The Ethics of Killing: Problems at the Margins of Life*. New York: Oxford University Press.

____. 2010. "The Meat Eaters." *New York Times*. September 19.

Migratory Bird Treaty Act (MBTA), 16 U.S.C. § 703 et seq (1918).

Mill, John Stuart. 1963. *The Collected Works of John Stuart Mill*, edited by J. M. Robson. Toronto: University of Toronto Press.

Moss, Cynthia. 1988. *Elephant Memories: Thirteen Years in the Life of an Elephant Family*. Chicago: University of Chicago Press.

Municipal Code of Chicago, § 4-384-015 (2014).

Nagel, Thomas. 1979. *Mortal Questions*. Cambridge, UK: Cambridge University Press.

Nair v. Union of India, Kerala High Court, no. 155/1999, June 2000.

Narayan, Uma. 1997. *Dislocating Cultures: Identities, Traditions, and Third-World Feminism*. New York: Routledge.

National Research Council. 2013. *Workforce Needs in Veterinary Medicine*. Washington, DC: National Academies Press.

Natural Resources Defense Council, Inc. v. Pritzker, 828 F.3d 1125 (9th Cir. 2016).

Newton County Wildlife Association v. United States Forest Service, 113 F.3d 110 (8th Cir. 1997).

NineMSN. 2017. "Berlin Zoo's Baby Polar Bear Must Die: Activists" March 21. https://web.archive.org/web/20070701010523/http://news.ninemsn. com.au/article.aspx?id=255770.

North Slope Borough v. Andrus, 486 F.Supp. 332 (D.C. Cir. 1980).

Nozick, Robert. 1974. *Anarchy, State, and Utopia.* New York: Basic Books.

Nuffield Council on Bioethics. 2005. *The Ethics of Research Involving Animals.* https://www.nuffieldbioethics.org/assets/pdfs/The-ethics-of-research-involving-animals-full-report.pdf.

Nussbaum, Martha C. 1978. *Aristotle's De Motu Animalium.* Princeton, NJ: Princeton University Press.

_____. 1986. *The Fragility of Goodness: Luck and Ethics in Greek Tragedy and Philosophy.* Cambridge, UK: Cambridge University Press.

_____. 1994. *The Therapy of Desire: Theory and Practice in Hellenistic Ethics.* Princeton, NJ: Princeton University Press.

_____. 1996. *Poetic Justice: The Literary Imagination and Public Life.* Boston: Beacon Press. (마사 너스바움, 『시적 정의』, 박용준 옮김, 궁리, 2013)

_____. 2000a. "The Costs of Tragedy: Some Moral Limits of Cost-Benefit Analysis." *In Cost-Benefit Analysis: Legal, Economic and Philosophical Perspectives*, edited by Matthew D. Adler and Eric A. Posner. Chicago: University of Chicago Press.

_____. 2000b. *Women and Human Development: The Capabilities Approach.* New York: Cambridge University Press.

_____. 2001. *Upheavals of Thought: The Intelligence of Emotions.* New York: Cambridge University Press.

_____. 2004. *Hiding from Humanity: Disgust, Shame, and the Law.* Princeton, NJ: Princeton University Press. (마사 너스바움, 『혐오와 수치심』, 조계원 옮김, 민음사, 2015)

_____. (2004) 2005. "Mill Between Bentham and Aristotle." *Daedalus*, 60-68. Reprinted in *Economics and Happiness*, edited by Lulgino Bruni and Pier Luigi Porta. Oxford, UK: Oxford University Press, 170-83.

_____. 2006. *Frontiers of Justice: Disability, Nationality, Species Membership.* Cambridge, MA: Harvard University Press.

_____. 2008. "Human Dignity and Political Entitlements." In *Human Dignity* and Bioethics: Essays Commissioned by the President's Council on Bioethics. Washington, DC: President's Council on Bioethics, 351–80.

_____. 2010a. From Disgust to Humanity: Sexual Orientation and Constitutional Law. New York: Oxford University Press. (마사 너스바움, 『혐오에서 인류애로』, 강동혁 옮김, 뿌리와이파리, 2016)

_____. 2010b. "Mill's Feminism: Liberal, Radical, and Queer." In John Stuart Mill: Thought and Influence, edited by Georgios Varouxakis and Paul Kelly. London: Routledge.

_____. 2010c. "Response to Kraut." Classical Philology 105, no. 4, 463–70.

_____. 2011. "Perfectionist Liberalism and Political Liberalism." Philosophy and Public Affairs 39, no. 1 (Winter): 3–45.

_____. 2012. Creating Capabilities: The Human Development Approach. Cambridge, MA: Harvard University Press.

_____. 2013. "The Damage of Death: Incomplete Arguments and False Consolations." In The Metaphysics and Ethics of Death, edited by James S. Taylor. New York: Oxford University Press.

_____. 2016a. Anger and Forgiveness: Resentment, Generosity, Justice. New York: Oxford University Press. (마사 너스바움, 『분노와 용서』, 강동혁 옮김, 뿌리와이파리, 2018)

_____. 2016b. "Aspiration and the Capabilities List." Journal of Human Development and Capabilities 17: 1–8.

_____. 2018a. The Monarchy of Fear: A Philosopher Looks at Our Political Crisis. New York: Simon & Schuster. (마사 너스바움, 『타인에 대한 연민』, 임현경 옮김, 알에이치케이코리아, 2020)

_____. 2018b. "Why Freedom of Speech Is an Important Right and Why Animals Should Have It." Denver Law Review 95, no. 4 (January): 843–55.

_____. 2019. "Preface: Amartya Sen and the HDCA." Journal of Human Development and Capabilities 20, no. 2 (April): 124–26.

_____. 2021. Citadels of Pride: Sexual Abuse, Accountability, and Reconciliation. New York: W. W. Norton. (마사 너스바움, 『교만의 요새』, 박선아 옮김, 민음사, 2022)

Nussbaum, Martha C., and Hilary Putnam. 1992. "Changing Aristotle's Mind." In Essays on Aristotle's De Anima, edited by Martha C. Nussbaum and Amélie Oksenberg Rorty. Oxford, UK: Clarendon Press.

Nussbaum (Wichert), Rachel, and Martha C. Nussbaum. 2017a. "Legal

Protection for Whales: Capabilities, Entitlements, and Culture." In *Animals, Race, and Multiculturalism*, edited by Luis Cordeiro Rodrigues and Les Mitchell. Cham, Switzerland: Palgrave Macmillan.

_____. 2017b. "Scientific Whaling? The Scientific Research Exception and the Future of the International Whaling Commission." *Journal of Human Development and Capabilities* 18, no. 3 (October): 356–69.

_____. 2019. "The Legal Status of Whales and Dolphins: From Bentham to the Capabilities Approach." In *Agency and Democracy in Development Ethics*, 259–88, edited by Lori Keleher and Stacy J. Kosko. Cambridge, UK: Cambridge University Press.

_____. 2021. "Can There Be Friendship Between Human Beings and Wild Animals?" *Journal of Human Development and Capabilities* 22, no. 1 (January): 87–107. Nuwer, Rachel. 2019. "This Songbird Is Nearly Extinct in the Wild. An International Treaty Could Help Save It—But Won't." *New York Times*, March 15.

Orlans, Barbara F., Tom L. Beauchamp, Rebecca Dresser, David B. Morton, and John P. Gluck. 1998. *The Human Use of Animals: Case Studies in Ethical Choice*. New York: Oxford University Press.

Osborne, Emily. 2021. "New Law Will Protect Illinois Birds from Deadly Building Collisions." Audubon Great Lakes, July 29.

Pachirat, Timothy. 2011. *Every Twelve Seconds: Industrial Slaughter and the Politics of Sight*. New Haven: Yale University Press.

Palila v. Hawaii Department of Land and Natural Resources, 639 F.2d 495 (9th Cir. 1981).

Part Pet Shop v. City of Chicago, 872 F.3d 495 (7th Cir. 2017).

Pepperberg, Irene. 1999. *The Alex Studies: Cognitive and Communicative Abilities of Grey Parrots*. Cambridge, MA: Harvard University Press.

_____. 2008. *Alex & Me*. New York: HarperCollins. (이렌느 페퍼버그, 『알렉스와 나』, 박산호 옮김, 꾸리에, 2008)

Piscopo, Susan. 2004. "Injuries Associated with Steeplechase Racing." *The Horse*, August 1. https://thehorse.com/16147/injuries-associated-with-steeplechase-racing/.

Pitcher, George. 1995. *The Dogs Who Came to Stay*. New York: Dutton.

Platt, John R. 2021. "I Know Why the Caged Songbird Goes Extinct." *The Revelator*, March 3.

Poole, Joyce. 1997. *Coming of Age with Elephants: A Memoir*. New York: Hyperion.

Poole, Joyce, et al. 2021. "The Elephant Ethogram." Elephant Voices, May. https://www.elephantvoices.org/elephant-ethogram.html.

Rawls, John. 1986. *Political Liberalism*. Expanded ed. New York: Columbia University Press. (존 롤스, 『정치적 자유주의』, 장동진 옮김, 동명사, 2016)

"Regulations Governing Take of Migratory Birds," 50 C.F.R. 10 (2021). https://www.govinfo.gov/app/details/FR-2021-01-07/2021-00054.

Renkl, Margaret. 2021. "Think Twice Before Helping That Baby Bird You Found." *New York Times*, June 7.

Rollin, Bernard. 1995. *Farm Animal Welfare: Social, Bioethical, and Research Issues*. Ames: Iowa State University Press.

_____. 2018. " 'We Always Hurt the Things We Love'—Unnoticed Abuse of Companion Animals." *Animals 8* (September 18): 157.

Rose, James D., et al. 2013. "Can Fish Really Feel Pain?" *Fish and Fisheries* 15, no. 1 (January): 97–133.

Rott, Nathan. 2021. "Biden Moves to Make It Illegal (Again) to Accidentally Kill Migratory Birds." NPR, March 9.

Rowan, Andrew. 2015. "Ending the Use of Animals in Toxicity Studies and Risk Evaluation." *Cambridge Quarterly of Healthcare Ethics* 24, no. 4 (October): 448–58.

Russell, W. M. S., and R. L. Burch. 2012. "Guidelines for Ethical Conduct in the Care and Use of Nonhuman Animals in Research." American Psychological Association Committee on Animal Research and Ethics, February 24.

Safina, Carl. 2015. *Beyond Words: What Animals Think and Feel*. New York: Picador. (칼 사피나, 『소리와 몸짓』, 김병화 옮김, 돌베개, 2017)

_____. 2020. *Becoming Wild: How Animal Cultures Raise Families, Create Beauty, and Achieve Peace*. New York: Henry Holt.

Samuels, Gabriel. 2016. "Chimpanzees Have Rights, Says Argentine Judge as She Orders Cecilia be Released from Zoo." *The Independent*, November 7.

Schneewind, Jerome B. 1998. *The Invention of Autonomy: A History of Modern Moral Philosophy*. New York: Cambridge University Press.

Schultz, Bart. 2004. *Henry Sidgwick: Eye of the Universe: An Intellectual*

Biography. New York: Cambridge University Press.

Scott, Elizabeth S., and Ben Chen. 2019. "Fiduciary Principles in Family Law." In *Oxford Handbook of Fiduciary Law*, edited by Evan J. Criddle, Paul B. Miller, and Robert H. Sitkoff. New York: Oxford University Press.

Scruton, Roger. 1999. *On Hunting: A Short Polemic*. London: Vintage UK.

Scully, Matthew. 2002. *Dominion: The Power of Man, the Suffering of Animals, and the Call to Mercy*. New York: St. Martin's Press.

Seattle Audubon Society v. Evans, 952 F.2d 297 (9th Cir. 1991).

Sen, Amartya. 1983. *Poverty and Famines: An Essay on Entitlement and Deprivation*, Reprint ed. New York: Oxford University Press.

_____. 1996. "Fertility and Coercion." *The University of Chicago Law Review* 63, no. 3: 1035–61.

_____. 2009. *The Idea of Justice*. Cambridge, MA: Harvard University Press. (아마르티아 센, 『정의의 아이디어』, 이규원 옮김, 지식의날개, 2021)

Shah, Sonia. 2019. "Indian High Court Recognizes Animals as Legal Entities." *Nonhuman Rights Blog*, July 10. https://www.nonhumanrights.org/blog/punjab-haryana-animal-rights/.

Shapiro, Paul. 2007. "Pork Industry Should Phase Out Gestation Crates." *Globe Gazette*, January 10.

Siebert, Charles. 2019a. "The Swazi 17." *New York Times Magazine*, July 14.

_____. 2019b. "They Called It a 'Rescue.' But Are Elephants Really Better Off?" *New York Times*, July 9.

Sierra Club v. Morton, 405 U.S. 727 (1972).

Sidgwick, Henry. (1907) 1981. *The Methods of Ethics*. Reprint of 7th ed. London: Macmillan; Indianapolis: Hackett.

Singer, Peter. 1975. *Animal Liberation: A New Ethics for Our Treatment of Animals*. New York: HarperCollins. (피터 싱어, 『동물해방』, 김성한 옮김, 연암서가, 2012)

_____. 2011. *Practical Ethics*. Cambridge, UK: Cambridge University Press.

Smuts, Barbara. 2001. "Encounters with Animal Minds." *Journal of Consciousness Studies* 8, nos. 5–7: 293–309. (피터 싱어, 『실천윤리학』, 황경식, 김성동 옮김, 연암서가, 2013)

Sorabji, Richard. 1995. *Animal Minds and Human Morals: The Origins of the Western Debate*. Ithaca, NY: Cornell University Press.

Spielman, Fran. 2021. "Aldermen Vote to Close Loophole in Chicago's Puppy Mill Ordinance." *Chicago Sun-Times*, April 12.

Stevens, Blair. 2020. "Even Years After Blackfish, SeaWorld Still Has Orcas." 8forty, June%10. https://8forty.ca/2020/06/10/even-years-after-blackfish-seaworld-still-has-orcas/.

Sunstein, Cass R. 1999. "Standing for Animals." University of Chicago Law School, Public Law and Legal Theory, Working Paper No. 06.

_____. 2000. "Standing for Animals (With Notes on Animal Rights) A Tribute to Kenneth L. Karst." *UCLA Law Review* 47: 1333–68.

Swanson, Sady. 2019. "Survival Story: Colorado Runner's 'Worst Fears Confirmed' When Mountain Lion Attacked." *Coloradoan*, February 14.

Swift, Jonathan. (1726) 2005. *Gulliver's Travels*. 5th ed. Oxford, UK: Oxford University Press. (조너선 스위프트, 『걸리버 여행기』, 신현철 옮김, 문학수첩, 1992)

Thorpe, William. 1956. *Learning and Instinct in Animals*. Cambridge, MA: Harvard University Press.

Townley, Cynthia. 2011. "Animals as Friends." *Between the Species* 13, no. 10: 45–59.

Tye, Michael. 2016. "Are Insects Sentient? Commentary on Klein & Barron on Insect Experience." *Animal Sentience* 9, no. 5.

_____. 2017. *Tense Bees and Shell-Shocked Crabs: Are Animals Conscious?* New York: Oxford University Press.

Ul Haq, Mahbub. 1990. *Human Development Report 1990*. New York: United Nations Development Programme.

United States v. Moon Lake Electric Association, 45 F.Supp.2d. 1070 (D. Colo. 1999).

Van Doren, Benjamin M., et al. 2017. "High-Intensity Urban Light Installation Dramatically Alters Nocturnal Bird Migration." PNAS 114, no. 42 (October 2): 11175–80.

Victor, Daniel. 2019. "Dead Whale Found with 88 Pounds of Plastic Inside Body in the Philippines." *New York Times*, March 18.

Walzer, Michael. 1973. "Political Action and the Problem of Dirty Hands." *Philosophy and Public Affairs* 2, no. 2: 160–80.

Watkins, Frances, and Sam Truelove. 2021. "Fungie the Dolphin 'Spotted Off Irish Coast' Six Months After Vanishing from Home." *Mirror*, April 11.

Whaling in the Antarctic (Australia v. Japan: New Zealand intervening) (Int'l Ct. 2014). https://www.icj-cij.org/en/case/148.

White, Thomas. 2007. *In Defense of Dolphins: The New Moral Frontier.* Hoboken, NJ: Wiley-Blackwell.

_____. 2015. "Whales, Dolphins and Ethics: A Primer." *In Dolphin Communication & Cognition: Past, Present, Future*, edited by Denise L. Herzing and Christine M. Johnson. Cambridge, MA: MIT Press.

Whitehead, Hal, and Luke Rendell. 2015. *The Cultural Lives of Whales and Dolphins.* Chicago: University of Chicago Press.

Wild Free-Roaming Horses and Burros Act, The (WFHBA), 16 U.S.C. § 1331 et seq (1971).

Williams, Bernard. 1983. *Problems of the Self.* Cambridge, UK: Cambridge University Press.

Wise, Steven M. 2000. *Rattling the Cage: Toward Legal Rights for Animals.* New York: Perseus Books.

Wodehouse, P. G. (1935) 2008. "Pig-Hoo-o-o-o-ey!" In *Blandings Castle.* London: Penguin.

____. (1952) 2008. *Pigs Have Wings.* New York: Random House.

Wolff, Jonathan, and Avner de-Shalit. 2007. *Disadvantage.* New York: Oxford University Press.

World Animal Protection. 2020. *World Animal Protection Index 2020.* https://api.worldanimalprotection.org/.

Zamir, Tzachi. 2007. *Ethics and the Beast: A Speciesist Argument for Animal Liberation.* Princeton, NJ: Princeton University Press.

들어가며

1. 나는 이 책 전체에서 동물 보호론자들의 일반적 관행을 따라 "동물"이라는 표현으로 "비인간동물"이라는 의미를 전달한다. "동물"이라는 말이 "비인간동물"을 줄여 말하는 것이란 점을 상기시키기도 하지만 말이다. 인간 역시 동물이지만 모든 곳에 "비인간"이라는 말을 붙이는 것이 번거롭기 때문에 이렇게 "동물"이라는 말로도 의미가 전달되기를 바란다.
2. World Wide Fund for Nature의 생물다양성에 대한 보고서: https://wwf. panda.org/discover/our_focus/biodiversity/biodiversity/.
3. US Endangered Species Act의 분류를 사용한 Animal Welfare Institute의 이 연구는 현재 멸종 위기와 위협 근접인 종들의 완벽한 목록을 제공한다: https://awionline.org/content/list-endangered-species.
4. Platt (2021).
5. BirdLife International (2017), https://www.birdlife.org/news/ 2017/01/24/10-amazing-birds-have-gone-extinct/.
6. Nuwer (2019).
7. Godfrey-Smith (2016, pp. 68-69, 73-74)를 참조하라.
8. Poole (1997).
9. 이런 행동은 여러 곳에 묘사되어 있지만 특히 Moss (1988)에 자세히 설명되어 있다.
10. 악명 높은 사례는 불법으로 미국에 공수된 스와질란드 코끼리 무리의 사례다. 이 사례는 10장에서 설명할 것이다.

11. Whitehead, Rendell (2015).

12. Victor (2019)를 참조하라. 그 고래는 혹등고래가 아닌 민부리고래(Cuvier's beaked whale)였다. 하지만 사실상 모든 종의 고래들이 그렇듯이 혹등고래들 역시 플라스틱 섭취의 영향을 받는다.

13. Wodehouse ([1935] 2008, pp. 60~86).

14. Shapiro (2007).

15. 더 자세한 논의는 12장을 참조하라.

16. 이 주제의 기초적 연구인 Rollin (1995)을 참조하라.

17. 그림은 Leonard (2020)를 참조하라.

18. Cornell Lab of Ornithology의 사이트 https://www.allaboutbirds.org/guide/House_Finch/sounds에서 들을 수 있다.

19. Pitcher (1995). 11장에서 루파와 그의 인간 친구들에 대해 더 이야기할 것이다.

20. 나는 3장, 11장, 12장에서 이들 논문에 의지했다. 우리는 주로 경제학자와 철학자로 이루어진 국제 연구자 집단으로 세계 빈곤과 불평등을 연구하며, 노벨상을 수상한 경제학자 아마르티아 센과 내가 창립회장으로 있는 인간개발및역량협회(HDCA)에서 이들 논문 4개를 발표했다.

21. 이 접근법은 레이철이 일했던 프렌즈오브애니멀즈라는 동물법률단체에서 사용하는 것이다. 그의 상관인 마이클 해리스는 최근 이에 대한 기명 논평을 내놓으면서 감금된 코끼리의 열악한 사례에 개입했다. Harris (2021)를 참조하라. 나 역시 이 사례에 개입해서 법정 조언자 의견서를 작성하고 지역 뉴스 프로그램에 출연했다. Lee (2021)을 참조하라.

1장 잔혹 행위와 방치: 동물 삶 속의 불의

1. 이런 논거를 주장하게 된 것은 크리스틴 코스가드 덕분이다. 이 아이디어(기본적으로 칸트학파 철학인)에 대한 그의 옹호는 이후에 논의할 것이다. 이 점에 있어서 나는 그의 생각에 전적으로 동의한다.

2. *Natural Resources Defense Council v. Pritzker*, 828 F.3d 1125 (9th Cir. 2016).

3. 많은 직장에서, 심지어는 리조트에서도 재활용 가능한 캔과 자기 병에 물을 담아 먹는 식으로 일회용 플라스틱을 없앴다.

4. 경이에 대한 주요 사상가는 제러미 벤딕케이머이다. 최근 출간한 대표적인 작품 세 가지는 다음과 같다: Bendik-Keymer (2017); Bendik-Keymer (2021a); Bendik-Keymer (2021b). 그의 웹사이트 https://sites.google.com/case.

edu/bendikkeymer도 참조하라.

5. Aristotle, *Parts of Animals*, I.5.
6. Nussbaum (2001, ch. 1) 참조.
7. Nussbaum (1996)의 "환상"에 대한 논의를 참조하라.
8. Nussbaum (2006, ch. 6)의 비슷한 결론을 참조하라.
9. Nussbaum (2001, ch. 6) 참조.
10. 내 박사 학위 논문을 바탕으로 Nussbaum (1978)을 참조하라.
11. Batson (2011).
12. Nussbaum (2016a). 같은 논거의 보다 짧은 버전은 Nussbaum (2018a)을 참조하라.

2장 자연의 사다리, 그리고 "우리와 너무 비슷해서" 접근법

1. Nussbaum (2006).
2. *Nair v. Union of India*, Kerala High Court, no. 155 /1999, June 2000.
3. Sorabji (1995).
4. 이 주에 대한 논문, Comay del Junco (2020)를 참조하라.
5. Nussbaum (1978).
6. 둘 모두 반체제적인 요소가 있으며, 죽은 동물을 위한 기도인 Kaddish(죽은 자를 위한 기도)의 형태가 있다.
7. 그 사례는 Kraut (2010, pp. 250, 256)를 참조하라. Kraut는 간극을 이용해서 동물을 이용한 의학 실험을 정당화하지만 인간에 대해서는 그렇게 하지 않는다. Nussbaum (2010c, pp. 463, 467)에서 Kraut에 대한 내 답변을 참조하라.
8. Sextus Empiricus, *Outlines of Pyrrhonism*.
9. Plutarch, *Life of Pompey*, LII.4; Pliny the Elder, *Natural History*, VIII.7.20.
10. Sorabji (1993) (quoting Pliny).
11. 위의 책, p. 124, n.21 (quoting Pliny). Seneca, *De Brevitate Vitae* 13; Cassius Dio XXXIX.38도 참조하라. 그는 코끼리들이 잘못에 대한 복수를 애원하는 것처럼 코를 들어올렸다고 말하고 있다.
12. Sorabji (1993, pp. 124-25) (Cicero, *Epistulae ad Familiares* [Letters to Friends] VII.1의 인용).
13. White (2007, pp. 219-20) 참조.
14. 실제로 창세기 7장에는 두 가지 다른 설명이 있다. 처음에는 각각의 "정결한" 짐

승과 새가 일곱 쌍씩 있고 "부정한" 짐승은 한 쌍만 있다고 하지만, 이후의 전통은 이것을 희생을 허용하는 것으로 해석한다. 첫 번째 버전 바로 뒤의 두 번째 버전은 정결한 짐승과 부정한 짐승 모두와 새가 각 한 쌍씩만을 언급한다.

15. Genesis 9:12; Alter (2004).

16. Genesis 1:26-8 (verses 29 and 30).

17. Scully (2002).

18. Scruton (1999).

19. 전국적으로 유명해진 이 재판에서 국내에서 가장 유명한 변호사 두 명이 경쟁했다. 개혁파 진보주의자 클래런스 대로(Clarence Darrow)와 세 번이나 대선에 출마했다가 고배를 마신 윌리엄 제닝스 브라이언(William Jennings Bryan)이었다. 피고인 교사 존 스코프스(John T. Scopes)는 주법에 반해 진화론을 가르친 혐의로 기소되었다. 종교와 진화의 싸움으로 보였던 이 재판에 전국의 이목이 집중되었다. 인간이 "하위 동물"의 후손이라는 진화론적 주장이 너무나 많았기 때문에 재판은 "원숭이 재판"으로 알려졌다. 결국 스코프스는 유죄판결을 받았지만 벌금은 100달러에 불과했다. 벌금은 법률상의 절차에 따라 이후에 따로 정해졌지만 버틀러 법이 언론의 자유와 종교 설립의 기반을 저해하는 위험이라고 선언하려던 시도는 실패했다. 1968년에야 미국 대법원이 수정헌법 1조 제정 조항에 따라 아칸소주의 유사한 법규를 위헌으로 선언했다. 스코프스 재판은 1955년 제롬 로렌스(Jerome Lawrence)와 로버트 리(Robert E. Lee)에 의해 〈침묵의 소리(Inherit the Wind)〉라는 연극이 되어 무대에 올랐고, 이후에는 프레드릭 마치(Fredric March)가 브라이언 역을, 스펜서 트레이시(Spencer Tracy)가 대로 역을 맡은 영화(1960)로도 만들어졌다.

20. 제인 구달과 같이 영장류를 연구하는 다른 운동가들도 비슷한 견해를 갖고 있는 것으로 보인다.

21. Wise (2000).

22. *Unlocking the Cage* (2016).

23. Wise (2000).

24. *Unlocking the Cage* (2016).

25. 위와 같음.

26. 위와 같음.

27. 일반적으로는 서양철학의 자율성 사상의 역사를 제시하는 Schneewind (1998), 고차원적 욕망의 측면에서의 선도적 철학적 설명은 Dworkin (1988)을 참조하라.

28. Wise (2000); *Unlocking the Cage* (2016).

29. *Unlocking the Cage* (2016).

30. 위와 같음.

31. *Unlocking the Cage* (2016).

32. 위와 같음.

33. *Unlocking the Cage* (2016).

34. *Unlocking the Cage* (2016); Wise (2000).

35. *Unlocking the Cage* (2016).

36. 위와 같음.

37. Whitehead, Rendell (2015, pp. 120-21) 참조.

38. Swift ([1726] 2005, pp. 135-84).

39. 일반적으로 Nussbaum (2004) 참조.

40. 일반적으로 위의 책 참조.

41. 위의 책 참조. 일반적으로 Nussbaum (2010a) 참조. Hasan, Huq, Nussbaum, Verma (2018)도 참조하라.

42. *Unlocking the Cage* (2016).

43. Whitehead, Rendell (2015) 참조.

44. de Waal (1996) 참조.

45. *Unlocking the Cage* (2016).

46. 위의 다큐멘터리 영화 참조.

47. Brulliard (2018).

48. White (2007).

49. "거울 테스트"는 동물의 머리 뒤에 거울에서만 보이는 짙은 색 자국을 그리고 동물이 느낄 수 있지만 거울에서는 보이지 않는 가짜 자국을 그려 거울 속 자신의 이미지를 인식하는 능력을 시험한다. 동물의 후속 행동(짙은 색 자국을 지우기 위해 머리를 문지르는)은 동물이 거울 속 자국을 보고 그것을 자신의 머리와 연결시킨다는 것, 자국의 촉각적 감각이 머리를 문지르는 행동으로 이어진 것임을 보여준다. 사람들이 그것이 자기 인식의 필요조건이냐 충분조건일 뿐이냐를 두고 논쟁을 벌이긴 하지만 말이다.

50. 와이즈는 감정에 대해 많은 이야기를 하지는 않지만, 적절한 공감적 감정 반응의 놀라운 사례로 주목을 끈다. 반면에 화이트는 인간과 돌고래의 감정 능력에 대해, 신경적 기반, 다양성에 대해 많은 것을 이야기한다.

51. 이 마지막 요소는 화이트가 이론적으로 강조한 것은 아니지만 그가 든 많은 사례가 그것을 이용한 것으로 보인다. 돌고래가 실제로 인간과 같은 성질을 보인다는 사실에도 불구하고 일반적으로 사람들이 돌고래를 인식하지 못한다는 것을 끊임없이 강조하며 돌고래의 비공격적인 행동과 대조적으로 인간이 다른 인간에게 보이는 공격성에 주목하게 하는 화이트가 이런 "적절히 대우하는 능력"를 인격의 필요조건이어야 한다고 생각하는지는 명확하지가 않다.

52. White (2007, p. 47).

53. 위의 책, pp. 166-67.

54. White (2007 p. 8, 주석)

55. 위의 책과 같음.

56. White (2007, p. 176).

57. 화이트는 이 책 전체에서 "개인주의"라는 아이디어의 여러 가지 의미를 융합한다. 우선, "개인주의"는 모든 개별 생물 각각이 중요하며, 존엄성을 지닌 존재이고, 물건이나 재산이 아닌 목적으로 취급되어야 한다는 것을 의미한다. 이런 의미에서 돌고래와 인간은 모두 개인이며, 쾌고감수능력이 있는 다른 모든 동물도 그렇다(나의 생각). "개인주의"의 두 번째 의미는 혼자 있기를 좋아하는 자족성이다. 이 생물은 다른 사람이 없이도 잘 살 수 있다. 화이트는 이 부분에서 돌고래와 인간 사이에 큰 차이가 있다고 주장한다. 돌고래는 사회집단에 깊이 얽혀 있는 반면, 우리 인간은 고독한 존재다. 하지만 내 생각에 그가 이렇게 말한 것은 실수인 것 같다. 마지막으로 화이트는 "이기주의" "이기심"을 의미하는 데에도 "개인주의"라는 용어를 사용한다. 그는 인간이 집단이 대단히 중요한 돌고래보다 개인적으로 더 이기적이라고 말한다. 흥미로운 주장이지만 검증하기가 어려운 주장이다. 그는 돌고래가 인간에 비해 공격성이 매우 낮으며, 결코 치명적인 공격성을 보이지 않는다는 증거를 제시한다. 하지만 정말 그것이 이타주의고 이기적인 경향의 통제일까? 단언하기 어려운 부분이다. 어쨌든 이기주의가 인간 삶의 중심이라면, 화이트는 인격성에 대한 기준을 수정하거나("타인에 대한 적절한 인정과 대우"를 필요조건으로 포함시키지 않도록), 인간이 사람인지에 대해 더 회의적이어야 한다!

58. White (2007, p. 182)

59. 위의 책, pp. 188-200.

3장 공리주의자들: 쾌락과 고통

1. Singer (1975).

2. Bentham은 '…이다'에서 '…해야 한다'로 이동하지 않는 것으로 악명이 높다.

3. Bentham ([1780] 1948).

4. 위의 책, pp. 310-11.

5. Bentham ([1780] 1948)

6. 위의 책과 같음.

7. 위의 책과 같음.

8. 이것과 다른 일화들의 출처는 Campos Boralevi (1984, p. 166)를 참조하라.

9. 이 주제에 대한 Lee (2003)의 논문을 참조하라.

10. Bentham (2013)의 무료 e-북을 참조하라, https://www.gutenberg.org/ebooks/42984.

11. Korsgaard (2021, p. 159) (Singer 인용).

12. 적응적 선호에 대해서는 Elster (1983)을 참조하라. 아마트리아 센은 많은 논문에서 이 개념을 발전시킨다. 필수 참조 자료는 Nussbaum (2000b, ch 2)에 있다.

13. Nozick (1974, pp. 42–45). *Anarchy*에서, 활동을 원하는 것이 기계와의 연결에 반대하는 이유 중에 노직이 가장 강조하는 것이다. 이후의 버전에서도 그는 꿈속 세상에서 사는 것이 아닌 현실과 접하는 것에 대한 관심을 강조한다.

14. 물론, 특별한 쾌락을 발명해서 주체적 쾌락이라고 이름을 붙일 수도 있을 것이다. 밀은 이렇게 생각하는 것 같다. 하지만 이런 쾌락이 양적으로만이 아니라 질적으로 다른 쾌락과 다르다고 이해되지 않는 한, 이 사례에 포함된 직관을 포착하기는 어려울 것이다. 밀은 이 점을 이해하고 있었고 그의 견해는 내 비판에 취약하지 않다.

15. Sidgwick ([1907] 1981).

16. 시지윅의 삶과 정치 활동에 대해서는 Schultz (2004)를 참조하라.

17. de Lazari-Radek, Singer (2014)를 참조하라.

18. 예를 들어 그는 코스가드의 "그릇" 논거를 언급했다. 그의 반응은 복합적이다. 그릇 견해에 대한 주장은 Korsgaard (2018b, p. 159)를 참조하라. 그는 다른 곳에서도 그의 비판에 대응하지만 보다 제한적인 형태로 표현한다. "어떤 환경에서는—동물이 쾌적한 삶을 영위하고, 죽음이 고통 없이 이루어지고, 죽음이 다른 동물의 고통을 유발하지 않으며, 하나의 동물을 죽여도 그렇지 않았다면, 살지 못했을 다른 동물로 대체된다면—자각이 없는 동물을 죽이는 것은 잘못이 아니다." Singer (2011, p. 108). 싱어가 대부분의 동물에게 "자각"이 없다고 생각했다는 점에 주목해야 한다.

19. Singer (1975).

20. Singer (2011, p. 101).

21. *The Point of View of the Universe*에서, de Lazari-Radek와 Singer는 Nozick 시나리오(2014, p. 257)의 또 다른 측면을 언급한다. 그 책에서 취한 쾌락에 대한 객관적인 견해는 노직의 논거에 대해 싱어를 더 취약하게 만들지만, 그는 현실과 접하는 것에 대한 우리의 선호는 현상 유지 편향의 결과라고 말한다.

22. 그는 시지윅의 논거에 대한 자신의 견해가 어떻게 변화했는지 추적하며, de Lazari-Radek과 공저한 책에서 새로운 견해를 더 자세히 설명한다. 이런 변화는 싱어를 그가 이전에 복지를 선호 만족의 측면에서 생각한다는 이유로 지지하던 경제적 실용주의자들로부터 분리시킨다. 하지만 그 변화는 동물 처우에 대한 그의 견해나 그들의 견해에 대한 반대에는 큰 차이를 만들지 않았다.

23. University College London는 1826년부터 무신론자들에게 학위와 연구비를 제공했지만, University of London 내의 단과대학으로서 법적인 인정을 받은 것은 1836년이 되어서였다. 독학을 했고 학위가 없었으며 1823년 이미 영국 동인도 회사에서 일을 시작한 밀에게는 너무 늦은 때였을 것이다. 그는 1858년까지 그 회사에 다녔다.

24. Nussbaum ([2004] 2005)와 Nussbaum (2010b) 참조. Brink (2013)은 밀을 전반적으로 잘 다루고 있는 책으로, 나는 그 책의 해석에 대체로 동의한다.

25. Mill (1963, vol. XVI, p. 1414).

26. Mill (1963, vol. X, p. 223).

27. 위의 책과 같음.

4장 크리스틴 코스가드의 칸트주의 접근법

1. 칸트는 때때로 인종차별 발언을 한다. 이에 대해서는 정당한 비판이 있었다.

2. 칸트는 스토아학파의 글을 읽었고(그리스어를 몰랐기 때문에 라틴어로) 분명히 그들의 영향을 받았다. 벤담은 철학의 역사에 별로 주의를 기울이지 않았고 밀은 그가 "다른 사람들로부터 빛을 얻는 데" 실패했다고 비난했다.

3. Kant ([1798] 1974, 8:27).

4. 존 스튜어트 밀은 독일 철학을 좋아했고 아마도 칸트를 알았을 것이다. 그는 양쪽의 오류들을 피한 것 같다. 3장과 5장을 참조하라.

5. Korsgaard (2004).

6. Korsgaard (2018b).

7. Korsgaard (1981). 존 롤스(John Rawls)는 그의 논문 위원회 회장이었고, 나는 두 번째 독자였다.

8. 칸트는 아리스토텔레스에 대한 상세한 지식을 보여주지 않으며 그의 피상적인 언급은 정확치 않다.

9. Kant ([1788] 1955); Akad., p. 5,161.

10. Kant ([1798] 1974, 8:27).

11. Kant ([1785] 2012).

12. Korsgaard (1996a).

13. Akad., p. 429.

14. 칸트의 네 번째 사례, 자살 금지는 칸트주의자들 사이에 논란이 많았으며 일부 유명 칸트주의자들은 의사의 도움을 받는 자살을 옹호하기 위해 칸트의 자율성 사상을 들먹였다.

15. 물론 이런 일이 지금도 이민자 자녀들에게 일어나고 있다. 하지만 그것은 광범위한 분노를 일으켰다.

16. 이 글을 더 길게 인용하고 있는 Korsgaard (2018b, p. 99)를 참조하라. 책 제목이 이 구절에서 비롯되었다.

17. 동물에 대한 잔인한 대우와 인간에 대한 나쁜 행동에는 명확한 상관관계가 있는 것처럼 보이지만 그것이 인과관계인지 두 개가 비틀어진 심리의 관련 측면인지는 판단하기가 어렵다.

18. Korsgaard (2018b, pp. 99-101) (칸트의 *Lectures on Ethics*를 참조)를 참조하라.

19. 위의 책, pp. 100-101.

20. 위의 책, p. 103 (칸트의 *Lectures on Ethics* 인용).

21. *Fellow Creatures*는 코스가드의 고양이들에게 헌정되었다.

22. 코스가드는 Korsgaard (1996b)에서 아리스토텔레스주의자들이 그렇게 했다고 비난한 것처럼 내가 직관에 지나치게 의존한다고 이의를 제기할 것이다.

23. Korsgaard (2018b, p. 27).

24. 위의 책, p. 31.

25. Korsgaard (2018b, p. 14).

26. 위의 책, p. 145.

27. Korsgaard (2018b, p. 77).

28. 위의 책, p. 139.

29. Korsgaard (2018b, p. 146).

30. 위의 책, p. 237.

31. Korsgaard (2018b, p. 43).

32. 위의 책, p. 40.

33. Korsgaard (2018b, p. 48).

34. 위의 책, p. 47.

35. Korsgaard (2018b, pp. 48-50).

36. 위의 책, p. 50.

37. 기차가 제한 속도를 준수하는 경우가 드문 인도에서는 철로에서 코끼리가 죽는 것이 너무나 흔한 일이다. 무작위 인터넷 검색만으로도 알 수 있듯이 성인 암컷 코끼리 무리는 자신들의 죽음이라는 대가를 치르고서라도 새끼 코끼리를 위해로부터 보호하려고 노력하는 것이 보통이다. 코끼리의 자기 희생에 대한 논의는 de Waal (1996)를 참조하라.

38. 2012년 보츠와나 사파리에서 관찰됨.

39. de Waal (1996); de Waal (2006) 참조.

40. de Waal (1989); de Waal (1996); de Waal (2006) 참조.

41. Maestripieri and Mateo (2009).

42. Whitehead, Rendell (2015).

43. Safina (2020).

44. Korsgaard (2006).

45. Smuts (2001)를 참조하라. de Waal (2019)도 참조하라.

5장 역량 접근법: 삶의 형태 그리고 함께 사는 생물에 대한 존중

1. 나는 이미 Nussbaum (2006) 6장에서 역량 접근법을 동물에까지 확장한 바 있다. 이 장(그리고 후속 장들)의 접근법도 유사하다. 하지만 훨씬 더 상세하다.

2. 이 접근법은 인간 개발 접근법이라고도 불리지만 나는 분명한 이유들 때문에 그 이름의 사용을 중단하고 그것을 사용하지 않도록 다른 사람들도 설득하는 노력을 해왔다. Nussbaum (2019)의 내 발언을 참조하라.

3. 나는 Nussbaum (2000b); Nussbaum (2006); and Nussbaum (2012), 이렇게 세 권의 책에서 내 버전의 역량 접근법을 발전시켰다. 이 중 마지막 책에는 센과 내가 이 주제를 다룬 다른 관련 출판물의 목록이 있다. 그 책은 내 연구만이 아닌 많은 이론가의 연구를 다루고 있기 때문에 나 자신은 좋아하지 않지만 부득이 "인간 개발"이라는 부제를 사용하고 있다.

4. Human Development and Capability Association: https://hd-ca.org 참조.

5. Ul Haq (1990).

6. Nussbaum (2000b, ch. 2).

7. https://www.gutenberg.org/ebooks/786에서 무료 e북 Dickens ([1854] 2021, ch. IX)를 참조하라.

8. 내가 Nussbaum (2012)에서 논의했듯이, 내적 역량은 James Heckman의 연구(그 책의 부록에서 논의된)에서와 같은 인적 자본 접근법에서 "역량"이라고 부르는 것과 일치한다.

9. Wolff and de-Shalit (2007).

10. 엄밀히 말하면, "비옥화 역량"이라고 말했어야 하지만 두운이 너무 유혹적이었다.

11. 이것은 센이 아닌 내 견해다. 그는 비교의 목적으로만 역량이라는 아이디어를 사용한다.

12. Nussbaum (2012)와 Nussbaum (2008) 참조.

13. Nussbaum (2000b, ch. 2).

14. Rawls (1986). 롤스는 중첩적 합의를 달성하는 데에는 시간이 필요하다고 분명히 하면서 시간이 지나면서 사람이 어떻게 그것을 향해 움직이는지에 대한 설득력 있는 설명을 제공한다.

15. 이 예는 Universal Declaration of Human Rights의 입안자 중 한 명인 프랑스 철학자 Jacques Maritain이 이집트, 중국, 기타 다른 나라 출신에 다른 전통을 가진 입안자들이 합의에 이를 수 있는 윤리적 언어를 찾는 방법을 설명하면서 제시한 것이다. Maritain (1951, ch. 4)을 참조하라.

16. 더 자세한 내용은 Nussbaum (2011)을 참조하라.

17. 철학적 유형론에 관심이 있는 사람들(관심이 없다면 건너뛰도록 하라!)은 내 버전의 역량 접근법이 의무론적인지 결과론적인지 묻곤 한다. "일련의 윤리적 의무를 핵심으로 인식하는가? 아니면 공리주의적 방식으로 일련의 좋은 결과를 추구하는가?" 이것은 미묘한 철학적 입장이 아니고 교과서적인 분류이기 때문에 이 질문에 대한 내 대답이 복잡한 것은 놀라운 일이 아니다. 그 견해에는 국가가 최소한의 정의를 달성하는 데 실패했다는 평가를 각오하고, 각각의 역량을 구체적인 임계 수준까지 높여야 하고, 개인은 정의를 달성하기 위해 윤리적으로 노력해야 한다는 의미에서 강한 의무론적 요소가 있다. 하지만, 인간의 삶에서 사람들이 서로 맞물린 목적을 추구하는 것과 마찬가지로 역량은 서로 맞물려 있는 목적의 집합이다. 사람들은 목적론적(목적 지향적) 생물이며 역량은 번영하는 삶의 모두를 향한 효과적 노력의 기반으로 간주된다. (어떤 면에서는, 사람의 활동 자체가 목적이고 역량은 그 기반일 뿐이라고 한다. 그러나 정치적인 측면에서는 목적 혹은 목표가 역량을 확보하는 것이다. 그 이후는 사람들 자신의 선택에 맡긴다.) 결과주의는 때때로 만족이나 쾌락과 같은 정적인 상태를 증진하는 형태를 띤다. 나는 이런 유형의 결과주의를 비판해왔다. 하지만 결과주의에는 활동이나 활동을 위한 기회를 내재적 가치를 지닌 목적으로 보는 형태도 있다. 3장에서 이야기했듯이, 존 스튜어트 밀의 공리주의가 이런 종류로 보인다. 또한 밀은 목적이 단순히 양만이 아닌 질을 달리하는 다수라는 주장도 했다. 그는 존엄성의 존중을 적절한 목적 집합의 중요한 특징으로 꼽았다. 밀은 그의 공리주의를 다른 교리, 특히 종교적 교리를 대체하는 포괄적인 정치적(그리고 개인적) 교리로 생각했다. 그것은 나의 역량 접근법과 밀의 견해 사이의 큰 차이점이다. 하지만 다른 면에서라면 내 견해와 밀의 견해는 비슷하다. 아마트리아 센 역시 결과론에서도 질적으로 서로 구분되는 다수의 목적이 있을 수 있다고 오랫동안 강조해왔다.

18. 장애인 권리를 다루는 문헌에서는 이 단어를 선호한다. "보호자"라는 용어보다 공동의 활동이라는 의미가 강하기 때문이다.

19. Poole 등. (2021), https://www.elephantvoices.org/elephant-ethogram.html. Angier (2021)도 참조하라.

20. Nussbaum (2018b)을 참조하라.

21. Sen (1983).

22. Smuts (2001) 참조.

23. Gordon (2020) 참조. 평기에 대한 가능한 인용은 최근 동물복지단체가 보고한 것이다. Watkins and Truelove (2021) 참조.

24. 관계에 대해서는 Nussbaum (2012)을 참조하라.

25. 도입에서 언급한 코끼리 해피를 위한 법정 조언자 의견서에서 그랬듯이, 나와 자신의 접근법의 차이를 잘 알고 있는 와이즈는 나를 초청해 역량 접근법을 강조하는 의견서를 쓰도록 했다. 토머스 화이트가 최근 역량 접근법을 받아들였다는 내용은 결론을 참조하라.

26. Korsgaard (2018b, pp. 191-214)도 참조하라.

27. 위의 책, pp. 204-6.

28. Korsgaard (2018a); Korsgaard (2013).

29. Korsgaard는 내가 거부했던 본능과 의지의 명확한 구분을 사용해 이 아이디어를 구상했다. 하지만 나는 그의 기본 아이디어는 수용한다.

30. Bradshaw (2020).

31. *Natural Resources Defense Council, Inc. v. Pritzker*, 828 F.3d 1125 (9th Cir. 2016).

32. 위의 책, at 1142. 일반적인 내용은 수중 음파 탐지기를 상세히 설명하는 Horwitz (2015)를 참조하라.

33. Marine Mammal Protection Act (MMPA), 16 U.S.C. § 1361 et seq (1972). 12장에서 이 법령을 자세히 설명할 것이다.

34. *Pritzker*, 828 F.3d at 1142.

35. 위의 책, at 1130-31.

36. 굴드 판사는 클린턴 대통령을 통해 판사로 지명되기 전 시애틀에서 25년 동안 변호사로 일했으며, "해안법(Coastal Law)" 그리고 "해양법(Law of the Sea)" 등 동물과 관련된 다양한 과정을 갖고 있는 시애틀 소재 워싱턴 법학대학원의 겸임 교수를 역임했다. 워싱턴 법학대학원은 레이철 너스바움이 동물법에 대한 최고 수준의 교육을 받으면서 야생 동물 변호사로서의 커리어를 준비하던 곳이기도 하다.

6장 쾌고감수능력과 목적 추구: 적용 범위

1. Aristotle, *On the Movement of Animals*, ch. 7, 701a33-36.

2. 당연하게도 철학자들은 여러 다른 견해를 옹호한다. 여기에서 제시하는 것은 공

통적인 견해와 내 자신이 가장 설득력이 있다고 믿는 견해다.

3. Tye, (2017, pp. 67-68).
4. https://www.gutenberg.org/ebooks/7118에서 무료 e북 James ([1897] 2021, preface)를 참조하라.
5. 코끼리의 관점에서 코끼리의 삶을 묘사한 Gowdy (1999)가 그 한 예다. 이 책은 물론 언어적이지만, 코끼리가 생활하고 생각하는 방법을 다루는 연구에 대한 그의 뛰어난 이해를 기반으로 하고 있다.
6. Tye (2017, pp. 86-88).
7. Tye (2016)도 참조하라.
8. Nussbaum (1978, ch. 7).
9. Balcombe (2016, p. 72).
10. Wodehouse ([1952] 2008, p. 248).
11. Nussbaum (1978, ch. 7).
12. Dawkins (2012, p. 92); Tye (2017, p. 85)도 참조하라.
13. Hilary Putnam과 나는 Nussbaum 그리고 Rorty (1992)에서 형식적인 수준의 설명이 궁극적인 수준을 추구하는 것보다 나은 경우가 많다는 아리스토텔레스의 관점을 설명하기 위해 비슷한 예를 사용했다.
14. Balcombe (2016, p. 72)을 참조하라.
15. 일부 동물 옹호자들은 "fish"의 복수를 "fishes"로 사용한다. 복수도 "fish"인 것이 이 생물들이 개별적인 존재가 아니라는 것을 암시한다고 생각하기 때문이다. 언어적으로는 틀린 생각 같다. 영어에는 불규칙한 복수형이 있다. "Sheep" 역시 그런 경우다. 그러나 복수에도 "sheep"을 사용하는 것이 각각의 양을 개별적인 존재가 아니라는 의미라고 생각하는 사람은 없을 것이다.
16. Rose 등. (2013).
17. Braithwaite (2010).
18. 위의 책, ch. 3; Balcombe (2016, pp. 78-80)도 참조하라.
19. Braithwaite (2010, pp. 103-4).
20. 위의 책, p. 104.
21. de Waal (2019). 동물의 감정에 대한 다른 중요한 연구는 Bekoff (2008)와 Safina (2015)를 참조하라.
22. Lazarus (1991). Nussbaum (2001, ch. 2) 참조.
23. de Waal (2019, p. 205).
24. Damasio (1994). 나는 Nussbaum (2001, ch. 2)에서 그의 연구 결과와 다른 신경과학자, 인지 심리학자들의 연구 결과에 대해 논의한다.
25. Damasio (1994, ch. xv).

26. 위의 책과 같음.

27. Damasio (1994, p. 36).

28. 위의 책, pp. 44-45.

29. Damasio (1994, pp. 46-51)를 참조하라. 엘리엇은 개인적인 결정이 아닌 분석만이 필요한 일련의 의사 결정 테스트를 거치며 좋은 성과를 보였다. 그는 행동을 위한 선택지를 충분히 만들었다. 그리고 엘리엇은 다마시오에게 말했다. "이렇게 했는데도 여전히 무엇을 해야 할지 모르겠습니다!"

30. Nussbaum (1978, ch. 7).

31. Tye (2017, ch. 9).

32. Braithwaite (2010, pp. 92-94). 그는 잠재적인 경쟁자와 관련하여 자신의 위치를 결정하는 선택에 직면한 물고기가 정확히 이 사고 패턴을 사용하는 복잡한 실험에 대해 설명한다.

33. Balcombe (2016, pp. 25-39); Tye (2017, p. 114)을 참조하라. 전반적으로는 Tye (2017, ch. 6)를 참조하라.

34. Braithwaite (2010, p. 113).

35. 실제 분류법은 더 복잡하다. 큰 두 개의 집단은 뼈가 있는 경골어류(Osteichthyes)와 연골 어류인 연골어류(Chondrichthyes)이다. 경골어류 중에서는 경골(teleosts)이 가장 큰 하위 그룹이며, 연골어류 중에서는 판새류(elasmobranchs)가 가장 큰 하위 그룹이다. 세 번째로 큰 그룹은 턱이 없는 어류, 무악강(Agnatha)이다.

36. Tye (2017, p. 102).

37. 위의 책, p. 103.

38. Ackerman (2016, p. 55) (Harvey Karten 인용).

39. Emery (2016, p. 8).

40. 위의 책과 같음.

41. Emery (2016, p. 11) (Thorpe [1956] 인용).

42. Ackerman (2016, p. 58) (Erich Jarvis가 연구 요약).

43. 위의 책, ch. 3 (이 연구를 요약한다).

44. Pepperberg (2008).

45. Ackerman (2016, p. 40); Ackerman (2016, ch. 5); Emery (2016, pp. 77-87, 174-75).

46. Ackerman (2016, ch. 4), 그리고 Emery (2016, p. 77)에서 바우어새가 지은 집의 놀라운 사진을 참조하라.

47. Tye (2017, pp. 127-28)는 실험에서 새끼의 깃털에 공기가 들어가 새끼가 불편해지자 어미 새가 신체적인 스트레스 징후를 보였고, 안심하라는 듯이 새끼를 향

해 울었다는 것을 설명했다. 많은 실험이 까마귀와 앵무새가 종종 속임수를 목적으로 다른 새의 관점을 취할 수 있다는 것을 보여주었다. 다른 실험들은 큰까마귀가 다른 큰까마귀의 행복하고 장난스러운 모습에 즐거움과 장난으로 반응하고 다른 큰까마귀의 고통에는 부정적으로 반응한다는 것을 보여준다. Ackerman (2020, p. 162)과 싸움 후의 위로 행동에서 공감의 증거를 발견한 Emery (2016, pp. 158-59)를 참조하라. 앵무새의 능력에 대한 광범위한 설명은 Safina (2015)와 Safina (2020)도 참조하라.

48. Ackerman (2016, ch. 7)은 이 연구를 요약했다.
49. Tye (2017, pp. 131-33).
50. Godfrey-Smith (2016); Braithwaite (2010, pp. 122, 134).
51. Godfrey-Smith (2016, p. 9).
52. Braithwaite (2010, p. 122).
53. 위의 책, pp. 122-29를 참조하라. 관련 실험은 새우를 대상으로 수행되었다. Tye (2017, pp. 156-58)도 참조하라.
54. Tye (2016)와 Tye (2017, pp. 141-56)를 참조하라.
55. Tye (2017, p. 144).
56. 위의 책, p. 188.
57. https://www.famousscientists.org/jagadish-chandra-bose/의 "Jagadish Chandra Bose"를 참조하라.
58. Tye (2017, p. 189)의 참조를 참고하라.
59. 위의 책, p. 189. Karpinski 등. (1999, p. 657)도 참조하라.
60. Tye (2017, p. 189).

7장 죽음의 해악

1. 나는 Nussbaum (1994, ch. 6)에서 이 에피쿠로스의 논거를 연구했고(Epicurus's *Letter to Menoeceus*에서 인용), 이후 Nussbaum (2013)에서 입장을 다소 바꾸었다.
2. Nagel (1979, pp. 1-10)을 참조하라. John Martin Fischer의 논문에서 비슷한 사례가 개발되었다. 그에 대해 대화의 형식으로 답한 것이 Nussbaum (2013)다. Fischer 논문의 전문은 해당 논문을 참조하라. 그가 귀중한 자료를 편집한 Fischer (1993)도 있다. 자신의 입장을 마지막으로 요약한 것이 Fischer (2019)다.
3. 여기에서 나는 그런 사례를 만든 Fischer에게 직접 반응을 보인다.

4. Furley (1986); McMahan (2002).
5. 이 두 마사에 대한 더 자세한 내용은 Nussbaum (2013)을 참조하라.
6. "The Makropulos Case: Reflections on the Tedium of Immortality" in Williams (1983, pp. 82-100) 참조.
7. Nussbaum (1994) 참조.
8. 사실 벤담은 살육을 인간의 중요한 목적으로 제한하고 재미나 즐거움을 위한 "악의적" 살육을 배제했다. 그는 동물을 먹는 것은 그 관행이 인도적일 경우 허용할 수 있다고 생각했고, 육식을 거부하는 많은 동시대 사람들과 달리 평생 육식을 계속했다.
9. 하지만 3장에서 싱어에 대한 나의 논의를 참조하라.
10. Lupo (2019).
11. Hare (1999, ch. 11). Originally published in Hare의 *Essays on Bioethics*에서 처음 발표되었지만, 싱어의 답변은 Jamieson에만 포함되어 있다.
12. Balcombe (2016) 참조.
13. 전면 비건 식이에 대한 옹호는 Colb (2013)를 참조하라.

8장 비극적 충돌 그리고 그것을 넘어서는 방법

1. 딜레마를 일으킨 집안의 저주는 그의 잘못이 아니었고, 그리스인들도 그렇게 생각지 않았다. 비극적 딜레마는 다른 세계 문화에서도 두드러지게 나타나는데, 내전의 이야기를 다룬 인도의 서사시 *Mahabharata*가 대표적이다.
2. Nussbaum (2000a)을 참조하라. Agamemnon의 사례는 Bernard Williams가 Williams (1983)에 실린 그의 논문 "Ethical Consistency"에서 사용한 것이다. Nussbaum (1986, ch. 2)도 참조하라. 이런 딜레마를 논리적으로 모형화하는 방법의 측면에서, 일부 사람들은 "당위는 가능을 암시한다"를 버릴 것을 선호하는 반면, Williams는 "나는 A를 해야만 한다"와 "나는 B를 해야만 한다"가 "나는 A와 B를 해야만 한다"를 수반한다는 것을 부정할 것을 제안한다.
3. 이 질문에 대한 더 자세한 내용은 Walzer (1973)를 참조하라.
4. Crawley (2006).
5. "3R"은 Russell, Burch (2012)에서 유래되었다.
6. Nuffield Council on Bioethics (2005), https://www.nuffieldbioethics. org/assets/pdfs/The-ethics-of-research-involving-animals-full-report.pdf.
7. Beauchamp, DeGrazia (2020)를 포함.

8. Akhtar (2015).

9. 위의 책; Rowan (2015).

10. Kitcher (2015)를 참조하라.

11. Beauchamp, DeGrazia (2020). 이 책에는 Beauchamp과 DeGrazia가 제안한 원칙에 대한 다양한 과학자들과 윤리학자들의 비판적 평가가 포함되어 있다.

12. 위의 책, p. 15.

13. 위의 책, p. 66.

14. Guaranteed Rate Field (the Chicago White Sox)는 채식주의자용 칠리와 야채 버거를 판매한다. 덴버의 Coors Field는 비건 피자, 채식 버거, 채식 핫도그를 판매한다.

15. 나는 이 부분에서 다음의 두 논문에 크게 의존했다. Holland, Linch (2017)와 Nussbaum (Wichert), Nussbaum (2017a).

16. Holland, Linch (2017, p. 322).

17. 위의 책과 같음.

18. 이 두 사례는 Holland, Linch (2017)에서 발췌한 것이다. 이 책에서 이들 사례의 추가적인 정보원을 확인할 수 있다.

19. 이 사례에 대한 더 자세한 내용은 논란에 대한 다양한 참조 자료의 정보원을 담고 있는 Nussbaum (Wichert), Nussbaum (2017a)을 참조하라. 예외를 허용하는 인용된 문장은 1931년 이전의 법에서 나온 것이지만, 현재의 Convention (1946)도 매우 유사하다.

20. 상충하는 주요 정의는 Whitehead, Rendell (2015, ch. 2)를 참조하라.

21. Narayan (1997)을 참조하라.

22. Benhabib (1995, pp. 235-55) 참조.

23. 지역 아프리카계 미국인 커뮤니티(회의에 나타나는 사람은 누구나)가 투표할 때마다 부당한 압수 수색에 반대하는 the Fourth Amendment의 권리를 포기해야 한다는 공산주의 정치 이론가 Dan M. Kahan, Tracey L. Meares(2014)의 주장을 비교해볼 수 있다.

24. Scully (2002, pp. 175-76).

25. 위의 책과 같음.

26. 위의 책과 같음.

27. Nussbaum (2000b, ch. 1)을 참조하라.

28. Devlin (1959).

29. D'Amato, Chopra (1991, p. 59).

30. Holland, Linch (2017, pp. 322-36).

31. Lear (2008).

32. Burkert (1966)를 참조하라.

33. 최근 가장 큰 성공을 거둔 오페라는 Jake Heggie의 *Moby-Dick*이다. 이는 현재 미디어가 고래에 대한 잔학 행위를 어떻게 무대에 올릴 수 있게 만드는지 보여준다.

34. Connor (2021)를 참조하라.

35. Delon (2021)를 참조하라.

36. Bever (2019)를 참조하라.

37. Swanson (2019)를 참조하라.

38. 그런 복잡한 해법을 추진하는 그룹으로 GroupElephant가 있다. 이들은 아프리카의 코끼리와 코뿔소, 그리고 동시에 시골의 마을 사람들과 함께 일을 한다. groupelephant.com 참조.

39. Sen (1996).

9장 우리와 함께 사는 동물들

1. American Pet Products Association에서 실시한 2019-20년 National Pet Owners Survey.

2. Rollin (2018) 참조. 이 수치는 1988년의 56%에서 증가한 것이다.

3. 시적 허구이긴 하지만, 그리스 세계에서 흔했던 것으로 보이는 동물-인간의 관계를 묘사하고 있다.

4. Homer, *Odyssey*, Book XVII, pp. 290-327.

5. 일반적으로 Homer, *Odyssey*, Book XVII를 참조하라.

6. Rollin (2018)을 참조하라. 이 논문에 대해서는 이후 더 논의할 것이다. Katz (2004)도 참조하라.

7. Donaldson, Kymlicka (2011).

8. 비대칭적 의존성에 대한 철학적 연구는 Kittay (1999)를 참조하라.

9. Francione (2008); Francione, Charlton (2015). 그의 접근법에 대한 다른 비판은 Donaldson, Kymlicka (2011)와 Zamir (2007)을 참조하라.

10. 당연히 재산은 재산권을 갖지 못한다. 그러나 놀랍게도 현행법하에서 동물들에게 일부 재산권이 인정된다. 5장의 카렌 브래드쇼의 책에 대한 논의를 참조하라.

11. "collaborator"는 장애인 권리 운동에서 사용되는 용어로, Donaldson, Kymlicka (2011, ch. 2)에 의해 동물-인간관계에 적용되었다.

12. Sunstein (2000, pp. 1333, 1342, 1363-64, 1366).

13. Cole (2014).

14. Beam (2009).
15. Burgess-Jackson (1998).
16. 이 정보를 제공한 Rory Hanlon께 감사드립니다.
17. Orlans 등. (1988, ch. 15, pp. 273-87)의 "Should the Tail Wag the Dog?"를 참조하라.
18. 보호소에 있는 개와 고양이의 상황을 요약한 ASPCA의 유용한 글을 다음에서 확인할 수 있다. https://www.aspca.org/animal-homelessness/shelter-intake-and-surrender/pet-statistics.
19. Aguirre (2019).
20. Piscopo (2004), https://thehorse.com/16147/injuries-associated-with-steeplechase-racing/.
21. Donaldson, Kymlicka (2011, p. 139).
22. 위의 책과 같음.
23. Donaldson, Kymlicka (2011, p. 136).
24. 위의 책과 같음.
25. 위의 책과 같음. (농장보호구역에 대한 논의).

10장 "야생" 그리고 인간의 책임

1. 나는 내 딸 레이첼이 아프기 전, 덴버의 프렌즈오브애니멀즈에서 변호사로 일하고 있을 때 이 장의 초고를 보여주었다. 그는 자신은 내 접근법에 동의하지만 다른 많은 사람은 그렇지 않을 것이라고 이야기했다.
2. 이 부분은 Nussbaum (2006, ch. 6)과 중첩되지만, 나는 여기에서 더 강한 용어로 주장한다.
3. 위의 책, Botkin [1996]에 대한 논의를 참조하라.
4. Bradshaw (2020) 참조.
5. 사례는 Van Doren 등 (2017) 참조.
6. 논의는 12장 참조.
7. Feingold (2019).
8. 사례는 Renkl (2021)를 참조하라. 내가 사는 도시에서 그런 조언을 하는 단체의 좋은 예는 Flint Creek Wildlife Rehabilitation이다. https://flintcreekwildlife.org/에서 확인할 수 있다.
9. Chicago Zoological Society (2021), https://www.czs.org/Chicago-Zoological-Society/About/Press-room/2021-Press-Releases/

Update-on-Amur-Tiger's-Second-Surgery-at-Brookfield.

10. National Research Council (2013, ch. 7)의 "Veterinarians in Wildlife and Ecosystem Health"를 참조하라.

11. Beauchamp, DeGrazia (2020).

12. Siebert (2019a)를 참조하라. Siebert (2019b)도 참조하라.

13. Siebert (2019a, p. 42).

14. 위의 책, pp. 26-33, 42, 45. 이 기사는 이 무리가 처한 환경적 스트레스를 해결하기 위한 실행 가능한 대안적 제안들을 다루고 있으며 환경보호단체 GroupElephant가 남아프리카공화국 야생동물보호구역으로 코끼리를 옮기는 데 드는 모든 비용을 지불하겠다고 제안했음을 명확히 했다.

15. *Blackfish* (2013).

16. Nussbaum (Wichert)와 Nussbaum (2019)의 논의를 참조하라.

17. Stevens (2020), https://8forty.ca/2020/06/10/even-years-after-blackfish-seaworld-still-has-orcas/.

18. Whitehead, Rendell (2015)을 참조하라.

19. 위의 책과 같음.

20. White (2007, pp. 198-215).

21. Berger (2020), https://www.buckettripper.com/snorkeling-and-diving-with-dolphins-in-eilat-israel/.

22. 브롱스 동물원에서 제공한 사례이지만 더 이상은 온라인의 자료 출처를 찾을 수 없다.

23. 일반적으로는 https://animals.sandiegozoo.org/animals/leopard를 참조하라.

24. McMahan (2010). 이 기사의 간결함과 사변적 특성을 감안할 때 이 주제에 대한 철학적 이론이 맥머핸으로부터 나왔다고 말하는 것은 공정치 못하다.

25. 이 문제들에 대한 새로운 철학적 연구의 뛰어난 사례는 Delon (2021)을 참조하라.

11장 우정의 역량

1. 이 논문은 부분적으로 Nussbaum (Wichert), Nussbaum (2021)을 기반으로 한다. 이 심포지엄의 다른 논문, Bendik-Keymer (2021b), Delon (2021), Linch (2021)도 참조하라.

2. Pitcher (1995, p. 20).

3. Smuts (2001)를 참조하라.

4. Pitcher (1995).
5. Pitcher (1995, p. 20).
6. 위의 책, p. 32.
7. 피처는 책 안에서 이 관계에 이름을 붙이지 않는다. 아직 이런 관계를 감추는 시대였던 탓도 있고, 가족을 위한 의도도 있었다. 하지만 그들의 삶에는 숨김이 없었다.
8. Pitcher (1995, pp. 30-31).
9. 위의 책, pp. 160-61.
10. Pitcher (1995, p. 161).
11. Pitcher (1995, p. 162).
12. Pitcher (1995, pp. 46-47).
13. Pitcher (1995, p. 53).
14. 위의 책과 같음.
15. Smuts (2001).
16. 위의 책, p. 295.
17. Smuts (2001, p.295)
18. 위의 책과 같음.
19. Smuts (2001, p. 299).
20. Smuts (2001, p. 300).
21. Smuts (2001, p. 301).
22. Poole (1996)을 참조하라.
23. Poole (1996, p. 275).
24. Poole (1996, p. 270).
25. 위의 책, p. 276. 수컷과 암컷 아프리카 코끼리 모두 이런 분비물을 가지고 있다.
26. Poole (1996, p. 276)
27. Townley (2011).
28. 가장 두드러진 사례는 1951년 작 영화, *Bedtime for Bonzo*다. 한 심리학 교수 (Ronald Reagan 분)가 침팬지에게 인간의 도덕성을 가르쳐 타고난 본성보다 양육이 중요하다는 것을 증명하려 하는 내용이다. 이 영화와 관련된 사람들은 실제 침팬지 무리 내에서의 도덕적 삶이 어떤 것인지에 대해 전혀 관심이 없었던 것 같다.
29. Whitehead, Rendell (2015)을 참조하라.
30. Amos (2015).
31. NineMSN (2017) (동물원의 크누트 입양에 반대하는 운동가들의 견해를 요약하고 있다), https://web.archive.org/web/20070701010523/http://news.

ninemsn.com.au/article.aspx?id=255770.

32. de Waal (2019).
33. 위의 책, p. 20
34. de Waal (2019, p. 13). 1936년생인 판호프는 아직 생존해 있다.
35. Pepperberg (2008). 과학적인 세부 사항은 Pepperberg (1999)를 참조하라.
36. Bekoff (2008).

12장 법의 역할

1. Sen (2009)을 참조하라. 나는 Nussbaum (2016b)에서 센의 의견에 대한 답을 내놓았다.
2. 이 부분은 Sunstein (2000)에 의지했다. 참조 페이지는 Sunstein (1999) 조사 보고서 버전을 기준으로 한다.
3. Sunstein (1999, pp. 5-6).
4. Animal Welfare Act (AWA), 7 U.S.C. § 2131 et seq (1966).
5. 위와 같음.
6. 위와 같음.
7. 위와 같음.
8. *Anti-Vivisection Society v. United States Department of Agriculture*, 946 F.3d 615(D.C. Cir. 2020). 최근 항소법원은 원고들에게 당사자적격을 부여했고 USDA의 기각 신청을 각하했다.
9. Endangered Species Act (ESA), 16 U.S.C. § 1531 et seq (1973).
10. The Wild Free-Roaming Horses and Burros Act (WFHBA), 16 U.S.C. § 1331 et seq (1971).
11. 위와 같음.
12. Marine Mammal Protection Act (MMPA), 16 U.S.C. § 1361 et seq (1972).
13. 위와 같음.
14. 위와 같음.
15. Migratory Bird Treaty Act (MBTA), 16 U.S.C. § 703 et seq (1918).
16. 위와 같음.
17. 현재의 보호 종 목록은 "List of Migratory Birds," 50 C.F.R.10.13 (2000), https://www.govinfo.gov/app/details/CFR-2000-title50-vol1/CFR-2000-title50-vol1-sec10-13를 참조하라.
18. *North Slope Borough v. Andrus*, 486 F.Supp. 332, 361-2 (D.C. Cir. 1980).

19. *United States v. Moon Lake Elec. Association*, 45 F.Supp.2d. 1070, 1074 (D. Colo.1999). 이후, 다른 에너지 회사들은 동일한 문제에 대한 심리를 피하기 위해 감형 거래에 합의했다.

20. *Newton County Wildlife Association v. United States*, 113 F.3d 110, 115 (8th Cir. 1997).

21. *Seattle Audubon Soc. v. Evans*, 952 F.2d 297, 302 (9th Cir. 1991).

22. Friedman (2021); Friedman, Einhorn (2021) 참조.

23. "Regulations Governing Take of Migratory Birds," 50 C.F.R. 10 (2021), https://www.govinfo.gov/app/details/FR-2021-01-07/2021-00054.

24. *Hollingsworth v. Perry*, 570 U.S. 693 (2013).

25. *Elk Grove Unified School District v. Newdow*, 542 U.S. 1 (2004).

26. *Lujan v. Defenders of Wildlife*, 504 U.S. 555 (1992).

27. *Nair v. Union of India*, Kerala High Court, no. 155/1999, June 2000. 같은 결론에 이른 2014 Supreme Court 사건을 비롯한 후속 사건은 Shah (2019), https://www.nonhumanrights.org/blog/punjab-haryana-animal-rights/를 참조하라.

28. Sunstein (1999); Sunstein (2000).

29. *Animal Legal Defense Fund, Inc. v. Espy*, 23 F.3d 496 (D.C. Cir. 1994).

30. 선스타인이 간단히 치료하고 가망이 없다는 것을 발견한 "경쟁적 부상"은 생략한다.

31. *Lujan v. Defenders of Wildlife*, 504 U.S. 555 (1992); *Sierra Club v. Morton*, 405 U.S. 727 (1972); *Humane Society of the United States v. Babbitt*, 46 F.3d 93 (D.C.Cir. 1995).

32. *Japan Whaling Association v. American Cetacean Society*, 478 U.S. 221 (1986).

33. *Animal Legal Defense Fund v. Glickman*, 154 F. 3d 426 (1998).

34. 위와 같음, 429.

35. *Sierra Club v. Morton*, 405 U.S. 727 (1972).

36. 위와 같음, 752 (Douglas, dissenting).

37. 위와 같음, 745 (Douglas, dissenting).

38. 위와 같음, 752 (Douglas, dissenting).

39. *Cetacean Community v. Bush*, 386 F.3d. 1169 (9th Cir. 2004).

40. 위와 같음, 1175.

41. *Palila v. Hawaii Department of Land and Natural Resources*, 639 F.2d 495 (9th Cir. 1981).

42. 이런 제안을 한 재러드 메이어에 감사를 전한다. 나는 이 장의 초안을 작성한 후

Favre (2000)와 Favre (2010)에 David Favre의 관련 연구가 있다는 것을 알게 되었다. Favre의 아이디어는 누군가의 소유물인 동물에게만 수탁의 권리와 일정 유형의 당사자적격을 주는 법체계 내부적인 것이다. 따라서 구체적인 진전을 위해서는 동물을 "살아 있는 재산"으로 주장하는 것이 허용된다고 가정한다. 나는 물론 여기에 반대한다. 또한 이 아이디어는 제한적인 종류의 동물, 주로 반려동물에 대해서만 법적인 진전을 제공한다. 그럼에도 불구하고, 매우 좋은 아이디어이며, 결함이 있는 현행법에 뿌리를 둔 접근법을 통해 어느 정도까지의 보호가 가능한지 알아보는 것도 흥미롭다.

43. Scott, Chen (2019, pp. 227, 229) 참조.

44. Mayer (2020).

45. 가장 최근의 것은 https://www.humanesociety.org/sites/default/files/docs/2020-Horrible-Hundred.pdf에서 확인할 수 있다.

46. Brulliard, Wan (2019) 참조.

47. SourceWatch: https://www.sourcewatch.org/index.php/Missouri_puppy_mills를 참조하라.

48. Holman (2020).

49. Municipal Code of Chicago, § 4-384-015 (2014).

50. *Part Pet Shop v. City of Chicago*, 872 F.3d 495 (7th Cir. 2017).

51. Associated Press (2020), https://apnews.co/article/8f5dada41cb7a4afc25403d4c93365f5.

52. Spielman (2021).

53. PAWS: https://www.paws.org /resources /puppy-mills/를 참조하라.

54. 이 문제에 대한 동물법률보호기금의 포괄적인 개관과 현재 주들의 상황을 보여주는 지도는 https://aldf.org/issue/ag-gag/를 참조하라.

55. Pachirat (2011).

56. 식품 안전에 대한 논의는 European Convention의 웹사이트, https://ec.europa.eu/food/sites/food/files/animals/docs/aw_european_convention_protection_animals_en.pdf를 참조하라.

57. European Parliament and Council Regulation No. 2008/20/EC, L47/5 (2018).

58. World Animal Protection의 "Animal Protection Index" (2020), https://api.worldanimalprotection.org/를 참조하라.

59. 이 부분에서 나는 작고한 레이철 너스바움과 내가 공동 저술한 세 개 논문에 크게 의지했다. International Convention for the Regulation of Whaling과 International Whaling Commission에 대한 법적 분석과 논의의 대부분은 레

이철이 썼다. 이 논문들에는 광범위한 참조가 있고 나는 그것들은 여기에서 반복하지 않을 것이다. Nussbaum (Wichert), Nussbaum (2017a); Nussbaum (Wichert), Nussbaum (2017b); Nussbaum (Wichert), Nussbaum (2019)를 참조하라.

60. *Sonic Sea* (2016).
61. 이 조약과 그 역사에 대한 포괄적인 설명은 Fitzmaurice (2017), https://legal.un.org/avl/pdf/ha/icrw/icrwe.pdf에서 찾을 수 있다. 그의 책 Fitzmaurice (2015)도 참조하라. Dorsey (2014)도 참조하라.
62. *Whaling in the Antarctic (Australia v. Japan: New Zealand intervening)* (Int'l Ct. 2014), https://www.icj-cij.org/en/case/148.
63. Fujise (2020).
64. *Institute of Cetacean Research v. Sea Shepherd Conservation Society*, 725 F.3d 940 (9th Cir. 2013).
65. 성희롱 혐의로 인한 코진스키의 사임에 대해서는 Nussbaum (2021)의 자세한 설명을 참조하라.
66. Gillespie (2005, pp. 218-19) (IWC 뉴질랜드 대표 인용).
67. 다음을 참조하라. http://us.whales.org/issues/aboriginal-subsistence-whaling.
68. 위와 같음.
69. 가장 눈에 띄는 것은 Rebecca Giggs (2020)다. Giggs (2020)는 생동감 넘치는 열정적인 글을 통해 고래가 그 자체로 중요할 뿐 아니라 우리 인간성의 깊이와 통찰에 대한 시험이라고 주장한다.
70. 하지만 당시 뉴질랜드는 영국으로부터 완전히 독립하지 못한 상태였고, 그 이전에 여성들에게 투표권을 부여한 다른 주들도 있었다.
71. Nussbaum (2021)에서 교만에 대한 장을 참조하라.

결론

1. White (2015). 그는 Nussbaum (2006)의 내 초기 연구를 인용한다.
2. 이것과 벤담의 동물 사랑에 대한 다른 사례는 3장을 참조하라.
3. Nussbaum (2018a) 마지막 장에서 이 감정에 대해 더 상세히 논의한다.
4. Rott (2021).
5. Harvey (2021).
6. Animal Legal Defense Fund (2021), https://aldf.org/article/animals-

recognized-as-legal-persons-for-the-first-time-in-u-s-court/. 의견에 대해서는 *Community of Hippopotamuses Living in the Magdalena River v. Ministerio de Ambiente y Desarrollo Sostenible*, 1:21MC00023 (S.D. Ohio 2021)를 참조하라.

7. 12장에서 논의했듯이, 인도 법원은 케랄라의 경우 2000년부터, 국가 전체로는 2014년부터 동물에게 사람으로서의 당사자적격을 부여했다. 아르헨티나의 한 판사는 그의 판결에 따라 브라질의 보호구역으로 이송된 침팬지 Cecilia가 법적 당사자적격을 지닌 사람이라고 판시했다. Samuels (2016)를 참조하라. 2020년 캄보디아의 보호구역으로 이송된 파키스탄의 코끼리, Kaavan 역시 인격과 당사자적격을 부여받았다. Kaavan의 이야기는 최근 개봉한 다큐멘터리 *Cher and the Loneliest Elephant*의 주제다. 이 다큐멘터리는 영화배우 셰어가 여러 동물 복지 단체들과 함께 그를 야생으로 보내는 활동에서 한 역할을 연대기 순으로 기록하고 있다. Nonhuman Rights Project에 따르면(이메일 교환), 이것들(그리고 콜롬비아의 소식)만이 동물에 인격을 부여한 사례들이다.

8. Osborne (2021).

9. Levenson (2021).

10. Carrington (2020).

동물을 위한 정의

초판 1쇄 발행 2023년 12월 20일
초판 3쇄 발행 2024년 10월 10일

지은이 마사 너스바움
옮긴이 이영래

발행인 정동훈
편집인 여영아
편집국장 최유성
책임편집 양정희
편집 김지용 김혜정 조은별
표지디자인 양진규
본문디자인 홍경숙

발행처 (주)학산문화사
출판등록 1995년 7월 1일 제3-632호
주소 서울특별시 동작구 상도로 282
전화 (편집) 02-828-8834, (마케팅) 02-828-8832
인스타그램 @allez_pub

ISBN 979-11-411-2251-5 (03190)

알레는 (주)학산문화사의 단행본 브랜드입니다.